Nurullah Kaya

Çevresel Yönetim Muhasebesi

AF816215

Nurullah Kaya

Çevresel Yönetim Muhasebesi

Türkiye Alim Kitapları

Impressum / Künye
Bibliografische Information der Deutschen Nationalbibliothek: Die Deutsche Nationalbibliothek verzeichnet diese Publikation in der Deutschen Nationalbibliografie; detaillierte bibliografische Daten sind im Internet über http://dnb.d-nb.de abrufbar.
Alle in diesem Buch genannten Marken und Produktnamen unterliegen warenzeichen-, marken- oder patentrechtlichem Schutz bzw. sind Warenzeichen oder eingetragene Warenzeichen der jeweiligen Inhaber. Die Wiedergabe von Marken, Produktnamen, Gebrauchsnamen, Handelsnamen, Warenbezeichnungen u.s.w. in diesem Werk berechtigt auch ohne besondere Kennzeichnung nicht zu der Annahme, dass solche Namen im Sinne der Warenzeichen- und Markenschutzgesetzgebung als frei zu betrachten wären und daher von jedermann benutzt werden dürften.

Deutsche Nationalbibliothek tarafından yayınlanan bibliyografik bilgiler: Deutsche Nationalbibliothek, bu yayını Deutsche Nationalbibliografie'de listeler; detaylı bibliyografik bilgi İnternet'te http://dnb.d-nb.de sitesinde mevcuttur.
Bu kitapta bahsedilen herhangi bir marka ve ürün adı, tescilli marka, marka veya patent korumasına tabidir ve ilgili sahiplerin ticari veya tescilli markalarıdır. Marka, ürün, ortak ve ticari adların, ürün açıklamalarının v.s. işbu eserde özel işaretleme olmadan bile kullanılması, bu çeşit adların, tescilli marka ve marka korunması kanunu açısından kısıtlanmamış ve böylece herkes tarafından kullanılabilir olarak hiç bir şekilde yorumlanamaz.

Coverbild / Kitap kapağı resmi: www.ingimage.com

Verlag / Yayıncı:
Türkiye Alim Kitapları
ist ein Imprint der / yayınevinin bir ticari markasıdır
OmniScriptum GmbH & Co. KG
Bahnhofstraße 28, 66111 Saarbrücken, Deutschland / Almanya
Email / E-posta: info@turkiye-alim-kitaplary.com

Herstellung: siehe letzte Seite /
Basım yeri: son sayfaya bakın
ISBN: 978-3-639-81068-4

Copyright / Telif hakkı © 2016 OmniScriptum GmbH & Co. KG
Alle Rechte vorbehalten. / Her hakkı saklıdır. Saarbrücken 2016

ÖNSÖZ

Toplumlardaki bilinçlenmenin artmasıyla beraber mal ve hizmet üreten işletmelerin kârı maksimize etme anlayışının yanında topluma karşı sorumluluklarının da arttığı görülmektedir. Toplumdan gelen baskılar, işletmeleri üçüncü kişilerin taleplerini dikkate alacak şekilde faaliyet yürütmeye zorlamaktadır.

İnsan ihtiyaçlarının sınırsız olması, sınırlı kaynakların insan tarafından sorumsuzca tüketilmesi, üretim ve tüketimdeki hızlı büyüme, dünya nüfusundaki hızlı artış, serbest piyasa modelinin oluşturduğu aşırı rekabet şartları, işletmelerin kârı maksimize etme hırsı, sürekli olarak ürün çeşitlemesi ve ürün geliştirme politikaları, lüks yaşam standartları, istihdamı artırma çabaları, toplumun tüketim çılgınlığına yönlendirilmesi, düzensiz kentleşme, yenilenebilir kaynakların yenilenememesi, yenilenemez kaynakların da tükenme noktasına gelmesi, aşırı hava kirliliği, toprak kirliliği, su kirliliği ve gürültü kirliliğine ve buna pararlel olarak çevresel sorunlara neden olmuştur.

Ayrıca bazı çevrelerce ekonomik olmayan faaliyetlerin akılcı olmayacağı anlayışı, doğal kaynakların ekonomik olmayan varlıklar arasında yer alması sonucunu doğurmuştur. Bu olumsuz duruma başta gelişmiş ülkeler olmak üzere, çoğu ülkenin da kayıtsız kalması sonucunda dünya, gelecek nesiller için yaşanamaz bir mekân haline gelmektedir.

Son otuz yıldır bilim adamlarının yaptığı gibi, muhasebe bilimi de çevresel sorunları çözebilmek için çevre konusu üzerinde yoğunlaşmıştır. Bu çalışmaların sonucunda Çevre Muhasebesi doğmuştur. Belirlenen çevresel maliyetlerin raporlanması çevresel muhasebesinin önemli bir parçasını oluşturmaktadır.

İşletmelerin ve dolayısıyla ülke ekonomilerinin sürdürülebilirliğinin sağlanmasının ön şartlarından biri işletme faaliyetlerinin çevre üzerindeki etkilerinin minimize edilerek, çevrenin korunmasına gereken önemin verilmesidir. Bu nedenle işletmeler finansal performanslarının yanında çevresel performanslarını da geliştirmek amacıyla yeni yollara başvurmak zorundadırlar.

Çevresel Yönetim Muhasebesi ise faaliyetlerin tespiti, bilgilerin toplanması, tahmin, analiz, iç raporlama, malzeme ve enerji akışı bilgi kullanımı olarak tanımlanabilir. Bir organizasyonda, çevresel maliyet bilgileri ve diğer maliyet bilgileri, hem geleneksel hem de çevresel karar almada önemlidir.

Çevresel Yönetim Muhasebesi, hammaddenin etkin kullanımını geliştirmek, hammadde akış tablosu, maliyet muhasebesi ve finansal muhasebeden veri işleyerek çevre koruma maliyetleri ve çevreye etkiyi azaltmak gibikapsamlı yöntemleri bir dizi halinde kullanır. Çevresel Yönetim Muhasebesi tarafından kullanılan temel ölçüm, çevreyle ilgili faaliyetlerden kaynaklanan (para birimi cinsinden) maliyet tasarrufları ve faydaları ile malzeme ve enerji tüketiminin bertaraf edilen nihai fiziki birimlerini içermektedir.

Kitabın ilgi duyanlara katkı sağlayacağı ümidiyle, kitabın hazırlanmasında emeği geçen, Yrd. Doç. Dr. Bora BAYRAM ve Erkan EŞME'ye sonsuz teşekkürlerimi sunarım.

İÇİNDEKİLER

Şekiller Listesi

Tablolar Listesi

Giriş

Günümüzde insan merkezli yaklaşımların yaygınlaşması, insanı ilgilendiren tüm konuları ön plana çıkarmıştır. İnsanın bir odak noktası haline geldiği bu anlayışta asıl amaçları kâr elde etmek olan özel teşebbüsler, insanı merkez kabul etme yolunda önemli adımlar atmaya başlamışlardır. Dünyayı algılayış ve bakış açısında karşımıza çıkan insan merkezli bu olgu, toplumsal hayata sivil örgütlenmeler ile yansımış, işletmeler boyutunda bu yansıma "sosyal sorumluluk" kavramını gündeme getirmiştir.

Bu anlayışa göre işletmelerin sürdürülebilirliklerini sağlaması yalnız kârın maksimize edilmesi ile mümkün görülmemektedir. İşletmelerin sürdürülebilir kalkınmaya katkıda bulunabilmeleri için ekonomik faaliyetlerinin yanında, toplumda öne çıkan çevreyi koruma, sosyal sorumluluk ve tüketici hakları gibi konulara önem vermeleri gerekmektedir. Sürdürülebilir işletme başarısı, işletmelerin toplum önünde de iyi bir imaja sahip olmalarıyla gerçekleşmektedir. İşletmenin toplumun gözünde olumsuz bir imaja sahip olması, uzun vadede ne kadar iyi ve kaliteli ürün üretse bile varlığını uzun süre sürdürmesini engelleyecektir. Olumlu imaj oluşturmanın en önemli araçlarından birisi özünde topluma katkı sağlamayı içeren sosyal sorumluluk faaliyetleridir.

Sosyal sorumluluk, bir işletmenin ekonomik ve yasal düzenlemelere, iş ahlakına, işletme içi ve çevresindeki kişi ve kurumların isteklerine uygun bir çalışma anlayışı ve politikası gütmesine insanları mutlu ve memnun etmesiyle ilişkidir.[1]

Sosyal sorumluluk çerçevesinde ortaya çıkan kurumsal sosyal sorumluluk, işletme faaliyetlerinin toplum üzerindeki olumsuz etkilerini en aza indiren, olumlu etkilerini ise en üst düzeye çıkmasını sağlayan yönetim uygulamalarının bütünü olarak tanımlanabilir.[2] Kurumsal sosyal sorumluluk kavramının temelinde işletmelerin topluma yönelik olarak ekonomik, hukuki, etik ve gönüllü olmak üzere dört sorumluluk türü olduğu fikri yatmaktadır.[3] Bu anlamda kurumsal sosyal sorumluluk, işletme yöneticilerinin neden sürdürülebilir kalkınmaya yönelik olarak çalışmalar yapması gerektiği konusunda etik gerekçeler sağlayarak kurumsal sürdürülebilirliğe katkı sağlar.

Sürdürebilirliği ve kalkınmayı daha iyi anlayabilmek ve daha sağlıklı bir şekilde değerlendirebilmek için finansal muhasebe alanına, ürün süreçlerindeki

---

[1] Eren, E., Stratejik Yönetim ve İşletme Politikası, Beta Yayınları, İstanbul , 2002.
Dahlsrud, A.,How Corporate Social Responsibility is Defined: An Analysis of 37 Definitions, Corporate Social Responsibility and Environmental Management, 2006, (15),1-13.
[3] Carroll, B.A., ve Shabana M.K., The Business Case for Corporate Social Responsibility: A Review of Concepts, Research and Practice. International Journal of Management Reviews, 2010,85-105.

kayıplara ve doğal kaynakların etkin bir şekilde kullanımını kapsayacak genişlikteki ele almak gerekecektir.

Sürdürülebilir kalkınmayı bir politika nesnesi ve moda gibi değerlendiren farklı ülkelerin hükümetleri, uzun vadede sürdürülebilir kalkınmaya yönelik politika düzenleyici, gönüllü teşvik tabanlı, bilgilendirme ve işbirliği araçlarını kurmakla meşgul olmaktadırlar. Bu politika eğilimi, çevresel muhasebenin teori ve pratik dünyası hakkında endişelerin artma nedenidir.

Wilson,'a göre [4] eğer toplum genel olarak sürdürülebilir kalkınmanın çabalamaya değer bir hedef olduğuna inanırsa, işletmelerin de bu hedefi gerçekleştirmede topluma destek olmak için etik bir zorunluluğu doğacaktır.

Sosyal muhasebenin ortaya çıkışının en önemli nedeni, işletmelerin sosyal sorumluluk kavramına bağlı olarak gerçekleştirdikleri faaliyetlerinin sonuçlarını, sadece ekonomik etkiler yönünden değil, aynı zamanda sosyal etkileri de hesaba katarak toplumun çeşitli kesimlerine açıklama zorunluluğudur.

Sosyal muhasebe, işletmenin toplamış olduğu verilerin ve analiz süreçlerinin etik amaçlara uygun ve sosyal tablolar için belirlenen standartlar dışında bağımsız ve gerçekleri yansıtacak bir şekilde düzenlenerek paydaşlarla dayanışma içerisinde işletme tarafından yürütülen bir süreçtir.

Bu süreçle birlikte, son yıllarda çevresel konular, ekonomik büyüme ve kalkınma sorunlarını tartışmanın önemli bir parçası olarak ortaya çıkmıştır. Bu tür konular, endüstriyel faaliyetler ile atmosfer, toprak ve suyun kirlenmesi, orman arazilerinin hızla azalması, gürültü kirliliği, radyoaktif ve kimyasal atıkların okyanus ve nehirlere dökülmesi sonucunda küresel ısınma şeklinde kendini göstermektedir. Tüm bu problemler, genellikle sanayileşme ve ekonomik büyüme ile ilişkilidir. Fakat ekonomik büyüme için çevreye zarar verme gerekliliği hala tartışılmaktadır. Görünürde bu mazeret, sürdürülebilir kalkınma umutları çerçevesinde ileri sürülmektedir.

Çevresel muhasebenin yaygınlaştırılmasının toplumsal faydası, ilgi duyanlar tarafından bilinmektedir. İşletmelerin çevresel raporlarındaki girdi ve çıktıları, çevreyi koruma ve çevreye bağlılıklarını aynı ölçüde ortaya koymaktadır. Paydaşlar, normalde firmaların çevre koruma ile ilgili geçerli yasalara uyup uymadıklarını denetlemektedirler. Ayrıca paydaşlar, firmanın mali durumu kadar, geleneksel muhasebe bilgilerinin dışında, firma açısından kapsamlı bir anlayışa sahip ve isteklidirler. Ancak, firma faaliyetlerini tanıma, ölçme, kayıt ve raporlama için çevresel muhasebe sistemlerini bir bütün olarak kurmak o kadar kolay değildir. Her şeyden önce, bir çevre yönetim sisteminin çevre muhasebesi amaçları ile geleneksel muhasebe uygulamalarının iç içe olduğu bir işletmenin varlığı söz konusu olabilir. İkinci olarak, iç yönetim muhasebesi sistemi, çevresel bilginin dış raporlamasına dönüşebilir. Böylece

---

[4]Wilson, M., Corporate Sustainability: What is it and where does it come from?. Ivey Business Journal, 2003 (March/April),1-5.

çevresel sonuçlar, finansal sonuçlara ek olarak bir firmanın faaliyet raporunun bir parçası olabilir

Bu durum işletmelerin yeni yaklaşım ve düşünce biçimlerini, teknikleri kendilerine uyarlamalarını gerekli kılmaktadır. Çevresel yönetim muhasebesi de bu alanda işletmelerin en önemli yardımcılarından birisidir. Yönetim muhasebesine çevresel boyutun eklenmesiyle işletmeler çevreye duyarlı faaliyet göstermenin etkilerini anlayabilme konusunda önemli bir avantaja sahip olabilmektedir. Çevresel yönetim muhasebesinin birçok eksik yönü vardır. Özellikle çevresel muhasebesinin uygulamasında güçlükler bulunması, çevresel yönetim muhasebesinin de uygulama alanını sınırlamaktadır. Ancak çevre faktörleri üzerine çalışmalardan daha somut sonuçlar elde edildikçe çevresel yönetim muhasebesinin uygulama alanı da genişleyecektir.[5]

Bu çalışmada, özellikle sosyal sorumluluk ve sosyal sorumluluk kavramı çerçevesinde ortaya çıkan sosyal muhasebe ve sosyal muhasebenin bir dalı olarak çevresel muhasebe ve çevresel yönetim muhasebesi kavramları üzerinde durulacaktır. Çevresel muhasebe ve çevresel yönetim muhasebesinin dünyanın farklı ülkelerindeki uygulamaları hakkında vaka çalışmalarına yer verilecektir.

---

[5]Gerşil, M., Gerşil, A., Soysal M., Ürün Tasarımı ve Çevresel Yönetim Muhasebesi, Celal Bayar Üniversitesi S.B.E., Sosyal Bilimler 7/2 (2009), s. 83-92

I.Bölüm

1.1. Sorumluluk Kavramı

İnsan şahsiyetini meydana getiren unsurların başında soyaçekimin geldiği iddia edilmekte, bundan başka biyolojik faktörlerin rolünden bahsedilmekte ve üçüncü faktör olarak çevrenin etkisi ifade edilmektedir.[6]

Bu yüzden sorumluluk kavramının farklı tanımları yapılmaktadır. Bu bağlamda Türk Dil Kurumu sorumluluk kavramını,"Kişinin kendi davranışlarını veya kendi yetki alanına giren herhangi bir olayın sonuçlarını üstlenmesi, sorum, mesuliyet" olarak tanımlamıştır.[7]

Webster sözlüğünde "sorumluluk" kavramı birden çok, farklı anlamlar içermektedir. Sorumluluk, bir yandan bireyin üstlendiği iş veya göreve ilişkin hesap verme yeteneği olarak tanımlanırken diğer yandan güvenilirlik ve itimat edilebilirlik özelliği olarak tanımlanmaktadır.[8]

Başka bir tanımda da sorumluluk; "Bireyin uyum sağlaması, üzerine düşen görevleri yerine getirmesi ve kendine ait bir olayın başkaları üzerindeki etkilerinin sonuçlarını üstlenmesi, başkalarının haklarına saygı göstermesi ve kendi davranışının sonuçlarına sahip çıkabilmesi" olarak ifade edilmektedir.[9]

Sorumluluk, bir araya geldiklerinde başarılı kimliği oluşturan sevgi ve değere sahip olmaktır. Glasser, belirtilerin kişinin geçmişinden dolayı değil, şu andaki yalnızlık ve başarısızlığından dolayı ortaya çıktığına inanmaktadır. Sorumlu bir davranışla ihtiyaçlar başarılı bir şekilde karşılandığında belirtilerin ortadan kalkacağı düşünülür.[10]

İşletmelerde sorumluluk ise görev alan en üstteki yöneticiden en altta çalışana kadar iş paylaşımının tablolar halinde düzenlenerek görev ve sorumlulukların belirlenmesini gerektirmektedir. Ayrıca yönetim, organizasyon dışında bulunan üyelere hangi konularda sorumluluk verileceğini ve sorumluluk sınırlarını açıkça belirlemek zorundadır. Kuruluşların performans ölçümü için bilgi sistem gelişimi, çevresel ve ortak sorumluluk politikaları öncelikli hedefleri olmalıdır. Bu hem iç düzenleme ve raporlama hem de iç karar alma ve kontrol için gereklidir.

---

[6]http://www.forum.psikolojikdanisma.net
[7]http://www.tdk.gov.tr
[8]AY, Ü.,İşletmelerde Etik ve Sosyal Sorumluluk, Nobel Kitapevi, Adana, 2003, . 23
[9]http: //www.egitim.milliyet.com.tr
[10] http://www.psikolojisayfam.com

1.2. Sosyal Sorumluluk

Günümüzde işletmeler yalnızca teknik ve ekonomik organizasyonlar olarak tanımlanmayıp sosyal bir organizasyon olarak da anılmaktadır. Toplumun işletmelerden beklentileri yeni boyut kazanınca işletmeler de topluma karşı tutum ve davranışlarını değiştirerek üstlerine düşen sosyal sorumluluklarını yüklenmek veya yeniden gözden geçirmek durumunda kalmışlardır. Modern işletme, yalnızca mal üreten, pazarlayan ve sonuçta kâr elde eden bir yapı olmaktan çıkmakta, topluma karşı belirli sorumluluklar taşıyan birim haline dönüşmektedir.[11]

İşletme yöneticileri, işletmeyi yönetme hakkını, yatırımcılara ve ortaklara ilişkin mülkiyet haklarından alırlar. Kâr amacı güden işletmelerde, işletme yönetim etkinliği, işletme faaliyetlerinin sonucunda elde edilen kârla ölçülür. İşletme sahibi olan yatırımcılar, sermayelerine ilişkin rizikoları ancak elde edilen kârlarla karşılayabilirler. Elde edilen kârlar aynı zamanda; iş görenlere iş, hammadde ve malzeme satıcılarına müşteri ve tüketicilere de nihai mamulleri sağlar. Bu nedenle, işletme yönetimi uzun vadede işletme kârını en yüksek noktaya çıkarmayı ana amaç olarak kabul eder. İşletme yönetiminin bu kâr amacı, yönetimin sosyal sorumluluğu ile uyuşmaktadır.[12]

İşletmelerin sosyal sorumlulukları, modern yönetim anlayışında üzerinde sıklıkla durulmaya başlanan ve tartışılan bir konu haline gelmiştir. Artık yöneticiler, erk ve yetkilerini kullanırken toplumsal eğilimlerden büyük ölçüde etkilenerek kararlarını insani, sosyal, politik, yasal ve ahlaki boyutlarını düşünmeden alamaz hale gelmiş, işletmeler kendilerine bir takım imkânlar sağlayan ve bir takım kısıtlamaları da beraberinde getiren çevresel faktörleri de dikkate almak zorunda kalmışlardır. Bu nedenle, yaşamak ve varlığını sürdürmek isteyen işletmelerin, toplumun istek ve ihtiyaçlarına duyarlı olması, çevreyi koruması ve ahlaki davranabilmesi vazgeçilmez bir zorunluluk olarak karşımıza çıkmaktadır.[13]

Buna paralel olarak işletmelerin öneminin giderek artması ve toplum içinde vazgeçilmez bir kurum haline gelmeleri sebebiyle birtakım sorumluluklar üstlenmesi gerekir. Çünkü işletmelerin toplumun diğer sosyal, siyasi, bilimsel ve teknolojik kurumları üzerinde önemli etkileri görülmektedir. Bu durum işletmelerin toplum içinde birtakım sorumluluklar üstlenmesini de zorunlu hale getirmiştir. Bu açıdan işletmenin kendi amaçlarına yönelik ekonomik faaliyetleri ile sosyal sorumluluk birbirinden ayrı düşünülmemelidir.[14]

İşletmeler için faaliyetleri verimli kılmak, örgütsel etkililik için ne denli önemli ise, işletmeyi topluma yararlı kılmak da o denli önemli hale gelmiştir. Bu

---

[11] Becerikli S.Y., "Stratejik Yönetim Planlaması: 2000 li Yıllarda İşletmeler İçin Yeni Bir Açılım" Amme İdaresi Dergisi, No: 33/3, 2000, s. 6

[12] Üstün R., Yönetim Muhasebesi, Bilim Teknik Yayınevi, İstanbul, 1992, s. 2

[13] Becerikli, a.g.e., s. 6

[14] Dinçer Ö., Stratejik Yönetim ve İşletme Politikası, 5. Baskı, Beta Basım, İstanbul, 1998, s. 155

nedenle, işletmelerin sosyal sorumluluk üstlenmeleri ile ilgili kararlar vermesinde, üstlendikleri bu sorumlulukları yerine getirmesi ve kurumsallaştırması için günümüz şartlarına uygun stratejileri geliştirmeleri gerekmektedir.

Bu açıdan yöneticiler, mühendisler, tasarımcılar ve çevre yöneticilerinin, işletmeleri mümkün olan en verimli hale getirme çalışmaları, sosyal sorumluluklarının gereğidir.[15]

İşletmelerin temel rolü, faaliyet gösterdikleri ülkelerde yatırımların sağlanması ve istihdamın oluşturulması ve buna paralel olarak refah seviyesinin artırılması amacıyla mal ve hizmet sağlamak; kâr elde edebilmek ve rekabetçi olmaktır. Bunun yanında şirketler, sürdürülebilir işletme başarısını mali açıdan ele alıp yoğunlaşmaktan ziyade topluma zarar vermeden mal veya hizmet üretmenin de çabası içerisinde olmak zorundadırlar. Sosyal sorumluluğun, uzun vadede kârlılığı yükseltebilmesi yanında kısa vadede maliyetleri de söz konusudur.[16]

Sosyal Sorumluluk, yaşam kalitesini iyileştirmek amacına ulaşmak için kendi çalışanlarıyla, onların aileleriyle, yerel halkla, bütün toplumla birlikte ekonomik gelişmeye destek verme sorumluluğu anlamına gelmektedir.[17]

Sosyal sorumluluk; "işletmenin ekonomik faaliyetlerinin, onunla ilgili tarafların (hissedarlar, çalışanlar, tüketiciler ve nihayet tüm toplum) hiçbirinin çıkarlarına zarar verilmeden yönetilmesi" şeklinde tanımlanabilir. Bir başka tanıma göre sosyal sorumluluk; "iş adamlarının, toplumun değer ve amaçları açısından arzu edilen yolları takip ederek bu yönde kararlar vermesi ve işletmenin yönetilmesi konusunda bağlı olduğu mecburiyetler" şeklinde ifade edilmektedir.[18]

Bir işletmenin mal veya hizmeti nasıl ve nereden aldığı ve nasıl ve kimlere sunduğu süreç ile ilgilidir. Yani işletmenin tedarikten satışa varıncaya kadar yapacağı tüm faaliyetlerinin bir katma değer oluşturacağı ve bu katma değerin oluşması sırasında çevreye, insanlığa ve dolayısıyla geleceğe vereceği zararın minimize edileceği bir anlayıştır.

Sosyal sorumluluk, 'işletmenin sahip, ortak ve/veya yöneticilerinin işletmeyi yönlendirirken toplumun değer yargılarına göre hareket etmesi ve sosyal ihtiyaçların farkında olarak işletmeyi yönetmesi' olarak tanımlanabilir. Buna ilaveten, işletmelerin bir yandan faaliyetlerini sürdürürken bir yandan da kendi ilgi alanları çerçevesinde sosyal düzenin korunması ve geliştirilmesi için zorunlu derecede önemli olan faaliyetleri araştırması ve bunları elinden geldiği kadar uygulaması /uygulatması gerekmektedir. İşletmeler, üzerlerine alacakları

[15] Heiskanen E., "The Institutional Logic of Life Cycle Thinking", Journal of Cleaner Production, Vol. 10, 2002, s. 427- 437
[16] Liederkerke T., "İşletmelerde Sosyal Sorumluluk Gönüllü Bir Etkinliktir", İşveren Dergisi, Temmuz 2005, s. 45
[17] http://www.dnv.com
[18] www.sosyalsorumluluk.com

sorumluluklar ile ülkenin ekonomik ve sosyal gelişimine katkıda bulunmalıdırlar.[19]

Toplumun gerek ekonomik kaynaklara ve gerekse insan kaynaklarına karşı bir kamusal duruş sergileyerek bu kaynaklarını sadece özel kişi ve firmaların dar alanda belirlediği menfaatleri için değil, geniş sosyal sonuçları için kullanıldığını görme istekliliği sosyal sorumluluk olarak ifade edilmektedir.[20]

Boone ve Kurtz; işletmelerin sosyal sorumluluğunu, üretimden tüketime kadar olan bütün aşamalarda icra edilen faaliyetler nedeniyle, topluma zararlı etkileri açısından işletmeyi sınırlayan, toplumun refahına katkıda bulunmaya zorlayan ve bunu öngören politikalar, prosedürler ve eylemlerin benimsemesi olarak belirtmektedir.[21] Bu sorumluluk, işletme davranışlarını topluma zararlı faaliyetler açısından sınırlayan ve insan yaşamını refaha ulaştırmak için katkıda bulunmaya zorlayan, toplum yararı için tarafsız bir sorumluluk davranışı sergilemeyi esas alan bir görüş olarak karşımıza çıkmaktadır.[22]

Bu sayede sosyal sorumluluk, işletmelerin yasal ve ekonomik amaçlarının ötesinde uzun vadede daha iyi bir toplum için zorunluluklarını yerine getirme yükümlülüklerinin bir sonucu da olarak ortaya çıkmış olacaktır.[23] Bir başka ifade ile sosyal sorumluluk, bir işletmenin kendi menfaatleriyle beraber toplumun sosyal refahını da korumak ve yükseltmek için gayret içine girme zorunluluğu olarak görülmektedir.[24]

Davis ise sosyal sorumluluğun, işletmelerin faaliyette bulunduğu çevresindeki çıkar grupları ile arasındaki faaliyetlerin etkileşimin sonucu ortaya çıktığı görüşündedir.[25] Görüldüğü gibi yapılan bu tanımların ortak noktası, işletmelerin çevresinde yer alan çıkar gruplarının toplumsal beklentilerini dikkate alması gerekliliği konusunda ortak bir paydada buluşulmuş olmasıdır.[26]

"İşletmenin sosyal sorumluluğu, işletmenin bir görev veya zorunluluk dolayısıyla gerçekleştirmek zorunda olduğu faaliyetlerdir." veya "toplumsal (sosyal) sorumluluk, toplumun refahını geliştirme, hiç değilse zedelememe sorumluluğudur." Şeklinde kabul edilebilir.[27]

---

[19] Yaman, Y., "Sosyal Sorumluluk Kampanyaları", Sivil Toplum Dergisi, 2003, http://www.siviltoplum.com.tr/makale01.htm
[20]Hatcher, T. G. Ethics and Hrd, Cambridge, Mass: Perseus Pub. 2002, s. 97
[21]Boone, L E. ve David L. K., Management, New York: McGraw-Hill, 1992, s. 73
[22] Esin A., İşletmelerin Sosyal Sorumluluğu ve Sosyal Denetim Raporları, İstanbul Üniversitesi İşletme Fakültesi Yayınlanmamış Doçentlik Tezi, İstanbul, 1978, s. 11
[23]Robbins, S., P. Management, 4th ed., New Jersey: Prentice-Hall, 1994, s. 123
[24]Bartol, K. M. ve David C. M., Management, New York: McGraw- Hill, 1991, s. 115
[25]Davis, K., "Five Propositions for Social Responsibility", Managing Corporate Social Responsibility, (Ed. Archie B. Carroll), Boston: Little, Brown and Company, 1997, s. 47
[26] Top S., Akın Ö., İşletme Perspektifinden Sosyal Sorumluluk Teorisinin İncelenmesi, ZKÜ Sosyal Bilimler Dergisi, Cilt 4, Sayı 7, 2008, s. 97- 110
[27]Öztürk M, " Hastane İşletmelerindeki Yöneticilerin Sosyal Sorumluluk Anlayışının Bilgi Birikimi Yönetimine Etkileri ve İlişkin Bir Araştırma," II. Tıbbi Bilgi Yönetimi ve Teknolojileri Sempozyumu, 2003, http://lib.baskent.edu.tr/unak/ozturk.ppt

Sosyal sorumluluk kavramı kısaca, bir işletmenin faaliyette bulunduğu ortamı koruma ve geliştirme konusundaki yükümlülükleri olarak tanımlanabilir. Doğal çevreyi koruma, müşterilerin tercihlerini dikkate alarak kaliteli ve güvenli ürünler sunma, işgörenlerin temel hak ve özgürlüklerine saygı gösterme, işletmeyi ortakların haklarını koruyacak ve yatırımları kârlı kılacak bir şekilde yönetme, faaliyetlere ilişkin doğru bilgi sunma ve toplumun refah seviyesine katkıda bulunacak eğitim, sağlık ve sanat etkinliklerini destekleme gibi konular bu kavram kapsamında değerlendirilmektedir.[28]

Sosyal Sorumluluğun birçok tanımı olmakla beraber, sosyal sorumluluk, ahlaki bir kavram olarak da ifade edilmektedir.

Sosyal sorumluluk kavramı, 1960'lar ve 1970'lerde işletme yöneticileri arasında ve işletme/yönetim okullarında fazla ilgi çekmeye başlamıştır. Özellikle Amerika Birleşik Devletleri'nde 1960'larda toplumun değişen sosyal değerleriyle birlikte bu kavram da önem kazanmıştır. İşletme yöneticileri, işletmenin sosyal sorumluluğundan bahsetmeye ve ekonomik problemler yanında sosyal nitelikli problemlere de çözüm getirecek sosyal programlar geliştirmeye başlamışlardır. İşletme ve yönetim okulları ise ders programlarına işletmelerin sosyal sorumluluğu hakkında yeni dersler koymuşlardır.[29]

1.2.1. Sosyal Sorumluluk Yaklaşımları

Mal ve hizmet üreten işletmeler, toplumsal sistemi oluşturan temel kurumlardan birisi olarak kabul edilmektedir. Sanayileşme sürecine katkılarının önemli boyutlara erişmesi, işletmelerin toplum içindeki rollerinin daha etraflıca incelenmesini sağlamış, bu yönelişle birlikte işletmelerin sosyal sorumluluk değerleri ön plana çıkmıştır.[30]

Bu gelişmelere paralel olarak akademik çevrelerin teorik gelişimi ile genel toplumsal çevre, sosyal sorumluluğun iki farklı görüşünü ortaya çıkarmaktadır. Bu gelişmelerden birisi klasik teorik yaklaşıma paralel (Geleneksel) sosyal sorumluluk anlayışı, diğeri ise modern (Sosyo-ekonomik) anlayışın sosyal sorumluluk yaklaşımıdır.[31]

1.2.1.1. Klasik Yaklaşım Açısından Sosyal Sorumluluk

Bu yaklaşım, kaynağını Adam Smith'in "Ulusların Serveti" isimli eserinde ifade ettiği görüşlere dayandırmaktadır. Smith, "Görünmez El" kavramı ile her kesime yarar sağlayarak toplumsal faydanın da artacağını ifade etmiştir. Buna göre bireyler ve kurumlar kendi kişisel çıkarları için çaba harcarken, harekete

---

[28]Griffen, Richy W., Management, Third Edition, Houghton Mifflin Company 1990, s. 814- 821

[29] Buchholz, R.A., Pirinciples of Environmental Management: The Greening of Business,2. Edition, New Jersey: Prentice- Hall, 1998, s. 344

[30]Erden, D., "İşletmelerin Sosyal Sorumluluğunun Algılanması: Mühendislik ile İşletme ve İktisat Öğrencileri Kıyaslaması", Amme İdaresi Dergisi, Cilt 20, No.2, 1987, s. 69-80.

[31]Schermerhorn, J. R.,Management, New York: John Wiley&Sons, 2001, s. 126

geçirdiği kuvvet (Görünmez El) bir bütün olarak toplumsal gelişime fayda sağlamış olacaktır.[32]

Bu anlayış, fiyat mekanizması ile üretim faktörlerinin akılcı biçimde oluşacaklarını, bu suretle toplum refahını arttırabileceği varsayımından hareket ederek ekonomiye karışmanın gereksizliğini ileri sürmektedir.[33]

1.2.1.2. Kâr Maksimizasyonu Yaklaşımı Açısından Sosyal Sorumluluk

Bu yaklaşım, işletme faaliyetlerini ekonomik bir değer olarak görmekte ve işletme başarısının ölçümünde ekonomik değerleri araştırmayı hedeflemektedir.[34] Genel anlamda işletmenin asıl görevlerinin kârı maksimize etmek olduğu ifade edilmektedir. Diğer bir ifadeyle, kâr maksimizasyonu ile rekabete dayalı pazarlama anlayışının fertler tarafından sürdürülmesiyle birlikte, içinde bulunulan toplumun ve buna paralel olarak ülkenin refahında doğrudan bir artış sağlanacaktır. Bu görüşü benimseyen işletme sahip ve yöneticileri, kişisel kazançlarını artırma çabası dışında bir sorumluluk görevi üstlenmemişlerdir.[35]

İşletmelerin birçok amacının yanında kâr maksimizasyonunun yeri, işletmenin değer ve yargıları ile birlikte toplumun amaçları, kuralları ve değerleri zaman içinde sürekli olarak değişen ve şekillenen bir yapıya sahiptir. İşletmenin içinde faaliyetlerini sürdürdüğü yasal, ekonomik ve sosyal çevrelerin sınırları kesin olarak belirlenmiştir. Bir işletmenin veya sistemin faaliyet alanı tek bir noktadan ziyade belli bir alan kapladığı için, her işletme veya sistem bu yerin sınırları içinde kendi faaliyet politikasını tespit etmekte belirli bir bağımsızlığa sahiptir.[36]

1.2.1.3. Sosyo-Ekonomik Açıdan Sosyal Sorumluluk

Modern ekonomik görüş, klasik olarak nitelendirilen sosyal sorumluluk yaklaşımın bazı yetersizliklerinden dolayı, çevreyi esas alan bir sosyal sorumluluk yaklaşımı olarak ortaya çıkmıştır.[37] Bu yaklaşım, mikroekonomiden makroekonomiye geçerek, işletmenin topluma sağladığı faydalar ile zararların ayrı açılardan ele alınması gerçeğine dayanmaktadır.[38]

Modern ekonomik görüş, işletmelerin birincil sosyal sorumluluğunu klasik ekonomik yaklaşımda olduğu gibi kârlarını maksimize etmesi olarak kabul etmekle birlikte, sosyal sorumluğun gelişim safhalarında ortaya çıkan toplumsal refahın korunması ve geliştirilmesi fikirlerine ilave olarak, işletmelerin

---

[32] Hay, R. ve Gray E., "Social Responsibilities of Business Managers", Managing Corporate Social Responsibility, (Ed. Archie B. Carroll), Boston: Little, Brown and Company, 1997, s. 8

[33] Tenekecioğlu, B., "İşletmelerin Sosyal Sorumlulukları", Eskişehir İktisadi ve İlimler Akademisi Dergisi, Sayı2, Ay11, 1977, s. 46-62.

[34] Davis, a.g.e., s. 40

[35] Hay ve Gray, a.g.e., s. 8

[36] Esin A., "İşletmelerin Toplumdaki Görüntüsü", İstanbul Üniversitesi İşletme İktisadi Enstitüsü Dergisi Yönetim, Yıl 3, Sayı 11, 1979, s. 47

[37] Dinçer, Ö., Stratejik Yönetim ve İşletme Politikası, Beta Yayım, İstanbul, 2004, s.187

[38] Tenekecioğlu, a.g.e., s. 46

ekonomik performans ölçümlerinin yapılması ve işletme faaliyetlerinin kontrol edilmesi faaliyetlerini de sorumlulukları arasına eklemektedir.[39]

1.2.1.4. İş Döngüsü Yaklaşımı Açısından Sosyal Sorumluluk

Bu yaklaşım, işletmelerin özel sosyal sorumluluklarının yanında kamu çıkarlarına da hizmet etmesi gerektiğini vurgulamaktadır. Öne sürülen en önemli varsayımı, müşterileri işletmenin gelirlerinin sağlayıcıları olarak görmesidir.[40]

İşletmenin pay sahipleri önemli bir çıkar gurubu olarak görülmekle birlikte, yöneticiler de işletmenin asli unsurları olarak kabul edilmektedir. "Pay sahiplerine iyi bir kâr getirisi sağlanmalıdır; fakat diğer çıkar gruplarının da yasal hakları korunmalıdır." şeklinde ifade edilen ış döngüsü yaklaşımı, ekonomik faaliyetleri "yasal" ve "iyi" üzerine inşa etmesine rağmen bu iki kavram açıkça tanımlanamamıştır.[41]

İş döngüsü yaklaşımı, aslında pazar şartları içinde işletmelerin çeşitli çıkar grupları arasındaki değişen dengelerden etkilenen bir yaklaşımdır. Özellikletüketicilerin korunmasına yönelik hareketlerin yaygınlaşmaya başlamasıyla birlikte, çevrecilik hareketlerinin işletmeler üzerinde önemli bir baskı unsuru olması, işletme yönetiminde Toplam Kalite yaklaşımının ortaya çıkmasına ve pazarlama faaliyetlerinin tüketici tercihi odaklı hale gelmesine, işletmelerin sosyal sorumluluk alanının genişlemesine ve dolayısıyla sosyal sorumluluk kavramının da daha geniş açıdan ele alınmasına neden olmuştur.[42]

Bu yaklaşımın müşteriler, çalışanlar, kredi kuruluşları, tedarikçiler, topluluklar, toplum ve pay sahipleri olmak üzere yedi bileşeni bulunmaktadır. Buna göre işletme ve işletme yöneticilerinin temel sorumluluğu, bu bileşenler ile etkileşim içerisinde bulunarak müşterilerine ve dolayısıyla topluma karşı olan sorumluluklarını gerçekleştirmek olarak ifade edilmektedir. Bu görüş, işletmenin varlığını sürdürebilmesi için toplumun mutlak desteğine ihtiyacı olduğunu ifade ederek işletmeyi ekonomik ve sosyal bir varlık olarak değerli hale getirme gayreti taşımaktadır.[43]

1.2.1.5. Sosyal Paydaşlar Yaklaşımı Açısından Sosyal Sorumluluk

Bu yaklaşıma göre işletmeler; uzun vadeli kâr beklentilerinin sağlanması, sosyal sorumluluğu destekleyen kamuoyu beklentilerinin karşılanması, herkes için daha iyi yaşanabilir bir çevrenin oluşturulması ve geliştirilecek işletme imajı

---

[39] Steiner, G., A. ve J. F. Steiner, Business, Government, and Society: A Managerial Perspective : Text And Cases, New York: McGraw-Hill, 1997, s.106
[40] Baron D. P., Business and Its Environment, Englewood Cliffs, New Jersey: Prentice Hall, 1993, s. 507- 508
[41] Baron, a.g.e., s. 509
[42] Baron, a.g.e., s. 509
[43] Baron, a.g.e., s. 509

için elinde bulunan teknik, parasal ve yönetsel kaynakları karmaşık sosyal sorunlarının üstesinden gelebilmek için sosyal paydaşları için kullanmalıdır.[44]

Bu görüşü savunanlar, sosyal olaylara destek veren işletmelerin uzun vadede finansal değerlerinin değişerek artacağı konusunda görüş birliğindedirler. Bu nedenle işletmeler, bazı sosyal yükümlülükleri üzerlerine almalı ve bunun oluşturacağı maliyeti kabul etmelidirler. Ancak bunun sonunda işletmeler, olumlu bir rol çizerek sosyal meseleleri çözen ve hayırsever davranışlar sergileyen organizasyonlar olarak, toplum nazarında giderek daha fazla ilgi çekecektir.[45]

1.2.1.6. Muhasebe Açısından Sosyal Sorumluluk

Her alanda ortaya çıkan değişme ve gelişmeler ticari hayatı da etkilemiş ve geliştirmiştir. Ticari hayatta meydana gelen bu gelişmeler, işletmelerin faaliyetlerinin önemini ve niteliğini etkilemekle birlikte, bu faaliyetlerden faydalanan kesimlerin hem sayısını hem de etkinliğini artırmıştır. Bunun sonucunda da işletmelerin faaliyet sonuçları daha çok grupları ilgilendirir hale gelmiştir. Bu çıkar gruplarının işletmelerden beklentileri söz konusudur. Bu kavram gereği, muhasebe faaliyetlerinin yürütülmesi, sonuçlandırılması ve sonuçların yorumlanması esnasında bu çıkar gruplarından belli bir kesimin değil, tüm kesimin çıkarlarının gözetilmesi gerekir. Kısaca, sosyal sorumluluk kavramı, muhasebe bilgilerinin kayıtlara doğru aktarılması ve tarafsız davranılması şeklinde açıklanabilir. Buna, işletmenin faaliyet sonucu elde edilen kârın ilgili menfaat grupları arasında adil bir şekilde dağıtılması örnektir.[46]

Burada muhasebenin veya işletmenin sosyal sorumluluğundan çok, muhasebecinin sosyal sorumluluğu ön plana çıkmaktadır. Çünkü yasal olarak güvence altına alınmış birkaç konu dışında, muhasebe işlemlerinin düzenlenmesi ve değerlendirilmesi tamamen muhasebecinin bilgi ve yeteneğine kalmaktadır. Sosyal sorumluluğu olmayan bir muhasebeci doğruluk, dürüstlük ve tarafsızlıkla bağdaşmayacak davranışlar içerisinde bulunarak tüm toplumun çıkarlarını zedeleyebilir. O halde, sosyal sorumluluk kavramının daha iyi uygulanabilmesi için muhasebe ile ilgili mesleklerde çalışacak olan kişilerin, hem bilgi hem de ahlaki değerler bakımından iyi bir şekilde eğitilmesi gerekmektedir. Belirtilmesi gereken diğer bir husus da bu kavramın yasal dayanaklar ile etkin hale getirilmesidir.[47]

Yine amaçlara uygun ve tutarlı karar verebilmek için karar işleminde faydalanılan bilgilerin geçerli ve güvenilir olması gerekir. Güvenilir olmayan bilgi, kaynakların etkin kullanımını engelleyerek topluma ve karar alıcının kendisine zarar verir. Bankanın işletmenin hazırlamış olduğu yanlış finansal bilgileri doğru varsayarak borç vermeyi kabul etmesi ve borçlu işletmenin borcunu geri ödeyememesi hem bankaya hem de genel ekonomiye zarar

[44] Scehermerhom, a.g.e., s. 127
[45] Robbins, a.g.e., s. 121
[46] Sürmen Y,, Muhasebe I, Celepler Matbaacılık, Trabzon, 2013, s. 23
[47] Sürmen, a.g.e., s. 23

verecektir. Banka, anapara ve faiz geliri kaybına katlanırken, bu krediyi ekonomi yararına daha etkin olarak kullanabilecek başka bir işletme de böyle bir imkândan yoksun bırakılmış olacaktır.[48]

Ayrıca muhasebenin sosyal sorumluluk kavramı gereği olarak, muhasebecinin çevreyi korumaya yönelik mesleki açıdan bilgi üretme sorumluluğu bulunmaktadır. İşletmelerin faaliyetleri sonucu ortaya çıkan çeşitli çevresel etkilerle ilgili fiziksel ve finansal boyutların belirlenebilmesi, ölçülebilmesi ve muhasebe sistemi içerisinde daha belirgin hale gelmesi için çevresel olgularla ilgili gerekli verilerin hazırlanmasını sağlayacak yöntem ve tekniklerin muhasebe sistemine kazandırılması gerekmektedir.[49]

1.2.2. Sosyal Sorumluluğun Amaçları

Günümüzde ekonomi gittikçe toplum talepleri doğrultusunda şekillenmekte ve iş hayatının sorumlulukları artmaktadır. Serbest piyasa ekonomisinin hüküm sürdüğü gelişmiş ülkelerde var olan bu eğilim, gelişme çabaları içinde bulunan ülkelere de yön gösterici niteliktedir.

İşletmeler, çevresindeki sistemin bir parçası olduklarından dolayı, yaşamlarını
sürdürebilmeleri, ancak bu sistemdeki değişikliklere uyum sağlamalarıyla mümkün olmaktır. İşletmeler, çevresini görebilen, yaşadığı ve bağımlı olduğu doğal ve kültürel çevresiyle bütünleşebilen, dünyayı ve insanları daha iyi anlayabilen, gözlemleyebilen daha yapıcı ilişki ve sorumlulukla hareket eden bir anlayışla faaliyetlerini sürdürmeleri halinde piyasada tutunacaklardır.

Sosyal sorumluluk açısından işletme ve yöneticilerin davranışlarında görülen değişimlerin nedenleri aşağıdaki gibi sıralanabilir.[50]

1. İşletme ve işletme yöneticilerinin toplumda gösterdikleri başarı ve üstlendikleri rolün öneminin anlaşılmasıyla birlikte, yöneticilere yeni sorumluluklar yüklenmesi,

2. İşletmenin toplumun çıkarları için yaptıklarını görmesi ve çalışmaları hakkında bilgi talep etmeye başlaması,

3. Toplumsal değişime öncülük etme arayışı konumunda olan yöneticilerin toplumun kurumları denetleme arzusuna olumlu cevap verebilmesi,

1.2.3. Sosyal Sorumluluğun Kapsamı ve Sınırları

Her işletme aynı zamanda bir sosyal girişimdir. Onun yükümlülükleri ve sınırları toplum tarafından belirlenmektedir. Bu sınırlar sık sık hem ahlaki hem de kanunlarla yazılı olarak belirlenmektedir. Sosyal sorumluluğun anlamı ve

[48] Güredin E.,, Denetim, Beta Basım Yayım Dağıtım A.Ş., Nisan 1997, s. 4
[49] Haftacı V.,, Soylu K., Çevre Kirlenmesi ve Çevre Koruma Bağlamında Çevre Muhasebesinin Önemi, Muhasebe ve Finansman Dergisi, Sayı 33, Ocak 2007, s. 103
[50] www.sosyalsorumluluk.sitemynet.com

özellikle kapsamı, toplumdan topluma, işletmeden işletmeye, kişiden kişiye değişebilir.

Sosyal bir çevrede faaliyet gösterdiklerinden dolayı işletmelerden pek çok alanda sosyal taleplerin olması son derece doğaldır. Dolayısıyla işletmelerin sosyal sorumluluğu, işletmenin var oluşuyla birlikte doğar. Sosyal talepler, işletme için sosyal sorumluluğun kapsamını belirlemeye imkân verdiği gibi, ondan ne tür beklentilerin olduğunu da ortaya koyar. Sosyal sorumluluğun kapsamı ekonomik, yasal, sosyal, ahlaki, kültürel, siyasal, teknolojik vb. boyutlarla sınırlandırılabilir.[51]

Genellikle işletmeler açısından sosyal sorumluluğun kapsam ve sınırlarını belirlemede kullanılan kriterler aşağıdaki gibi ifade edilmektedir;[52]

- Bütün işletmeler veya herbir işletme için bir tek evrensel formül yoktur. Yasal ve düzenleyici ihtiyaçların ötesindeki alanda en azından herbir işletme, ne yapacağına veya ne yapamayacağına karar vermelidir. Herbir işletme faaliyete geçmeden önce sosyal sorumluluklarının ne olduğu konusunda dikkatli bir şekilde düşünmelidir.
- İşletme daha çok güçlü bir kâr amacına sahip bir ekonomik kurum olarak düşünülmelidir; işletme, finansal teşvikler olmaksızın toplumun ekonomik olmayan hedeflerini karşılamaya alışkın değildir. Bir işletme uzun vadede kâr elde etmezse, topluma karşı herhangi bir sorumluluğunu gerçekleştirmesinin imkânı yoktur. İşletme temel maliyetleri karşılayamazsa topluma katkıda bulunabilecek herhangi bir şeyi söz konusu olamaz.
- İşletme uzun vadeli görüş beklentisi içinde olmalı ve geçici olarak net kârı azaltabilen sosyal yönden sorumlu olduğu eylemleri uzun vadeli işletme çıkarlarıyla tutarlı bir şekilde yerine getirmelidir. Açıkçası işletmenin uzun vadeli çıkarları, kirlilik, sivil itaatsizlik, suç vs. gibi türden sorunları düzeltmede yatar.
- Bir işletme sosyal gücüyle orantılı olarak sosyal sorumluluklara sahiptir. Davis bu ilişkiyi "Sosyal Sorumluluğun Demir Kanunu" olarak ifade eder. Güç ve sorumluluğun el ele gitmesi uygarlığın kendisi kadar eskiye gider. Sorumluluk olmaksızın gücün mevcudiyeti meşru olamaz.
- Sosyal sorumluluk, işletmelerin özelliklerine göre farklılık gösterir, İşletmeler faaliyet hacmi, ürünler, rekabetçi stratejiler, üretim süreçleri, pazarlama yöntemleri ve yöneticilerin değerleri ve düşünceleriyle ilişkili olarak farklılık göstermektedir. Örneğin büyük bir kimyasal üretici, küçük bir sigorta şirketine göre toplum üzerinde daha fazla ve birçok farklı etkiye sahiptir. Dolayısıyla sosyal sorumlulukları da hem farklı hem de potansiyel olarak daha fazladır. Sosyal sorumluluğun sınırları aynı zamanda ulusal sorunlara göre de değişiklik gösterir. Bangladeş, Arjantin veya İsviçre şirketleri açısından sorumluluklar çok fazla değişkenlik gösterir.

---

[51] www.sosyalsorumluluk.com
[52] www.sosyalsorumluluk.com

• Bireysel olarak bir işletme sadece en iyi şekilde yönetebileceği sosyal sorumlulukları seçmelidir. Geleneksel olarak işletme görevin, minimum bir düzeyde atılımın sağlanması halinde daha iyi başarılacağı inancını taşır. Deneyimleriyle baskın sorunları ele almalıdır.

Bir işletmenin sosyal sorumluluğunun üç temel ilkeye sınıflandırılması mümkündür;[53]

• Meşruiyet ilkesi: İşletmenin kurumsal düzeydeki fonksiyonları ve yer aldığı faaliyetler itibariyle topluma karşı sorunlulukları olduğu düşüncesini esas alır. Bu ilke toplum ile işletme arasındaki kurumsal ilişkileri ile ilgilidir ve işletmenin beklentilerini özel hale getirir.

• Kamu sorumluluğu ilkesi. "Bir işletme örgütsel düzeydeki fonksiyonları itibarıyla toplumda birincil ve ikincil ilgi alanlarıyla ilişkili olarak sorumludur. Bu yüzden bir işletmenin sorumlulukları, faaliyetleri ve çıkarlarıyla ilişkili sorunlarla sınırlı olmaktadır.

• Yönetsel takdir edebilme hakkı (discretion) ilkesi: Bu ilke, bireysel düzeydeki fonksiyonlar ve ahlaki aktörler olarak yöneticilerle ilgilidir. Sosyal sorumluluk alanını içeren sonuçları başarmak için tasarlanan faaliyetlerin seçiminde yöneticilerin sorumluluklarını tanımlamaktadır.

1.2.3.1. İşletmelerde Sosyal Sorumluluk Alanları

İşletmelerin ilişkili oldukları birçok sosyal sorumluluk alanı vardır. Bunlar, sosyal sorumlulukların sınırlarını veya kapsam ve konularını oluşturmaktadır. Sosyal sorumlulukların kapsamı aşağıdaki gibi ifade edilebilir.[54]

• İşletmenin ve onun yöneticilerinin, hissedarlara veya sermaye sahiplerine karşı olan yükümlülükleridir,

• Yakın çevreye istihdam imkânlarının teminidir, işe almada cinsiyete, ırka ve sosyal sınıflara eşit davranılmalıdır,

• Tüketicinin korunmasıdır,

• İş ahlâkına sahip olunmasıdır. Haksız ve aşırı kârlar elde etme, rakip firma mallarını kötüleyici ve küçük düşürücü reklamlar yapma gibi iş ahlâkına ters davranışlar sergilenmemelidir,

• Çevre kirliliğinin önlenmesi ve çevrenin yaşanabilecek bir ortam olarak korunmasıdır,

• İnsanlığa karşı duyulması gereken ihtiyari sorumluluklardır.

---

[53] Özgener Ş., İş Ahlakı ve Sosyal Sorumluluk, Doktora Tezi, Konya, S.Ü. Sosyal Bilimler Enstitüsü İşletme Anabilim Dalı Yönetim ve Organizasyon Bilim Dalı, 2000, s. 137- 143

[54] www.sosyalsorumluluk.sitemynet.com

Yukarıda kısaca açıklanmaya çalışılan sosyal sorumlulukların kapsamı, genel olarak iki şekilde ele alınabilir. Bunlar, işletme içi sosyal sorumluluk ve işletme dışı sosyal sorumluluk şeklindedir.

İşletme ve işletme dışı sosyal sorumluluklar da şu şekilde sıralanabilir:[55]

1.2.3.1.1. İşletme İçi Sosyal Sorumluluklar

1- İşletmelerin personeline önem vermesi,

2- Personelin işe uyumunu sağlama,

3- Çalışma ortamının veya şartlarının çalışana göre ayarlanması, iyileştirilmesi,

4- Bireyin kişisel eğitimine ve kariyerine odaklanma,

5- İşletmelerde iletişimi arttırma ve yönetime katılma imkânının sağlanması.

1.2.3.1.2. İşletme Dışı Sosyal Sorumluluklar

1- İşletmelerin iş ahlakına uyması,

2- Ürünün güvenliği bakımından, ürünü tüketiciye tanıtma,

3- Tüketicileri bilgilendirme sorumlulukları,

4- Fiyat belirleme bakımından sorumlulukları,

5- Çevre kirliliğinin önlenmesi açısından sorumlulukları.

1.2.3.2. Sosyal Sorumluluğun Özel Alanları

İşletmeler, sorumluluk alanlarının belirlenmesi ile geleneksel ekonomik çıkarların ötesinde ilişki içinde oldukları sosyal, siyasal ve teknolojik çevre faktörleri çerçevesinde kime karşı sorumlu olduklarının farkına varmaktadırlar. Yöneticinin çevresindeki sosyal sorunların farkında olması, bilinçli olarak bu sorunların çözümü için elindeki bütün kaynakları ve imkânları kullanması için sosyal sorumluluk alanlarını belirlemesi gereklidir. Sosyal sorumluluk alanları birbirinin rakibi değil, aksine birbirini tamamlayıcı olarak görülmelidir. Çünkü çoğulcu toplum yapısı, özerk ve yarı özerk grupların sahip oldukları gücü dengeli bir şekilde birbirine zarar vermeden yapıcı olarak kullanmalarına uygun bir ortam sağlamaktadır. Ancak işletmelerin sosyal sorumluluk alanlarını kesin hatlarıyla ortaya koyması güçtür.[56] Çünkü küreselleşme ile dünyanın bir köy halini alması, işletmeler için yeni rakipleri ve yeni riskleri beraberinde getirmiştir. Her piyasada şeffaf yönetim uygulamalarını sağlamak oldukça zor, bir o kadar da karmaşıktır. Bu karmaşayı minimize etmek için sosyal sorumluluk standardı geliştirilmiştir.

---

[55] Şen A., Kaleli N., "Bilgi Toplumu İşletmelerinde Sosyal Sorumluluk" Bilgi Toplumu (Makaleler), http://www.bilgiyönetimi.org/com/pages/mkl

[56] Özgener, a.g.e., s.180

1.3. Sosyal Sorumluluk SA 8000 Standardı

İşletmelerin müşterilerine "daha kaliteli ve güvenilir ürünler sunma" sorumluluğunu vurgulayan ISO 9001 ve doğal çevreye karşı olan sorumluluklarını düzenleyen ISO 14000 serileri gibi standartların varlığı, öteden beri bilinmektedir. İşletmelerin işgörenlere karşı sosyal sorumluluğunu yerine getirmelerinde kılavuzluk edecek standart ise SA8000 standardıdır. [57]

İnsan hakları bilincinin yerleşmesi ile işletmelerin çalışanlarına karşı sosyal sorumluluklarını ne derece yerine getirdikleri, müşterilerin dikkatle izledikleri konular arasında yer alır. SA 8000, hizmet veya üretim süreçlerinin insan haklarının gereği olan değerlere uygun bir sistem altında çalıştığını ölçümlemektedir. SA 8000 standardına uygun çalışan bir işletmede, sağlık ve güvenlik şartları, çalışanların yaşlarının çalışmaya uygunluğu, ırk, cinsiyet, din gibi sosyal ayırımlara dayalı iş ve ücret şartlarında farklılık gözetilmediği, çalışma ve mesai saatlerinin uygunluğu, ücretin yeterliliği, örgütlenme ve toplu sözleşme hakkı sistemli olarak güvence altına alınmış demektir.[58]

Sosyal performansı sağlayan hedeflere karşı bazı işletmeler tarafından geliştirilen standartlar ve yönergelerle sosyal performansın ne ölçüde gerçekleştiğini ölçmek ve rapor etmek mümkündür. Bu açıdan SA8000, iş ve çalışma sahası şartlarını düzenleyen denetlenebilir standarttır. Haziran 2000'de küresel raporlamayı ilk olarak destekleyen yönergeler, çevresel, sosyal ve ekonomik ortak performansın raporlanabilmesi için prensiplerin alt yapısını oluşturmuştur. Aynı zamanda küresel yönetim sistemini konu alan standartlara daöncülük etmiştir.[59]

SA 8000, performans şartları kadar prosedür ve sistem şartlarını da önemseyen, yönetim sistemi ile davranış kodunun bileşimi bir standarttır. Ekim 1997'de Ekonomik Öncelikler Konseyi Akreditasyon Bölümü (The Council on Economic Priorities Accreditation Agency-CEPAA), diğer adıyla Sosyal Sorumluluk Uluslararası (SAI) (Social Accountability International-SAI) tarafından geliştirilen [60] ve "Amnesty International" ve "The National Child Labor Committee"[61] gibi sivil toplum örgütlerince desteklenen standart, Avon Cosmetics, Toys 'R' US (ABD), Sainsbury (İngiltere) ve Otto Versand (Almanya) gibi işletmelerin yanı sıra, çeşitli insan hakları grupları, işgören sendikaları ve KPMG-Peat Marwich ve SGS-ICS gibi muhasebe şirketlerinin de desteğine sahip bulunmaktadır. [62] Gönüllülük ilkesine dayanan [63] ve tedarikçi

---

[57] Aydemir M., İşletmelerin İşgörenlere Karşı Sosyal Sorumlulukları ve SA 8000 Standardı, www.osg.com.tr/forum/index.php?topic=313.0;wap2
[58] Aydemir, www.osg.com.tr/forum/index.php?topic=313.0;wap2
[59]www.SA.8000.info
[60]Export Today, "Conduct of Codes", 14, 9, 1998. s. 74- 76
[61] Richards, Don, "New Environmental Standard Could Alter Business Behavior", Chemical Market Reporter, 253 18, 1998, s. 5- 7
[62]Bernstein, A., "Sweatshop Police", Business Week, 3549, 1997, s. 39
[63]Zhang, J., "SA8000 Requires Positive Attitude", North American Edition, NewYork, July 6, 2004, s.11

seçiminde dünyadaki ilk evrensel ahlak standardı olma özelliğine sahip bulunan SA 8000'in, küresel işletmelerin tedarikçilerinden, ISO belgelerinin yanı sıra isteyeceği önemli bir standart olacağına inanılmaktadır.[64]

SA 8000, dört bölümden oluşmaktadır. İlk bölüm standardın "amaçve kapsamını tanımlamakta, ikinci bölüm bir işletmenin belge almaya hak kazanabilmesi için standarda ek olarak uymak zorunda olduğu yerel yasaları, Uluslararası Çalışma Örgütü'nün (ÜÇÖ) temel düzenlemelerini ve Birleşmiş Milletler Anayasası'nıbelirtmekte; üçüncü bölüm, standartla ilgili "işletme", "tedarikçi","çocuk işgören" ve "zorla çalıştırılan işgören" gibi kavramları tanımlamakta; son bölüm ise, işletmenin yönetim sistemini uygularken ve belge alırkenuymak zorunda olduğu genel şartları açıklamaktadır.[65]

İşletmelerin uymak zorunda oldukları bu şartlar aşağıdakigibi sıralanabilir:[66]

Çocuk işgören: 15 yaşın altında çocuk işgören çalıştırılamaz. Bu yaşın üzerindeki çocuk işgören eğer okula da devam ediyorsa, iş için harcayacağı toplam zaman, günde (iş, okul ve ulaşım dâhil) 10 saatigeçemez.

Zorla çalıştırılan işgören: İşletme zorla işgören çalıştıramaz veya işgörenlerin kimliklerini veya belli bir "depozit"i işletmeye bırakmalarını isteyemez.

Sendika kurma ve toplu pazarlık hakkı: İşgörenler sendika kurma, sendikaya katılma ve toplu pazarlık hakkına sahiptirler. Bu hak engellenemez.

Çalışma saatleri: İşgörenler haftalık 48 saatten fazla çalıştırılamazve (kısa dönemli olağan üstü iş şartları hariç) fazla mesailer, haftalık12 saati geçemez.

Maaş ve ücretler: Ücretler en azından ülkenin "asgari ücret" seviyesindeve personelin temel ihtiyaçlarını karşılamaya yetecek kadarolmak zorundadır.

Sağlık ve güvenlik: İşletme, sağlıklı bir çalışma ortamı sunmak, kazave yaralanmaları önleyici tedbirleri almak, sağlık ve güvenlik eğitimi vermek, temiz sağlık tesisleri ve içilebilir su sağlamak zorundadır.

Ayırımcılık ve disiplin uygulamaları: İşgörenler cinsiyet, etnik köken vb nedenlerden dolayı farklı muameleye tabi tutulamaz ve işgörenleredayak, küfür vb. fiziksel ve psikolojik baskı uygulanamaz.

İşletmelerin yanı sıra müşteri işletmeler, tedarikçiler ve aracı kuruluşlarında çalışma şartlarını iyileştirmelerini öngören standart, ancakbu şekilde sağlıklı bir iş çevresinin oluşturulabileceğini vurgulamaktadır.

SAI, işletmelerin birlikte çalışacakları tedarikçileri seçerken bunların, azgelişmiş ve gelişmekte olan ülkelerdeki fabrikalarındaki çalışma saatleri,

---

[64] Tarantino, Dominic A., "Principled Business Leadership", Vital Speeches of the Day, 64 18, 1998, s. 559- 563

[65] Export Today, "Conduct of Codes", 14.9.1998, s. 74- 76

[66]Punter, L. ve Gangneux, D., "Social Accountability: The Most Recent Element To Ensure Total Quality Management", Total Quality Management, 9 4/5, 1998, s. 197- 200

ücretler, hastalık ve kaza ödenekleri, sağlık ve güvenlik şartları, disiplin uygulamaları, zorla işgören çalıştırıp çalıştırmadıkları ve "çocuk" kavramını nasıl tanımladıklarına ilişkin bilgileri kapsayan "davranış kurallarını"; bu kurallarla ilgili denetimleri kendilerinin mi, yoksa bağımsız bir danışmana veya sivil toplum örgütüne mi yaptırdıklarını incelemelerini önermekte[67] ve böylece standardın yaygınlaştırılmasını hedeflemektedir.

1.3.1. SA 8000 ve Diğer Standartlar

İşletmelerin sosyal sorumluluklarını düzenleyen SA 8000 dışındaki diğer bazı standartlardan da kısaca söz edilmesinde yarar bulunmaktadır. ISO standartları, SA 8000'in oluşumunda vc yaygınlaşmasında önemlibir yere sahiptir. ISO 9000 Endüstriyel Kalite Yönetimi, ISO 14000 Çevre Sistemleri Yönetimi standartlarını harekete geçirmiş ve daha sonra da SA8000 Standardı gündeme gelmiştir.[68] Toplam KaliteYönetimi çabaları, "iç müşteri (işgören) memnuniyeti"nin sağlanmasında kullanılabilecek etkin bir araç olan SA 8000'in doğuşunda etkili olduğugibi, yayılıp benimsenmesinde de etkili olmaktadır.[69] ISO standartları konusunda ülkemizde yeterli düzeyde bilgi ve kaynak bulunduğundan bu standartlara ilişkin açıklamalara burada yer verilmemektedir.

İşletmelerin sosyal sorumluluklara uygun faaliyet göstermelerini sağlamak için geliştirilen diğer standartlar arasında, Sosyal ve Ahlaki Sorumluluk Enstitüsü (The Institute for Social and Ethical AccountAbility-ISEA) tarafından geliştirilen AA1000 Standardı; Küresel Raporlama Girişimi(The Global Reporting Initiative-GRI) tarafından geliştirilen ve Çevreye Duyarlı Ekonomi Koalisyonu (The Coalition for Environmentally ResponsiveEconomics-CERES) tarafından desteklenen standart[70] ile diğerleri aşağıdaki şekilde özetlenebilirler:[71]

AA1000 Standardı, bütün paydaşlara karşı sosyal sorumluluğu temelalan, gönüllülük ilkesine dayanan, iş ahlakına ve sosyal sorumluluklarauygun muhasebe, denetim ve raporlama için geliştirilmiş bir standarttır.

SA 8000 Standardı gibi farklı sektörlerdeki işletmelere uygulanabilme özelliğine sahip bulunan standart, belgelendirilen işletmelerin periyodik denetimlerle sürekli olarak iyileştirilmesini ve geliştirilmesini öngörmektedir. İş ahlakına ve sosyal sorumluluklara uygun muhasebe, denetim ve raporlama uygulamaları ile örgütlerin sorumluluk bilinçlerini ve genel performanslarını yükseltmeyi amaçlayan AA1000 Standardı, örgütsel değerlerin işletmelerin tüm çabalarının merkezinde yer alması gerektiğini vurgulamaktadır.[72] 1997 yılında kurulan ve 2002 yılında faaliyetlerini BM Çevre Programı (United Nations Environment Programme) içinde sürdürmeye başlayan Küresel Raporlama

---

[67]Consumer Reports, "Which Hot Toys Are Cool?", 62 12, 1997, s. 20 25
[68]Daviss, Bennett, "Profits From Principle", Futurist, 33 3, 1999., s. 28- 34
[69] Aydemir, a.g.e., www.osg.com.tr/forum/index.php?topic=313.0;wap2
[70] Belsie, L., "Seeking New Social Responsibility Measures", Christian Science Monitor, 91 124, 1999, s. 419- 435
[71] Belsie, a.g.e, s. 419- 435
[72] ISEA, Institute of Social and Ethical Accountability, AA1000 Overview, 1999. 01.04.2006, http://www.accountability.org.uk/aa1000/default.asp

Girişimi, çok sayıda paydaşı içeren ve küresel uygulama imkânı bulunan "Sürdürülebilir Raporlama İlkeleri" belirlemekte ve bu ilkelere uygunluğun yaygınlaşması için çaba harcamaktadır.[73]

İşletme faaliyetlerinin, ürünlerin ve hizmetlerin ekonomik, ekolojik vesosyal boyutlarına vurgu yapan bu ilkelerin uygulanması, tamamen işletmeleringönüllü tercihlerine bağlı bulunmaktadır.[74]

Merkezi Washington'da bulunan, belgelendirme öncesi ve sonrası denetimler gerçekleştiren Adil İşgücü Derneği (The Fair Labor Association-FLA), standart kodlar geliştiren, dış denetim yetkisi veren, belge alan tesislerin performanslarını sistematik olarak karşılaştıran ilk Amerikan örgütüdür. Marka yöneticileri, üniversite temsilcileri, müşteri grupları vedini gruplarca yönetilen örgüt, üye aidatlarıyla finanse edilmektedir. FLA, giyim ve tekstil sektöründe faaliyet gösteren işletmelerin çalışanlarına[75] Uluslararası Çalışma Örgütü'nün standartlarında çalışma şartları hazırlamalarını önermekte, işgörenlerin haklarını korumaya veçalışma şartlarını iyileştirmeye çalışmaktadır.

"İşyeri Standartları" adınıverdiği davranış kodlarıyla, zorla çalıştırmayı ve çocuk işçi istihdamını durdurmayı; fiziksel, cinsel, psikolojik ve sözlü tacizleri ve ayrımcılığıönlemeyi; işyeri sağlık ve güvenlik şartlarını iyileştirmeyi; örgütlenme özgürlüğünün ve toplu pazarlık hakkının önündeki engelleri kaldırmayı; maaş ve ücretlerde, çalışma saatlerinde ve fazla mesailerde iyileştirmeler yapmayı hedefleyen FLA [76] bağımsız denetim ve belgelendirme çabalarıyla işletmeleri ve hazırladığı raporlarla kamuoyunu, müşterileri ve paydaşları bilgilendirerek sektörde sorumlu satın alma kararlarını yaygınlaştırmaya çalışmaktadır.[77]

Adil Ticaret Etiketi Örgütü (Fairtrade Labelling Organizations International-FLO), dünya genelinde uygulanabilecek adil ticaret standartlarıgeliştiren ve bu standartlara uygun faaliyet gösteren işletmeleri belgelendirenbir kuruluştur. 50 ülkede bir milyondan fazla üreticiye, onlarınişgörenlerine ve ailelerine destek veren örgüt, kendi etiketi altında pazarlananürünlerin Adil Ticaret Standartları'na uygun olduğunu garantietmektedir.[78]

FLO standartları, tarım, imalat vb. sektörlerde asgari sağlık ve güvenlikönlemlerinin alınmasını, ekolojik çevreye duyarlılık gösterilmesini, çocuk veya köle işçi çalıştırılmamasını öngörmektedir. Belge almak isteyen işletmelerin, çalışma şartlarını iyileştirmeleri, ürün kalitesini yükseltmeleri, ekolojik çevreyi korumaları ve işgörenlerini geliştirmek için yatırım yapmaları gerekmektedir. FLO işletmelerin, küçük çiftçi veüreticilerden yaptıkları

---

[73]Aydemir, a.g.e., www.osg.com.tr/forum/index.php?topic=313.0;wap2
[74]GRI, "Global Reporting Initiative", GRI at a glance, 2006.www.sgsgroup.com,
[75]Bhagwati, Jagdish, "Corporate Conduct", World Link, Mar/Apr, 14 2, 2001, s. 48- 51
[76] FLA, "Workplace Code of Conduct", 2006b.http://www.fairlabor.org/all/code/index.html,
[77] FLA, 'Fair Labor Association", 2006a. http://www.fairlabor.org/,
[78] FLA, 'Fair Labor Association", 2006a. http://www.fairlabor.org/,

alımlarda onların haklarına saygı göstermelerini; faaliyetlerini sürdürmelerine, gelişmelerine ve büyümelerine imkân verecek bir fiyattan alım yapmalarını; ihtiyaç duyduklarında, avans vermelerinive onlarla uzun vadeli çalışma konusunda plan yapmalarını tavsiye etmektedir.[79]

Sosyal sorumluluklar konusunda gerçekleştirilen bir diğer çaba ise, Amerikan Giyim ve Ayakkabı Derneği'nce başlatılan, "Küresel Sorumlu Giysi Üretimi" (Worldwide Responsible Apparel Production-WRAP) oluşumudur. Kâr amacı gütmeyen ve bağımsız bir kuruluş olan WRAP, tekstil ürünlerinin, yerel yasal düzenlemelere uygun faaliyet gösteren; çocuk işgören ve zorla işgören çalıştırmayan; taciz ve suiistimalleri önleyen; işgörenlereen az asgari ücret düzeyinde maaş ve ücret ödeyen; ayrımcılığa izin vermeyen; iş kazalarına ve hastalıklara yönelik gerekli önlemleri alan; işgörenlerin örgütlenme ve toplu pazarlık haklarına saygı gösteren; ekolojik çevreye ve diğer paydaşların haklarına saygılı olan işyerlerinde üretildiğini belgelendirmektedir.[80]

Bu konudaki bir diğer çalışma da Haziran 2004 yılında Stockholm'de bir uluslararası sosyal sorumluluk konferansında ele alınmış ve sosyal sorumluluğun yeni bir madde ile Uluslararası Standartlar Organizasyonu'nda (ISO) geliştirilerek kabul edilmiştir. Bu madde; "Ekonomik gelişim şartları ve hukuki farklılıkları ne olursa olsun, bir organizasyonun sosyal, çevresel ve kültürel ilişkileri icra ederken sosyal sorumluluklarını yerine getirmesine destek olabilmek" amacıyla uygulamada öncülük yapabilecek bir standart olarak ele alınmıştır.[81]

1.4. Kurumsal Sosyal Sorumluluk

Kurumsal sosyal sorumluluk, Keith Davis tarafından 1960 yılında "Kısmen de olsa, şirketin dolaysız ekonomik veya teknik çıkarlarının ötesinde aldığı karar ve davranışlar" olarak yapılmıştır.[82] Bir başka tanımda Walton tarafından 1961 yılında "kurumsal girişimin sosyal sahnede boy göstermesiyle ortaya çıkan problemler ve kurum ile toplum ilişkisini düzenlemesi gereken etik prensipler" olarak yapılmıştır.

Bugün kurumsal sosyal sorumluluk ile ilgili yazılan makalelerin hemen hepsi, bu iki tanımı referans olarak kavramın geliştirilmesi ile ilgili çalışmalar yapmaktadır.

Kurumsal sosyal sorumluluk kavramsal olarak, tanımı üzerine tam bir mutabakat olmamasına rağmen, "bir şirketin ekonomik ve çevresel bir biçimde

[79] FLO, "Fairtrade Labelling Organizations International".
http://www.fairtrade.net/ ve http://www.fairtrade.net/sites/standards/general.html,
[80] WRAP, Worldwide Responsible Apparel Production, About WRAP, 2006.
http://www.wrapapparel.org/modules.php?name=Content&pa=showpage&pid=3,
[81] tr.wikipedia.org/wiki/ISO
[82]Davis, K.. ve Blomstrom, R, 1971. Business Society and Environment Social Power and Social Response, 2.Ed., McGraw-Hill Book Company, NewYork, s. 259

çalışırken paydaşlarının ilgi ve hassasiyet alanlarını da paylaşması konusundaki yükümlülükleri" olarak tanımlanabilir.[83]

Kurumsal sosyal sorumluluğun bir başka tanımı 1972 yılında Steiner tarafından "Belli bir zaman ve belli bir toplumdan belli başlı kuruluşlar ve insanlar arasında genel kabul görmüş kurallar, görevler ve davranışlar bütünü" şeklinde yapılmıştır.

Kurumsal sosyal sorumluluk, herhangi bir organizasyonun hem iç, hem de dış çevresindeki tüm paydaşlara (stakeholders) karşı "etik" ve "sorumlu" davranması, bu yönde kararlar alması ve uygulaması şeklinde tanımlanabilir. Kurumsal sosyal sorumluluk, denildiğinde bundan genellikle bir işletmenin sürdürülebilir kalkınma temel hedefine yönelik olarak doğayı ve çevreyi koruyacak önlemler alarak üretimde bulunması anlaşılmaktadır. Oysa bu son derece eksik bir tanımlamadır. Bir işletmenin çevreye ve topluma karşı sorumluluklarınyanı sıra doğrudan ve /veya dolaylı ilişki içerisinde bulunduğu ve işletme kararlarından ve faaliyetlerinden ciddi olarak etkilenebilecek tüm paydaşlara karşı sorumluluğu bulunmaktadır.[84]

Kurumsal sosyal sorumluluk herhangi bir kuruluşun (kâr amacına yönelik olarak oluşturulmuş bir şirket, kamu kuruluşları veya hükümet dışı kuruluşlar) hem iç hem de dış çevresindeki tüm paydaşlara karşı "etik" ve "sorumlu" davranmasını, bu yönde kararlar alması ve uygulamasını ifade eden bir kavramdır. Kurumsal sosyal sorumluluk özel organizasyonlar için kullanılan bir kavramdır ve literatürde yaygın olarak " şirket sosyal sorumluluğu" kavramı ile ifade edilmektedir. Şirket sosyal sorumluluğu, şirketlerin işletme faaliyetlerinde sadece kendi özel çıkarlarını (kârlarını) maksimize etmenin ötesinde işletme faaliyetlerinden doğrudan ve/veya dolaylı olarak etkilenen tüm menfaat sahiplerinin (stakeholders) çıkarlarının da dikkate alınması ve korunması anlamına gelir.[85]

Sosyal paydaş olarak adlandırılan bu grupların varlığı, işletmenin devamlılığı ve başarısı için gerekli guruplar olarak ifade edilirken başka bir tanımda işletme tarafından etkilenen ve işletmeyi etkileyen kişi veya guruplardır.[86]

Birleşmiş Milletler'in kurumsal sosyal sorumluluk tanımına bakılacak olursa; "Kurumsal sosyal sorumluluk şirketlerin yalnızca müşterileri, tedarikçileri ve çalışanları ile ilgili değil, aynı zamanda şirket faaliyetlerini yürüttüğü toplum içindeki diğer gurupların ihtiyaçları, amaçları ve değerleri ile ilgilidir." şeklinde ifade edilmektedir.

Avrupa Komisyonu'nun kurumsal sosyal sorumluluk tanımı ise şöyledir:

---

[83] Aydede, a.g.e., s. 24
[84]httpwww.canaktan.org,
[85]http://www.canaktan.org,
[86] www.kssd.org

''Kurumsal sosyal sorumluluk, şirketlerin gönüllü olarak, toplumsal ve çevresel konuları operasyonlarına ve paydaşlarıyla olan etkileşimlerine entegre ettiği kavramdır.''[87]

Kurumsal sosyal sorumluluk, hem bir bütün olarak toplumun refahını, hem de kuruluşun menfaatini artırıcı ve koruyucu faaliyette bulunmayı gerektiren yönetimsel bir görevdir. Avrupa Komisyonu'nun Haziran 2004 tarihinde yayınladığı bir belgede kurumsal sosyal sorumluluğun sürdürülebilir kalkınmaya dair artı bir değer olduğu belirtilmektedir.

Kurumsal Sosyal Sorumluluğun gelişme çerçevesi içerisinde, yeni bin yılın hedeflerine ulaşmada, yoksulluğu azaltarak sürdürülebilir kalkınmayı sağlayan bir araç, şekilde tanımlanmaktadır.[88]

Günümüzde giderek yaygınlaşan bu uygulama organizasyonların amaçlarını ve değerlerini paylaştıkları bir sivil toplum kuruluşuyla işbirliğine girmesi ve ortak proje geliştirmesidir. Burada, yalnızca bir sivil toplum kuruluşunun projesine destek sağlamaktan yani sponsorluktan öte bir ilişki söz konusu olmaktadır. Organizasyon, sosyal katkı sağlayacak bir girişimi bir sivil toplum kuruluşu ile birlikte tasarlamakta, geliştirmekte ve bütün çalışanlarının gönüllü katılımını ve aktif çalışmasını sağlayacak düzeyde desteklemektedir.[89]

Kurumsal sosyal sorumluluk, bir kuruluştaki bir veya iki fonksiyona temas eden bir yan faaliyet değildir, yeni düşünce ve eylem yapma biçimidir. Kuruluş yaptığı bütün faaliyetlerde, tüm sosyal paydaşlarıyla olan bütün ilişkilerinde sosyal sorumluluğu da göz önünde bulundurmalıdır.[90]

Sosyal sorumluluğa ve etiğe uygun olarak yapıldığında halkla ilişkiler, organizasyonlar, uluslar ve hatta dünya için gruplar arasında anlayışı geliştirerek ve çatışmayı azaltarak hayati bir iletişim fonksiyonu sağlamaktadır. Böyle bir durumda bir başka deyişle halkla ilişkilerin gerçek anlamıyla uygulandığı ortamlarda kurumsal sosyal sorumluluğu stratejik bir halkla ilişkiler uygulaması olarak değerlendirmek mümkündür.[91]

Kurumsal sosyal sorumluluk hem küreselleşen dünya ekonomisindeki gelişmeler hem de şirketlerin sosyal paydaşları ile olan ilişkilerinin gelişmesiyle ortaya çıkan yeni bir iş stratejisi olarak tanımlanabilir.[92]

Kurumsal sosyal sorumluluk, topluma yönelik, tercih ve kararlarda işletmenin etik davranması demektir.[93]

---

[87](http://www.unfpa.org.tr,
[88] Ural, E.G.,. Stratejik Halkla İlişkiler Uygulamaları, Birsen Yayınevi, İstanbul, 2006, s. 34- 35
[89] Barutçugil,.İ., Stratejik İnsan Kaynakları Yönetimi, Kariyer Yayınları,2004, İstanbul, s. 222
[90] Okay, A. ve Okay, A.,. Halkla İlişkiler Kavram Strateji ve Uygulamaları, Der Yayınları, İstanbul, 2001, s. 618
[91] Ural, a.g.e., s. 53
[92] www.gocenoglu.net
[93]Ay, Ü., İşletmelerde Etik ve Sosyal Sorumluluk, Nobel Kitapevi, Adana, 2003, s. 23

Kurumsal sosyal sorumluluğu, Sürdürülebilir Kalkınma için Dünya İş Konseyi (World Business Council for Sustainable Development) şöyle tanımlamaktadır; "çalışanlarla, aileleriyle, yerel toplumla ve yaşam kalitesini iyileştirmek için geniş anlamda toplumla birlikte çalışarak sürdürülebilir ekonomik gelişime katkıda bulunmak için işletmelerin yükümlülüğü" şeklinde ifade ederek konseyin ekonomik gelişime olan odaklanmasını yansıtmaktadır.

Kurumsal yönetim konusunda olduğu gibi gönüllülük esasına dayalı olarak, sosyal ve çevresel duyarlılıkların şirket faaliyetlerinin satın alma, üretim ve Ar-Ge gibi her aşamasında dikkate alınması gereken, şirket kârlılığına da katkısı olan temel iş değeri ve stratejisi olarak değerlendirilmektedir.[94]

Kurumsal sosyal sorumluluk, isteğe bağlı iş uygulamaları ve kurumsal kaynakların katkıları aracılığıyla toplumun refahını iyileştirmek için üstlenilen bir yükümlülüktür. [95] Aynı zamanda, sosyal amaçları desteklemek ve yükümlülükleri tamamlamak için bir kurum tarafından üstlenilmiş büyük çaplı faaliyetlerdir.[96]

1994'te Harward Business Review'da yayınlanmışbir makalede Craig Smith, "Yeni Kurumsal Hayırseverlik" kavramını, belirli sosyal konularda ve girişimlerde uzun süreli yükümlülük almaya, nakit yapılan katkılardan daha fazlasını sağlamaya, hem işletme departmanlarından hem de hayır işleri bütçelerinden kaynak oluşturmaya, stratejik birleşmeler gerçekleştirmeye ve tüm bunları aynı zamanda iş hedeflerinde de ilerleyerek yapmaya doğru bir değişim şeklinde ifade etmektedir.[97]

1.4.1. Kurumsal Sosyal Sorumluluğun Tarihçesi

Kavramsal olarak kurumsal sosyal sorumluluk, ilk kez 1953'te yayımlanan H.Bowen'in "iş adamlarının Sosyal Sorumlulukları" (Social Responsibilities of the Businessman) adlı kitabında yer almıştır. Bowen iş adamlarının, toplumun değer ve amaçlarıyla örtüşen sosyal sorumluluk faaliyetleriyle ilgilenmelerini savunmuştur.[98]

Endüstrileşmenin üretimi artırmasıyla birlikte insanlar sadece kendi çıkarlarını karşılamakla kalmayıp ticaret hayatına atılarak başkalarının ihtiyaçlarını karşılamaya bağlamışlardır.1800'lerin sonlarında yaşanan bu gelişmeler, hem Avrupa'da hem de Amerika'da sosyal bilinç ve sorumluluk kavramını da oluşturmaya başlamıştır.[99]

Sanayileşme ve büyük şirketlerin ortaya çıkmaya başlamasıyla birlikte sosyal sorumluluk alanı da daha belirgin bir şekilde ortaya çıkmıştır. John D. Rockefel, Cornelius, Vanderbiit ve Andrew Carnagie gibi sanayi lideri olan aile

---

[94] Aydede, C., Yükselen Trend Kurumsal Sosyal Sorumluluk, Media Cat Yayınları, İstanbul, 2007, s. 23
[95] Kotler ve Lee, a.g.e., s. 2
[96] Kotler, P. ve Lee, N., Kurumsal Sosyal Sorumluluk, Media Cat, İstanbul,2006, s.3
[97] Kotler ve Lee, a.g.e., s. 7
[98] http://www.canaktan.org
[99]http://www.gocenoglu.net

şirketleri de bu dönemde kurulmuştur. Yine bu dönemlerde, baskı veya uzlaşma ile verilen komisyonlar ve sabit fiyat anlaşmaları gibi anti rekabet uygulamaları da hükümetleri yasal reformlar yapmaya itmiştir. Bu firmalarla bağlantılı olarak gelişen ve artık kurumlarda da bir kavram olarak kullanılmaya başlanan sosyal sorumluluk anlayışının başlangıcına bir göz atmak gerekirse, ilk olarak Amerika'daki bazı şirketlerin haksız rekabete neden olmalarından ve bundan dolayı suçlanmaları sonucunda ortaya çıktığı görülmektedir.[100]

Şirketlerin, kurumsal sosyal sorumluluğa giderek daha fazla önem vermeleri, tümüyle gönüllü bir şekilde olmamıştır. Çoğu şirket, geçmişte iş sorumluluklarının birer parçası olarak görmedikleri başlıklarda beklemedikleri toplumsal tepkilerle karşılaştıktan sonra, bu başlığa eğilmiştir.[101]

Örneğin Nike, 1990'ların başında, New York Times ile başka medya organlarında Endonezya'daki tedarikçilerinin işçileri kötü şartlarda çalıştırdıklarına ilişkin haberlerin çıkmasından sonra, yaygın bir tüketici boykotuyla karşılaşmıştır. 1995'te, Shell'in Kuzey Denizi'ndeki eski bir petrol kulesi olan Brent Spar'ı batırmaya karar vermesi, Greenpeace'in protestolarına ve konunun uluslararası medyanın manşetlerine taşınmasına yol açmıştır. İlaç şirketleri, ilgili ilaçların kendi birincil üretim hatlarından ve piyasalarından çoktan kaldırılmış olmasına rağmen, Afrika'daki AIDS salgınına karşılık bu ilaçların kullanılmasıyla ilgili olarak suçlanmıştır. Fast-food ve paketlenmiş gıda üreticileri, şişmanlık ve kötü beslenmeden sorumlu tutulmaktadır.[102]

17.yy'da İngiltere'de kurumların finansal olarak değerlendirilmesi ve kamu yararına yatırımların (kanalların ve köprülerin inşaatı, banka, eğitim kurumları) olarak ortaya çıktığı görülmektedir. 19. yy'ın sonlarına doğru yatırımların kamu yararına değil, hisse sahipleri yararına yapılması gerektiği ile ilgili yeni yasalar çıkarılmıştır. Taylorism bilimsel yönetim metotları bu süreçte gelişmiştir. 1970'lerde özellikle Amerika ve Avrupa'daki akademisyenler kurumsal sosyal muhasebe (corporate social accounting) hareketini başlatmıştır. 1980'lerde borsanın önem kazanmasıyla, şirketlerin sosyal sorumluluk değerlendirme ve raporlamaları azalmış, 90'lı yıllarda küreselleşme ve özelleştirme akımıyla birlikte kurumların, uluslararası kuruluşların kalite ve karşılıklı kazanç kavramları, sosyal ve bilgi paylaşma sorumlulukları tekrar önem kazanmaya başlamıştır.[103]

---

[100] Aydede, a.g.e., s. 15- 23
[101] Ciğerdelen, a.g.e., s. 543
[102] http://www.suiletisim.net,
[103] http://www.kss.blogcu.com,

II. Bölüm

2.1.Sosyal Muhasebe

Ticari amaçlı, ister büyük ister küçük ölçekli olsun, bütün işletmelerin temel amaçları, kârı maksimize etmek ve sürekli kılmayı başarmak, toplumun sosyal ve ekonomik refahına katkıda bulunmaktır. İşletmeler, kârlılığı temel amaç olarak gördükleri için diğer amaçlar, genelde ikinci planda kalmaktadır.

Sosyal muhasebenin ortaya çıkışının en önemli nedeni, işletmelerin sosyal sorumluluk kavramına bağlı olarak gerçekleştirdikleri faaliyetlerinin sonuçlarını, sadece ekonomik etkiler yönünden değil, aynı zamanda sosyal etkileri de hesaba katarak toplumun çeşitli kesimlerine açıklama zorunluluğudur.

Sosyal muhasebe, dış çevre ile (hem pozitif hem negatif) bütün faaliyetlerinin bir işletmeye etkilerinin kabul edildiği bir dengede tutma teşebbüsüdür. Aynı zamanda, organizasyon faaliyetleri için muhasebenin etkilerini bir bütün olarak değerlendirir.

Sosyal muhasebe, işletmeyi daha iyi yönetme, daha etkin bilgi planlamasına doğru performansı geliştirme, başarı veya başarısızlığı dürüstçe raporlama ve işle ilgili faaliyette uyarıcı fonksiyonu icra eden bir süreçtir.[104]

Sosyal muhasebe, ortaklığa ait sosyal sorumluluğun en etkin bir şekilde uygulanması için anahtar unsurlardan biridir. Sosyal muhasebe, yalnız büyük işletmelerin ilgi alanında olmayıp gönüllü kuruluşlar arasında da ilgi odağı olmaya adaydır.

Sosyal muhasebe, mali tablolar için analiz edilen verilerin bir kısmını oluşturan ve hissedarların işletmeye koymuş oldukları varlıklar ile ortakların müşterek yatırımlarda bir işletmenin etkilerinin sistematik bir analizi olarak[105] tanımlanmaktadır. Bir diğer tanımda, finansal muhasebede ölçümleme fonksiyonlarının, örneğin finansal raporlama ve işletme içi ve işletme faktörlerinin dikkate alınarak uygulanmasıdır.[106] Sosyal muhasebenin daha yaygın uygulama alanı, nitelikli veri kullanımı, işletme değerinin açıklayıcı istatistiklerle nasıl hesaplanacağını ve ortakların görevi yürütenlerden beklentilerinin ne olacağı hakkındaki sorulara odaklanmaktadır.[107]

Yine Sosyal muhasebe, karar alıcılar tarafından sınırlandırılmış belirli bazı kalemlerin finansal muhasebenin sınırları içerisinde değerlendirilmesine dayanmaktadır.[108]

---

[104] http:/www.accountability.org.uk

[105] Quarter J., Mook L., and Richmond B. J., What Counts: Social Accounting for Non Profits and Cooperatives, Englewood Cliffs, N.J. Prentice Hall, 2003, s. 3

[106] Gray R., Bebbington J., Walters D., Accounting for the Environment Founded by the Charted Certified, 1993, s. 11

[107] New Econimics Foundadtion, Briefing Paper on Social Auditing, London, 1998

[108] Estes R., Corporate Social Accounting, New York Wiley, 1976, s. 24

Sosyal muhasebe ve denetimi, performans gelişimi için faaliyet planı düzenlemeye, performans raporlamaya, sosyal performans için raporlama sürecini geliştirmeye, bir işletmenin dokümantasyon sistemini kurmasına yardımcı olan ve paydaşlara hesap verebilmeye imkân sağlayan bir olgudur.[109]

Sosyal muhasebenin merkezinde paydaşlar ve bunların dışında kalan tedarikçiler, çalışanlar, kullanıcılar veya hizmet tüketenler, toplum, devlet, gönüllüler ve üyeler yer almaktadır. Sosyal muhasebe, işletmenin sosyal ve çevresel, işçi, toplum, tüketici ve diğer paydaşları etkileme ve mümkün olan her yerde bu etkileme faaliyetlerini sıklıkla uygulama yayınlama ve sunma işlemidir. Sosyal tablo, finansal bilgi içermelidir. Fakat daha çok miktarı belirlenmiş finansal olmayan bilgi ve miktarı belirlenmemiş bilginin bileşimi de olabilir. Sosyal tablo amaçlarına hizmet edebilmesi için işletme sorumluluğunu yüklenenlerinpaydaşlar ve üçüncü kişilere karşı şeffaf olmaları gerekmektedir.[110]

Herhangi bir muhasebe sistemi gibi sosyalmuhasebe de, her şeyi uygun bir boyutta ve herhangi bir işletmenin ihtiyaç duyacağı derecede tüketme anlayışına dayanmaktadır. Sosyalmuhasebe, mali tablolarda yer alacak değerleri objektif olarak yansıtma, mevcut raporlamadaki yapı ile uyumlu hali hazırdaki kalite standartları ilkeleri ile paralellik arz eden bir özelliğe sahiptir. Sosyal raporlarda, bir işletmenin çevresel politikaları, uygulamaları ve bunların etkilerinin neler olduğunun da görülmesi beklenmektedir.[111] Bir başka ifade ile sosyal muhasebe, işletmenin toplamış olduğu verilerin ve analiz süreçlerinin etik amaçlara uygun ve sosyal tablolar için belirlenen standartlar dışında bağımsız ve gerçekleri yansıtacak bir şekilde düzenlenerek paydaşlarla dayanışma içerisinde işletme tarafından yürütülen bir süreçtir.

Bu anlayışta, işletmeler, paydaşlardan sorumluluğu yerine getirebilecek kişilere yetki vermekte ve yönetim araçlarıyla işletmenin performansını geliştirmektedir.[112]

Sosyal muhasebe, daha çok aşağıdaki fonksiyonları yerine getirmektedir:[113]

- Mevcut dokümanları yapılandırma ve raporlama,
- Sosyal Muhasebe performansını raporlanabilir bir süreç olarak geliştirme,
- Performansın raporlanması, (Ne yapacaktı, nasıl yapıldı, ne söylendi, nasıl gerçekleştirildi?)
- Performansı geliştirebilmek için faaliyet planı hazırlama,
- Toplumdaki etkilerini anlayabilme, (Bu ölçülebilir mi, insanlar ne düşünmekte?)

---

[109] http:/www.accountabilitiy.org.uk and http:/ www.socialaudit.org.uk
[110] Ramanathan K., "Toward a Theory of Corporate Social Accounting", **Accounting Review**, 1976, 51 (3) s. 516- 528
[111] Ramanathan, a.g.e., s. 516- 528
[112] Ramanathan, a.g.e., s. 516- 528
[113] Ramanathan , a.g.e., s. 516- 528

• Paydaşları sorumlu kılabilme, (doğru yapılan şeyler neler?)

• Çevresel performansın raporlanması, (Kıt kaynakların tüketimi ve dünya görüşü ne olmalı?)

• Eşit fırsat araçlarının raporlanması, (Toplumu içine alacak şekilde etkili bilinçlendirme gerçekleştirildi mi?)

• Yasal çerçevede itaatin gönüllülük kalitesinin ve işlemsel standartların raporlanması, (Nelerin gerçekleştirilmesi bekleniyordu, daha neler yapılabilir?)

2.1.1.Sosyal Muhasebenin Amaçları

Sosyal muhasebe sürecinin başarısı için en önemli husus amaçların açık bir biçimde belirlenmiş olmasıdır. Amaçları dört grupta toplamak mümkündür:[114]

• Paydaşların sorumluluğunu yerine getirmesi,

• Paydaşları kontrol etmek,

• Desteklenebilir raporlama yönünde hareket etmek,

• Hak aramada örnek olmak.

2.1.2.Sosyal Muhasebede Paydaşların Rolü

İşletmeler, günümüzde toplumu oluşturan birçok farklı kesimle ilişki içindedir ve başarıları bu unsurlarla olan ilişkilerinin iyi yönetilmesine bağlıdır. Literatürde bu konuyu açıklayan kavrama "paydaşlar (stakeholders)" [115] adı verilmektedir. Paydaş, toplumda işletmenin ilişkide olduğu, işletmenin faaliyetlerinden etkilenen ve faaliyetleriyle işletmeyi etkileyen tüm toplumsal taraflardır.[116]Bir başka ifade ile paydaşlar, işletmelerden çıkarları olan fertler ve kurumlardır.

Geçen zamanla birlikte işletmelerin ilişkide olduğu bu toplumsal tarafların sayısı artmış ve ilişkileri de oldukça karmaşık hale gelmiştir. Freeman'a göre, işletme dışı gruplarla ne kadar güçlü ilişkiler olursa, ortak hedeflerin gerçekleştirilmesi o kadar kolaylaşacak, aksi halde ilişkiler kötüleştikçe ortak hedeflere ulaşılması zorlaşacaktır. Bu yaklaşım "Paydaş Teorisi"nintemel önermesini oluşturmaktadır. Paydaş teorisi öncelikle bir stratejik yönetim kavramıdır. Paydaş teorisinin amacı, rekabet avantajı geliştirmek için işletmenin iç ve dış çevresi ile olan ilişkilerini güçlendirmesine yardımcı olmaktır.[117]

Paydaş teorisini daha iyi anlayabilmek için işletmenin iç ve dış çevresindeki "çıkar sahipleri"ni daha yakından tanımak gereklidir. İşletmenin

---

[114] Harte and Owen "Figthting De- Industrialisation: The Role of Local Goverment Social Auditing" **Accounting, Organisations and Society**, 12-2, 1987, s. 123- 142

[115] Aktan C., Coşkun, B., D.,, www.canaktan.org.

[116]Gray, R., Dey C., Owen, D., Evans, R., Zadek, S., "Struggling With the Praxis of Social Accounting: Stakeholders, Accountability, Audits and Procedures", Accounting, Auditing & Accountability Journal, Vol. 10, 1997, Iss: 3, s.325 - 364

[117] Freeman R.E., Strategic Management: A Stakeholder Apporach, Boston, Pitman, 1984, s. 25

kendi iç çevresi denildiğinde bundan işletme sahip ve yöneticilerinin, çalışanların, işletme kültürünün analiz edilmesi anlaşılır. Faaliyet çevresi ise işletmenin faaliyette bulunduğu sektörde ilişkide bulunduğu kişi ve kurumları (müşteriler, tedarikçiler, rakip firmalar, kamu yönetimi vs.) kapsar. Dış çevre ise işletmenin kendi iç çevresi ve faaliyet çevresi dışında kalan alanı kapsar. Makroekonomik ortam, uluslararası çevre, kültürel çevre, teknolojik çevre, demografik çevre dışsal çevrenin kapsamına girer.[118]

Kurumsal sosyal sorumluluk kavramı da hem iç hem de dış çevredeki tüm aktörlere karşı olan sorumluluğu ifade etmektedir. Bu sorumluluk alanlarını şu şekilde sınıflandırmak mümkündür:[119]

- Çalışanlara karşı sorumluluk,
- Müşterilere (tüketicilere) yönelik sorumluluk,
- Paydaşlara yönelik sorumluluk,
- Doğaya ve çevreye karşı sorumluluk,
- Devlete karşı sorumluluk,
- Tedarikçilere karşı sorumluluk,
- Rakiplere yönelik sorumluluk,
- Topluma karşı sorumluluk vs.

Bunlardan çalışanlara, paydaşlara ve yöneticilere (kurum içi paydaşlar) karşı sorumluluklar, işletmenin kurum içi sorumluluk alanı içerisinde yer alır. Rakiplere, müşterilere, tedarikçilere, çevreye, topluma ve hükümete (kurum dışı paydaşlar) karşı sorumluluklar ise işletmenin kurum dışı sorumluluk alanı içerisinde yer almaktadır. İşletme, bu iki sorumluluk alanı –kurum içi ve dışı- arasında yer alır ve kurumsal sosyal sorumluluğunu iki tarafın da isteklerini, beklentilerini karşılayacak şekilde dengelemeye, yerine getirmeye çalışır.[120]

İşletme kararlarında etkili olan diğer paydaşlar da hükümetlerdir. Günümüzde hükümetler ile işletmeler arasındaki ilişkinin boyutları ve sınırları iyice belirginleşmiştir. Belirginleşen bu yapıda devlet, adil rekabet ortamını sağlayan ve kurallara uymayanlara müdahale eden hakem konumundadır. Bunun dışında hükümetlerin alması muhtemel kararların işletme stratejileri üzerindeki etkileri göz ardı edilemeyecek kadar büyüktür. IMF veya Dünya Bankası gibi uluslararası organizasyonların da işletmeler açısından büyük önem taşıdığı söylenebilir. Ayrıca yine hükümetler başlığı altına giren yerel yönetimler türündeki devlet organları da işletmeleri doğrudan etkileyen ve işletmelerden etkilenen bir paydaş olarak ele alınabilir.[121]

Bununla beraber, kıt kaynakların sınırlı seviyelerde gerçekleşmesi ve bundan dolayı tüm fonksiyonların performans gösterememesi daha çok hükümetleri ilgilendiren bir durumdur. Paydaşlardan gelen çeşitli baskılar, çalışanları, yatırım yapanları, tüketicileri, tedarikçileri, halkı ve işletme

[118] Freeman, a.g.e., s. 26
[119] Freeman, a.g.e., s. 13- 17
[120] Freeman, a.g.e., s. 13- 17
[121] Freeman, a.g.e., s. 13- 17

faaliyetlerini yürütenleri etkilemektedir. Dolayısıyla bu baskıyı azaltmak için hükümetler gerekli tedbirleri almak zorundadırlar. Ortaklığın unsurları, toplumdan kazandığını tekrar topluma verebilmek için kârlılık motivasyonu arasında bir denge sağlayarak ve kurumsal sosyal sorumluluk kavramına öncülük ederek sosyal arenada büyük bir çaba sarf etmeli veya bu kavramı bütün ilgililere benimsetmek için teşvik etmelidir. Bu dengeler, sosyal muhasebe için hayati öneme sahip birer faaliyettir.

Geçen ve değişen zamanla birlikte işletmelerin paydaş kavramına yeni paydaşların eklendiği de görülmektedir. Bu paydaşlar arasında medya, sivil toplum kuruluşları, müşteri sözcüleri, çevreci aktivistler, finans kurumları ve bankalar sayılabilir.

2.1.3.Sosyal Muhasebe Sistemi

İşletmelerin performans ölçümü için bilgi sistem gelişimi, çevresel ve kurumsal sorumluluk politikaları, öncelikli hedefleri olmalıdır. Bu hem iç düzenleme ve raporlama hem de iç karar alma ve kontrol için gereklidir. İşletmenin yapısı ve benimsenen sistemlerin etkin uygulanması ile başarılı olmak mümkündür. İşletmelerin sosyal politikaları uygun bir şekilde yerine getirebilmesi için de bu sistemlere ihtiyacı söz konusudur.

Sosyal muhasebe sistemi, muhasebe veri ve bilgilerinin kurumsal sorumluluk alanları dikkate alınarak toplanması, işlenmesi, raporlanması ve bunlara bağlı olarak, yöneticilerin başarılarının ölçülmesi temeline dayanan bir muhasebe sistemidir. Sosyal muhasebe sistemi, işletmenin örgüt yapısı içindeki sorumlu yöneticilerin ihtiyaçlarına cevap verme temel amacı ile kurulur ve işletilir. Diğer bir ifade ile bu muhasebe sistemi, kişilere dönük bir muhasebe sistemidir.[122]

Sosyal muhasebe sistemi; maliyetler, giderler, gelirler, varlıklar ve kârın, bunlardan sorumlu olan yöneticiler itibariyle izlenmesi ve denetlenmesi şeklinde uygulanır. Böylece işletmede genel olarak denetim fonksiyonunun yerine getirilmesine katkıda bulunacağı gibi, sorumluluk alanlarındaki yöneticilerin kendilerine verilen hedeflere ne ölçüde ulaştıklarını belirleyerek, başarı değerlemesinin yapılmasını da sağlar. Bu değerlemeyi, işletmenin örgüt yapısında belirlenmiş olan yönetim düzeylerini ve yöneticileri ele alarak yapar.[123]

Sosyal muhasebe, işletmede öncelikle her yöneticinin nelerden sorumlu olduğunu, kimin kime rapor vereceğini ve kimin kimi denetleyeceğini ortaya koyar. Böylece, alt, orta ve üst düzey yöneticilerin sorumluluklarını yerine getirmelerine yardımcı olmak için gerekli bilgileri sağlamada önemli bir rol

[122] www.smyo.karabuk.edu.tr
[123] www.smyo.karabuk.edu.tr

oynar ve etkin bir yönetim bilgi sistemi kurulması için gerekli olan temeli sağlar.[124]

Bu muhasebe sisteminde, üçüncü kişilerin ihtiyaçları değil, yöneticilerin başarı değerlemesi dikkate alınarak veriler toplanır, bilgiye dönüştürülür ve ilgili kişilere sunulur. Böylece sistem sorunlu alanların ve istenen başarıyı sağlayamamış olan yöneticilerin belirlenmesine ve üst yönetimce gerekli önlemlerin alınmasına yardımcı olur. İşletme yöneticileri, maliyetleri, giderleri, gelirleri, yatırımları ve nihayet kârı etkileyen kararları alırlar. Sosyal muhasebe sistemi, bu yöneticileri belirler ve bunlara kararlarının sonuçlarını gösteren ayrıntılı raporlar sunar. Bu raporlara göre her yönetici kendi durumunu öğrenir ve sapmalar varsa gerekli önlemleri alır.[125]

Bir işletmede sosyal muhasebe sitcminin uygulanabilmesi için:[126]

- İşletmenin örgüt yapısının belirlenmesi
- Örgüt yapısına uygun olarak sorumluluk merkezlerinin belirlenmesi
- Sorumluluk merkezlerinin yöneticilerinin belirlenmesi
- Yöneticilerin sorumluluğunda olan merkezlerde kullanılacak değerleme ölçütlerinin belirlenmesi (maliyet, gider, gelir, yatırım ve kâr kararların belirlenmesi)
- Bu kararlara ilişkin hedeflerin belirlenmesi
- Bu hedeflere ilişkin gerçekleşen sonuçların belirlenmesi ve
- Hedeflerle gerçekleşen sonuçların karşılaştırmalı biçimde raporlanması

gerekir.

2.2.Sosyal Muhasebenin Gelişimi

Sosyal muhasebe, ilk olarak büyük marketlerin performanslarını daha geniş alanlara yaymak ve ortakların hisse değerlerini artırma meylinin hız kazandığı 1970'li yılarda başlamıştır. Bu ilişki, raporlama teknikleri, uygun ölçümlerin gelişimi, sosyal performansın ölçülebilirliği, çalışanları özendirme, sosyal davranış ilişkilerini tanımlama ihtiyacı ve işletme faaliyetlerini raporlama yaklaşımı, sosyal muhasebeye ilginin nedenlerini oluşturmuştur. Bazı bilim adamları bu yaklaşımı, işletmenin doğal çevreye etkilerinden dolayı, "Çevresel Muhasebe" veya "Sosyal ve Çevresel Muhasebe" olarak adlandırmaktadırlar.[127]

Sosyal veya etik denetim olarak da tanımlanan bu yaklaşım, sosyal merkezli işletmelerle, kredi kuruluşları ve kâr amacı gütmeyen kuruluşlar tarafından da uygulanmaktadır. Yaklaşım ilk olarak New Economics Foundation ve Institute of Social and Ethical Accountability (UK) ve The Council on Econimics Priorities and Social Accountability International (US) gibi kuruluşlar

[124] www.smyo.karabuk.edu.tr
[125] www.smyo.karabuk.edu.tr
[126] www.smyo.karabuk.edu.tr
[127] Bebbington, Gray and Owen D., ve diğerleri, "Seeing The Wood for The Trees: Taking The Pulse of Social and Environmental Accounting," **Accounting and Accuntabilitiy Journal**, 1999, 12 (1) s. 47- 51

tarafından geliştirilmiştir. Bununla beraber, bu yaklaşım görüntü itibarıyla muhasebede yer alan düzene sahip olmayabilir. Ancak finansal tabloların ek bir devamı olarak kabul edilmektedir. Muhasebeciler, sosyal hesapları düzenlerken, muhasebede gerekli olmayan bilgileri de göz önünde tutarak, finansal tabloları hazırlarlar.[128]

Sosyal muhasebenin gelişimi, yalnız işletme faaliyetlerinin etkilerini değil, aynı zamanda bu faaliyet sonuçlarının geniş bir çevreye etkilerini de dikkate alarak gerçekleşmiştir. Yani sosyal muhasebe, işletme faaliyetinden dış çevrenin ne derece etkilendiği ilişkisini değerlendirir. İlave olarak, işletme bir yatırımı gerçekleştirirken ortakların bu faaliyetten ne derece etkilendiğini de dikkate almalıdır.

Sosyal sorumluluk yatırımlarının dünya çapında geniş bir şekilde artması ile bazı ülkeler, yatırım kararlarında sosyal, çevresel ve etik faktörlerin işletmelerin faaliyet raporlarında nasıl yer alacağı hususunda gerekli kanuni değişikleri gerçekleştirmeleri sonucunda finansal tabloların sunumundaki şeffaflık artmıştır.

2.2.1.Sosyal Muhasebe İhtiyacı

Bir işletmenin ilk temel amacı, kârlılığı sürdürebilmek, ikinci olarak sosyal ve ekonomik başarıyı elde edebilmektir.

Kurumsal sosyal sorumluluk, işletme faaliyetlerinin sosyal etkilerini raporlama, yönetme, toplumdaki ortaklara hesap verebilme sorumluluğunu onaylama birimidir. Sosyal sorumluluk muhasebesinin gelişiminin önemli oluşu bu sebeptendir.

Sosyal muhasebe, hem sosyo- ekonomik hem de diğer sektörlerdeki değişim için güç olsa da, birkaç konuda ihtiyaç belirecektir. Yine bu amaçların bilinmesi gerekecekse işletme ve nakdi elde tutanlar bu ihtiyacı karşılamak zorundadırlar.[129]

Sosyal muhasebe aşağıda yer alan konular için önem arz etmektedir.[130]

- "Sosyal Muhasebe ve Denetim" yaklaşımı, sosyal ekonominin büyümesi ve güçlendirilmesi için gereklidir.
- Sosyal Denetim, yasal ve güvenilir pratik modellerin geliştirilmesi ile güçlendirilmelidir.
- Sosyal Muhasebe ve Denetim, daha çok sosyal ekonomi merkezli ve pratikte yenilikçi olarak görülebilir olmalıdır. Fakatözel sektör gibi diğer sektörlerle de ilişkisini artırmalıdır.

Sosyal Muhasebe aşağıdaki hususlardan dolayı gereklidir:[131]

- Finansal performansın gelişimine,

---

[128] Betty J: Rıchmond, L. Mook, J., Quarter; Social Accounting for Nonprofits, Two Model, **Nonprofit Management and Lidership**, vol. 13, no 4, Summer 2003, s. 309
[129] Gray vd. a.g.e., s. 325 - 364
[130] Gray vd., a.g.e., s. 325- 364
[131] Gray vd., a.g.e., s. 324- 364

• Paydaşlarla ilişkilerin yüksek seviyelerde gerçekleşmesine,

• Yönetim riskinin azaltılmasına,

• Amaç ve değerleri dikkate alarak, faaliyetleri stratejilerdeki önceliklere göre sıralamaya,

• İşletme dışından sorumluluk verilecek kişi veya kişilerin seçimine yardımcı olmaya,

• Finansal performansın gelişimi ve sosyal performansın gelişimi arasındaki ilişkiyi açıkça ortaya koymaya yardımcı olur.

Gönüllü kuruluşların ilgisini artırmak için birkaç sebep daha söz konusudur:[132]

• Süreç, yeniliklere karşı alınacak olumlu tavır, şeffaflığın artırılması, sorumluluğun eleştirel bir bakışla ele alınması gibi konulara odaklanarak yürütülmektedir.

• Bu durum, işletme değerini ve ürünün kalitesini artırma ile sonuçlanmaktadır.

• İşletmenin faaliyet sonuçları dikkatli bir şekilde ele alması ve benzer olaylara karşı nasıl cevap vereceğine odaklanmasından dolayı, nakdi elde tutanlardan büyük ölçüde bilgi akışını da sağlamaktadır.

İşletmenin bu bakış açısı ile nakdi elde tutanlar, işletmenin merkezine doğru kanalize edilirler.

2.3.Sosyal Raporlama

Yıllar boyu işletmelerin yıllık raporları sadece finansal durumlarını ortaya koyacakları bir şekilde hazırlanmış; ancak bu işletmelerin çevreye verdikleri zarardan, üretim sırasında çevreden ne kullandıklarından, çevreyi daha iyi hale getirmek için ne harcadıklarından veya çalışanların sosyal hayatını iyileştirmek için neler yaptıklarından bahsedilmemiştir. Diğer bir deyişle yıllar boyunca işletmeler tarafından hazırlanan raporlar yalnızca finansal raporlar olmuş, ancak işletmenin faaliyetlerinin çevre ve sosyal adalet üzerindeki etkileri hiç raporlanmamıştır.[133]

Günümüzde işletme faaliyetlerinden etkilenen kesimlerin işletmeler üzerinde önemli bir baskı unsuru oldukları görülmektedir. Oluşan bu baskı neticesinde işletmeler örgüt yapılarında ve iş yapma yöntemlerinde bazı değişikliklere giderek faaliyetleri ile ilgili çıkar gruplarının ihtiyaçlarına cevap vermeye çalışmaktadırlar.[134]

Faaliyetleri neticesinde topluma sağladıkları yararları mümkün olan en üst seviyeye çıkarmayı amaçlayan işletmeler, sözkonusu faaliyetler sonucunda neden oldukları sosyal maliyetleri de minimum düzeye indirgemeye

---

[132] Gray vd., a.g.e., s. 324- 364

[133] Angay, B., Halka Açık Şirketlerde Sosyal Raporlama ve Türkiye Uygulaması, Yayınlanmamış Yüksek Lisans Tezi, İstanbul, 2006, s. 47

[134] Sürmen, Y., Aygün D., İşletmelerde Sosyal Raporlama, MUFAD Dergisi, Ocak 2005, s. 36

çalışmaktadırlar. Bu çalışmalar ile işletmenin rekabet avantajı elde ederek kârını artırması ve uzun vadede varlığını devam ettirmesi amaçlanmaktadır. İşletmeler toplumsal sorunlara olan duyarlılıklarını ilgili çıkar gruplarına doğru bir şekilde yansıtabilmek için de sosyal muhasebe anlayışının sonucu olan bir raporlama modelini benimsemişlerdir.[135]

Hazırlanan sosyal raporların bir değer taşıyabilmeleri, söz konusu raporların her şeyden önce, genel kabul görmüş muhasebe ilkelerine ve muhasebe standartlarına uyularak hazırlanmalarına bağlıdır. Bu haliyle, hazırlanan sosyal raporlar toplumun ilgi ve ihtiyaç duyduğu bilgilere yer vermeli, belirli bir kişiye veya toplumun belirli bir kesimine yönelik olmamalı ve raporlarda sunulan bilgiler hata ve hilelerden uzak olmalıdır. Yanlış bilgiler içeren raporların uzun vadede işletmeye yarardan çok zarar getireceği açıktır. Ayrıca sosyal raporlama sürecinde işletmelerin yapmış oldukları faaliyetlerin olumlu etkilerinin yanı sıra olumsuz etkilerinin de hazırlanan raporlara yansıtılması gerekmektedir. Bir sosyal rapor, sahip olması gereken tüm bu özelliklerin yanında, işletme ile ilgili taraflarca anlaşılabilir bir nitelik taşımalıdır. Bu yüzden hazırlanan sosyal raporlarda gereksiz ayrıntılara yer verilmemelidir.

Raporlama, paydaşların işletmenin sosyal ve çevresel etkilerdeki taahhüt ilişkisinin ve faaliyetlerin veriler ışığında detaylı bir sunumudur. Yine raporlama, hem yöneticiler hem de paydaşlar için bir iletişim aracı olarak kullanılır.[136]

Sosyal raporlama, işletmenin ekonomik ve ekonomik olmayan faaliyetlerinin sosyal ve çevresel etkilerinin ilgili çıkar grupları ve toplum için açıklanması süreci olarak tanımlanmaktadır.[137]

Sosyal raporlama, en basit ifadeyle, işletmelerin sosyal sorumlulukları kapsamında faaliyetlerinin ekonomik, sosyal ve çevresel sonuçlarını bir rapor aracılığıyla sosyal paydaşlarına sunmalarıdır. Sosyal raporlama, diğer adıyla sürdürülebilir raporlama, işletmelerin faaliyetlerinin üç boyutunu; ekonomik, çevresel ve sosyal yönünü gösterir.[138]Sosyal raporlama sağlamak istediği bu üç başarım yüzünden "Üç Boyutlu Raporlama Modeli" (Triple Bottom Line Reporting) olarak da adlandırılmaktadır.

Üç boyutlu raporlama modeli 2000'li yıllardan bu yana oldukça hızlı bir şekilde yayılarak yüksek popülarite kazanmıştır. [139] Raporlama rehberi oluşturmayı amaçlayan ve bağımsız bir kuruluş olan Küresel Raporlama Girişimi de (Global Reporting Initiative-GRI) yıllık raporlarda ekonomik, sosyal ve çevresel performansları gösteren "Üç Boyutlu Raporlama Modeli"ni

[135] Sürmen vd. a.g.e., s. 36

[136] O'Dwyer, B. The Construction of a Social Account: A case study in an overseas aid agency. Accounting, Organizations and Society, 30(3), (2005). 279–296.

[137] Gray, R.; Owen,D.; Adams, C., Accounting and Accountability, First Published, Edinburg Gate, Harlow, England, 1996, s. 4

[138]Stirling, S., "CorporateSocialReporting", TheSolidar Project, 2003, s.1

[139] Çolak E., "Kurumsal Sosyal Sorumluluğun Raporlanması", Kalkınma İçin Sosyal Sorumluluk Forumu, 2005, s. 3

kullanmalarını işletmelere tavsiye etmektedir. Üç Boyutlu Raporlama'da işletme performansı; ekonomik refah, sosyal adalet ve çevresel kalite ile mümkündür. Kısacası ekonomik veya mali başarı, sosyal ve çevresel işletme başarısını meydana getirmektedir.[140]

Sosyal raporlama kavramı, 1970'li yıllarda ortaya çıkan bir kavram olup ilk çıktığı yıllarda işletmeler üzerinde çıkar gruplarının ve toplumun baskısı bugünkü kadar fazla olmadığı için bu kavramın gereği yapılamamıştır. Ayrıca sosyal raporlamaya ilişkin ilkeler ve standartların bulunmaması ilk yıllarda raporun etkin kullanılamamasının diğer bir nedenidir.[141]

Sosyal raporlamanın, 1990'lı yıllarda üç boyutlu raporlama adını alana kadar, finansal raporlarla birleştirildiği, genellikle yıllık raporların ayrı bir bölümünde finansal tablolara dipnot, yönetim kurulu başkanının mektupları ya da ortaklara özel raporlar olarak yer aldığı gözlenmektedir.[142] Günümüzde sosyal raporlama, raporlanış şekli açısından bu özelliğini korumaktadır fakat içerik açısından çok fazla değişim göstermiştir.[143]

Sosyal raporlama, 40 yıldan fazla bir geçmişe sahip olmasına rağmen günümüzde hala çok az ülkede yasal düzenlemeyle zorunlu hale getirilmiştir. Türkiye'de sosyal raporlama ve alt dallarına ait herhangi bir yasal düzenleme yoktur. Dünyada ve Türkiye'de sosyal raporlamanın yasal bir çatı altına alınamamasının nedeni hala "gönüllülük" esasına dayanmasıdır.[144]

Sosyal raporlamanın işletmeler açısından önem taşıdığı bir diğer nokta ise işletmelerin bu sayede kendi reklamını yapabilmesidir. Sosyal raporlamanın reklam dışında işletmeye mali faydaları da bulunmaktadır. Sosyal paydaşlar (çıkar grupları) ekonomik, sosyal ve çevresel performans hakkında açık ve dürüstçe iletişim kuran işletmeleri destekleyici bir tavır almaktadır. Bu tarz raporlar işletmelerin hisse senetlerine olan talebi artıracağı gibi ürettiği mamullere olan talebin de artmasını sağlayacaktır. Nitekim Türkiye'de Trio Pazarlama Çözümleri A.Ş tarafından yapılmış "Tüketici Promosyonlarına Duyarlılık" araştırmasına göre, fiyat ve kalite açısından benzerlik gösteren iki mamul arasında mamul bedelinin bir bölümünün sosyal bir amaç için harcandığı durumlarda bu mamulü seçeceklerini söyleyen tüketici oranı % 82'dir. Yine toplumun işletmelerden olan beklentilerinin tespitine yönelik olarak, Globescan tarafından 2001-2005 dönemini kapsamak üzere, aralarında Türkiye'nin de bulunduğu 19 ülkede yapılan araştırmaya göre, toplumun işletmelerden öncelikli

[140] Taşdemir V., İşletme-Çevre İlişkilerinin Muhasebe Açısından Raporlanması, Yüksek Lisans Tezi, Ankara, 2011, s. 70- 73
[141] Taşdemir, a.g.e., s. 70- 73
[142] Sözbilir, H., "İşletmelerde Sosyal Muhasebe Kuramı ve Türkiye'de Bir Anket Çalışması", Neriman ve İbrahim Küçükkurt Sosyal Hizmetler, Eğitim, Sağlık ve Bilimsel Araştırma Vakfı Yayınları, No:1, 1981, s. 67
[143] Çolak, a.g.e., s. 3
[144] Taşdemir, a.g.e., s. 70- 73

beklentisi, "çevreye zarar vermemeleridir". Katılımcıların % 72'si bu görüştedir.[145]

Sosyal raporlamanın en önemli faydası, sosyal paydaşlar ile sürdürülmesi gereken sürekli iletişime katkı sağlamasıdır. İşletmenin ve sosyal paydaşların davranış ve kararlarını etkileyecek iletişimleri desteklemeyen sosyal raporlar çok büyük değer oluşturmamaktadır.[146]

Sosyal raporlama yatırımcılara öncelikle yatırım kararı alabilmeleri için ihtiyaç duydukları bilgileri sağlamaktadır. Zira yatırımcılar artık bir işletmenin sadece ekonomik durumu ile ilgilenmemektedir. İşletmenin üretim sırasında çevreye verdiği zarar, çevreyi korumak için yaptığı yatırımlar, çalışanlarına sağladığı haklar vb. sosyal ve çevresel faktörler de yatırımcıların karar alma mekanizmalarında önemli rol oynamaktadır. Sosyal raporlar işletmelerin çevresel ve sosyal alanlardaki başarıları, zayıf yanları ve amaçları doğrultusunda daha büyük bir şeffaflık sağlamaktadır. Bu açıdan sosyal raporlama ile işletmeler öncelikle yatırımcılarının bilgi taleplerini karşılamaktadır[147]

Bir işletme mevcut dokümantasyon yapısı, sosyal performans raporlama süreç gelişimi, paydaşların sorumluluk alabilmesi, işletme faaliyetlerinin topluma etkilerinin anlaşılır olabilmesi, performansı geliştirebilmek için faaliyet planlarını sürdürebilmesini ve performans raporlamasını etkileyen faktörlerden oluşmaktadır.[148]

Bir sosyal muhasebe raporu, işletmenin bütün alanlarında şeffaflığı sağlamayı hedefler. Yine bu rapor, gelecekte ortaya çıkabilecek ihtiyaç değişimlerini işletmenin bilgisine sunmayı amaçlamaktadır. Bunun yanında rapor, yönetim aracı olarak kullanılabilir. Sosyal muhasebe raporu, geniş bir şekilde sorumluluğu artırmaktadır.

İşlteme yöneticilerinin sosyal raporların hazırlanması ve yayınlanmasında gösterecekleri tembellik, sosyal raporlamanın gelişimi ve sunumunu etkileyen faktörlerden birisidir. Dışarıya sunulacak rapor, bir işletmenin iç davranışlardaki sosyal kontrolün dışarıya yansıyan en önemli bir unsurudur. Bir işletmede bağımsız olarak hazırlanacak herhangi bir rapor, yönetim kontrol ve raporlamanın iç sistem çıktısı (yıllık finansal tablolar, yönetim muhasebesi) olarak gereklidir. Örneğin çevresel faktörler üzerindeki kararlar, işletmenin yetkilendirdiği çevresel yöneticiler veya bir departmanın sorumluluğunda yürütülebilir. Böyle bir yetkilendirme, ürün kârlılığını ve yönetimsel sorumluluk

[145] Çolak, a.g.e., s. 2- 3

[146] Owen, D., Corporate Social Reporting and Stakeholder Accountability, TheMissing Link, International CentreforCorporateSocialResponsibility, Nottingham University Business School, UK, 2005, s. 8

[147] Angay, a.g.e., s. 35

[148] Cooper, S.M., Owen, L.D., Corporate Social Reporting and Stakeholder Accountability: The Missing Link, Accounting Organizations and Society, 32 (2007), 649- 667

bilincini artırır. Buna paralel olarak gerçekleşecek değişimle organizasyonel tembellik ortadan kaldırabilir.[149]

Sosyal raporlama kararlarının sayısındaki artışa rağmen bu sayının henüz yeterli olduğunu söylemek mümkün değildir. Son 20 yılda başlatılan uluslararası finansal olmayan raporlama kararları görülmektedir. Bunlar 1991 yılında Assocation of Chartered Certified Accountants (ACCA) tarafından düzenlenen çevresel raporlama kararları ve 1996 yılında Avrupa Topluluğu tarafından hazırlanan European Environment Reporting Awards (EERA) ve Mayıs 2000 tarihinde Institute of Social and Ethical Accountability ve ACCA tarafından hazırlanan sosyal raporlama kararlarını içine almaktadır. Kararların amacı, en iyi uygulamayı teşvik, raporlamaya bağlılığı artırma ve yenilikleri ödüllendirmektir. Bu raporlar için en iyi tanımlama özgürce ve bağımsız bir doğrulama sürecidir.[150]

Muhasebe, finansal raporların sunumu için gerçekleştirilen bir faaliyettir. Finansal raporlamanın amacı ise, bir işletmenin faaliyetlerini tablo aracılığı ile ilgi duyanlara sunmak, bu arada varsa, yanlış ve/ veya doğrularını açığa çıkarmaktır.

Diğer bir ifade ilefinansal tabloları açıklamak iki açıdan önemlidir:

İşletmenin finansal yapısı,
Finansal performansı

2.3.2.Finansal Performans

Performans, genel anlamda amaçlı ve planlanmış bir etkinlik sonucunda elde edileni, nicel veya nitel olarak belirleyen bir kavramdır. Bu sonuç mutlak veya göreli olarak açıklanabilir; bir atletin yüksek atlamadaki bireysel derecesi veya sıralamadaki sırası, bir üretim biriminde üretim miktarı veya gerçekleşen üretimin planlanan üretime oranı gibi düşünülebilir. [151] Performans, en kısa tanımıyla verimliliğin ölçülmesidir.

Performansın belirlenmesi için gerçekleştirilen etkinliğin sonucunun değerlendirilmesi gerekmektedir. Değer, bir etkinlik sonucunda oluşan varlık veya olgunun anlaşılabilir, anlatılabilir, öznelliği azaltılmış, nesnelliği artırılmış olarak açıklanmasında kullanılan bir ölçüdür. Değerler, ölçüm fonksiyonu sonucunda belirlenir ve bu değerlerin her biri (İyi, kötü, başarılı, başarısız, birinci, ikinci, 100 ton, % 60 vb) bir performans göstergesidir.

İşletmedüzeyinde performans yukarıdaki açıklamadan farklı bir anlam taşımaktadır. Bir iş sisteminin performansı, belirli bir zaman sonucundaki çıktısı veya çalışma sonucudur. Bu sonuç, işletme amacının veya görevinin yerine getirilme derecesi olarak algılanmalıdır. Bu durumda performans, işletme

---

[149] O'Dwyer, B,. a.g.e., s. 279-296.
[150] www.accountabiltiy21.net
[151] Akal Z., İşletmelerde Performans Ölçüm ve Denetimi Çok yönlü Performans Göstergeleri, Milli Prodüktivite Merkezi Yayınları, No: 473, Ankara, 1996, s. 1

amaçlarının gerçekleştirilmesi için gösterilen tüm çabaların değerlendirilmesi olarak tanımlanabilir.[152]

Modern dünyada iktisadi işletmelerin toplumsal hayatın yönlendirilmesinde ne kadar merkezi bir öneme sahip olduğu herkes tarafından kabul edilmektedir. Sermaye piyasasının gelişmesi, para-kredi kuruluşlarının fon kullandırmada daha sağlam temellere dayanma ihtiyacı ve işletmelerin büyüme eğilimi günümüzde finansal analizi son derece önemli bir konuma oturtmuştur. [153] İşletmelerde sağlıklı karar alma, planlama ve denetim fonksiyonlarının etkin biçimdeyürütülebilmesi düzenli aralıklarla finansal analiz yapılmasını kaçınılmaz kılmaktadır. Bu nedenle işletme yöneticilerinin en önemli sorumlulukları arasında finansal performansın ölçülmesi ve analizi gelmektedir. Bu sorumluluğun başarılı bir şekilde yerine getirilebilmesi için, işletmenin performansını doğru biçimde yansıtacak verilerin neler olduğu, bunların nasıl toplanabileceği ve toplanan verilerin nasıl değerlendirilmesi gerektiğinin bilinmesi gerekir.

Bir işletme için sosyal performansın ölçümü önemli olmakla beraber gerçekleşecek performans ölçümünün objektif kriterlere göre yürütülmesi de önemlidir.

Ölçme ve değerlendirme yapıldıktan sonra da bulunan sonuçlar üzerinde düşünmek, şayet performans tatminedici değilse, daha yüksek bir performans tutturmayı mümkün kılacak önlemler almak, sorumlu bir yöneticiden beklenen başlıca yükümlülükler arasında yeralır.[154]

Bu bağlamda bir işletme yöneticisinin kendisine sorması gereken başlıca sorular arasında, işletmenin hali hazırdaki finansal durumunun ne olduğu, gerekirse rakiplerle bir fiyat savaşına girmeye işletmenin finansal kapasitesinin elverip elvermediği, geride bırakılan dönemde işletmenin iyi bir finansal performans gösterip göstermediği veya işletmenin finansal performansının piyasadaki rakipleringerisinde kalıp kalmadığı gibi sorular bulunmaktadır.[155]

Analiz sonuçları değerlendirilirken, finansal analizin başarısını etkileyen birtakım faktörler olduğu unutulmamalıdır. Finansal tablo verilerine bazı tekniklerin uygulanmasıyla bulunan sonuçlar, faaliyet sonuçlarını etkileyen faktörler de dikkate alınmak suretiyle bir bütün olarak yorumlanmalı ve bu faktörlerin etkisi çoğu zaman tam olarak giderilemediğinden yorumlar esnek olmalıdır.[156]

---

[152] Akal., a.g.e., s. 1

[153] Akgüç Ö., Finansal Yönetim, Gözden Geçirilmiş ve Genişletilmiş 6. Baskı, Avcıol Basım- Yayım, Muhasebe Enstitüsü Yayın No: 63, İstanbul, 1994, s. 3

[154] Amaratunga, D. ve Baldry, D. Moving from Performance Measurement to Performance Management. Facilities, 20, V-VI,2002, s. 217-223.

[155] Amaratunga, a.g.e., s. 217- 223

[156] Diamond, J., Establishing a Performance Management Framework for Government. IMF Çalışma Tebligi, WP/05/50, http://imf.org/external/pubs/ft/wp/2005/wp0550.pdf.

Bir işletmenin başarı veya başarısızlığı hakkında bir analiz yapılarak tam ve kesin bir sonuca varılamaz. Çünkü pek çok faktör, analizde kullanılan verilerin sağlıklı bilgiler olmasını engellemiş olabilir. Ayrıca kullanılan nicel bilgiler, çalışanların fedakârlığı, sadakati, çabaları, personel çatışmaları gibi, işletmenin birtakım nitel özelliklerini yansıtmaz. Yine genç ve dinamik bir yönetime sahip olma belki geleceğe yönelik olarak, mevcut yüksek kârlılıktan daha umut vaat edici olabilir. Bu nedenle, mali analiz sonuçları yorumlanırken organizasyon ile doğrudan ilgili olan ve olmayan bir takım faktörler de dikkate alınmalıdır.[157]

Bunların dışında, bir işletmenin performansının değerlendirilmesi, performansın raporlanması ve ölçülmesi ile ilişkilidir. Performans değerleme, çok büyük bir öneme sahip olduğu için değişkenlerin ölçümünden ve raporlamadan sonra, işletme ihtiyaçları belirlenmeli bu değerlere paralel olarak sosyal sorumluluk verilmelidir. Sosyal muhasebe, farklı bakış açıları ile işletme performansı ölçme ve raporlama girişimidir. Yine bilgiyi elde etmek için ortaya çıkan farklı ihtiyaçlar ile çeşitli grupların taleplerini yerine getirmek için muhasebenin farklı türleri arasında ihtiyacın değerlendirilmesidir. Bu değerlendirme, muhasebenin genel ekonomi sınırları içerisinde ele alınması esasına dayanmaktadır. Ekonominin temeli ile ilgili konular aşağıdaki gibidir:[158]

- Ekonomik gelişimin devamının arzu edilir olması,
- Rasyonel ekonomik kararlar alabilme,
- Herhangi bir karar alma safhasında şahsi menfaatin dışarıda bırakılması,
- Dağıtılan refahtan düşüncenin hariç tutulması

Bu faktörler, işletme dışı olay gibi görünse de, işletmenin bir parçası olarak görülen ve çevrenin işletme faaliyetlerinin yürütülmesinde göz önünde tutulmasını gerekli kılmaktadır. Bir başka ifade ileişletme faaliyetleri yürütülürken, muhasebe dışı fakat faaliyetlerle ilgili bazı olayların dikkate alınması gerekmektedir.

Bunun yanında tablo, kâr amacı gütmeyen kuruluşlarda genellikle gelir ve gider tablosu olarak düzenlenir. Bu durumda gelir fazlalığının, harcama açığının ne kadar olduğu, iyi veya kötü performans değişimindeki ölçünün ne olduğu / olacağı gibi soruları beraberinde getirmektedir. Bu birçok işletmede "Fon Temelli Muhasebe" yaklaşımının bulunmamasından dolayı çok karmaşık konu olmuştur.[159]

Sonuç olarak, finansal raporlar, işletme tarafından yürütülen faaliyetlerin tamamını açık bir şekilde yansıtmazlar. Bir başka ifade ile finansal tablolar, finansal terminolojide yer alan sosyal etkinin raporlanması ve ölçümü için etkili bir mekanizma değildir.

---

[157] Gücenme, a.g.e., s. 20

[158] Caudle, S., Performance Results: The Information Technology Factor. Using Performance Measurement to Improve Public and Nonprofit Programs. (Editör: K.E. Newcomer). San Francisco: Jossey-Bass Publishers,1997

[159] Caudle, a.g.e.,

Finansal tabloların raporlanmasında görülen bu eksiklik, sosyal muhasebenin gelişmesine neden olmuştur. Sosyal muhasebe, bir işletmedeki sosyal performansın şeffaf bir fotoğrafını çekmeye çalışır. Aynı zamanda sosyal süreçleri karara bağlar. Yine organizasyonun finansal ve faaliyet raporlarını daha ayrıntılı ve daha anlaşılır bir duruma getirmeyi hedefler. Sosyal muhasebe, sosyal etkileri kolay anlaşılır bir formda tanımlama, kayıtlama ve raporlama faaliyetidir.

2.4.Sosyal Muhasebeye Vergi Matrahının Etkisi

Sosyal muhasebe, işletmenin sosyal amaçlarının yerine getirilmesi için uygun muhasebe, denetim ve raporlamayı sistematik bir çatı altında ve bir anlayış içerisinde üçüncü kişilere sunar. Sosyal muhasebe kavramı, çok ciddi bir şekilde vergi matrahı etkilerini belirleyebilmek için işletmeleri teşvik etmektedir. Sosyal muhasebe, program faaliyetlerini öğrenmeye, uyarıların ne zaman ve ne şekilde gerçekleştirilmesi gerektiği yönündeki sorular hakkında işletmedeki mevcut yönetim bilgi sisteminin etkinliğine imkân tanır.[160]

Sosyal muhasebe, stratejik planlamadaki sosyal amaçların yerine getirilmesi için çalışanları cesaretlendirir. Sosyal muhasebenin raporlanması, genellikle yıllık olarak düzenlenmektedir. Bununla beraber, Sosyal muhasebe, sadece bir işletmenin faaliyetleri sonucunda ne kadar vergi vereceği üzerine düzenlenmez.

Sosyal muhasebe, vergi matrahını belirlemek için yerleşik bilgi temelini oluşturmaktadır. Finansal muhasebe gibi, işletmedeki sistematiğin (yönetim muhasebesi, risk yönetimi, iç kontrol, nakdi elde tutma gibi) beklentilerini düzenli bir şekilde yansıtmaktadır.

2.5.Sosyal Muhasebenin Gelişimindeki Güçlükler

Ortaklar gibi, toplum, işletmeler ve hükümetler sosyal muhasebeye öncülük ederek sorumluluk ve sosyal ilişkilerin dokunulmaz bir alanda gerçekleşmediğini göstermek zorundadırlar.

Sosyal muhasebenin gelişimindeki güçlükler işletme içi ve işletme dışı olarak ikiye ayrılabilir. Güçlükleri ortaya çıkaran faktörler aşağıdaki gibidir:[161]

2.5.1.İşletme İçi Güçlükler

- Yöneticilerin bakış açısı Finansal bakış açısı
- Sürecin devamı (zaman harcama)
- Nakdi elde tutan grupların tanımlanması
- Sosyal performans göstergelerinindüzenlenmesi
- Vergi matrahı etkilerindeki düzensizlik

---

[160]Hopewood G.A. ve Miller P., (eds): Accounting as Social and Institutional Practice, Cambridge Universtiy Press, 1994, s. 82

[161]Sturdivant F.: Business and Society Amanagerial Approach, ıılinois, Richard D. Irwin, 1985, s. 47

- Ölçüm modeli
- Maliyetleme- maliyetlerin tanımlanması ve maliyet yerlerinin belirlenmesi
- Finansal performansta ortaklığın sosyal sorumluluk ilişkisi
- Sosyal sorumluluk taahhütlerinin yerine getirilmemesi
- İşletmedekitembellik (atalet)
- İşletme içi sistemler
- Teşvikler

2.5.2.İşletme Dışı Güçlükler

- Uygulama ve kanunlar
- Sosyal sorumluluk yatırımları
- İtibar tesisinin arzu edilmesi
- Nakdi elde tutanlarla ilişkilerin artırılması

2.6.Sosyal Muhasebede Performans Ölçüm Modeli

İşletmelerin sayısının artması, hem paydaşlarla iletişimi hem de yönetim araçları ile sosyal, çevresel ve etik performansı topluma raporlamayı zorunlu kılmıştır. Bununla beraber, uygulama 1990'lı yılların ortalarına kadar geniş ölçüde gerçekleştirilmiştir. Fakat o yıllarda işletmelerin raporlamada bilgi türü ile bu bilgilerin nasıl toplanacağı ve ne şekilde analiz edileceği, nasıl sunulacağı ile ilgili standart bir format bulunmamaktaydı. Bunda sosyal muhasebenin gelişiminin yavaş seyretmesi önemli bir faktördür. Sosyal muhasebenin başarılı olması, yöneticilerin sosyal ve çevresel konuları finansal amaçlara paralel olarak ele alıp yürütmeleri ile mümkündür.[162]

İşletme kararları, kaynakların yeterliliği, ekonomik, sosyal ve çevresel şartlar, göz önünde tutularak alınır. Sosyal muhasebe işletmenin üretim kayıplarını da dikkate almaktadır.

Bilindiği üzere üretim kayıpları, yatırımın uygun ve kârlı bir şekilde geri dönüşümünü sağlamaksızın maruz kalınan zararlardır.[163] Üretim kayıplarının her şeyden önce üretim işleminin hangi aşamalarında ve hangi miktarda ortaya çıktığının fiziki olarak tespit edilmesi gerekir.[164]

Örneğin, kusurlu veya artık malzemelerin yeniden üretime kazandırılması, tonlarca tehlikeli atık gibi fiziki ölçümlerinin gerçekleştirilmesi, bu ve buna benzer ölçümler, işletmelerin yıllık çevresel raporlarında kirlilik kontrolleri içerisinde kamuoyuna duyurulmaktadır. Bununla beraber, zirai ürünün verimliliğinin karşılaştırılması gibi, diğer alanlardaki parametreler, yalnız alınan ürünün verimliliği değil aynı zamanda işlenmeden toprak altında kalan üründen

---

[162] Pava L.M. ve Krausz J.: Corporate Responsibility and Financial Performance, Wesport, Quorom Books, 1995, s. 103

[163] Broom H.N., Production Management, Revised Edition, Homewood, Illinois: Richard D.Irwin. Inc., 1967, s. 7/13, çev. Reşat Karcıoğlu

[164] Pava, a.g.e., s. 103

dolayı zirai verim kayıplarının ne olduğuhususunda henüz bir çalışma yapılmamış olup, bu konular da sosyal muhasebenin ilgi alanına girmektedir. Üretim miktarının artması (fiziki veya finansal) tehlikelerin boyutuna karşı da sorumluluğun artmasını gerektirmektedir. Çünkü üretim kadar üretim kayıplarının da dikkate alınması, objektif kriterlerin kabul edilip uygulanmasını zorunlu kılmaktadır. Genelde üretim kayıplarının ürün içerisindeki oranının düşük olması, böyle bir çalışmanın şimdiye kadar yapılmamasına neden olmuştur.[165]

Geleneksel muhasebedeki raporlama mekanizması, bütün bu olguları tamamen değerlendiremez. Çünkü işletme kararlarının sosyal sorumluluk çerçevesinde ele alınarak uygulanması, teknik bir zorluk olarak görüldüğünden ve finansal terminolojide henüz yeni yer bulmasından dolayı organizasyonların faaliyetlerini bu anlayışla yürütebilmeleri kolay değildir. Bundan dolayı performans modeline ihtiyaç duyulmaktadır.

Paydaşlar, işletme kârlarını, performans ölçümü modelindeki sorumluluğa dayandırmaktadırlar. Yaygın olarak eleştirilen konu, işletme yönetimindeki hissedarların ihtiyaçları kârdan alacakları herhangi bir pay olarak hesaplanmaktadır. Örneğin, değere dayalı yönetim teknikleri, hissedarların refahının maksimizasyonu ile işletme performansının maksimize edilmesi yolunu açan anlayışa dayanmaktadır. Diğer taraftan nakdi yönetme tekniği ise, bütün paydaşların ihtiyaçlarını işletme performansını ve kârını maksimize etmeleri halinde doğrudan işletmeden alabilecekleri anlayışını ortaya koymaktadır.[166]

Sosyal muhasebenin büyük marketlerin işletme performansını daha geniş alanlara yaymak ve işletmenin hisse değerini artırma meylinden dolayı ortaya atılmış bir görüştür. Bu anlayış, raporlama teknikleri, uygun ölçümlerin gelişimi, sosyal performansın ölçülebilirliği, işletme çalışanlarını özendirme, sosyal davranış ilişkilerini tanımlama ihtiyacı ve işletme faaliyetlerini raporlama yaklaşımı gibi konuları içine alan sosyal muhasebenin çıkış noktasını oluşturmuştur. Yani sosyal muhasebe, ortakların performansını geniş bir bakış açısı ile değerlendiren bir yaklaşımdır.

2.7.Sosyal Denetim Kavramı

Açıklanan bilgilerin yeterince güvenilir olmaması, karar alıcıları bu konuda bazı önlemler almaya zorlamaktadır. Karar alıcılar, açıklanan bilgilerin alacağı kararlar için yeterli derecede güvenilir olduğunu araştırmalıdır. Bu araştırma sırasında karar alıcılar, çeşitli yöntemlere başvurulabilse de, daha önce böyle bir girişimin iktisadi açıdan değeri olup olmadığı saptanmalıdır. Daha güvenilir bilgi elde etmenin sağlayacağı fayda, o bilgiyi elde etmek için

---

[165] Puxty A.G.: The Social and Organizational Context of Management Accounting. London, Academic Press, 1993.
[166] Pava, a.g.e., s. 103

katlanılacak maliyetten fazla olduğu sürece karar verici, böyle bir yola gitmelidir.[167]

Uluslararası ticaretin artması sonucu hesap ve işlemlerin esaslara bağlanma ihtiyacı denetim kavramını da beraberinde getirmiştir. Bu dönemde hesap ve işlemlerin kontrolünü yapan ve sonucunda görüş bildiren, Latince "dinleme" anlamına gelen audit kelimesinden türetilen auditör (denetçi) denilen kişiler ortaya çıkmıştır. Modern anlamda denetim kavramı sanayi devrimi sonrasında gelişmiş ve bugünkü niteliğine kavuşmuştur.

Denetim, belirlenmiş hedef ve standartlar doğrultusunda ortaya çıkan sonuçların verimlilik, etkinlik ve ekonomiklik derecelerini ölçmek, karşılaştırmak ve değerlendirmektir. Diğer bir anlatımla denetim, bir kuruluşun ekonomik faaliyetlerine ve olaylarına ilişkin açıklanan bilgilerin, önceden belirlenmiş kriterlere uygunluk derecesini belirlemek ve raporlamak amacıyla bu ekonomik faaliyetlere ve olaylara ilişkin bilgilerle ilgili delillerin tarafsızca toplanması, değerlendirilmesi ve sonucun bilgi kullanıcılarına raporlanması şeklinde tanımlanabilir. Denetimin bir diğer tanımı ise şöyledir.

"İktisadi faaliyet ve olaylarla ilgili önceden saptanmış ölçütlere uygunluk derecesini araştırmak ve sonuçları ilgi duyanlara bildirmek amacıyla tarafsızca delil toplayan ve bu delilleri değerleyen sistematik bir süreçtir.[168]

Açıklanan bilgilerin güvenilir olup olmadığının araştırılmasında başvurulan genel yöntem, bu bilgilerin bağımsız bir kişi tarafından denetlenerek doğrulanmasıdır. Bütünlüğü, doğruluğu ve tarafsızlığı denetlenip doğrulanmış bilgi artık, karar işlemi için güvenilir bilgi olarak kabul edilir.

Günümüzde bilinçlenen ve sosyal sorunların önemini ve ciddiyetinifark eden toplum, işletmelerin sosyal sorunlarla neden ilgilenmediklerini, sosyal sorumluluklarını neden yerine getirmediklerini sorgulamaya başlamıştır.[169]

Sosyal sorumluluğun önem kazanmasının bir sonucu olarak, bazı şirketler sosyal performanslarının kalitesini değerleme çabası içindedirler. Böylesi bir değerleme prosedürü çoğunlukla bir sosyal denetim olarak ifade edilir.

Sosyal denetim, belirli sosyal grupları içine alan toplumun refahı üzerinde bir örgütün faaliyetlerinin etkisini analiz etme, değerleme ve ölçmeye yönelik sistematik bir girişimdir. Başka bir ifadeyle, sosyal denetim; işletmenin sosyal sorumluluk alanındaki performansını sistematik bir biçimde değerleme ve raporlamadır.[170]

Sosyal denetim, bağımsız kişi veya kuruluşlarca tüzel kişilerin faaliyetlerini sorumlu bir anlayış içerisinde denetleyip sonucun ilgi duyanlara

[167] Güredin, a.g.e., s. 4
[168]Güredin, a.g.e., s. 4
[169]Petit, T., A. The Moral Crisis in Management, New York: McGraw-Hill Book Co., 1967, s. 6
[170]Miner, J.B., Timothy M.S and Vincent, P.L. The Practice of Management, Columbus: Charles E. Merril Publishing, 1985, s.453

sunulmasıdır. Faaliyetlerden sorumlu kişilerin hesap verebilmesi için sosyal denetim sonuçları, toplumdaki çıkar grupları veya toplumun tamamı tarafından kullanılmaktadır.

Berkowitz'e göre, sosyal denetim; sosyal olarak sorumlu fikirleri eyleme dönüştürmek ve sosyal sorumluluk alanında işletmenin hedefleri, stratejileri ve performansını sistematik olarak değerlemek ve ölçmek için dikkatli bir şekilde hazırlanan planlar ve programların izlenmesi sürecini kapsar.[171] Sosyal denetim, bir işletmenin sosyal duyarlılığının ölçümlenmesidir.[172]

Sosyal denetim; toplumun beklentilerine uygun olarak eyleme geçmesii için kişiler, alt gruplar ve grupları etkileyen güçler ve süreçlerle ilgili olmaktadır.[173]

Sosyal denetimin arkasındaki ihtiyaçlar, öncelikler, yaklaşımlar ve yöntemler önemli ölçüde farklılık göstermektedir.[174] İş dünyasında bir işletme açısından hem içsel hem de dışsal sosyal maliyetler ve kazançları belirlemek için mevcut işletme uygulamalarını gözleme yeteneğini geliştirmek hayati önem arz eder. Sosyal denetim ve raporlama bu yeteneği geliştirmenin önemli yolları olarak fonksiyon gördüğünden her geçen gün dikkat çekici bir biçimde uygulama alanı bulmaktadır.[175]

Bir işletmenin ekonomik çıkarları ile sosyal ve çevresel konuları dengelemesi sürdürebilirlik olarak nitelenmektedir. Sosyal denetimde, çevresel ve etik denetimle beraber sürdürebilirlik denetimin bir parçası[176] olup sosyal sorumluluk alanında işletmenin performansını sistematik bir biçimde değerleme ve raporlama sürecidir.[177] Performans ölçüm aracı olarak sosyal denetim işletmenin uygulama veya çalışma başarısını ortaya koymaktadır. Sosyal denetim sorgulayıcı bir yaklaşımla işletmenin sosyal politikasını etik, iş gücü, çevre, insan hakları, toplum ve uyum unsurları çerçevesinde değerlendirmektedir. Sosyal denetimler her bir sosyal denetim yılı sonunda sosyal hesapların gözden geçirilmesi ve doğrulanması şeklinde gerçekleştirilmektedir.[178]

Toplumsal sınıflar arasında her geçen gün artan gelir dengesizliği, istihdamdaki güvensizlik, iletişim konusundaki işletme kararlarının etkisinin göz

---

[171] Berkowitz, E., N., Kerin, R A., Hartley S., W., Rudelıus W., (1992), İ.Ü.Siyasal Bilgiler Fakültesi Dergisi, No: 23-24 (Ekim 2000-Mart 2001), s. 104

[172] Boone, L., E., Kurtiz, D., L., Management (New York: McGraw-Hill Inc., Fourth Edition), 1992, s. 82

[173] Laufer W.S., Robertson, D. C., (1967), "Corporate Ethics Initiatives: As Social Control", Journal of Business Ethics, (16): 4.1997, s. 29-48

[174] Desjardings, J. R.,McCall, J., J., Contemporary Issues in Business Ethics (California: Wadsworth Publising Co.), 1990, s. 13

[175] Akgemici, T. ve Diğerleri "Sosyal Denetim Kavramına Genel Bir Yaklaşım (Değerlendirme)", İ.Ü.Siyasal Bilgiler Fakültesi Dergisi, .2001, No: 23-24, http://www.istanbul.edu.tr/siyasal/dergi/sayi23-24/01.htm,

[176] Özbirecikli, M. "Çevresel Etik ve Sosyal Denetim: Küresel Girişimler ve Türkiye'deki Uygulamalar Üzerine Mukayeseli Bir İnceleme", Muhasebe ve Finansman Dergisi, 2006, Sayı:31, s.62-77

[177] Miner, a.g.e., s. 453

[178] Akgemici, a.g.e.,

ardı edilmesi, kâr ve maliyetlerin ürün ve hizmet standartlarını saptamada hâkim faktörler olduğuna dair endişelerin artması, birçok girişimin aşırı düzenlemeleri terk ederek yöneticilerine daha fazla bağımsızlık ve etkileme şansı tanımak istemesi, şirket yönetimi ve sorumluluğu konusundaki endişelerin artması, işletmelerin kendilerini çıkar gruplarına karşı sosyal yönden daha fazla sorumlu hissettiği bir ekonomik anlayışın giderek yaygınlaşması ve toplumun işletmelerin faaliyetleri hakkında daha fazla bilgi talep etmesi gibi pek çok sebep, sosyal denetimi gerekli kılmaktadır.[179]

Sosyal denetim, "yasallık" ve "kamu sorumluluğu" ilkelerini esas almaktadır. Sosyal denetimi uygulamada benimseyen bir işletme, topluma karşı duyarlı bir işletmedir. Faaliyetlerinin olumsuz etkilerine karşı gönüllü olarak önlem alır ve sosyal denetim raporu hazırlar. Bu işletmeler tepkisel ve onarıcı davranıştan ziyade öngörücü ve önleyici bir davranış sergiler. Sosyal sorunlara dönük çabaları tüm çıkar gruplarınca desteklenmektedir. Bu bakış açısı tanıtım, toplumsal katılım ve sosyal sorunların çözümünü teşvik etmek açısından son derece önemlidir.

Gerald Vinten sosyal denetime fonksiyonel bir tanımlama getirmiştir. Ona göre sosyal denetim, işletmenin faaliyetlerinden etkilenen ve faaliyetlerini etkileyen kişi veya gruplara karsı geniş bir dikkat ve sosyal sorumluluk kapsamında işletme tarafından planlanan hedeflerin başarılıp başarılamadığını ortaya koymayı amaçlamaktadır.[180]

Turnbull'a göre sosyal denetim bir işletmenin performansını bulunduğu taahhütlerle birlikte sosyal, toplumsal ve çevresel amaçlar çerçevesinde ölçme ve rapor etme sürecidir.[181] Bir diğer tanımlamaya göre sosyal denetim sosyal etkinin ölçümünün önemli bir unsurunu ortaya koymaktadır. Buna göre sosyal denetim geleneksel finansal raporlar kapsamında yer almayan toplum nezdinde işletmenin etkisinin belirlenmesi, ölçülmesi, değerlendirilmesi, raporlanması ve gözlemlenmesi ve bu suretle işletmenin sosyal etki alanındaki performansının ölçümlenmesidir. Dolayısıyla sosyal denetim sosyal hareketlerin ölçüm ve raporlanmasını içermektedir.[182]

Denetlenmiş sosyal hesaplar işletmenin ne yaptığını değil, aynı zamanda gelişimi nasıl planladığını da ortaya koymaktadır. Dolayısıyla sosyal hesaplar tüm çıkar sahiplerinin, oluşan katma değeri anlamalarını sağlayarak işletme başarısını ortaya koymaktadır.[183]

---

[179]Spear, R.,. "Social Audit and the Social Economy: Approaches and Issues", CRU, Open University, Milton Keynes, UK, 1997 .http://www.ny.airnet.nejp/ccij/spearze.htm., s. 1
[180]Samuel M.N and Hoseph W.F., "The Social Audit and Ethics", Managerial Auditing Journal, Vol:9, Number:1, 1994 s: 30
[181]http://www.les.man.ac.uk
[182] Samuel, a.g.e., s. 31
[183]http://www.raisenetworks.org.uk

2.7.1.Sosyal Denetimin Gelişimi

Denetim kelimesi Latince kökenli olup duymak ve işitmek anlamındadır. Antik çağda krallar gerçekleştirdikleri işler sonucunda bilgi almak amacıyla denetçileri kullanmaktaydılar. Bu denetçiler kamu alanlarında vatandaşların çeşitli konularda fikirlerini, çalışanların tavırlarını beğenip beğenmediklerini, vergi oranlarına karşı tepkilerini ve yerel ofislerin düşüncelerini tespit etmekteydiler.[184]

Denetim, uygulama olarak eski dönemlere dayanmasına rağmen, günümüz anlamındaki gelişimini Sanayi Devrimi'nden sonra tamamlamıştır. Toplumu oluşturan kişi veya kurumlar işletmelerle farklı nedenlerle yakından ilgilenmektedirler. İşletme çıkar sahipleri olarak nitelendirilen çeşitli çıkar grupları kendi menfaatleri doğrultusunda işletme ile ilgili olarak çeşitli kararlar almak durumundadırlar. Bu nedenlerle işletmelerle ilgili güvenilir bilgi sağlanması denetimin konusunu oluşturmaktadır.[185] Güvenilir bilginin yanında işletmelerin gerçek performanslarını sosyal, çevresel ve ekonomik çerçevede ortaya koymayı amaçlayan sosyal denetim bugünün iş hayatında işletme çıkar sahiplerince dikkate alınan bir değerlendirme aracı olarak ön plana çıkmaktadır.

Sosyal denetim ve sosyal muhasebe kavramları bugünün iş dünyası için yeni kavramlardır. Sosyal denetim kavramı ilk olarak 1950'li yıllarda Howard R. Boven tarafından ortaya atılmış[186] ve sosyal performansa ilişkin yönelimler 1960'lı yılların sonlarına doğru hızlanmıştır. 1970'li yıllarda kurumun sosyal denetimine ve bu denetimler sonucu elde edilen bulguların kamuya raporlanmasına yönelik dikkate değer bir ilgi ve yönelim başlamış,[187] sosyal performansın muhasebeciler tarafından ölçümü literatürün önemli konusunu oluşturmuştur.[188] 1970'li yılların başında işletmelerde sosyal denetimler firmanın işbirliği olmaksızın müşteri dernekleri, sosyal denetim şirketleri ve kamu çıkarları için hareket eden kuruluşlar tarafından dışarıdan yapılmıştır.[189]

Charles Medwar sosyal denetimin öncüsü olup 1972 yılında sosyal denetimi sağlık politikasında ilaç güvenliğinin etkisini ortaya koymak amacıyla şirketlerin ve devletin profesyonel sorumluluk alanlarına yönelik sosyal denetim uygulamıştır. Medwar'a göre sosyal denetim kavramı karar vericilerin uygulama gücünün sonucu tüm ihtimalleri dikkate alarak davranmaları ve sorumluluk almaları ile demokrasi ilkesinin mevcut olduğu bir ortamda başlamaktadır.[190] Sosyal denetime yönelik olarak ilk sosyal rapor açıklaması İsviçre'de 1978 yılında Migros Marketler Zinciri tarafından gerçekleştirmiştir.[191]

---

[184] http://www.unpan.org
[185]Bozkurt, N.,. Muhasebe Denetimi, Alfa Basım ve Dağıtım, Kasım, 2000, s. 17-19
[186]http://www.istanbul.edu.tr
[187]Marx, T.G., "Corporate Social Performance Reporting", Public Relations Quartely; Winter, Vol. 37, No. 4, 1993,.s. 38-44
[188] http://www.les.man.ac.uk
[189] Akgemici, a.g.e.,
[190]http://www.unpan.org
[191]http://www.exsores.net

1980'li yılların sonlarına doğru sosyal denetime yönelik fikir anlamında bir çoğalma meydana gelmiş ve işletmeler sosyal denetimi, hem içsel bir yönetim aracı olarak hem de sosyal bir açıdan kendilerini teşvik edici bir araç olarak kullanmaya başlamışlardır.

Bunun temel nedeni, işletmecilik eğitimi veren kurumların endüstriye sosyal sorumluluk bakış açısı ile bakmak gerekliliğine inanmalarıdır. Londra'da 1984 yılında Yeni Ekonomi Kurumu (New Economic Foundation-NEF) sosyal denetim ile ilgili olarak çalışmaya başlamıştır ve 1990'lı yılların başlarında Sosyal Denetim Araçlarına (Social Audit Toolkit) yönelik alternatif bir model geliştirmiştir. Yeni Ekonomi Kurumu (NEF) 1990'lı yılların başlarında sosyal denetimle ilgili birçok broşür ve kitapçık yayınlamıştır. 1996 yılında ise Yeni Ekonomi Kurumu, Sosyal ve Etiksel Sorumluluk Enstitüsü'nü kurmuştur. Bu enstitü sosyal denetimin uygulanmasına yönelik birçok standart taslak metinleri yayınlamıştır. Shell, BP, BT, Amaco ve Barclays Bank gibi büyük şirketler bugün bu standartları kullanarak sosyal raporlarını halk için yayınlamaya devam etmektedirler.[192]

Sosyal denetim, işletmelerin topluma sağladıkları fayda ve kattığı değerler ile gerçekleştirdikleri faaliyetler sonucu toplumdan götürdüklerinin veya topluma yönelik maliyetlerinin işletmelerin piyasa ve finansal performansına etkisini ortaya koyan bir raporlama aracı olarak gelişmiştir. 1997 yılında Sosyal İşletme Birlikleri (Social Business Association) ilk olarak İrlanda, İspanya, Finlandiya, İsveç, Danimarka ve İngiltere'nin içeresinde yer aldığı Avrupa Sosyal Denetim Programı'nı geliştirmişlerdir.[193] Daha sonra Kuzey İrlanda'da Sosyal Ekonomi ilerleme Temsilciliği (NICDA) 1998 yılında sosyal denetim konusunda üç programdan oluşan hızlandırılmış eğitim kursları düzenlemeye başlamıştır.[194]

Sosyal denetim uygulamalarına yönelik ilgi, özellikle gelişmiş ülkelerde artmaktadır. Bugün Fransa sosyal hesaplara dayalı bir kanunu yürürlüğe koymuştur. Avusturya'da ise şirketler sosyal sorumluluk bilgisini çevre, enerji, insan kaynakları, üretim ve toplumsal çerçevede açıklamaktadır. Sosyal raporlamanın önemi Almanya, Hollanda, İsveç, İspanya ve Japonya'da artmaktadır. Çoğu Alman şirketi gönüllü olarak çevresel esaslara dayalı sosyal raporlar yayımlamaktadır.[195] Dünyada ve özellikle gelişmiş ülkelerde yaygın bir şekilde uygulama alanı bulan sosyal denetim ve raporlaması Türkiye'de henüz benimsenmiş ve yaygınlaşmış değildir. Bu durumun temel nedeni, konuya ilişkin herhangi bir yasal düzenlemenin mevcut olmayışı ve konunun hassasiyetinin işletmelerce idrak edilemeyişidir.

---

[192]http://www.exsores.net
[193]http://www.unpan.org
[194]http://www.exsores.net
[195]Batra, G.S., "Dynamics Of Social Auditing in Corporate Enterprises: A Study Of The Indian Corporate Sector", Managerial Auditing Journal, Volume: 11 Issue: 2, 1996, s. 37

2.7.2. Sosyal Denetimin İlkeleri

Sosyal denetimin uygulanabilmesinin ön şartları; katılımcı bir demokrasi anlayışının var olduğuna inanan bir yönetim anlayışı, aktif ve yetkilendirilmiş bir sivil toplum, kamunun sivil topluma karşı sosyal sorumluluğu ve uygun politik ortamdır.[196] Sosyal denetim bir işletmenin aşağıda yer alan unsurlarını belirlemeye çalışmaktadır. Bunlar:[197]

- Çalışanlar ve çıkar sahipleri işletmeyi nasıl algılamaktadırlar,
- İşletme amaçlarının ne kadarını gerçekleştirebilmektedir,
- İşletme, açıkladığı değerler bildirgesi ile ne kadar uyumlu bir şekilde çalışabilmektedir,
- Çıkar sahipleri üzerindeki etkinin değerlendirilmesi,
- İşletme yönetimince benimsenen değerlerin ne kadar iyi bir şekilde uygulamaya geçirildiğinin tespiti,
- Potansiyel problemlerin belirlenerek problemler oluşmadan önce stratejik planlama sürecinin geliştirilmesi,
- Hizmet verilen ve bağımlı olunan gruplara karşı sorumluluğun artırılması,

Sosyal denetimin temel metodolojisini oluşturan ve sosyal denetime rehber olan birtakım ilkeler vardır. Bu ilkeler aşağıda yer aldığı gibi açıklanabilir:[198]

- Çok Yönlülük: Bu ilkeye göre sosyal denetim aracılığı ile işletmenin faaliyetlerinden etkilenen tüm çıkar sahiplerinin bakış açıları ortaya konmaya çalışılmaktadır.
- Kapsamlılık: Bu ilkeye göre sosyal denetim aracılığı ile işletmenin tüm çalışma yapısının ve performansının rapor edilmesi amaçlanmaktadır. Denetim, çok yönlü bakış açısına bağlıdır. Sadece ilgili kişilerin değil, tüm çıkar sahiplerinin bakış açısını yansıtmalıdır. Bunun anlamı denetimin kesinlikle seçici olamayacağıdır. Seçici bir denetim işletmenin performans durumu hakkında doğru ve gerçek bilgiyi sağlamayacağından dolayı bu tür bir yaklaşımdan kaçınılmalıdır.
- Süreklilik: Bu ilkeye göre sosyal denetim aracılığı ile sosyal hesap verebilirliği yerleştirmek ve işletmenin bir kültürü olarak devamlılığı sağlamak amaçlanmaktadır. Çıkar sahipleri zaman içeresinde değişmekte veya beklentileri farklılaşmaktadır. Dolayısıyla konuları zaman içeresinde değişmektedir. Sosyal denetim sürekli bir çerçevede ve genellikle yıllık olarak planlanmış bir zaman dilimi içeresinde gerçekleştirilmelidir.
- Karşılaştırılabilirlik: Bu ilkeye göre sosyal denetim aracılığı ile işletmenin performansının yıllar itibariyle, belirlenmiş kurallarla veya benzer işletmelerle kıyaslanarak ortaya konulması, bu çerçevede karşılaştırmaların benzer iş yapan işletmelerle benzer raporlama formatlarında sunulması amaçlanmaktadır.

---

[196]http://www.unpan.org
[197]The Challenge for The Internel Auditor, 2003, s. 5
[198]The Challenge for The Internel Auditor, 2003, s. 5

• Doğrulamak: Bu ilkeye göre sosyal denetim aracılığı ile sosyal hesapların denetimi yetkin kişi veya kişiler tarafından işletmede herhangi bir çıkar sağlama amacıyla yapılmadığının teyidi amaçlanmaktadır. Yasalara uygunluğun ve sorumluluğun güçlendirilmesi raporların doğru ve dürüst bir şekilde açıklanmasının sağlanması açısından sosyal hesaplar bir kişi tarafından doğrulanmalıdır.

• Açıklama Yapmak: Bu ilkeye göre sosyal denetim aracılığı ile denetlenmiş hesapların çıkar sahiplerine ve geniş kapsamda topluma şeffaflık ve hesap verebilirlik anlayışıyla açıklanması amaçlanmaktadır.

Bulguların kamuya açıklanması anlamlı bir diyalog çerçevesinde gerçekleştirilmelidir. Çıkar sahipleri ile olan ilişkiler ve genel kamu ile olan iletişim formaliteler çerçevesinde olmamalıdır. Bu, denetim raporunun kamuya açıklanması ile başarılabilir. Rapor, finansal detayların ötesinde iletişimsel bir imkân sağlamaktadır. Burada amaç işletmenin değerler, amaçlar ve performans ile ilgisini ortaya koymaktır. Çoğu işletmenin çıkar sahipleri ile olan temel iletişim kanalı yıllık raporlardır. Raporlar açık bir şekilde yazılmalı ve uzman olmayan bir kişinin dahi anlayabileceği kadar basit ve yalın olmalıdır. Raporlarda mümkün mertebe teknik dil kullanımından kaçınılmalıdır.[199]

Yapılan açıklamalardan anlaşılacağı üzere sosyal denetim ilkeleri kalite arayışına yönelik bir girişimin çatısını oluşturmaktadır. Ayrıca sosyal denetim kavramı dinamik bir kavram olup toplumda sosyal değerlere, ahlaki yükümlülüklere ve toplumun çıkarlarına göre sosyal denetim bilgi açıklamaları değişebilmektedir:[200]

2.7.2.1. Sosyal Denetim Türleri

İşletmelerin sosyal sorumluluklarını yerine getirip getirmedikleri çeşitli şekillerde denetlenebilir. Bunlardan bazıları aşağıdaki gibi açıklanabilir:[201]

• İlgili Çıkar Gruplarının Denetimi: Bu denetim türü, işletme dışındaki çıkar grupları vasıtasıyla olmaktadır. İşletmenin ilgili çıkar gruplarının menfaatlerini dikkate alması, kavraması ve örgütsel tepkileri değerlemesine ve buna göre uygulamalarını yönlendirmesine yardımcı olur. Örneğin; hükümetin düzenlemeleri ve kontrolü, işletme dışı grupların etkisi, rekabet ve pazarın işleyişi bu tür denetimlere girer.

• Güvenlik Denetimi: Bu denetim türü, bir işletmenin en iyi şekilde nasıl kontrol edileceğini ve iş ile ilgili tehlikelerin nasıl en aza indirgenebileceğini veya elimine edilebileceğini ortaya koymayı amaçlamaktadır.

• Çevresel Denetim: Doğal çevreyle ilgili potansiyel risk durumunu kesin bir şekilde tahmin etmeye çalışarak bu alandaki örgütsel çabaları yönlendirme ve potansiyel çözümler belirleyip sunma amacını taşımaktadır.

---

[199] Batra, a.g.e., s. 45
[200] Batra, a.g.e., s. 45
[201] Boveé, C., L.,Thill, J., W.,Wood, Marian Burk/PAVEL, George P., Management (New York: McGraw-Hill Inc.), 1993, s. 114, Koontz, H.,, Weihrich, H., Management (New York: McGraw-Hill Book Company, Ninth Edition), 1988, s.611

• İşletmenin Kendi Kendini Denetlemesi: Strateji ve uygulamalarında öncelikle sosyal sorumluluğu sürdürmek isteyen işletme, sosyal sorumluluğun çeşitli alanlarında işletmenin performansını sistematik bir biçimde değerleyen ve raporlayan bir sosyal denetim mekanizması çalıştırabilir.

Sosyal denetim türleri bir başka sınıflandırmaya göre altı grupta incelenebilir:[202]

2.7.2.2. Kanunlar ve Hükümet Düzenlemeleri Vasıtasıyla Sosyal Denetim

Çevresel kirlilik, personelin istihdamında ayrım yapma, endüstriyel güvenlik ve sağlık gibi alanlarda örgütün performansının analitik ve niceliksel olarak ölçülmesini kapsar. Amaç, devletin istediği gereklerin yerine getirilmesidir. Bu denetim türünde raporlar işletme personeli tarafından hazırlanır. Bu raporlar devletin farklı kurumları tarafından izlenmekte ve denetlenmektedir.

2.7.2.3. Sosyal Performansın Denetimi

Sosyal Performansın Denetimi: Kirlilik, istihdamda cinsiyet, etnik köken ve ırksal ayrım yapma gibi sosyal kaygıların olduğu belli bazı alanlarda; işletme ve endüstrinin değerlemeye tabi tutulmasını ve bu konudaki eleştirileri kapsar. Bu denetim türünde raporlar, dışarıdan bir uzman ya da eleştirmen tarafından hazırlanır. Bu denetim türünde izleyiciler, yatırımın yapıldığı yerel topluluk ve ilgili toplum olmaktadır. Bu tür bir denetimin faydası, yatırım kararlarını etkilemek amacıyla işletme veya endüstriye yönelik olumsuz tanıtım ve eleştiri yaparak işletme ve endüstrinin gereken standartlar ve kurallara uymasının sağlanmasıdır.[203]

2.7.2.4. Seçilen Grup Tavırlarının Denetimi

Sosyal endişelerin olduğu çeşitli alanları ve bunlarla ilgili sorunları dikkate alarak işletmenin eylemlerinden etkilenen grupların tutum ve tercihlerinin analitik olarak ölçülmesini kapsar. Söz konusu gruplar; işgörenler, hissedarlar, tedarikçiler, müşteriler, yerel topluluklar ve genel toplum olarak ifade edilebilir. Bu denetim türünde raporlar dışarıdan bir danışmanlık şirketi tarafından hazırlanır. Bu tür raporlar, işletme yönetimi ve ilgili toplum tarafından izlenmektedir. Bu türden bir denetimin faydası, sosyal etkilerin yeniden gözden geçirilmesi ve halkla iletişimin yönetilmesine olanak sağlamasıdır.[204]

2.7.2.5. Makro-Mikro Açıdan Sosyal Gösterge Denetimi

Ülke düzeyinde ya da bölgesel düzeyde ortaya konan bir sosyal göstergeler seti yardımıyla işletme performansının niceliksel olarak saptanmasını amaçlar.

---

[202] Miner, J., B., Timothy M. Singleton and V. P. Luchsinger, The Practice of Management, Columbus: Charles E. Merril Publishing, 1985, s. 454- 455

[203] Miner vd. a.g.e., s. 454- 455

[204] Miner vd. a.g.e., s. 454- 455

Göstergeler; sağlık, güvenlik, eğitim, konut, ulaşım, gelir düzeyi ve kültürel faaliyetler gibi faktörlerle ilgili olmaktadır. Burada makro düzeydeki sosyal göstergelerle ilgili raporlar, kamu kuruluşları ve özel kuruluşlar tarafından hazırlanırken mikro düzeydeki işletme performansı ile ilgili sosyal göstergelere ilişkin raporlar işletmenin kendi personeli tarafından hazırlanmaktadır. Bu denetim türünde izleyiciler, işletme yönetimi, paydaşlar ve ilgili topluluk olmaktadır. Bu denetim türünün faydası, sosyal performansın yeniden gözden geçirilmesine dönük bir yönetim biçimini benimsemesi ve ilgili çıkar gruplarıyla iletişime önem vermesidir.[205]

2.7.2.6. Sosyal Denge Bilançosu ve Gelir Raporu

Geleneksel muhasebe ve finans yöntemlerinden yararlanılarak sosyal performansın parasal olarak ifade edilmesi söz konusu olmaktadır. Bu denetim türünde raporlar, işletmenin uzman personeli ve/veya mali müşavirlik firmaları tarafından hazırlanmaktadır. Bu denetim türünde izleyiciler; işletme yönetimi ve ilgili topluluktur. Bu denetim türünün faydası, maliyet-kârlılık rasyolarının yeniden gözden geçirilmesi ve paydaşlarla ilişkilerin yönetiminde kolaylık sağlamasıdır. Bu denetim türü, Fransa ve İtalya'da bütün orta ve büyük boy işletmeler açısından yasal bir zorunluluktur. [206]

2.7.2.7. Sosyal Süreçlerin/Programların Denetimi

Sosyal açıdan önem arz eden belirli programların yönetilmesi esnasında örgütsel performansın niceliksel, tanımlayıcı ve analitik olarak değerlemesini kapsar. Bu denetim türünde raporlar işletme personeli ve dışarıdan danışmanlar tarafından hazırlanır. Bu denetim türünde izleyiciler, işletme yönetimi ve ilgili topluluktur. Bu denetim türünün faydası, program etkinliğinin yeniden gözden geçirilmesi ve toplumla iletişimin yönetimine imkân sağlamasıdır.[207]

- Bölüm veya programın temel değerleri belirlenmeli,
- Sosyal amaçlar belirlenmeli,
- Amaçlar ile faaliyetler karşılaştırılmalı,
- Sosyal denetimin gerçekleştirilmesinde sorumlu birim belirlenmeli,
- Sosyal denetim bütçesi hazırlanmalı,

2.7.3. Sosyal Denetim Sürecinde Çıkar Sahipleri ve Sosyal Göstergeler

Çıkar sahipleri sosyal denetim kavramının merkezinde yer almaktadır. Stanford Araştırma Enstitüsü (Stanford Researc Institute) tarafından 1963 yılında ilk defa kullanılan çıkar sahipleri (stakeholder) terimi işletmenin faaliyetleri ile ilgili ekonomik olarak ilgili olsun olmasın tüm tarafları ifade etmektedir. Bir başka ifadeyle çıkar sahipleri işletmenin faaliyetlerini etkileyen ve bu

[205] Miner vd. a.g.e., s. 454- 455
[206] A.g.e., s. 454- 455
[207] A.g.e., s. 454- 455

faaliyetlerden etkilenen kişi veya gruplardır. Sosyal denetim işletmenin sosyal performansını tüm çıkar sahipleri açısından ölçüp değerlendirmekte ve ortak raporlama teknikleri ile ortaya koymayı amaçlamaktadır.[208]

İfade edildiği üzere çıkar sahipleri, işletmenin faaliyetlerinden etkilenen ve işletmenin faaliyetlerini etkileyen kişi veya grupları ifade etmektedir. Bu tanımlama gerçekte son derece geniş bir kitleyi ifade etmektedir. Bundan dolayı her bir işletmenin çıkar sahiplerini belirlemesi sorun teşkil edebilmektedir. Genel olarak çıkar sahibi olarak çalışanlar, yerel toplum, personel, paydaşlar ve tedarikçiler sayılabilir. Bununla birlikte gerçek liste her bir işletme için farklılık arz etmektedir. Örneğin, İngiltere'de bir piyango şirketi olan Camelot'a göre çıkar sahipleri aşağıdaki gibidir:[209]

- Kamu; birçok kişi piyango bileti alır veya satar.
- Perakendeciler; yasal izin dâhilinde piyango büfeleri kurarlar.
- Çalışanlar; Camelot firması çalışanlarıdır.
- Yerel toplum; Camelot'un faaliyet alanına yakın yerlerde yasayan insanlardır.
- Hissedarlar; Camelot'un hisselerine sahip kişilerdir.
- Baskı grupları; Camelot'un yasadışı faaliyetlerden nasıl etkilendiği ile ilgilenirler.
- Çevre.

Sosyal denetim bugün daha da sistematik bir süreçte işletmenin performansını çıkar sahipleri ile çok yönlü diyaloglarla beraber dışsal doğrulama ve açıklamalarla birlikte değerlendirmektedir.[210] Ancak işletmenin amaçlarına ulaşmadaki etkinliğinin belirlenmesinde sosyal denetim süreci birtakım göstergeler geliştirmektedir. Göstergeler ne söylendiğini, ne yapıldığını ve ne kadar etkin yapıldığını ifade etmektedir. Bir başka ifadeyle göstergeler performansın ölçümünü sağlamaktadırlar. Göstergelerin seçimi, işletme performansın nelere bağlı olduğuna ve nelerin ortaya konulmak istendiğine göre belirlenmektedir. Bu unsurlar genel olarak aşağıda yer aldığı gibi gruplandırılabilir:[211]

- Temel değerler, amaçlar ve yüklenilen misyon,
- Çıkar sahipleri ile olan diyaloglar (özellikle direkt çıkar sağlayanlar)
- Sosyal normlar ve organizasyondan beklenenler.

Performans belirleyicilere niteliksel ve niceliksel açılardan ihtiyaç duyulmaktadır. Niceliksel göstergeler zaman içeresinde oluşan değişikliklerin karşılaştırılmasında kullanılabilmektedir. Sosyal denetim her şeyin finansal terimlerle ifadesini gerekli kılmamaktadır. Yani nitel verilerde uygun şekilde raporlanabilmektedir.

---

[208] http://www.unpan.org
[209] Henrıques, A. "Social Audit&Quality, Measuring Business Excellence", Quality Focus, Vol:4, No: 2 Second Quarter,2000, s. 62
[210] http://www.les.man.ac.uk
[211] http://www.raise-networks.org.uk

Çıkar sahiplerinin görüşlerin elde edilmesinde birçok yöntem mevcuttur. Amaçlanan bilgiyi en açık şekilde ortaya koyan araştırma yöntemi seçilerek bilgiler; birebir görüşme, posta veya e-mail yolu ile toplanabilir.[212]

2.7.4. Sosyal Denetim Süreci

Sosyal denetim bir işletmenin faaliyetlerini, tutum ve davranışlarını her türlü eylemeleri ve kararları ile çalışanlarının veişletme ile yakın ilişkisi olan kişi ve kuruluşların davranışlarının toplum üzerindeki etkisini ortaya koymaktadır.[213] Sosyal denetim süreci aşağıda yer alan uygulama adımları çerçevesinde açıklanabilir.[214]

- Organizasyonel sorumluluğun gerçekleştirilmesi,
- Sosyal denetim komitesinin oluşturulması,
- Sosyal amaçların gözden geçirilmesi ve belirlenmesi,
- Denetim alanının belirlenmesi,
- Göstergelerin geliştirilmesi,
- Sosyal muhasebe sisteminin oluşturulması,
- Verilerin toplanması ve analiz edilmesi,
- Verilerin denetlenmesi,
- Raporun yayınlanması, açıklaması ve tanıtımının yapılması,
- Bulguların planlama sürecine dâhil edilmesi.

2.7.4.1. Organizasyonel Sorumluluğun Gerçekleştirilmesi

İçsel çıkar sahipleri (yönetim kurulu, yönetim ve personel) sosyal denetim süreci başlamadan önce sosyal denetimin amacını ve önemini anlamalı ve benimsemelidir. İşletme de sosyal denetim neticesinde oluşacak performans raporu potansiyel heyecan ve korku oluşturabilmektedir. Ancak sosyal denetimim anlamı ve önemi ortaya koyan içsel çalışmalar ve tanıtım sunumları hazırlanmalıdır. İşletme çalışanları sosyal denetimle beraber sosyal ve etiksel performansın sorumlu bir parçası olduklarını anlamalı ve kendileri için bir gurur kaynağı olduğunu kavramalıdırlar. Sosyal denetim kavramını işletme yönetiminde söz sahibi temel taraflarca anlaşılıp desteklendiğinde organizasyonel sorumluluk ve güven yerleşecektir. Bu aşamada gerçekleştirilecek işlemler aşağıdaki gibi özetlenebilir;[215]

- Sosyal denetimin temel prensipleri anlaşılmalı,
- Bölüm veya programın temel değerleri belirlenmeli,
- Sosyal amaçlar belirlenmeli,
- Amaçlar ile faaliyetler karşılastırılmalı,
- Sosyal denetimin gerçekleştirilmesinde sorumlu birim belirlenmeli,

---

[212] http://www.raise-networks.org.uk
[213] Özbirecikli, a.g.e., s. 73
[214] http://www.coopscanada.coop
[215] http://www.unpan.org

• Sosyal denetim bütçesi hazırlanmalı,

2.7.4.2. Sosyal Denetim Komitesinin Oluşturulması

Sosyal denetimin geliştirilmesi ve yönetilmesi amacıyla yönetim kurulu bir komite atamalıdır. Atanan komite öncelikli olarak yönetim kuruluna raporlamada bulunmalıdır. Bazı yönetim kurulları oluşturulan ilk sosyal denetim komitesinin sadece yöneticilerden oluşmasını tercih etmektedir. Ancak sosyal denetim sürecinin tüm çıkar sahipleri ile ilgili olmasından dolayı en iyi komite yapısı yöneticilerin, müdürlerin, çalışanların ve üye temsilcilerinin oluşturduğu komite yapısıdır.

2.7.4.3. Sosyal Amaçların Gözden Geçirilmesi ve Belirlenmesi

Amaçların ve değerleme kriterlerinin belirlenmesi daha şeffaf bir süreci ifade edecektir. Yeni proje ve politikaların geliştirilmesi, işletme misyon ve vizyonun yeniden değerlendirilmesi süreçlerinde amaçların anlamlı ve ölçülebilir bir performans aracı olan sosyal denetimle ortaya konulması önem arz etmektedir. Oluşturulan sosyal denetim komitesinin öncelikli çalışması sosyal amaçları belirlemek amacıyla gözlem yapmasıdır. Gözlemler neticesinde;[216]

• İlgili politika ve programlar açıkça belirtilmeli ve kolaylıkla ölçülebilir sosyal amaçlardan oluşmalı,

• Özel değerlemelerde göz önüne alınacak hususlar, amaçlar ve etik konusunda yüksek düzeyli açıklamalar olmalı,

• Etik performans ile ilgili endüstriyel ve profesyonel standartlar belirlenmeli,

• Etik ve sosyal sorumluluk ile ilgili olarak kamu beklentilerinin değişimi elde edilebilmelidir.

Sosyal performansın belirlenmesine yönelik çalışmalarda çıkar sahiplerinin beklentilerine danışılmalıdır. Sosyal denetime başlanmadan önce çıkar sahiplerinin fikirlerine başvurma; işletmenin sahip olduğu mali kaynak imkânı ile birlikte konuya işletme yönetimince gösterilen hassasiyete bağlıdır. Değerlendirme sürecin sonunda sosyal denetim komitesi sosyal amaçlar olarak nelerin görüldüğü ve diğer sosyal performans alanlarının kapsama alınması gerekip gerekmediği konusunda bir rapor oluşturmalıdır.

2.7.4.4. Denetim Alanının Belirlenmesi

Sosyal amaçların ve performans ölçüm alanlarının bir listesi elde edildikten sonra sosyal denetim komitesi sosyal denetimin kapsamının nasıl oluşacağı konusunda (hangi alanlar ve ne kadar zaman ayrılacağı gibi.) gerçekçi bir değerlendirme yapmalıdır. Bu aşamada gerçekleştirilecek işlemler aşağıdaki gibi özetlenebilir;[217]

---

[216] http://www.unpan.org
[217] http://www.unpan.org

- Sosyal amaçlara dayalı sosyal denetimle ilgili karışık konuların belirlenmesi,
- Sosyal denetim için amaçlar, temel konular ve faaliyetleri içeren bildirinin hazırlanması,
- Danışma noktasında yer alacak temel çıkar sahiplerinin tespitinin yapılması.

2.7.4.5. Göstergelerin Geliştirilmesi

Ayrılacak zaman ve denetim alanı belirlendikten sonra sosyal denetim komitesi özel göstergeler veya performans ölçüm araçlarını tespit etmeye çalışır. Bazı durumlarda uygun gösterge kolaylıkla belirlenir (geri dönüşüm program raporları veya toplam bağış raporları gibi) ve veriler toplanır. Ancak bazı durumlarda sosyal denetim komitesi hangi göstergelerin daha çok ilgili olduğu konusunda tartışma ve araştırma ihtiyacı içerisinde olabilir. Bu sürecin sonunda komite yönetim kuruluna yazılı bir rapor sunarak sosyal denetimin ana hatlarını (ayrılan zaman, düşünülen denetim alanları, kullanılabilecek belirteçler) ortaya koyar. Hazırlanan bu rapor planlama sürecinin sonucunu ifade etmektedir.[218]

2.7.4.6. Sosyal Muhasebe Sisteminin Oluşturulması

İleri düzeyde planlama ve veri toplama önemli hususlardır. Bazı tür veriler geriye dönük bir yıllık veriler şeklinde değil de aylık veya çeyrek dönemli veriler şeklinde toplanmaktadır. Sosyal denetim sürecinde verilerin zamanlı ve yıl boyunca düzenli bir şekilde toplanması ve muhasebe kayıtlarının tutulması ile görevli bir personel yetkilendirilmelidir. Bu asamada gerçekleştirilecek işlemler aşağıdaki gibi özetlenebilir;[219]

- Sosyal muhasebe için performans göstergeleri belirlenmeli,
- Hangi kayıtların kullanılabileceğini belirlenmeli,
- Hangi ilave verilerin kimden ve nasıl toplanacağı belirlenmeli,
- Ne zaman çıkar sahiplerine danışılacağı ve ne için danışılacağı belirlenmeli,
- Sosyal denetim planı ve zaman çizelgesi hazırlanmalı,
- Sosyal muhasebe faaliyetlerinin gözlemlenmesinde bir plan hazırlanmalı.

2.7.4.7. Verilerin Toplanması Ve Analiz Edilmesi

Eğer göstergeler doğru bir şekilde tespit edilmiş ve uygun sosyal muhasebe sistemi seçilmiş ise verilerin toplanması son derece kolay olacaktır. Veriler toplanıp analiz edildikten sonra bilgilerin sunumu amacıyla bir rapor hazırlanır.

---

[218]http://www.unpan.org
[219]http://www.unpan.org

2.7.4.8. Verilerin Denetlenmesi

Sosyal denetçi belgeleri veya diğer materyalleri kamuya sunum amacıyla incelemeli ve özetlemelidir. Denetçi raporda yer alan verileri inceler, test eder ve doğrulayarak görülmüştür ibaresiyle imzalar. Bu aşamada gerçekleştirilecek işlemler aşağıdaki gibi özetlenebilir;[220]

- Sosyal hesaplar sosyal denetçi için hazırlanır,
- Sosyal denetçi kullanılan verilerin doğruluğunu teyit eder ve sosyal muhasebe ve raporlamanın kalitesini degerlendirir,
- Sosyal hesaplar, sosyal denetçinin tavsiyeleri çerçevesinde gözden geçirilir,
- Sosyal denetçi uygulanan programla ilgili bilgileri ve faydaları çıkar sahiplerinden toplanan bilgilerle değerlendirir.

2.7.4.9. Raporun Yayınlanması, Açıklanması ve Tanıtımının Yapılması

Sosyal denetim raporu hem içsel ve hem de dışsal amaçlara hizmet etmektedir. İçsel olarak rapor işletme yönetimince stratejik ve operasyonel planlamada kullanılmaktadır. Dışsal olarak rapor, temel çıkar sahiplerine, sosyal performans bilgisinin iletimini sağlamaktadır. Sosyal denetim raporu, bağımsız denetçi raporu ile birlikte tüm çıkar sahiplerinin kolaylıkla ulaşabileceği bir şekilde yayımlanmalıdır.[221] Bununla birlikte, birçok sayıda rapor formatı vardır. Her bir iş kolu ve işletme ayrı bir rapor, kitapçık veya broşür yayımlamaktadır. Yayınlanan raporlar üyelerce son derece kolay ulaşılabilir olmalı ve bilgi teknolojilerini yaşadığımız bu çağda raporlar medyaya, sivil toplum kuruluşlarına, tedarikçilere, iş birliklerine ve bunun gibi belirli birimlere e-mail yolu ile gönderilerek en hızlı şekilde ulaştırılmalıdır. Bu aşamada gerçekleştirilecek işlemler aşağıdaki gibi özetlenebilir;[222]

- Sosyal denetim raporunun çıkar sahipleri dâhil karar vericilere dağıtımının yapılması,
- Raporun sivil toplum örgütlerine iletilmesi,
- Sosyal muhasebenin yeni döngüsünün başlaması,

2.7.4.10. Bulguların Planlama Sürecine Dâhil Edilmesi

Sosyal denetim raporu, yönetim kurulu ve yönetim için planlamaya yönelik son derece değerli bir bilgi kaynağıdır. İşletmede maksimum değerin elde edilebilmesi için yönetim kurulu ve yönetim komitesi her bir sosyal denetim raporunu incelemeli ve politika, program ve kaynak tahsisi ile ilgili özel önerilerde bulunmalıdır.

---

[220]http://www.ncoss.org.au
[221]http://www.ncoss.org.au
[222]http://www.ncoss.org.au

2.8. Sosyal Denetimin Geleneksel Denetim ile Karşılaştırılması

Sosyal denetim klasik denetim anlayışından daha kapsamlı bir denetim türüdür. Genel olarak sosyal denetim bir işletmenin faaliyetleri sonucu olusan sosyal performansını değerlendirir ve gelişimini amaçlar.

Bu aşamada işletmeler tüm çıkar sahiplerini sosyal denetim sürecine dâhil etmeye çalışarak kendi amaçları doğrultusunda sosyal denetimi gerçekleştirmeye çalışırlar.[223]

Geleneksel denetim; belli bir iktisadi birim veya döneme ait sayısal bilgilerin, önceden tespit edilmis ölçülere uygunluk derecesini belirleme ve bu konuda bir rapor yazmak amacıyla bağımsız bir uzman kişi tarafından yürütülen denetim delili toplama ve toplanan delilleri değerleme çalışmasıdır.[224] Geleneksel denetim ile incelenen kâr / zarar hesapları işletmenin içerisinde bulunduğu gerçek durumun, işletme performansının ancak bir kısmı ifade edilmektedir.

Performansın geri kalan tamamlayıcı kısmını ise sosyal denetim ortaya koymaktadır. Sosyal denetim niteliği itibariyle teknik yönü ağır basan bir denetim türüdür. Ayrıca geleneksel denetimin aksine katı standartlar ve yasalar denetimde rol oynamamaktadır. Bunun nedeni ise sosyal denetim ile ilgili olarak yayınlanmış herhangi bir genel kabul görmüş standart olmadığı gibi yasal düzenlemelerinde oldukça sınırlı kalmasıdır. Bununla birlikte sosyal denetim hem iç ve hem dış denetçiler tarafından yürütülen ve sonuca göre önemli yönetim değişikliklerine yol açabilen ayrı bir niteliğe sahiptir. Sosyal denetimde sadece yasalara uyulup uyulmadığı değil aynı zamanda işletmenin sosyal politikasına uyulup uyulmadığı ve söz konusu politikaların takip edilmesinde kullanılan sistemin yeterliliği de denetlenmekte ve bu çerçevede raporlanmaktadır.[225]

Freer Spreckley'e göre sosyal denetim; sistematik ve amaçsal muhasebe prosedürü olup işletmenin finansal denetiminin kapsamına dâhil olmayan içsel ve dışsal faktörlerin ölçümlenmesini sağlamaktadır[226] Finansal denetim finansal bilgilerin doğruluğunu amaçlamaktadır. Benzer bir şekilde operasyonel denetim ise politika, plan, prosedür, kanun ve düzenlemelerin amaçlar doğrultusunda uyumunu inceleyerek kaynakların etkin kullanılıp kullanılmadığını ortaya koymayı amaçlamaktadır. Buna karşın sosyal denetim, departman veya bir programın esas alınan temel değerlerle birlikte toplumsal değerler ve iyi yönetim ilkeleri doğrultusunda diğer sosyal gruplar arasında faydaların dağıtımını incelemektedir. Sosyal denetim performans ölçümüne diger bir temel boyut eklemektedir. Bu da çıkar sahiplerine karsı sosyal değerli faydalı ilişkilerle ve sorumlu ve şeffaf bir yönetim anlayışı ile temel performans değerleri oluşturmaktadır. Sosyal bir değer oluşturmak sosyal denetimin bir katkısıdır. Bu

---

[223]http://www.les.man.ac.uk

[224]Türedi, H.,. Denetim, Celepler Matbaacılık, Trabzon, 2001, s. 6

[225]http://www.raise-networks.org.uk

[226]http://www.raise-networks.org.uk

suretle sosyal denetim devlet ile sivil toplum arasında güven tesis ederek devletin meşruiyetini güçlendirmektedir.[227]

Muhasebe ve raporlama açısından sosyal denetim süreci geleneksel denetim sürecine denetimde doğrulamanın sağlanması bakımından benzemektedir. Sosyal denetim geleneksel denetim tarafından doldurulamayan boşluğu doldurarak performansın degerlendirilmesini ve işletme ile çıkar sahipleri arasıdaki ilişkinin açıklanmasına yardımcı olmaktadır [228] Bununla birlikte yapılan açıklamalardan da anlaşılacağı üzere sosyal denetim klasik denetim anlayışının amaç, metodoloji ve odak noktası bakımından farklılık arz etmektedir

2.9. Sosyal Denetimin Önemi ve Faydaları

Sosyal denetimin amacı; işletmeyi daha sorumlu ve şeffaf hale getirerek çıkar sahiplerinin çıkarları doğrultusunda tekrar organize etmek ve yönlendirmektir.[229] Yaşanan şirket skandalları ile beraber çok sayıda işletme performansını sistematik olarak değerlendirme ihtiyacı duymaktadır. Sürdürülebilir basarı ancak sirketlerin tüm ilişkilerini tanımlayıp başarıyı ölçümlemesi ve yarının şirketi olarak ilişkilerini tüm çıkar sahiplerine açıklaması ile mümkündür.[230] Sosyal denetiminin öneminin farkına varan ve bu denetimi gerçeklestiren Shell, BP ve General Motors şirketleri örnek olarak verebilecek çokuluslu işletmelerden bazılarıdır.[231]

Sosyal denetim ve raporlamanın gerçekleştirilmesinin temel amacı; sahip olunan değerler ve yükümlülüklerle beraber performansın sürekli artırılmasında devamlılığın sağlanma çabalarıdır. Sosyal denetimler organizasyon tarafından istenir ve oluşturulur. Organizasyonun sosyal denetiminin doğruluğu dışarıdan sosyal denetçiler ile teyit edilir.

Sosyal denetim faaliyetleri aralıklarla gerçekleştirilen bir süreci gerektirmekte olup organizasyon içerisinde sorumluluk üstlenen anahtar bir kişi tarafından gerçekleştirilir.[232] Sosyal denetimin hizmet ettiği temel amaçlar ve değerler aşağıdaki gibi sıralanabilir;[233]

- İşletmenin sosyal performansını ve etik etkilerini gözlemleme,
- Sosyal performansı iyileştirmek için örgütsel öğrenmeyi kolaylaştırma,
- Sosyal sorumluluk kaygısı taşıyan bir yaklaşım ile yönetim stratejisini şekillendirme,
- Çıkar sahipleri ile olan ilişkileri güçlendirilme,
- Diğer finansal kurumlarla farklılık oluşturarak ün ve şöhreti artırma,

---

[227] http://www.unpan.org
[228] http://www.raise-networks.org.uk
[229] Dawson, E. "The Relevance of Social Audit For Oxfam GB", Journal of Business Ethics; Vol:17, No:13, 1998,.s:1457-1469
[230] http://www.les.man.ac.uk
[231] Henriques, a.g.e., s. 62
[232] http://www.caledonia.org.uk
[233] http://www.istanbul.edu.tr, http://www.ceaaacve.ca ve http://www.unpan.org

• Kalifiye personelin devamlılığının sağlanması ve işletmeye çekilmesi,

• Organizasyonun üyeleri ve genel toplumu örgütsel faaliyetlerin etkileri ve kamu çıkarlarına yönelik işletme uygulamalarıyla ilgili sınırlamalar hakkında bilgilendirme,

• Sosyal sorunların çözümü konusunda işletmenin yaptığı katkılar ve gösterdiği çabalar hakkında ilgili çıkar gruplarını ve kamuoyunu bilgilendirme,

• İç denetim sistemini geliştirme,

• Operasyonel etkinligi artırma,

• Yönetimin etkinliğini arttırma.

Denetlenmiş muhasebe bilgisi sadece işletmenin ne yaptığını değil nasıl bir ilerleme planı tasarladığında ortaya koymaktadır. Dolayısıyla sosyal denetim raporları tüm işletme çıkar sahiplerinin oluşturulan gerçek katma değerin anlaşılmasına imkân saglamaktadır [234] Sosyal denetimden geçmiş muhasebe kayıtları işletmenin çıkar sahiplerine karşı sorumluluğunu gerçekleştirme derecesini ortaya koymaktadır. Bu anlamda sosyal denetim iş dünyasını insanlara karşı sorumlu hale getirmenin bir aracıdır.[235]

Sosyal denetimin temelinde olan unsur bireyler hakkında hatalar bulmak değil, isletmenin sosyal, çevresel ve toplumsal amaçlar çerçevesinde değerlendirilmesidir. Sosyal denetime başlanılmadan önce sosyal denetimin ne için yapılacağı, denetimden amaçlananların neler olduğu ve kime raporun sunulacağı belirlenmelidir.[236] Sosyal denetimin işletmeler için başlıca faydalarını asağıda yer aldığı gibi sıralanabilir. Buna göre sosyal denetim;[237]

• Çıkar sahiplerinin alınan kararlara katılımını sağlar,

• Çıkar sahipleri ile olan ilişkilerin artmasına imkân sağlar,

• Bağımsız denetim şirkette güvenin yerleşmesine imkân sağlar,

• Potansiyel risklerin belirlenmesine yardımcı olarak problemler oluşmadan önleyici tedbirlerin alınmasına imkân sağlar,

• Denetim genel geçerli olan hukuk kuralları ile uyumluluğun sağlanmasına yardımcı olur,

• Her seviyede şirketin sosyal sorumluluğu koordine etmesine imkân saglar,

• Toplumla ilgili sosyal konuların belirlenmesine yardımcı olur,

• Şirket faaliyetleri hakkında çıkar sahiplerine yönelik geri bildirimi sağlar,

• Yönetimin bütünleşmesine imkân sağlar,

• Organizasyonel gelişimi sağlar,

• İşletmede sorumluluğu ve şeffaflığı artırır,

• Kamu iletişimini sağlar.

---

[234]http://www.unpan.org
[235]http://www.coop.gc.ca
[236]http://www.unpan.org
[237]http://www.road.uww.edu, The Challenge for The Internel Auditor, 2003, s.5 ve Marx, a.g.e., s.38

İşletmelerin yıllık raporlarına sosyal performans bilgisinin dâhil edilmesi finansal raporlama alanının genişletmektedir. Ancak sosyal raporlama sisteminin kurumsallaşması açısından raporlama sürecinin güvenirliliği ve kredibilitesi sağlanmalı, değişik durumları etkileyen bilgiler açıklanmalıdır.[238]

Sosyal denetim organizasyonel etiğin güçlendirilmesine de katkı sağlayarak işletmede neyin öğrenilmesi, neye değer verilmesi ve neyin geliştirilmesi konusunda tartışmaların önünü açmaktadır.[239]

Etik politikalar; uzun vadeli yatırımcının ilgisini çekmekte, işletmenin piyasa değerini artırmakta, ortaklıkları güçlendirmekte ve çalışanları gruplandırmaktadır. İş gücü politikaları; kalifiye iş gücünü çekmekte ve devamlılığını sağlamaktadır. Bununla birlikte üretim verimliliğini artırarak yeni piyasalara açılma imkânları doğmaktadır.

Çevre politikaları; çevre ile ilgilenen tüketicilerin ilgisini çekmekte ve kötü çevre şartlarına bağlı risk unsurundan çekinen yatırımcıların ilgisini çekerek üretim maliyetlerinin azalmasını maliyet etkili uygulamalarla gerçekleştirmektedir. İnsan hakları politikası; sosyal sorunluluk fonlarını ve kalifiye iş gücünü çekmekte, boykot ve protestolar önlenerek şirket unvanının kirlenmesinin önüne geçilmekte, şirketin insan haklarına karşı yanlış uygulamaları konusunda olan suçlamalar önlenerek, hisse senedi fiyatlarının düşüşü, düşük piyasa oranı ve çalışanın düşük moral gücü önlenmektedir. Toplum politikası; şirket için yöresel etkiler değil aynı zamanda üretkenliğinde artışını sağlamaktadır.

Kamu politikası; sadece ürün politikası ile ilgili değil aynı zamanda şirketin imajının belirlenmesinde son derece önemli rol oynamaktadır. Uyum politikası; sosyal politikanın iki nedenden ötürü parçası olmaktadır. İlk olarak yürürlükteki mevzuata uyum şirketin sosyal sorumluluğa sahip olduğunu göstermektedir. Daha önemlisi de uyum politikaları yasal gerekliliklerin ötesine giderek sosyal konulara (sağlık, iş gücü, çevre v.b) dikkat çekmektedir. Birçok durumda işletmeler kendi sosyal imajlarını mevzuat gereklerine uyarak da gerçekleştirmektedirler.[240]

2.10. Sosyal Denetim Sürecinde Standart Oluşumuna Yönelik Çabalar

Aşağıda sosyal denetim uygulamalarında standart bir çerçeve ve ortak bir raporlama çatısı sağlamak amacıyla gerçekleştirilen uygulamalar açıklanmaktadır.

Sosyal ve Etiksel Sorumluluk Enstitüsü (The Institute of Social and Ethical Accountability-ISEA): Enstitü İngiltere'de sosyal denetim sürecinin uluslararası merkezi ve sosyal muhasebenin uluslararası sesi olarak örgütlenmiştir. 1970'li yıllarda şirket sosyal sorumluluğuna yönelik kamu ilgisinin artmasıyla beraber

---

[238] http://www.les.man.ac.uk
[239] Samuel, a.g.e., s. 30
[240] http://worldaffairs.com

sosyal performans yöntemi geliştirmek son derece önemli bir konu olarak gündeme gelmiştir.[241]

Enstitünün 1996 yılında olusumu ile profesyonel çerçevede standartlar oluşmuş, iyi uygulamalar yaygınlaşmış ve sosyal denetim alanında eğitim imkânı sağlanmıştır. Enstitü sosyal denetimin pratikte uygulanmasına yönelik bir konsensüs sağlamak amacıyla oluşturulmuştur. Enstitü tarafından 1999 yılının sonlarında yayımlanan AccountAbility 1000 (AA1000) standardı Sosyal ve Etiksel Muhasebe, Denetim ve Raporlama (Social and Ethical Accounting, Auditing and Reporting -SEAAR) uygulamalarını geliştirmek amacıyla oluşturulmus olup sosyal denetim sürecini ortaya koymaktadır. [242] AA1000 standardı, Sosyal ve Etiksel Muhasebe, Denetim ve Raporlama (SEAAR) için geniş bir yönetim çerçevesi çizmektedir.

Bu çerçeve ilkelere ve sürece rehberlik ederek işlerin ve işletmelerin (kâr amacı güden ve gütmeyen organizasyonlar için) performansın ölçümü, yönetimi ve bildirimi sağlamaktadır. [243] Sosyal ve Etiksel Muhasebe, Denetim ve Raporlama (SEAAR), sosyal denetim sürecinin kalitesini sağlamak amacıyla takip edilecek uygulama adımlarını ortaya koymaktadır.[244] Sosyal performans değerlendirmesi gerçekleştirmek isteyen herhangi bir kurumun öncelikle açığa kavuşturması gereken hususlar; neyi ve nasıl ölçümleyeceğidir. Bu iki husus hala Sosyal ve Etiksel Muhasebe, Denetim ve Raporlama (SEAAR), uygulamalarında tartışılmaktadır.[245]

Sosyal ve Etiksel Sorumluluk Enstitüsü (ISEA), Sosyal ve Etiksel Muhasebe, Denetim ve Raporlama (SEAAR) uygulamalarını geliştirmek amacıyla AccountAbility 1000 (AA1000) oluşturmuştur. AA1000 standartları; işletmenin raporlama sürekliliğini, kredibilitesini ve kalitesini değerlendirmekte ve çeşitli standartlarla karşılaştırılabilirliliği sağlamaktadır. Bu standartlar sosyal muhasebe sürecinde yüksek kalite standartlarının sürdürülmesini geliştirmeyi amaçlamaktadır [246] Ayrıca AA1000 standartları işletmenin performansının artırılmasında, sosyal ve etiksel sorumluluğun geliştirilmesinde, bireysel yeteneklerin ortaya çıkarılmasında ve sürekli gelişimin saglanmasında önemli roller oynamaktadır. Sosyal ve Etiksel Muhasebe, Denetim ve Raporlama (SEAAR) uygulamalarında, içsel verilerin toplanması ve analiz edilmesi süreci sosyal muhasebe sürecini, sonuçların bağımsız denetiminin gerçekleştirilmesi sosyal denetim sürecini ve sonuçların geniş kitlelere ulastırılması sosyal raporlama sürecini ifade etmektedir.

Küresel Raporlama Girişimi (Global Reporting Initiative- GRI): Küresel Raporlama girişimi 1987 yılında ABD'de örgütlenmiş pek çok çıkar grubuna

[241] Henrique, a.g.e., s. 63
[242] Henriques, a.g.e., 63
[243]http://www.coopscanada.coop
[244]http://www.interpraxis.com
[245]AccountAbility 1000 Framework, 1999, s. 2
[246]http://www.raise-networks.org.uk

sahip uluslararası temele dayalı bir kurumdur.[247] Küresel Raporlama Girişimi (GRI) uluslararası ve çok yönlü çıkar sahipleri işletmenin sosyal, ekonomik ve çevresel faaliyetlerinin ortak ve gönüllülük esasına dayalı bir raporlama çatısı oluşturmayı amaçlamaktadır. Bir diğer ifadeyle Küresel Raporlama Girişimi, ortak bir ölçüm, gösterge aracı ve ortak bir raporlama biçimi oluşturmayı amaçlamaktadır. Önerilen göstergeler, endüstrilerarası ortak bir raporlama standardının geliştirilmesinin zorluğunu ortaya koymaktadır.[248].

Sosyal denetim standartları, 1970 li yıllarda Social Auditing Ltd. tarafından ortaya atılmıştır. Çalışma, Greenpeace Ethical Customer gibi birkaç farklı sorumlu ekonomik danışmanlık organizasyonunun teşebbüsleri ile geliştirilmiş ve yürürlüğe konulmuştur. Sosyal denetimin mesajı, işletme faaliyetlerinin yürütülmesinde sorumluluk alanların hem işletmedeki görevlerinihem de topluma karşı yükümlülüklerini ne derece başarılı bir şekilde yerine getirdiklerinin açık bir biçimde ölçümüdür.[249]

Bağımsız (dış) denetimler hakkında son değer vurgu noktası, denetçilerin farklı yatırımlar, oransız güç ve bilgi ile mücadele etmeleridir. Denetçiler bu mücadeleyi yürütürken hem topluma hem de ortaklar karşı sorumluluklarını iyi niyetli yaklaşımlarla sürdürmeleri gerekmektedir.[250]

---

[247]Kaya, U. İşletme-Doğal Çevre İlişkilerinin Mali Tablolar Aracılığı İle Raporlanması ve Denetimi, Sermaye Piyasası Kurulu Yayınları, Yayın No:201, Ankara, 2006, s. 112
[248]http://www.coopscanada.coop
[249] Gray R., a.g.m., s. 9
[250] Harte, Owen, a.g.m., s. 123- 142

III. Bölüm

3.Çevresel Muhasebe

3.1.Çevrenin Tanımı

Çevre, insanların ve diğer canlıların hayatları boyunca ilişkilerini sürdürdükleri ve karşılıklı etkileşimde bulundukları biyolojik, fiziki, sosyal, ekonomik ve kültürel ortamdır. Çevre ile ilgili konular, toprak, su, hava, bitki ve hayvan hayatı, ormanlar ve diğer özel ekosistemdir. [251]

Bir başka ifade ile içerisinde yaşadığımız canlı ve cansız varlıkların doğal yaşam alanına çevre denmektedir. İnsanların doğumundan ölümüne kadar bu alanlarda sağlıklı bir şekilde hayatlarını sürdürebilmeleri, insanlar gibi diğer besin zincirinde yer alan canlılar için de önemlidir. Ayrıca yenilenebilir ve yenilenemeyen kaynakların kullanımında çevreye zarar vermeden bu faaliyetleri yürütmenin insani bir görev olduğu bilinciyle hareket etmek gerekmektedir. [252]

Kişi bazında düşünüldüğünde insanların bireysel, kurumsal, toplumsal sorumlulukları bulunduğunu, bu sorumlulukların ekonomik, yasal, ahlaki ve gönüllü sorumluluklar şeklinde sıralandığı görülmektedir. Çevre ve koruma bilinci de ilk etapta gönüllü sorumluluk şeklinde görülse de aslında hepsini kapsamaktadır.

Sosyal sorumluluk kapsamında düşünüldüğünde, temel sorumluluğun çevreye bakan yönüyle, canlı cansız tüm paylaşımcıların yaşam alanlarının temelini oluşturan ve yapılması zorunlu sorumluluk şeklinde tanımlanabilir.[253]

Kurumsal sosyal sorumluluğun çevreye bakan yönü incelendiğinde, insanların çalışma alanlarını ve işyerlerini oluşturması yani doğrudan kurum kültürüyle alakalı olarak kendilerine, çalışanlarına, alıcılarına, rakiplerine karşı yerine getirmek zorunda oldukları örgütsel yapı içerisinde çevre yönetimi ve çevre bilinci sorumluluğudur.[254]

Toplumsal sorumluluk daha genel ifadelerle dünya üzerinde yaşayan herkesin kendi üzerine düşeni yapabilme kabiliyeti ve isteği olmasıdır. Toplumlar üzerinde çevre bilincinin oluşturulması, sorumluluk devretme modellerinin kaldırılması ve sorumluluk bilincinin kişilere yerleşmesi üzerine geliştirilmiş bir sorumluluk alanıdır.[255]

---

[251] Filho, W., Towars a Closer Integration of Environmental Education and Industrial Ecology, International Journal of Environmental and Sustainable Development, 1 (1), 2002, s. 20 -31

[252] Karaca, N.,Çevre Maliyetleri Yönetimi ve İşletmelere Bakan Yönü, cevre.club.fatih.edu.tr/webyeni/konfreweb/2008_pdf/sayfa246.pdf

[253] Karaca, a.g.e.,

[254] Karaca, a.g.e.,

[255] Trobe H. L, Acott T. G., A modified NEP/DSP environmental attitutedes scale. Journal of Environmental Education 32, 2000, s. 12 -20.

Ekonomik sorumluluk, sektörlerin hayatını devam ettirebilmeleri için yani mal ve hizmet üretimine, kâr etme veya dolgun maaş alma vb. imkânları sunan ve bunların kazanılması sürecinde çevresel tüketime karşı oluşan ekonomik sorumluluk (örneğin; arıtma tesislerine yapılan yatırımlar, çevreci ve insan sağlığına zararsız ürünlerin üretimi gibi) alanıdır.[256]

Yasal sorumluluk kapsamında mahkemelerin ve diğer yasal otoritelerin yaptığı düzenlemelerle işletmelerin çevresel açıdan uygun tavır ve uygulama sergilenmesinin istenmesi sağlanmaktadır.

Ahlaki boyutu incelendiğinde herhangi bir yasal düzenlemeye gerek duyulmaksızın toplumca benimsenen çevre kurallarının daha fazla hayata geçmesini sağlamak, uygulanabilirliğini kolaylaştırmak, çevre bilincini oluşturmak, bunun bir gönül işi, gelecek nesillere uygun ortam bırakma bilinci olduğunu öğretmektir.[257](Örneğin; çevre kuruluşlarına bağışta bulunulması veya küçük yaşta çevre eğitiminin ailede başlatılması ve örnek davranışlar sergilenmesi, vs.)

Gönüllü sorumluluk, ahlaki sorumlulukla doğru orantılıdır. Ahlaka uygun pek çok şeyin gönül bağıyla birlikte yürüdüğü bilinmektedir. Çevresel problemlerin çözümünde duyarlı ve etkin olmak, sağduyulu hareket etmek, çevresel kirlilik ve tahribatı önlemeye yönelik faaliyetlerde bulunmak yine gönüllü sorumluluk kapsamı içerisinde yer alır.

3.1.1.Çevre Sorunları ve Nedenleri

Dünyadaki hızlı değişim ve gelişime paralel olarak yaşanan çeşitli çevre felaketleri, çevreye verilen zararların canlılar üzerindeki olumsuz etkileri ve gelecekte ortaya çıkacak muhtemel zararlar net bir biçimde görülmeye başlayınca insanlar çevre konusuna daha fazla duyarlılık göstermeye başlamışlardır.

Çevre sorunlarının başında çevrenin tehdit altında olması gelmektedir. Bu konu, ilgilenen herkesin ortak görüşüdür. Bu tehdidin doğaya şiddeti tartışılabilir. Çoğu itibarlı bilimsel kaynaklar, üçüncü bin yıllık sürece girildiğinde insanlığın çevresel problemlerle yüz yüze kaldığını kabul etmektedir.[258] Çevresel göstergelerin uzun bir listesi, 1970'ten 2000'li yıllara kadar çevreyle ilgili bozulmanın can sıkıcı tablosunu göstermektedir. Maalesef çevreye zarar veren eğilimlerin gelecekte herhangi bir yavaşlamayı öngörmesi mümkün görülmemektedir. Çevresel tehditler, Beck tarafından çevresel riskler olarak adlandırılmıştır.[259] İnsanlık ve bütün canlılar, bu risk ve tehdide maruz bırakılmıştır. Öyle ki, insanlık ve canlılar bir risk topluluğu olarak hayatını

---

[256] Karaca, a.g.e.,
[257] Karaca, a.g.e.,
[258]Kovel, J. The Enemy of Nature: The End of Capitalism or the End of the World? London: Zed Books, 2007, s. 1-2
[259]Beck, U., Risk Society: Towards a New Modernity. London: Sage, 1992, s. 23

devam ettirmektedir. İlk toplumlardan önemli bir farkı, tehdidin küresel bir boyutta yaşanmasıdır.

"Ekolojik felaketler ve radyoaktif serpintiler, sınır tanımamaktadır. Zengin - fakir ayrımı gözetmeksizin can güvenliğini tehdit etmektedir. Bu durum, insanlığın yalnız sağlığını değil, aynı zamanda meşruiyetini, mülkiyet hakkını ve kazancını da tehlikeye atmaktadır." [260]

Çevreyle ilgili dizginlenemeyen devalüasyon, yalnız dünya hayatını tehdit etmeyip, aynı zamanda mülkiyet ve ticari yatırımları, Villa Paris gibi kirli kentleri ve endüstriyel atıkları öne çıkaran kötü örnek problemleri de beraberinde getirmektedir.[261] İkna edici bir şekilde, özel mülkiyet hakkının yüceliğini ve düzenin iptalini içeren kurumsal gündemi canlı tutmak için şüphesiz çevresel problemlere yönelmek, kurumlar ile cesaretlendirilen ve temelde teşvik edilen muhalif seslerin artması gerekmektedir.[262]

Muhtemelen prensipte hâlâ tartışılan risk ve küresel ısınma ile daha da şiddetini artıran yaygın görüş, iklim değişikliğidir. Kirlilik ve iklim değişikliğinin temeli insandır.[263]

Çok sayıda çevre problemi mevcuttur. Ozon tabakası aşındırılmıştır.[264] Asit yağmurları, çevresel tehlike ve bozulmaya neden olurken soluduğumuz havanın kalitesi gittikçe düşmektedir.[265] Hava gibi, denizler, temiz su ve toprak da kirlilikten dolayı tehdit altındadır. İngiltere'deki kuzey denizine uzun süredir zehirli atıklar dökülmektedir. Birçok nehir zirai ilaçlarla zehirlenmekte ve biyolojik çeşitliliğin azalmasına neden olmaktadır.[266]

Biyolojik çeşitlilik, gelişen dünyada tehdit altındadır. [267] Problemlerin boyutu yağmur ormanlarının % 40'ının kaybedileceği, dünyanın ¼' ünün çöl olma riski taşıdığı ve listede yer alan yaklaşık 230.000 tür canlının, 35.000 türe inme tehlikesiyle karşı karşıya kalınacağı yönündedir. [268] Tablolar, 1970'ten

---

[260] Beck, a.g.e., s. 23

[261] Beck, a.g.e., s. 44

[262]Beder, S., Global Spin: The Corporate Assault on Environmentalism. UK: Greenbooks and Chelsea Green Publishing Co., 1997,

[263]Schneider, S. H. The Changing Climate and Problems of prediction. In D. J. R. Angell, J. D. Comer, &M. L. N.Wilkinson (Eds.), Sustaining earth: Response to the Environmental Threat London: Macmillan, 1990, s. 33–42

[264]Farman, J. Halocarbons and Stratospheric Ozone – a Warning from Antartica. In D. J. R. Angell, J. D. Comer, & M. L. N. Wilkinson (Eds.), Sustaining earth: Response to the Environmental Threat, London Macmillan,1990,s. 71–78

[265]Wilkinson, M.,& Woodin, S., Acid precipitation. In D. J. R. Angell, J. D. Comer, &M. L.N. Wilkinson (Eds.), Sustaining Earth: Response to the Environmental Threat. London: Macmillan, 1990,s. 33–42

[266]Pretty, J. N., Agricultural pollution: from Costs and Causes to Sustainable Practices. In D. J. R. Angell, J. D. Comer, &M. L. N.Wilkinson (Eds.), Sustaining Earth: Response to the Environmental Threat, London: Macmillan, 1990, s. 60–71

[267]Teer, J., Berwick, S, Wildlife and habitat. In World resources Chapter 6, New York: International Institute for Environment and Development and World Resources Institute, Basic Books Inc. , 1987,s. 77–92

[268]Porritt, J., Accounting for the Planet's Survival. Accountancy, September, 1989, s. 19–20.

2000'li yıllara kadar tarımsal alanların % 40 oranında kirlenerek azaldığını, dünya ormanlarının yarısının yok edildiğini, sulak alanların kuruduğu veya doldurulduğunu, 65 milyon yıldır görülmedik oranda bir yok edilmenin yaşandığını göstermektedir. Doğal yaşam alanları ve canlı türlerinin yok olmasına, özellikle, hem karada zirai ilaçlama hem de denizde aşırı avlanma neden olmaktadır.[269]

Çevre sorunları, birkaç başlıkta ele alınacaktır.

3.1.2.Endüstrinin Çevreye Etkisi

İnsanoğlu özellikle endüstriyel faaliyetlerle, çevre üzerinde büyük bir etkiye sahiptir. Avrupa'nın çok geniş alandaki görünümüne çiftçi faaliyetleri şekil vermiştir. Amerikalılar, büyük ölçüde, Avrupa'dan göç eden hırslı Avrupalılardan etkilenmişlerdir. Sanayi Devrimi'nin takibi ile insanoğlu ve doğa arasındaki ilişki, kökten bir değişime uğramıştır. Geleneksel olarak insan faaliyeti, çevreyi zaman içerisinde, adım adım ve periyodik olarak şekillendirmiştir. Fakat şimdi, özellikle, sanayi faaliyetleri ile insanın etkisi faaliyet yelpazesinin genişlemesiyle daha önem kazanmıştır.

Endüstri, 1989'da Alaska, 2010 yılında Meksika'daki petrol sızıntısı ve Amazon ormanlarının yerleşim alanı olarak açma hırsı ile yok edilmesinden ve diğer tropikal yağmur ormanlarının şirketler tarafından ortadan kaldırılmasından büyük ölçüde sorumludur. Endüstrinin, daha çok geri dönüşümü söz konusu olan madde ve malzemelerde oldukça savurgan olduğu görülmektedir.

Zararlı bitkileri yok etmek için tarım ilaçlarının kullanımının artması, endirekt olarak bitki çeşitliliğinin azalmasına neden olurken endüstriyel faaliyetler suyun ve toprağın kirlenmesine neden olmaktadır. Bu faaliyetlerin doğa ve çevreye etkisinin bu denli kapsamlı oluşu soruşturulmamıştır."Sessiz Bahar"ın yazarı Larson'un (1965) ön görüsünün sonradan anlaşılmasına rağmen öten kuşların azalması bu faaliyetlerin olumsuz etkisine ilk cevap olmuştur.[270]

"Dünyada iklim değişikliklerinin nedeni olan özellikle ekonomik faaliyetler, enerji ihtiyacı için fosil yakıtların kullanılması bunların neden olduğu emisyon, bilim adamlarının çevre kirliliğine gösterdikleri açık bir delildir."[271]

Toplam olarak endüstrinin bu etkilerinin, küresel çapta gerçekleştiği kabul edilmektedir. 1960'lı yıllara kadar, modern toplumların dayanağı, politik, ekonomik ve etik değerlerdi. Gold Smith, (1972) çevresel faaliyetler için kolluk kuvvetlerinin kurulmasına işaret etmiştir. 1992 yılı Mayıs ayında Rio De Jenario da tehdit altındaki küresel biyolojik çeşitliliğin tartışılması için bir zirve yapılmıştır. 1987'de sera gazlarının azaltılması için zorunlu hedefleri kabul eden

---

[269]Harmon, D., Wildlife and Habitat. Chapter 8, 121-140 in World Resources 1990-91. The World Resources Institute, United Nations Environment Program and United Nations Development Programme, Oxford University Press, 1990

[270]Lewis, R., Global Warming False Alarms. 25th IEA Current Controversies Paper. London: Institute of Economic Affairs, 2007, s. 6

[271] Stern, N., The Economics of Climate Change. The Stern Review. Cambridge: Cambridge University Press, 2006

ve 172 ülke ile kurulan Kyoto Protokolü imzalanmıştır. Raporda (2006, s. 66-67) 1 dereceden 5 dereceye varan ısı artışlarını, daha çok genellikle, su, gıda, sağlık, toprak ve çevre ilişkileri ile iklim değişikliklerinin dehşetli artışı ele alınmıştır. Bu arada Callicott (1984) ve Rolston (1985, 1988, 1992) gibi çevresel etiği savunanlar, üzerine bina yapılamayacak arazilerin değerini geleneksel etik örnekleriyle yeniden düzenlenmesinin gerektiğini iddia etmişlerdir.[272]

3.1.3. Sosyal Meşruiyet

Sosyal meşruiyet, çevresel muhasebe araştırmacıları tarafından yaygın olarak dile getirilen ve toplumunda kabul ettiği ahlaki standartlar ile ortak toplumsal ahlaki sorumluluklardır.[273] Toplumun sahip olduğu değer sistemleri ile uyumlu bir değer sistemiyle çalışan ve bu anlayışa sahip işletmeler, ancak sürekliliği sağlayabilirler.[274]İşletmeler için toplumsal meşruiyet, geri dönüşümü olan varlıklara tekabül eder. Aynı zamanda toplumsal hizmetlere ve standartlara ilgiyi sağlar. Bununla beraber, bazen, kâr etmenin işletmelerin temel ve biricik amacı olduğuna inanan Hetherington (1973), Friedman (1970) gibi düşünürler de toplumsal meşruiyeti tartışmışlardır. Bu en son üç örnek, günümüzde genellikle hâkim değildir. Sosyal sorumluluğu belirli bir seviyede kabul eden şirketler sosyal meşruiyeti, gönülsüz de olsa onaylamaktadır.

3.1.4. Kişi ve İşletmelerin Görevleri

Bu görev, hükümete ait değildir. İşletme veya şahıslar (yöneticileri ve muhasebecileri içine alan) muhtemel tehditlerle yüz yüze geldiklerinde gönül rahatlığıyla bu tehditlerle baş edebilirler. En hafif ifade ile belalı misafiri kabul etmezler. Yerleşik Muhasebe düşüncesini Barton(1999) şöyle yorumlamaktadır: "Doğal sermaye varlıkları, dünyadaki yaşamın devamını garanti etmek için korunması gereken doğal çevremizin önemli bir parçasıdır." Her ne kadar bu problemin büyüklüğünü hissetmeyenler olsa da, konuya daha hassas ve ihtiyatla yaklaşanların varlığı da söz konusudur.[275]

Bu konuda insan merkezli bakış açısı ve insan merkezli olmayan bakış açısıdan söz etmek mümkündür. Hem insan merkezli olan hem de insan merkezli olmayan her iki bakış açısında da dünya kaynaklarının korunması esastır. İnsan merkezli bakış açısı, tabiatın gerçek değerini yok saydığından dolayı Batı dünyasında sürekli hâkim olmuştur. Hâlbuki tabiat, faydacıl değerlerin çok geniş değişkenlerine sahiptir. İnsanlar, tabiatla iç içedir. Temiz havayı soluklamaya, temiz su içmeye, sağlıklı gıdalar tüketmeye ihtiyaç duyarlar. Doğal ürünler,

---

[272] Callicott, J. B., Non-Anthropocentric Value Theory and Environmental Ethics. American Philosophical Quarterly, 21(4), 1984, October,s. 299–309.
[273]Gray, R. H., Owen, D. L., &Maunders, K. T., Corporate Social Reporting: Emerging Trends in Accountability and the Social Contract. Accounting, Auditing and Accountability, 1(1),1988,s. 6–20.
[274]Gray, R. H., Owen, D., & Adams, C. Accounting and Accountability: Changes and Challenges in Corporate. In Social and Environmental Reporting. London: Prentice Hall, 1996, s. 46
[275]Barton, A. D. A Trusteeship Theory of Accounting for Natural Capital Assets. Abacus, 35(2), 1999, s. 207–222.

genelde ticari amaçlıdır. Tabiat, yeni bitki veya ilaçlar için bir havuz sağlar. Bütün işletmeler doğal kaynakları kullanır. 1990'lı yılların ortalarında dünya için her yıl 33 trilyon Amerikan doları birbirini etkileyen 17 biyolojik ve çevresel sistemin sürekli ekonomik değeri olarak tahmin edilmiştir.[276]

Bu değer, her yıl küresel boyutta tahmin edilen brüt doğal ürünlerin değeri olarak18 milyon Amerikan dolarını geçmiştir. Bu tahmini değerler, yenilenemeyen yakıtlar, mineraller ve atmosfer hariç, yalnız ekosistem hizmetlerini kapsamaktadır. Bununla beraber, insan merkezli yaklaşımla bir gerilim söz konusu olmuştur. Uzun dönemde işletmeler, bütün olarak faydacıl değerlerinden dolayı tabiatı korumalıdır. Yine, bazı işletmeler, kısa dönemde, çevreden faydalanmak için bir bedel ödemelidirler. İlave olarak, bu kuşak kendi rahat ve mutluluklarını maksimize etmenin yanında gelecek kuşaklara bırakılacak miras için de endişe duymalıdır. Ortak kişisel çıkarın kontrolü veya hükümet tarafından düzenlenecek kısa vadeli ortak kişisel çıkarlar topluma zarar verebilir. Ancak uzun vadede ortak kazanç muhtemeldir. Doğru olsun olmasın, gerçekçi değer, tartışılabilen bu değerlere atfedilen değerdir.[277]

İnsan merkezli olmayan bakış açısı ise, dünya kaynaklarının asıl değerinin tabiatla mümkün olmasından yola çıkarak tabiatın korunmasına odaklanmaktadır.[278] Dünyanın kendine ait bir değeri olduğunun düşünülmesi gerekmektedir.[279] Bunun yanında birçok gözlemci, bir yönetim rolünü yerine getirmenin ahlaki bir zorunluluk olarak insanla başlamasını kabul etmektedirler. "Türlerin korunması, bakımı, dünyanın bir bahçe olarak sağlıklı bir şekilde işler durumda olmasını temin etme bütün milli toplumların görevidir." [280]

Naess, (1984) gibi çevre bilimciler, insansız bir hayatın hiçbir değerinin olmayacağına ve biyolojik çeşitliliğe fazla bir katkı sağlanamayacağına inanmaktadırlar. İnsanların hayati ihtiyaçlarını güvenli bir şekilde sağlamanın dışında insansız bir hayata doğru yıkıcı faaliyette bulunmaya kimsenin hakkının bulunmadığını savunmaktadır. Yine şu an itibarıyla zarar, aşırı ve olumsuz boyuttadır. İnsanlar ekosistemin yalnız önemli bir parçası değildir. Aynı zamanda ekosistemde yer alan varlıkların değerini ve ekosistemin korunması için ihtiyaç duyulan faktörleri harekete geçirebilecek en önemli aktördür.[281] Bununla beraber, insan merkezli ve insan merkezli olmayan bakış açısı, hem çevrenin ve

---

[276]Costanza, R., L'Arge, R., de Groot, R., Farber, S., Grasso, M., Hanron, B., Limburg, K., Naeem, S., O'Neill, R. V., Parvelo, J., Raskin, R. G., Sutton, P., & Van der Beck, M., The Value of the World's Ecosystem Services and Natural Capital. Nature, 387,1997, May 15, s. 253–259.

[277]O'Neill, J., Holland, A., & Light, A., Environmental Values. London: Routledge, 2008

[278]McShane, K., Why Environmental Ethics Shouldn't Give Up on Intrinsic Value, Environmental Ethics, 29(1), 2007a, s. 43–61.

[279]Rolston, H., III., Caring For Nature. Environmental Values, 15(3),2006, s. 307–314.

[280] Callicott, a.g.m., s. 302

[281]Farber, S. C., Constanza, R., &Wilson, M. A., Economic and Ecological Concepts for Valuing Ecosystem Services. Ecological Economics, 2002, 41, s. 375–392.

doğal kaynakların hem de özellikle önemli doğal sermaye olan biyolojik çeşitliliğinin korunmasının gerekliliğine vurgu yapmıştır.[282]

3.1.4.1.Endüstri ve Çevre Arasındaki Yeni İlişki

Yukarıda belirtilen konuların kabul görmesi halinde, çevre ve insan ilişkilerinde kökten tutum değişikliğine ihtiyaç vardır. Uzun vadede çevresel tehlikeleri tamir etme, küresel uyarıları dikkate alma, yerleşim alanlarına çare bulma ve böylece biyolojik çeşitliliği yeniden kazanmaya gerek vardır. Çevre ile ilgili denge sağlanıncaya kadar büyüme durmazsa, küresel nüfus muhtemelen azalmaya doğru yönelecektir. (veya çok az dengelenecektir)[283]

Bununla beraber kısa vadede yeşil çevrecilerin şiddetle arzu ettikleri sıfır büyüme, kökten tutum değişikliği ve nüfus kontrolü gibi toplumsal, sosyal ve politik açıdan etkileri bulunan bu olgular üzerinden başarının sağlanacağı beklenmektedir. Çevre ile insan ilişkileri arasında herhangi bir temel tutum değişikliğine karşı muhtemel ilk adımı sağlayacak daha çok mantıklı amaç, sürdürülebilir kalkınmadır.[284]

Tüketim toplumu üç sınıftan oluşmaktadır: tüketiciler, orta gelirliler ve yoksullardır. Kişi başına düşen doğal kaynak tüketimi, kirlilik yayma ve doğal ortamları bozma dereceleriyle mükemmel şekilde tanımlanan gruplar pratikte iki ölçüt ile birbirlerinden ayrılırlar: ortalama yıllık gelir ve yaşam tarzı. Yoksullar, dünyada yaklaşık 1.1 milyar kişi ve kişi başına 700 ABD $' dan az kazanan topluluktur. Dünya ekonomi piramidinin en altında bulunan bu grup çoğunlukla kırsal kesimde yaşamakta ve geçimlerini yaşadıkları yerlerdeki arazilerden ve ormanlardan topladıkları şeylerden sağlarken savurganlık yapmaya güçleri yetmemektedir. Orta gelirliler, yaklaşık 3.3 milyar kişi ve kişi başına 700-750 ABD $ kazanmaktadırlar. Yoksullar gibi orta gelirli sınıf da, maddeleri kullanmada tutumludur. Maddeleri yeniden kullanmak ve geri dönüştürmek konusundaki özenleri, ekonomilerini çevre ile dengelemeyi hedefleyen tüm gruplar için ideal oluştururlar. Tüketici sınıfı veya zenginler, dünya tüketim toplumunun 1.1 milyar üyesidirler ve kişi başına 7500 ABD $' dan fazla gelire sahiplerdir.[285]

Bu grubun tüketim davranış kalıbının israf olarak ifade edilmesi hiçde yanlış olmayacaktır. Kullan - at ekonomisi, üretilen malların hem kullanım ömürlerini aza indirgemek hem de düşük üretim maliyeti elde etmek için dayanıklılığının azaltıldığı, insanları sürekli tüketim çılgınlığına iten lüks bir ekonomik faaliyet şeklidir. Nihai tüketim mallarının, satışa sunulup kullanılması

---

[282]Ekins, P., Folke, C., & De Groot, R., Identifying Critical Natural Capital. Ecological Economics, 44, 2003, s. 159–164.

[283]Braun, M.,The Evolution of Emissions Trading in the European Union – The Role of Policy Networks, Knowledge and Policy Entrepreneurs. Accounting, Organizations and Society, 34(3–4), 2009, s. 469–487

[284]Pearce, D., Markandya, A., & Barbier, E. B., Blueprint for a Green Economy. London: Earthscan Publications Ltd., 1989

[285]During, A., "Ne Kadar Yeterli?; Tüketim Toplumu ve Dünyanın Geleceği", TÜBİTAK-TEMA, Haziran. 1998, s. 11 -12

ve atılması arasındaki periyodun oldukça kısa olması, bu yaşam tarzının karakteristik bir özelliğidir. Ayrıca üretilen mamûlün tamiri neredeyse mümkün olmamakta ve atılmaktadır. Örneğin, plastik promosyon kalemleri, plastik aksamlı fotoğraf makineleri, plastik oyuncaklar vb. gibi malzemelerdir. Bu tarzın belirgin özelliklerinden biriside ambalaj sektörüdür. Ambalaj, ürünü sattıran bir amaç haline gelmiş durumdadır. Hemen hemen her ürün ambalajlanmakta; mukavva, kâğıt ve plastik ambalaj türleriyle kaplanan ve çoğu geri dönüşümsüz olan bu ambalajlar atılmaktadır. [286]

Bunlar, hem çevreye zarar vermekte hem de ekonomik sıkıntı doğurmaktadır. Tarzın bir başka özelliği de moda denen çılgınlıktır. Modaruhunda ürünün kullanım süresi oldukça kısadır ve yoğun olarak hazır giyim, ayakkabı ve aksesuar sektörlerinde ortaya çıkar. Bu ürünleri boyamada kullanılan kimyasal maddeler de olayı daha vahim boyutlara taşımıştır. [287] Dünyanın ihtiyacı olan şey ekonomik gelişmenin getirdiği bu problemlere çözüm bulmaktır. İsraftan kaçınarak yeniden kullanıma ve geri dönüşüm gibi tüketim tarzına teşvik edici tedbirler alınmalı ve bu savurganlığa son verilmelidir.[288]

Bu faaliyetler, ekonomik verimlilik adı altında yapılmış olsa dahi, tabiatın kendisini yenileyememesi ve sürdürememesi açıktır.

3.2. Çevresel Sorunlarla İlgili Ekonomik Yaklaşımlar

Çevresel sorunların neler olduğu ve bunlara da nelerin neden olduğu yukarıdaki kısımlarda ortaya konulmuştur. Çok radikal bir yaklaşım ile aslında sorunları önlemenin yolu sorunların nedenlerini ortadan kaldırmaktan geçmektedir. Yani yukarıda çevre sorunlarının ortaya çıkmasına neden olarak sayılan faktörler ortadan kaldırıldığında doğal olarak çevresel sorunlar bugün ulaştığı seviyede kalabilecek veya hızları kesilebilecektir.

Ancak bu ne kolay yapılabilecek bir iştir ne de doğru olanıdır. Daha açık bir ifade ile nüfus artışını, kentleşmeyi, sanayileşmeyi ve diğer faktörleri ortadan kaldırabilmek mümkün olmayacağı gibi bu rasyonel bir yaklaşım tarzı da olmayacaktır. Amaç birinden birini tercihetmek değildir. Amaç ikisini bir arada barışık tutabilmektir. O halde bir yandan doğakorunmalı, çevresel sorunlar önlenmeye çalışılmalı, bir yandan da insanların ihtiyaçları karşılanmalı, yani üretime ve tüketime devam edilmelidir. Bu dengeyi sağlayabilmek içinbirtakım ekonomik yaklaşımlar ileri sürülmekte ve uygulanmak istenmektedir. Söz konusu yöntemlerden en önemlisi "Sürdürülebilir Kalkınma" modelidir.[289]

Çevre kirliliğinin sürekli artması ve mevcut yöntemlerin çevre kirliliğiniönlemede yetersiz kalması, bu konuyla ilgilenen herkesi yeni yaklaşım ve önlemeyöntemleri aramaya itmiştir. Günümüzde uygulanan, henüz üzerinde

---

[286] Jones M. J., Accounting for the Environment: Towards a Theoretical Perspective for Environmental Accounting and Reporting, Accounting Forum 34, 2010,s. 123–138
[287] During, a.g.e., s. 80- 89
[288] Jones, a.g.e., s. 123- 138
[289] Kırlıoğlu, H. ve Can, A.V., Çevre Muhasebesi, Değişim Yayınları, Adapazarı, 1998, s. 14

fikir birliğinevarılmamış olan, bir kısmı yasaya dayanan diğer ifadeyle zorlayıcı, bir kısmı teşvikedici, diğer ifadeyle özendirici yaklaşım ve yöntemler mevcuttur.[290]Bunlardan birisi de sürdürülebilir kalkınmadır.

3.2.1. Sürdürülebilir Kalkınma

Sürdürülebilir kalkınma kavramı 1987yılında Dünya Çevre ve Kalkınma Komisyonu tarafından yayınlanmış ve kısaca "Ortak Geleceğimiz" (The Brundtland Report) isimli raporda "gelecek kuşakların ihtiyaçlarını karşılamalarına zarar vermeyecek şekilde bugünün ihtiyaçlarını karşılamak" şeklinde tanımlanmıştır (The Bruntland Report). Raporda, sürdürülebilirlikle anlatılmak istenen, doğal sermaye stokunda bir azalma olmadan gelecek nesillerinde bugünkü nesiller gibi aynı refah düzeyine sahip olmasıdır.

Sürdürülebilir kalkınma üç temel üzerine kuruludur. Bunlardan ilki, mevcutbüyümenin sürdürülemezliğidir. İkincisi; bugünün ihtiyaçlarını karşılayarak, tüm insanların asgari bir refah seviyesine kavuşturulması ve yoksulluğun yok edilmesidir. Üçüncüsü ise; gelecek kuşakların da yaşam ve refahını güvence altına almaya çalışmak ve bu çalışmalar sırasında çevre üzerindeki baskıyı, uygarlığı tehdit etmeyecek bir seviyede tutmaktır.[291]

Sürdürülebilir Kalkınma; yıldan yıla alınabilir verimi aşmadan ve gelecek kuşakların dakendi ihtiyaçlarını karşılayabilme imkânlarını ellerinden almadan gerçekleştirilen ekonomik kalkınmadır. [292] Bir ülkede kalkınmanın sağlanabilmesi ekolojik, ekonomik ve sosyal sürdürülebilirliğin sağlanmasıyla gerçekleşecektir. Yani kuşaklararası kaynak kullanım etkinliğine sahip sürdürülebilir kalkınma olgusu, doğal sermayeyi tüketmeyen, ekonomi ile eko-sistem arasındaki dengeyi koruyan, ekolojik açıdan sürdürülebilir nitelikte olan bir ekonomik kalkınmadır.[293]

Sürdürülebilir kalkınmanın amaçları ise kısaca şu şekilde sıralanabilir:[294]

- Hem ekonomik hem ekolojik yönü olan mal ve hizmet üretmek
- Mal, hizmet ve kaynakları doğal sistemlere uyum sağlayacak biçimde planlamak
- Sanayi için uygun, yeni ve daha temiz teknolojiler geliştirmek ve kullanmak
- İş yerlerini hem estetik hem kaynaklara uygun olarak düzenlemek

Sürdürülebilir bir çevre anlayışının oluşturulması için atılması gereken ilk adım ise, çevreyiekonominin bir alt kümesi olarak kabul eden ve sınırsız üretim-

[290] Yağlı, F., Çevre Muhasebesi ve Mermer İşletmeleri Uygulaması, Yayınlanmamış Yüksek Lisans Tezi, Muğla, 2006, s. 21

[291] Başkaya, F., Kalkınma İktisadının Yükselişi ve Düşüşü, İmge Kitabevi, Ankara, 1994, s. 32

[292] Kışlalıoğlu, M. ve Berkes F., Ekoloji ve Çevre Bilimleri, Üçüncü Basım, Remzi Kitabevi, İstanbul, 200, s. 338.

[293] Gürlük, S., "Dünyada ve Türkiye'de Kırsal Kalkınma Politikaları ve Sürdürülebilir Kalkınma," 9(4) , 2001, s. 4

[294] Doğan C., IS014000 ÇYS Standartları, Çevre ve Sanayi Semineri, Kocaeli. Doğan İ.Ö., 2000. "Kalite Uygulamalarının İşletmelerin Rekabet Gücü Üzerine Etkisi," Dokuz Eylül Ünv., SBE Dergisi, 2(1), İzmir, 2001, s. 125

sınırsız tüketim-kâr maksimizasyonu üçgenindeki kalkınma kavramı anlayışının tümüyle reddedilmesi gerekmektedir.[295] Bu durumda sürdürülebilir kalkınmanın, yenilenemeyen doğal kaynakların kullanımını sınırlaması nedeniyle çevre korumada iki yönlü bir fonksiyonu vardır. Bunlardan biri, daha az doğal kaynak kullanımı öngörmesi nedeniyle, doğal kaynaklar üzerindeki baskıyı azaltarak onların gelecek kuşaklara aktarılmasını sağlamak; diğeri de daha az kaynak kullanımını öngörmesi nedeniyle daha az maddenin çevreye kirletici olarak dönmesini sağlamaktır.[296]

Yenilenebilir enerji teknolojilerinden olan güneş, rüzgâr jeotermal, biokütle temel ihtiyaçları karşılamada, yoksullukla mücadele ve sürdürülebilir kalkınmayı desteklemede büyük potansiyele sahiptir. Yenilenebilir enerji kaynaklarını benimsemeyi hızlandırmak için bu teknolojilere erişimi artırmak ve bu teknolojilerin maliyetlerini azaltmak gerekmektedir.

Destekleyici politikalar ve gelişmiş ve gelişmekte olan ülkeler arasında üretimi ve hizmetleriyaygınlaştıracak şekilde işbirliği ile gerçekleştirilebilir.[297]

Ülkemizde ise, sürdürülebilir kalkınma kavramı, çevre mevzuatımıza yerleşmemiş denebilir. Başta çevre kanunumuz olmak üzere, ilgili diğer kanunlarda sürdürülebilir kalkınma ile ilgili herhangi bir hükme yer verilmemiştir. [298] Potansiyel çevre sorunlarının bilinmemesi, net politika önlemleri geliştirmede ve zaman, mekân, yöntem belirlemedeki zorluk ve kamuoyunun katılımının sınırlı olması mevcut uygulama sorunları arasında yer almaktadır.[299]

3.2.2. Ekonomik Kalkınma

Günümüzde özellikle batı toplumlarında geçerli olan eko felsefelerde başarının temel şartı ekonomik kalkınmadır. Ancak hızlı ve plansız biçimde büyüme, ekonomi ve ekoloji arasında daima çatışmaya sebep olmaktadır. Sanayileşme yoluyla ekonomik kalkınma, daha fazla üretmek ve daha fazla tüketmek anlamına geldiğinden, doğadan daha fazla hammadde alınması ve daha fazla atık üretilmesi sonucu doğal olarak ortaya çıkmaktadır. Bu tipekonomik döngülerde, bozulan çevre ve tüketilen doğal kaynaklar ya hiç dikkate alınmamakta veya yetersiz biçimde değerlendirilmektedir.[300]

---

[295] Torunoğlu E.,Sürdürülebilir Kalkınma Paradigması Üzerine Ön Notlar, 2004, s. 1

[296] Güneş Y.ve Coşkun A.A., Çevre Hukuku, 2004, s. 87

[297] Adem Ç., Sürdürülebilir Kalkınma Dünya Zirvesi, Bilim ve Teknik, Sayı 419, 2002, s. 56

[298] Turgut, N., Çevre Hukuku (Karşılaştırmalı İnceleme), Yenilenmiş İkinci Bası, Savaş Yayınevi, Ankara, 2001, s. 171

[299] Gül, Z., "İşletmelerde Üretim ve Çevreyi Bütünleştirmede ISO 1400 Yaklaşımı: Bir Alan Araştırması," Yayınlanmamış Yüksek Lisans Tezi, Kahramanmaraş Sütçü İmam Üniversitesi SBE, Kahramanmaraş, 2007, s. 21

[300] Nemli, E., " Çevreye Duyarlı İşletmecilik ve Türk Sanayinde Çevre Yönetim Sistemi Uygulamaları" Yayınlanmamış Doktora Tezi, İstanbul Üniversitesi SBE, İstanbul, 2000, s. 75

Ekonomik kalkınma, ekolojik yönden kalkınma stratejisi anlamına gelmekte; yerelve bölgesel kalkınmanın çevrenin potansiyeli ile uyumlu olması, doğal kaynakların uygun ve rasyonel kullanımına özen gösterilmesi ve uygulanacak organizasyon formlarında ve teknolojik yeniliklerde doğal eko sistemlerin ve sosyo-kültürel yapının bozulmamasına dikkat edilmesi şeklinde tanımlanabilmektedir.[301]

Ekonomik kalkınma modeli ile sürdürülebilir kalkınma modeli birbirine benzerlik göstermektedir. Ancak, ekonomik kalkınma kavramının özünde, teknolojinin etkinliğine bağlı olarak, doğal kaynakların etkin ve rasyonel kullanılması ilkesi yatmaktadır. [302] Kısacası ekonomik kalkınma modelinde ekoloji ile teknoloji kavramlarıüzerinde ağırlıklı olarak durulduğu görülmektedir.

Günümüzde, gelişmiş ve sanayileşmiş ekonomilerle, gelişmekte olan ekonomilerinekonomi politikası önceliklerinin birbirinden önemli ölçüde farklı olduğu görülmektedir. Çevre ekonomisi çerçevesinde ortaya çıkan çevreye yönelik düşüncelerin politikalara dönüştürülmesi, gelişmiş ülkeler için bu ekonomilerin politika öncelikleri söz konusu olduğunda daha kolay gerçekleştirilebilir görünmektedir.[303]

3.2.3. Fayda – Maliyet Analizi

Bir çevresel etki tercih ediliyor veya isteniyorsa, fayda olarak, eğer tercih edilmiyor veya istenmiyorsa zarar olarak tanımlanır. İnsanların tercihleri ise, bu tercihleri elde etmek için yapmak istedikleri ödemelerle ölçülür. Gerçek bir piyasa da aynı bu esasa bağlı olarak işler. Alıcılar fiyatı uygun bulurlarsa (yani piyasa fiyatı ödemeye razı oldukları fiyata eşit ya da bundan az ise) istedikleri mal ve hizmetleri satın alırlar.

Piyasalar ise alıcı ve satıcıların piyasa mal ve hizmetinin yanında çevre ve yaşam kalitesine ilişkin tercihlerini de dolaylı da olsa belirtebildikleri iktisadi alanlardır.. Örneğin, emlak piyasasında oluşan fiyatlar, konutların fiziksel özelliklerini yansıtmakla kalmaz, aynı zamanda gürültü veya sakinlik, hava kirliliği veya temizliği gibi çevresel özellikleri de yansıtır. Sakin mahallelerdeki evlerin gürültülü mahallelerdeki evlerden daha pahalı olmasının nedenlerinden biri de budur.

Fayda-maliyet analizleri, özellikle gelişmiş ülkelerin yatırım kararlarını, çevre korumakararları ile uyumlaştırarak karar vermede uyguladıkları en önemli yöntemlerden bir tanesidir. Gelişmiş ülkelerin çevre koruma karar ve kriterlerinin oluşturulmasında kullandıkları araçların başında fayda-maliyet

---

[301] Bircan, K., Aydın İlindeki Firmaların Neden Olduğu Çevre Kirliliği ve Bu Kirliliğin Sosyal Sorumluluk Anlayışı İçerisinde Çözülmesi ve Bir Model Önerisi, ADÜ-Sosyal Bilimler Enstitüsü, Yayınlanmamış Yüksek Lisans tezi, Aydın, 2003, s. 8

[302] Eronat, İ., "Ekonomi Bilimi ve Çevre", Gazi Üniversitesi İktisadi ve İdari Bilimler Fakültesi Dergisi, Ankara, 1991, s. 18

[303] Keleş, R., Çevre Ekonomisi,Gelişme Ekonomisi, İmge Kitapevi, Ankara,1992, s. 143

analizleri gelmektedir.[304] Gelişmiş ülkelerde yatırım için gerekli nakit çıkışlarının içine yine bu yatırımın çevre üzerinde doğuracağı olumsuz etkiler için gerekecek nakit çıkışları da ilave edilir. Böylelikle yatırımın sağlayacağı faydanın çevresel maliyeti de ortaya konabilmektedir. Daha doğrusu, yatırım henüz karar verme aşamasında iken, çevresel etkisi yönünden incelenmekte ve karar vericinin kararındaetkili olmaktadır. Nitekim fayda- maliyet oranı; bir işletmenin yapacağı yatırımlarda F /M(Fayda/Maliyet) oranını maksimum kılmayı amaçlar.[305] Yatırımın çevre üzerindeki olumsuz etkilerinin gerektireceği nakit çıkışları (şimdiki değerleri) ile yatırımın gerektirdiği nakit çıkışlarının toplanması paydayı büyütecek ve fayda-maliyet oranı küçülecektir. Bu ise alternatif yatırımlar arasındaki seçimi kolaylaştırarak kârlılık oranı en yüksek olan projenin seçilmesine imkân verecektir.[306]

Böylece hem çevre korumaya çalışılmış olacak hem de nisbi olarak en düşük çevresel maliyet ile en yüksek fayda sağlanmış olacaktır.[307]

Böylece hem çevre korunmaya çalışılmış olacak hem de nisbi olarak en düşük çevresel maliyet ile en yüksek faydayı sağlayacak yatırım seçilmiş olacaktır. Yalnız burada belirtilmesi gereken bir nokta vardır. Yapılacak yatırım her zaman ve sadece olumsuz çevresel etkiler doğurmayabilir. Fayda-maliyet analizi ile yatırım kararı verilmeye çalışılırken yatırımıns ağlayabileceği olumlu çevresel etkileri de göz önünde bulundurmak gerekmektedir. Bu olumlu etkilerin de aynı şekilde fayda hesaplarının içine dâhil edilmesi sağlanmalıdır. Diğer taraftan yatırımın sağlayacağı çevresel fayda ile çevresel maliyet yalnız kendi içlerinde dedeğerlendirilebilir. Ancak bu şekilde yapılan bir analiz, yatırımın fayda-maliyet oranını değil, yatırımdan kaynaklanacak olan çevresel etkilerin fayda-maliyet oranını verecektir. Bu isekarar vermede yalnız çevre korumaya dönük bir analiz olacaktır. Dolayısıyla verilecek karar, finansal bir karar olmaktan daha çok sosyal bir karar olacaktır.[308]

Uyarlanan herhangi çevresel politika, başarıyı amaçlayan ve çevrenin korunma seviyesini gösteren net hedefleri kurmayı ifade etmektedir.[309] Temelde, arazi kullanım planlaması, bilgi sistemi kullanımı ve paylaşılan kararları içerir.[310] Fayda maliyet analizi, bu süreci önemli ölçüde teşvik eden analitik bir araç olarak gözükmektedir.

---

304 Uysal, F., Ofluoğlu G.,"Dışsallık Teorisi ve Çevresel Etki Değerlendirme Teknikleri", MPÖ Verimlilik Dergisi, Sayı 1,1997, s. 143

305 Kırlıoğlu, Can, a.g.e., s. 18

306 Milne M., Accounting Environmental Resources Value and Non –Market Valuation Techniques for Environmental Resources a Review, Accounting, Auditing and Accounbility Journal, 4 (3) , 1991, s. 81- 109

307 Milne, a.g.e., s. 81- 109

308 Uysal vd. , a.g.e., s. 147

309 Victoria JV., Sanchez FM., Garo RF., The Impact of Environmental Intervention on Business Management an Emprical Survey of Its Presence in the Packaging Sector in Spain and of Results Achieved, Intenational Journal of Environmental Techonology and Management, 3 (3-4) , 2003, s. 314- 335

310 Filho, a.g.e.,s. 20- 31

Fayda- maliyet analizi, sistem programlarında geçerli kabul edilen bütün maliyet ve kârları hesaplar. Ayrıca fırsat maliyetleri, fayda maliyet analizi içerisinde yer almalıdır.

Fayda-maliyet analizi (F-M), ekonomide yatırım projelerini etkinlik yönünden değerlendirmeye yarayan, topluma en yüksek faydayı sağlayacak olan projelerin seçiminde veya öncelik sırasının tespit edilmesinde yararlanılan bir tekniktir. Aynı şekilde yatırımlarda israfın ortadan kaldırılmasında fayda-maliyet analizinin uygulanması son derece önem taşımaktadır.

Fayda maliyet analizinin kullanımımı tanımlama, iç maliyet ve fayda değeri, ürün yaşam süreci ile ilişkisi ve çevre tasarımı, kararlaştırılan değişim tekniklerinden bazılarıdır. Yönetim muhasebecileri, yönetsel karar almaya yardımcı olmak için bu yeni tekniklerle iç içe olmalıdır.[311]

Fayda maliyet analizleri, özellikle gelişmiş ülkelerin yatırım kararlarını, çevre koruma kararları ile uyumlaştırarak karar vermede uyguladıkları en önemli yöntemlerden biridir. Gelişmiş ülkelerin çevre koruma kriterlerinin oluşturulmasında kullandıkları araçların başında fayda maliyet analizleri gelmektedir.[312]

Gelişmiş ülkelerde yatırım için gerekli nakit çıkışlarının içine yine bu yatırımın çevre üzerinde doğuracağı olumsuz etkiler için gelecek nakit çıkışları da ilave edilir. Böylece, yatırımın sağlayacağı faydanın çevresel maliyeti de ortaya konabilmektedir. Daha doğrusu, yatırım henüz karar verme aşamasında iken, çevresel etkisi yönünden incelenmekte ve karar vericilerin kararında etkili olmaktadır. Nitekim fayda maliyet oranı, bir firmanın yapacağı yatırımlarda F / M oranını maksimum kılmayı amaçlar.[313]

Fayda maliyet analizi, sosyal ve ekonomik fikirlerden elde edilen yatırımları değerlendirmek için geliştirilmiş bir tekniktir. Yine bu analiz, a) yatırım seviyelerinde en uygun karar almada, b) Etkinliği maksimize eden yatırımların daha çok en uygun karışımını bulmada c) Değişik yatırım alternatifleri arasından seçimde yardımcı olmaktadır. [314] Fayda- maliyet analizinin temel faktörü, parasal değere dayalı mümkün olan değerdir.

Genellikle fayda- maliyet analizi, önerilen politika ve düzenlemelerin istenen veya istenmeyen etkisini karşılaştırmak için önemli bir araçtır.

Fayda-maliyet ilişkisinin parasal terimlerle açıklanması kolay olmadığından değişik varsayımlar araştırmalar yapmak gerekmektedir.

Fayda-maliyet analizi konusunda buraya kadar yazılanların esasında bütün finansal ve çevresel fayda ve maliyetlerin parasal birimlerle ifade

---

[311]Freidman J., Environmental Cost Accounting, Management Accounting, 79 (7), 1998, s. 62- 72

[312] Uysal, a.g.e., s. 143

[313] Kırlıoğlu ve can, a.g.e., s. 18

[314]Loomish, R., Walsh T., The Economic Benefits of Wilderness, Discussion Paper, U.S.A. 2002,

edilebileceği varsayımı bulunmaktadır. Gerçekte tahmin edilebileceğinden daha çok çevresel değerin parasal birim cinsinden ifadesi mümkün olsa da, bütün etkilerin bu şekilde değerlendirilmesi mümkün değildir. Bu durumda, proje değerlendirmesinin bu aşamasında, elde parasal (finansal / ekonomik ve bazı çevresel fayda ve maliyetler) ve diğer birimlerle (ilk gruba giremeyen çevresel fayda ve maliyetler) ifade edilmiş karışık bir veri tabanı oluşur. Bunların karşılaştırılması da aşağıda görüldüğü gibi yapılabilir ki buna da multi-kriter analizi denmektedir. Bu analizin kurallarına göre:[315]

- Parasal birimlerle ifade edilebilen her çeşit fayda ve maliyetler, yukarıda belirtilen ekonomik analiz kuralları takip edilerek analiz edilir.
- Diğer fayda ve maliyetler (ki bunlar çevresel ya da sosyal olabilir) ise üçüncü bölümde yer alan puanlama tekniklerinden bir ya da birkaçı kullanılarak puanlanır ve karşılaştırılır.
- Birinci basamakta elde edilen net faydalar, ikinci basamaktaki etkilerin boyutları ile karşılaştırılır ve parasal olarak ifade edilememiş etkilerin önemi belirlenir. Bunun için her proje için geçerli bir kural yoktur.

Burada gerçekleştirecek fayda maliyet analizi daha önce belirtilen fayda maliyet oranı üzerinden değil, faydanın maliyetten büyük olması varsayımından hareketle hesaplanmıştır.

Fayda- maliyet analiz metodunda kararlar, aşağıda görüldüğü gibi basit bir seviyede uygulanmıştır.[316]

Eğer (YF – YM – ÇF) > 0 ise, işletmeler yatırıma devam etmelidir.

Eğer (YF –YM – ÇF) < 0 ise, işletmeler yatırıma devam etmemelidir.

Burada, YF, yatırımın faydasını, YM, yatırımın maliyetini, ÇF ise herhangi bir ürünün takviye olmaksızın veya alan grubu büyümeksizin çevresel tutarın faydasını ifade etmektedir.

3.2.3.1.Fayda – Maliyet Analizinin Avantajları

Çevresel projelerde fayda maliyet analizinin gelişimindeki temel avantajlar aşağıdaki gibidir:[317]

a) Projenin amacı, değeri ve sonuçlarının sunumu ve sistemli organizasyonda kolaylık sağlar;

b) Sonuçlar, takip edilen prosedürlerle, kullanılan yöntem, teori ve hipotezle kolayca ilişkilendirilebilir.

c) Kamu fonlarını dağıtmak mümkündür. Böylece maksimum sosyal fayda sağlanmış olur.

---

[315] Milne, a.g.e., s. 81- 109

[316] Mylonakis J., Tahinakis,P, The Use of Accounting Information Systems in the Evaluation of Environmental Costs: A Cost Benefit Analysis Model Proposal, International Journal of Energy Research Int. J. Energy Res., 30, 2006, s. 915–928

[317] Mylonakis ve Tahinakis, a.g.e., s. 915- 928

d) Farklı proje birimlerinin daha kolay ve daha doğru sunumunu sağlar.

e) Çeşitli sosyal faydayı anlaşılır bir şekilde göstermek ve takip etmek zorunda olanlara farklı politikaları karşılaştırma imkânı sunmaktadır.

3.2.3.2.Fayda Maliyet Analizi İçin Getirilen Eleştiriler

Çevresel proje ve politikalarda fayda-maliyet analizinin gelişimi, hâlâ sınırlıdır. Yatırımların çevresel değerlemesindeki devlet politikaları, asıl maliyet ve faydaların sistematik analizinde talebi karşılayamamaktadır. Birçok durumda proje şartlarında muhtemel çevresel etkiler, zorunlu şart olmaktan uzaktır. Sosyal faydalar, etkin çevresel politikaların şekillenmesinde kamu yatırımlarının şimdiki kayıplarının sunumu, iyi değerlendirilmemiştir.[318] Yine fayda-maliyet analizinin zorluklarından biri de, uygun ölçüm araçlarına karar verilememesidir.

Fayda maliyet analizinin arasında olumsuz birçok eleştiri söz konusudur. Bunlardan birincisi, çevre için bazen ekonomik ölçüme neden olan değer esas alınmaktadır. İkincisi, düşünülmüş faydayı elde etmede fayda ve maliyet tahmini, yetersiz ve doğru olmayabilir. Üçüncüsü, fayda- maliyet analizi, sosyal ilişkilerde göz ardı edilebilir.[319]

Bir diğer eleştiri de, hükümetin kamu mallarını iyileştirmede almış olduğu kararların, mevcut piyasa değeri olmadığı ve bu iyileştirmenin vatandaşa yansıyan yönünün para cinsinden ölçülmesi, hem çok karmaşık hem pahalı hem de ihtilaflı bir konu olmasıdır.[320]

3.2.4. Çevresel Etki Değerlendirmesi (ÇED)

Çevresel etki değerlendirmesi tekniği, çevreyi doğrudan veya dolaylı olarakolumlu veya olumsuz yönde etkileyen bir faaliyetin; bu etkilerinin, bu faaliyetle ilgiliyatırıma başlamadan önce henüz karar verilme aşamasında iken irdelenmesi ve bufaaliyetin yapabileceği olumsuz etkinin en aza indirilmesi için alternatif çözümlerinbelirlenmesinde kullanılan bir yöntem olarak tanımlanmaktadır[321]

Çevresel etkilerinin değerlendirilmesi olarak da adlandırılan bu yöntemdeçevresel sorunların önlenebilmesi için yatırım kararı verilmeden önce, yatırımınçevreye getirebileceği muhtemel etkiler için bir rapor hazırlanmaktadır Bu rapora"Çevresel Etki Değerlendirme Raporu" veya kısaca ÇED Raporu denilmektedir.

ÇED raporu ilk kez ABD'de uygulanmış, 1970 yılında yürürlüğe giren ulusalçevre politikası kanunu ile federal projeler için zorunlu hale getirilmiştir.

---

[318]Hanley H., Spach C., Cost- Benefit Analysis and the Environment, Paul Chapman Publishing, London U.K. 1995, s. 185- 190
[319] Epstein, a.g.e., s. 53- 59
[320] Epstein, a.g.e., s. 53- 59
[321] Milli Prodüktivite Merkezi, 1992, s. 10

Türkiye'de1993 yılında ÇED Yönetmeliği çıkartılmıştır. [322] Yönetmelik kapsamına giren bir yatırım için işletmeler DPT'den ÇED raporu veya ÇED Ön Araştırma Raporualmaları zorunlu hale getirilmiştir.

ÇED'in amacı, "Gerçekleştirmeyi planladıkları faaliyetleri sonucu çevre sorunlarına yol açabilecek kamu sektörü veya özel sektöre ait kurum, kuruluş ve işletmelerin yatırım kararlarının çevre üzerinde yapabilecekleri tüm etkilerin belirlenerek değerlendirilmesi, tespit edilen olumsuz etkilerin önlenmesi, çevreye zarar vermeyecek ölçüde en aza indirilmesi ve seçeneklerin değerlendirilmesi amacıyla gerçekleştirilecek Çevresel Etki Değerlendirilmesi sürecinde uyulacak yönetsel veteknik esasların düzenlenmesidir."[323]

Bu yaklaşım, yatırım yapmadan önce çevreye verilecek olumlu veya olumsuzyönlerin dikkate alınmasını öngören yanıyla fayda- maliyet analizine benzemektedir. Fakat fayda-maliyet analizinde her veriyi sayısal olarak ifade etme zorunluluğuvardır. ÇED yönteminde tüm verilerin rakamla ifade edilme zorunluluğuolmadığından, fayda maliyet analizine göre pratikte daha uygulanabilir bir yöntemolarak ortaya çıkmaktadır.

ÇED günümüzün çevre politikası ve hukukunda hemen hemen dünya ölçeğinde kabulgörmüş, ulusal mevzuat düzeylerine yansıtılmış ve uygulamaya da aktarılmış teknik biraraçtır. ÇED değişik ve çok sayıdaki aşamayı kapsayan, bunların gerçekleştirilmesine ilişkin farklı zaman dilimlerine yayılmış olan, çevresel etkiler konusunda geleceğe yönelik risk ihtimallerinin ve bunlara ait önlemlerin belirlenmesini ve sonuçta çevresel etkilerin kabuledilebilir bir duruma indirgenmesini hedefleyen ve bazı etkilerin kabul edilebilir düzeyde giderilemeyeceğinin gösterilerek çevresel açıdan elverişsiz yatırımların önlenmesini esas alan bir süreçtir. ÇED katılımcı, önleyici, bütünleştirici, öngörücü ve disiplinler arası bir yönetimaracıdır.[324]

ÇED raporunun çevre açısından en önemli yanı, kirlenmeden çevreyi korumak içinalınması gereken önlemler dizisi olmasıdır. Bu durum kirliliği ortadan kaldırmak için yapılacak harcamaları önlediği gibi, çevre değerlerinin kirlenmeden korunmasını dasağlamaktadır. Amacına ve kapsamına göre değişmekle beraber genellikle Çevresel Etki Değerlendirilmesi (ÇED)' in hazırlanmasında aşağıdaki yol izlenmektedir:[325]

- Hazırlık aşaması,
- Eleme,
- Kapsam ve etkinliklerin belirlenmesi,
- Çevrenin mevcut durumunun belirlenmesi,
- Çevresel etkilerin niceliksel değerlendirilmesi,
- Gerekli çevre koruma önlemlerinin belirlenmesi,

---

[322]ÇED Yönetmeliği, T.C. Resmi Gazete, 07.02.1993 / 21489
[323] ÇED Yönetmeliği, Madde 1
[324] Turgut, a.g.e., s. 464
[325] Yıldız, K., Sipahioğlu, Ş. ve Yılmaz, M., Çevre Bilimi, Gündüz Eğitim ve Yayıncılık, Ankara, 2000, s. 188

- Proje alternatiflerinin değerlendirilmesi ve önerilerin hazırlanması,
- Karar verme,
- Proje sonrası izleme ve değerlendirme,

Çevresel Etki Değerlendirmesini ilk kez yasallaştıran ülke, ABD'dir. 1969'da yürürlüğegiren NEPA (Ulusal Çevre Korunması Kanunu) adlı bir yasa ile ABD'de tüm büyük projeleriçin ÇED raporu hazırlanması zorunlu olmuştur.[326]

Ülkemizde de ÇED yalnızca proje düzeyinde uygulanmaktadır. Çünkü Çevre Kanunu'nda bukonuda kullanılan sözcükler faaliyet ile projedir. Ağustos 1983 tarihli ve 2872 sayılı Çevre Kanunu'nun 110. Maddesine göre: Gerçekleştirmeyi planladıkları faaliyetleri sonucu çevre sorunlarına yol açabilecek kurum, kuruluş ve işletmeler bir "Çevresel Etki Değerlendirme Raporu" hazırlarlar. Bu raporda çevreye yapılabilecek tüm etkiler göz önünde bulundurularak çevre kirlenmesine sebep olabilecek atık ve artıkların ne şekilde zararsız hale getirilebileceği ve bu hususta alınacak önlemler belirtilir.[327] Bu maddenin uygulanması için, ÇED raporunun hangi tip projelerde isteneceği, içeriği, hangi makamlarca onaylanacağına dair esasların bir yönetmelikle belirlenmesi gerekmektedir.[328]

3.2.5. Diğer Ekonomik Yaklaşımlar

Çevrenin ortak mal olarak kabul edilmesi, çevresel sorunların çözülmesinde karşımıza önemli bir engel çıkarmaktadır. Bu engel, ortak malların fiyatlandırılamaması nedeniyle kullananlara ödettirilememesidir. Çevresel sorunları önleyebilmek için çevresel kaynaklaraözel mal statüsü verilmeli, böylece fiyatlandırma imkânı elde edilmeli ve kullananlara ödetilmelidir. Fakat ortak malların bir diğer özelliği yani bölünemez oluşu, mülkiyetinin sınırlandırılmasını engellemektedir. Bu bakımdan uygulamada temiz hava, deniz ve ürünlerigibi çevresel kaynaklar özel mallara dönüştürülememektedir.[329]

Çevresel sorunların ne ölçüde önlendiğinin bilinebilmesi, ona sayısal bir değer verilebilmesi ile mümkün olabilmektedir. Ancak bu sayede çevresel sorunların önlenmesinde yapılan çalışmaların ne kadar başarılı olup olmadığı anlaşılabilir ve objektif bir şekilde değerlendirilme imkânı sağlanmış olur.[330]

3.3. Çevresel Etkiler

Çevresel etkiler, bir işletmeyi daha sistematik olarak çevresel etkileri planlama, kontrol etme ve gözetimini yapma fırsatı vermektedir. Atık su veya çevreye yayılan gaz miktarı aracılığıyla gösterilen gerçek çevresel etkiler standart etkilerden daha yüksekse, bunlar iş süreçlerindeki verimsizliğin

---

[326] Kışlalıoğlu ve Berkes, a.g.e., s. 321
[327] Gül, a.g.e., s. 28
[328] Kışlalıoğlu ve Berkes, a.g.e., s. 321
[329] www.econturk.org
[330] www.econturk.org

göstergesidir. Yasal uyum, ancak uygun ve doğru verilerle daha iyi başarılabilir.[331]

Tüm çevresel etkiler malzeme ve enerji akımlarına tekrar dönüşebilmektedir. Çevresel etkileri, oluşumuna neden olan süreç veya tüketim safhalarına doğru yükleyebilmek için üç farklı grupta incelemek gerekir.[332]

3.3.1. Girdinin Çevresel Etkileri

Girdiyle ilgili çevresel etkiler direkt olarak bir girdinin kullanılmasından kaynaklanabilmektedir. Kömür, petrol veya fosil enerji kaynaklarının yanması sonucunda karbondioksitin yayılması buna örnek olarak verilebilir. Girdiyle ilgili çevresel etkiler girdinin kullanıldığı süreçten bağımsızdır. Bir girdinin çevresel etkileri, tek bir malzeme ve enerji kaynağına dönüşebilen tüm çevresel etkileri içermektedir. Bunun anlamı çevresel miktarı bir girdinin kullanıldığı sürece bağlı olmadığıdır. Bu aşamada tüm girdiyle ilgili çevresel etkiler, onlara neden olan girdilerle ilişkilendirilmelidir.[333]

3.3.2. Sürecin Çevresel Etkileri

Girdilerin bileşiminden kaynaklandığından ve özel bir sürecin uygulanmasının sonucu olduklarından, çevresel etkiler tek bir girdiye yüklenemez. Bir sürecin sıcaklığına bağlı olarak dışarı atılan gaz buna örnek teşkil eder. Bir sürecin çevresel etkileri, bir süreci yürütmekten doğan çevresel etkileri içermektedir. Bir sürecin toplam etkileri, doğrudan süreçle ve girdiyle ilgili çevresel etkilerin toplamıdır. Doğrudan süreçle ilgili çevresel etkiler tek bir girdiye bağlanamaz. Girdiyle ilgili çevresel etkiler, üretimdeki girdinin katsayısının her düşünülen girdiyle ilgili çevresel etkisiyle çarpılması sonucu hesaplanabilir.[334]

3.3.3. Ürünün Çevresel Etkileri

Ürünün neden olduğu çevresel etkiler, tekrar bir ürüne dönüşebilir. Ancak tek bir girdiye veya sürece dönüşemez. Tüketim safhasında kullanılan enerji veya ürünün kullanımından sonraki atık bunlara örnek olabilir. Bir ürünün çevresel etkileriyle, önemli çevresel etkiler bir ürüne doğrudan yüklenebilir. Bir ürünün çevresel etkileri, direkt ürünle ilgili çevresel etkiler ve üretim yapmak için girdiler ve süreçlerden ortaya çıkan tüm girdi ve süreçlerle ilgili etkileri içermektedir.[335]

---

331 www.econturk.org
332 Letmathe ve Doost, a.g.m., s. 427
333 www.econturk.org
334 Letmathe ve Doost, a.g.m., s. 428
335 www.econturk.org

3.4. İç Fiyatlama

İç fiyatlama için malzeme ve enerjinin kaydedilmiş miktarlarının gerçek maliyetleriyle değerlendirilebilmesi, satın alma maliyetleri yanında diğer maliyet bileşenlerini de gerektirir. Maliyet bileşenleri aşağıdaki gibi sıralanabilir:[336]

3.4.1. Arıtma Maliyetleri

Dışarı atılan gazlar, atık, su, artık gibi istenmeyenlerin veya kullanılan malzemelerin temizlenmesi, rafine edilmesi ve ayrıştırma işlemlerinden oluşmaktadır. Çevre kirliliği kapsamında işletmelerin, genellikle duran varlık niteliği taşıyan yatırımlar gerçekleştirerek, üretim esnasında çevreye verdikleri kirliliği önlemeye çalıştıkları görülmektedir. İşletmelere göre farklılık gösteren bu yatırımlara, filtreler, atık su arıtma tesisleri, depolar, arıtma cihazları örnek verilebilir.[337]

3.4.2. Lojistik Maliyetleri

Depolama taşıma maliyetlerine ek olarak kazlardan korunmak için güvenlik önlemlerine yapılan maliyetler ve kontrol edilemeyen çevresel etkilerin maliyetlerini içermektedir. İşletmeler, katı atıklarını geçici olarak biriktirme, toplama, taşıma, geri kazanma gibi işlemlerden sonra, çevre ve birey sağlığı açısından zararsız duruma getirme ve ekonomiye katkı sağlaması amacıyla toplama, enerji kazanmak üzere yakma ve / veya düzenli depolama gibi geri kazanma işlemleri için, geri kazanma tesisi, toplama veya yakma tesisi gibi katı atıklardan tekrar kullanılabilir madde ve enerji elde etmek, katı atıkların hacmini küçültmek veya çevreye zararını azaltmak amacıyla "İşleme Tesisi" yapabilirler.[338] Değerlendirilebilir katı atıklarını bir arada toplayıp cinslerine göre sınıflandırarak geri dönüşüm tesislerine gönderinceye kadar geçici bir süre bekletebileceği "Toplama- Ayırma Tesisi" yapabilirler.[339]

3.4.3. Çevresel Risklerin Maliyeti

Oluşumları kesin olmayan riskler saptanmaya çalışılıp çevresel maliyetler beklenen değerlerle tahmin edilir. Üretim süreçleri gereği tehlikeli atık ortaya çıkaran işletmeler, depolama işlemi sırasında alınan önlemlerin yeterli olduğu veya atığın özellikleri nedeni ile depolama işleminde çevrenin olumsuz yönde etkilenmeyeceğini ispat etmeleri durumunda, atıklarını "Düzenli Depo Tesislerinde" depolayabilir veya bu amaçla depo tesisi kumalarına izin verilebilir. Geri kazanım için uygun yer bulunamaması durumunda veya geri kazanım tesislerine ulaştırılmadan önce atık miktarının yeterli kapasiteye ulaşması amacıyla atıklar "Ara Depolama Tesisleri"nde depolanabilir. Ara depolama tesisleri için bakanlıktan ön lisans ve lisans alınması zorunludur. Kirli

---

[336] Letmathe ve Doost, a.g.m., s. 428

[337] Kırlıoğlu H., Can A. V., Çevre Muhasebesi, Değişim Yayınları, Adapazarı, 1998, s. 123

[338] Katı Atıkların Kontrolü Yönetmeliği, 14.3.1991 tarih ve 20814 sayılı Resmi Gazete, Değiştirilmiş 15.9.1998 tarih ve 23464 sayılı Resmi Gazete

[339] Katı Atıkların Kontrolü Yönetmeliği ....

su kaçağının olabileceği tesis bölgelerinde, kirli suyun yer altına sızmaması ve etrafındaki toprakları kirletmemesi gerekli sızdırmazlık önlemleri alınmalıdır.[340]

3.4.4. Denetleme Maliyetleri

Çevresel düzenlemelere yasal uyum için atık ve zararlı maddelerin belgelenmesi ve kontrol edilmesini içermektedir.

3.4.5. Ek Kontrol Maliyetleri

Büyük çevresel etkilere neden olan malzemelerin kullanımını azaltmayı özendirmek için kullanılabilir.

Çevresel maliyetler göz önüne alınarak iç fiyatlamanın yapılması, süreçlerin ve ürünlerin fiyatlarını değiştirebilir. Sonuçta daha düşük maliyetlerle sonuçlandırılabilen, çevreye daha az zararlı malzemelerin seçimi ile çevre zararlarının azaltılması sağlanabilmektedir. Başka bir anlatımla, çevresel program içinde çevresel hedeflere göre malzeme ve enerji kullanımının kontrolü sağlanmış olmaktadır.[341]

3.5. Üretim Süreci ve Çevre İlişkisi

İşletmelerdeki üretim sürecinin ilki girdi faktörüdür. Bu da kıt kaynakların kullanılması sonucu oluşan doğal kaynak kayıplarını ifade etmektedir. İkinci süreç (üretim) planlaması ve uygulaması gerçekleşir burada da meydana gelen katı, sıvı ve gaz atıklarının çevreye verdiği zarar önceliklidir. Son aşamada, mal veya hizmet olarak sonucun görülebileceği çıktı sürecidir. Mal veya hizmeti elde etmek için gösterilen çabanın sonucunda çevrenin kirlenmesi söz konusudur. Bunun önüne geçilmesi noktasında çeşitli önlemler almak, daha da önemlisi bu önlemlerin uygulama sahalarını açmak ülkemiz ve geleceğimiz adına oldukça önemlidir. İşletmelerin ekonomik, dinamik, bağımsız, sosyal, teknik ve gelecek vadeden kuruluşlar olduğu düşünüldüğünde, gelecek faaliyetlerini sürdürülebilir kılmak için birtakım çevre koruma yöntemlerini benimsemes, bunun için bütçe ayırma ve uygulamaya koyma zorunluluğu vardır.

3.5.1. Çevre Yönetimi

Doğal dengeyi oluşturan zincirin halkalarından meydana gelen kopmalar, zincirin tümünü etkileyip dengenin bozulmasına neden olmaktadır. Bu dengenin bozulmasında en kritik faktör insandır. İnsanın yaptığı hemen hemen her türlü faaliyet, doğal dengeyi etkilemektedir.

Çevre yönetimi insanın çevre üzerindeki olumsuz etkisini asgari düzeye indirmek, doğal dengenin kendini yenilemesine imkân tanıyabilmek ve doğal dengenin bozulmasını önleyebilmek sebebiyle sorunları tespit etmek, toplumun çevre bilincini arttırıp çevrenin korunmasına, geliştirilmesine katkıda bulunmasını sağlamak ve bu amaçla çıkartılan kanun, yönetmelik ve kararlara

---

[340] Tehlikeli Atıkların Kontrolü Yönetmeliği 14 Mart 2005 tarih ve 25755 sayılı Resmi Gazete

[341] Letmathe ve Doost, a.g.m., s. 428

sıkı bir biçimde uyulmasını sağlamak amacıyla oluşturulan örgütsel yapıdır.[342] Çevre yönetimi, milli ve milletlerarası alanda amaçlarının gerçekleştirilmesi sebebiyle bu örgütsel yapıları oluşturmuştur.

Çevre yönetimi çevreye duyarlı işletmelerin çevreyi ve üretimlerini korumak adına üstlenmiş oldukları birtakım sorumluluklardır. Bu sorumluluk kapsamına toplumun beklentileri, tüketici ihtiyaçları, teknik gelişmeler, yasal sınırlamalar, uluslararası standartlar dikkate alınarak yeni çevresel plan ve programlar dâhil edimelidir. Çevre bilinci ve duyarlılığı bu çalışmalarla kanıtlanmakta ve bunun yaygınlaşmasına yönelik bir dizi çalışmalara girilmektedir.

Devlet bazında düşünüldüğünde, yönetimler bu çalışmaların bir plan ve program üzerine oturtulması ve gerekli çevre politikasının oluşmasını sağlar. İşletmeler de bu plan ve programları sistemine uygun bir şekilde gerekli prosedürleri tamamlayarak şirket ve çalışanlarına kazandırmaya çalışırlar. Tabii bu alanda katlanılması düşünülen maliyetler söz konusu olacaktır; fakat bu yönetim sisteminin işletmeye uygulanmasıyla, faaliyet süreci sonrasında şirket bu maliyetin misli tutarında kazanımlara ulaşacaktır. Örneğin; aktif kullanıldığında geri dönüşüm süreci ciddi manada bir kazanım sağlayabilir.[343]

Çevre yönetimi konusu ilk önce uyulması gerekli kurallar olarak zorunlu bir yönetim biçimi şeklinde ortaya çıkmıştır. Emir ve denetim birlikte uyma zorunluluğu sağlayan uygulamalar birlikte başlamış, gönüllü bir şekilde uygulanan ve devamlı gelişme gösteren bir yapıya geçmiştir. Özellikle sanayileşmenin çevreye vereceği tahribi en aza indirmek açısından çevre yönetimi daha çok organize sanayi bölgelerinde uygulanabilir.[344]

Çevre yönetimi disiplinli bir niteliğe sahiptir. Çevre kirlenmesine yönelik insan etkinliklerinin gözlemlenmesi, planlanması ve yönetilmesiyleilgilenir. Çevre yönetimi çevreyle eş zamanlı olarak ekonomi ile de ilgilenir. Çevre ile ekonomi arasında dengeli ve devamlı bir ilişki bulunur. Çevre yönetimide dengeli kalkınmayı sağlamaya çalışır. Çevre yönetimi çevreye önleyici bir yaklaşımla yaklaşır. Bu yaklaşımın amacı, çevre sorunları ortaya çıktıktan sonraki etkilerini ortadan kaldırmaktan ziyade çevre sorunları ortaya çıkmadan önleyici tedbirleri almaktır. Çevre yönetimi sağlıklı ve dengeli bir çevrenin oluşmasını amaç edinir. Bu çevrenin oluşturulması içinde doğal kaynakların korunmasını sağlar. Bu sistemin çalışmasını sağlayacak örgütsel yapılar oluşturur. Çevre yönetiminin öncelikli alt yapısal gereklerinden birisi genel, tutarlı, güncel ve süreklilik gösteren bir bilgi tabanının oluşturulması ve gerekli bilgilerin üretilmesidir.[345]

---

[342]www.genbilim.com/content/view/6276/39/
[343]www.genbilim.com/content/view/6276/39/
[344]www.genbilim.com/content/view/6276/39/
[345]www.frmtr.com

Çevre yönetiminin amaçlarına ulaşabilmesi için toplumun çevre bilincine ulaşması ve davranışlarını, alışkanlıklarını, etik değerlerini bu yönde değiştirmesi gerekir.

3.5.2. Çevre Yönetim Sistemleri

Özellikle gelişmiş ve gelişmekte olan ülkelerde yaşanan sanayileşme ve ekonomik büyüme; beraberinde küresel ısınma, hava ve su kirliliği, ormanlık alanlarda hızla azalma, gürültü kirliliği, kimyasal ve radyoaktif atıklar gibi çevresel sorunların da önem kazanmaları sonucunu doğurmuştur.[346]

Küresel pazarda var olabilmek insana verilen değer ve saygıyla ölçülmektedir. Bugünün tüketicisi beklenti ve ihtiyaçlarının en üst düzeyde karşılanmasının yanı sıra, kendisine yaşadığı çevreye ve dünyaya değer verilmesini, saygı gösterilmesini talep etmekte ve piyasada bunu sorgulamaktadır.

Bu durum dünya genelinde birçok ülkede devletler, yerel yönetimler, tüketiciler, uluslararası kuruluşlar ve kamuoyu gibi işletme ilgililerinin dikkatlerini, işletme faaliyetlerinin çevre üzerindeki etkilerine yoğunlaştırmalarına ve çevresel maliyetlerin ölçülmesi, cevresel bilgilerin tüm ilgilerinin ihtiyaçlarını karşılayacak şekilde raporlanması gibi konularda işletme üzerindeki baskılarını artırmalarına neden olmuştur.[347]

Bununla birlikte gerek akademisyenler gerekse de uygulayıcılar arasında geleneksel muhasebenin, çevresel yönetim sorumluluklarının yerine getirilebilmesi için alınacak kararlarda ihtiyaç duyulan bilgileri sağlamada yetersiz kaldığı yönünde artan bir görüş birliği bulunmaktadır.[348] Böyle bir ortamda günümüz iş dünyası, çevresel ihtiyaçları ve endişeleri de dikkate alarak toplumla bir bütünleşme sağlamaya çalışmaktadır. Bu bütünleşmenin ise ancak işletme yönetiminin stratejik bir unsuru olarak "çevresel yönetim sistemlerinin" geliştirilmesi ile mümkün olacağı söylenebilir.[349]

Bu gelişmeler işletmelerin çevre ile etkileşimlerini kontrol altında tutabilmelerini ve çevre ile ilgili icraat ve başarılarını sürekli iyileştirebilmelerini sağlayacak yönetim sistemlerine ihtiyaç duyulduğu gerçeğini ortaya çıkarmıştır.

---

[346] Xiaomei, L.. "Theory and Practice of Environmental Management Accounting" International Journal of Technology Management & Sustainable Development 3 (1), 2004, s. 47- 57

[347] Jasch, C. "Environmental Management Accounting (EMA) As The Next Step in the Evolution of Management Accounting" Journal of Cleaner Production 14 (14), 2006a, s. 1190- 1193, Burritt, R. L. ve C. Saka, "Environmental Management Accounting Applications and Eco-effi ciency: Case Studies from Japan" Journal of Cleaner Production 14 (14), 2006, s. 1262-1275.

[348] Jasch, a.g.e., s. 1190

[349] Masanet - Llodra, M., "Environmental Management Accounting: A Case Study Research on Innovative Strategy" Journal of Business Ethics 68 (4), 2006, s. 393- 408

Çevresel konular, iş dünyasıyla ilişkilidir. Çevresel yönetim sitemlerinin kullanımı ve gelişimi bu konuların açıklandığı etkin yollardan biridir. [350] Muhasebe bilgi sistemleri, finansal olaylarla ilişkili muhasebe bilgisini toplama ve raporlama süreci olan yönetim bilgi sistemlerinin uzmanlaşmış bir alt sistemidir.[351]

Çevresel yonetim sistemi kapsamında işletme ile çevresi arasındaki ilişkilere ilişkin bir bilgi sistemi olarak kabul edilen çevresel muhasebeye ilişkin geliştirilen farklı yaklaşımlara bağlı olarak tanımı konusunda literatürde bir görüş birliği bulunmamaktadır.[352]

Çevresel muhasebe, özellikle büyük şirketlerin yönetiminde giderek daha çok yer bulan çevre yönetim sisteminin ayrılmaz bir parçasıdır. Nasılki muhasebe sistemi yönetim sisteminin bir alt sistemidir, çevresel muhasebeyi de çevre yönetim sisteminin bir alt sistemi veya çevre yönetim sistemini geliştirmede iyi bir başlangıç noktası olarak görülebilir. Ancak şurası da bir gerçektir ki, çevre yönetim sisteminin amaçları doğrudan işletmenin finansal performansı ile bir bağ oluşturmamaktadır.[353]

Çevre yönetim sisteminin temel amacı, işletmenin konu ile ilgili yasalar ve çevresel performansı ile ilişkisini düzenlemektir. Bu açıdan ele alındığında, çevre yönetim sistemi, bir şirketin çevre politikasını geliştirmek ve uygulamak, bu çerçevede organizasyon yapısını, planlanan faaliyetlerini, sorumluluklarını, uygulama ve prosedürlerini ve kaynaklarının tümünü kapsayan toplam yönetim sisteminin bir bölümüdür. Sistemin çalışmaları, üst yönetimin bu konuya olan taahhüdü ile başlayıp, çevreyle ilgili konuların gözden geçirilmesi, sistemin kurulması, tetkik ve belgelendirme ile son bulur.[354] Bir şirketin çevre politikası oluşturulmasında, üst yönetim, işletmenin sadece yürürlükteki mevzuata uygun hareket edeceğini taahhüt etmemeli, aynı zamanda çevresel performansın sürekli olarak iyileştirilmesi ve geliştirilmesi konusunda da garanti vermelidir. Özellikle işletme yöneticilerinin çevresel bilgiyi ekonomik değer ve göstergelerle ilişkilendirmede alışkanlıklarının olmadığını, dolayısıyla çevresel maliyet bilgilerinin son derece sınırlı olduğu düşünüldüğünde, konunun öneminin anlaşılması açısıdan oldukça büyük bir adım atılmış olur.[355]

Çevresel yönetim sistemleri, sürdürülebilir kalkınma olgusu çerçevesinde çevrenin korunmasında yüksek oranda başarı sağlamak amacıyla işletmeler

---

[350] Ambika Z., Ambik, S., Environmental Management Systems Auditing Auditors' Experiences in Avustralia, International Jornal of Environment and Sustainable Development, 1 (1), 2002, s.73-87

[351] Gelinas U., Oram A., Wiggins W., Accounting Information Systems (4th Edn) Sout-Western Publishing Co. NY, U.S.A, 2002

[352] Xiaomei, a.g.e., s. 48

[353] Gelinas, a.g.e.,

[354] Xiaomei, a.g.e., s. 48

[355] Gelinas, a.g.e.,

tarafından kullanabilecek araçları ifade etmektedir.[356]Çünkü bir çevresel yönetim sistemi, işletmelere çevresel konularla ilgili yapısal bir yaklaşım sunarak, faaliyetlerinin, ürünlerinin ve hizmetlerinin çevre üzerindeki etkilerini anlamalarına ve kontrol etmelerine yardımcı olmaktadır.[357] Çevresel yönetim sistemi, çevresel yönetim sorumluluklarının yönetilmesinde bir çerçeve belirleyerek sözkonusu sorunlulukların işletme faaliyetleriyle bütünleştirilmesini ve daha etkin bir şekilde yönetilmelerini mümkün kılmaktadır.

Çevresel yönetim sistemlerinin temeli, çevresel performansın sürekli olarak iyileştirilmesi ve çevresel düzenlemelere uyumu hedefleyen standartlara dayanmaktadır.[358] Bu bağlamda özellikle 1990'lı yıllarda çevresel yönetim sistemlerini oluşturan prosedürleri standartlaştırmak amacıyla ulusal ve uluslararası resmi kuruluşlar ve düzenleyici otoriteler tarafından yoğun çalışmalar gercekleştirilmiş ve bu çabaların sonucunda "Avrupa Birliği Eko-Yonetim ve Denetim Planı (Eco-Management and Auditing Scheme –EMAS-)" ve "Uluslararası Standardizasyon Örgütü tarafından ISO 14000 Standartları" ortaya konmuştur.[359] Sözkonusu iki modelin de ortak amacının, sistematik politikalar, programlar ve değerlendirmeler geliştirerek; işletme faaliyetlerinin çevre korumasına yönelik olarak sürekli iyileştirilmelerini sağlamak olduğu söylenebilir.[360]

Burada belirtmek gerekir ki, işletmeler tarafından geliştirilen çevresel yönetim sistemlerinin sözkonusu standartlara uygun olmaları, çevresel gelişime katkıda bulunmada tek başına yeterli değildir.[361] Çünkü etkin bir çevresel yönetim sisteminin; personelin eğitimi, çevresel performans ile ilgili bilgilerin izlenmesi, özetlenmesi ve işletme içi ve dışı ilgililere raporlanması ile ilgili prosedürleri ve süreçleri bütünleştirecek bir veri tabanına ve düzenli bir sisteme sahip olması gerekmektedir.[362]

Çevre yönetim sistemi, işletmelerin uygulamakta olduğu faaliyetlerin potansiyel çevre etkilerini kontrol altına alabilmeleri için gerekli yapıyı sağlayan, çevreyi koruma ve bu konudaki performansın yürürlükteki mevzuata uygunluğunu sağlayan ve çevre performansının sürekli iyileştirilmesi amacıyla işletmenin tümfaaliyet, süreç ve ürünlerinin çevreye olumsuz etkilerini azaltmayı güvence altına alan, çevre politika ve amaçlarını da dikkate alarak faaliyet, ürün

---

[356] Leal, G. G., M. C. Fa ve J. V. Pasola, "Using Environmental Management Systems to Increase Firms' Competitiveness" Corporate Social Responsibility & Environmental Management 10 (2), 2003, s. 101-110.
[357] Evangelinos, K. I. ve G. E. Halkos, "Implementation of Environmental Management Systems Standards: Important Factors in Corporate Decision Making" Journal of Environmental Assessment Policy & Management 4 (3), 2002, s. 311-328
[358] Stranks, J., "Environmental Management System (EMS)" A-Z of the Environment, 2008, s.152-153.
[359] Evangelinos vd., a.g.e., s. 313
[360] Leal vd., a.g.e., s. 102
[361] Jonker, J. ve J. Klaver., "The Signifi cance of Recent EMS Standards as an Impetus for Improvement" Eco-Management & Auditing (Wiley), 5 (1), 1998, s. 1-5, Evangelinos vd., a.g.e., s. 313
[362] Selih, J.,. "Environmental Management Systems and Construction SMEs: A Case study for Slovenia" Journal of Civil Engineering & Management 13 (3), 2007, s. 217-226

ve hizmetlerin çevre üzerindeki etkilerini kontrol altında tutmak suretiyle, çevre yönünden kuruluşların başarılı faaliyetler gerçekleştirebilmesi için çevreyle ilgili aranan özellik ve şartlara uygun program, eğitim, kayıt tutma, gözetim gibi faaliyetleri bir arada bulunduran bir sistem olarak tanımlanmaktadır.[363]

Bir başka tanımda, işletmelerin çevreye verdikleri veya verebilecekleri zararların sistematik bir şekilde azaltılması ve mümkün ise ortadan kaldırılabilmesi için geliştirilen yönetim sistemine Çevre Yönetim Sistemi adı verilmektedir.[364]

Eko Yönetim ve Denetim Programı anlamı taşıyan EMAS (Enviromental Management and Audit Scheme), Avrupa Topluluğu'nun çevre denetim planıdır. 1995 yılında yayınlanan yönetmeliğin amacı, gönüllü çevre inisiyatiflerini teşvik etmektir.[365] 5. Eylem Planında EMAS uygulamasını AB ülkeleri, ürün ve faaliyetlerin çevre etkilerinin yasal uygulamalardan daha çok piyasalar tarafından kontrol edilmesini sağlaması için yürürlüğe koymuştur. Üretim, taş ocakçılığı, madencilik, enerji, atık ve yeniden dönüşüm sektörlerine uygulanan EMAS'ın ana hatları, EMAR (Europian Uniun Eco-Manegement and Audit Regulation) adlı bir eko yönetim talimatı ile belirlenmiştir.[366]

EMAS'ın ilk hedefi çevresel performanstaki gelişmeleri sürdürmek için yönetim ağırlıklı çalışmaları teşvik etmektir. Gelişmenin sürdürülmesinin prensipleri yeni bir konu değildir. İşletmeler sürekli olarak finansal performanslarını geliştirmeye çalışmakta ve paydaşlarını mutlu etmeye gayret göstermektedirler. Ancak, gelişme ister büyük ister küçük olsun yönetimin endişesi, finansal geri döngünün maksimize edilmesi veya paranın değeridir. Genel olarak esas amaç, çevre performansının endüstride baştan sona kadar eşit bir önemde arttırılmasını sağlamaktır. Çevre ve finansal performans arasında oldukça farklı ilişkilerin olduğu açıktır. İşletmeler çevreye faydalı olarak da iş performanslarını arttırabilirler.[367]

Çevre yönetim sistemlerinin tek bir standardı yoktur. Ulusal ve sektörel düzeyde çevre yönetim standartlarının hızlı bir şekilde artması, uluslararası bir standardizasyona ihtiyaç oluşturmuştur. Bir Avrupa yönetmeliği olan EMAS (Avrupa Çevre Yönetim ve Denetim Planı) sadece Avrupa'yı ilgilendirirken ISO (Uluslararası Standartlar Örgütü) küresel anlamda bir standardizasyondur.[368]

Çevre Yönetim Sisteminin başarısı daha çok konunun önemini kavrayan ve süreklidestekleyen üst yönetime ve tüm personele bağlıdır. Çevre yönetim

---

363 Sarıoğlu, M. ve Kocagözoğlu, B., ISO 14000 Çevre Yönetim Sistemi, Ekoloji Dergisi, Ekim-Kasım-Aralık, , Sayı: 45, 2002, s. 44

364 Kılınç O. E., www.etikadanismanlik.com TS EN ISO 14001 / Nisan 2005

365 İSO (İstanbul Sanayi Odası) Çevre Şubesi, DTÖ Tarife Dışı Engeller ve Çevre Yönetim Sistemleri, İstanbul, Rem Ofset, 1997, s. 10

366 Tuğlı U., Çevre Muhasebesi Ve Alanya'daki Bir Konaklama İşletmesinde Uygulanması, Akdeniz Üniversitesi Sosyal Bilimler Enstitüsü, Yüksek Lisans Tezi, Antalya, 2010, s. 30

367 Graff, S., ISO 14000: Should Your Ccompany Develop an Environmental Management System? Industrial Management,1997 Novembere-December, s. 19-22.

368 Gül, a.g.e., s. 53

sistemi, bir kuruluşun girişimde bulunan bütün işçilerle ilgilenen, güvenilir, temin edilebilir ve sürekli bir sistemin uygulamaya konulmasındaki çabaları üzerine yoğunlaşmaktadır. Kendi başlarına çalışan uzmanların çabalarından daha çok bütün işçilerin (veya memurların) rekabeti ve sürekli dikkatiylegüvenilirlik sağlanabilir.[369]

Bütün kuruluşların, çevre politikaları ve amaçlarıyla uyumlu olarak, faaliyetlerinin, ürünlerinin ve hizmetlerinin çevre üzerindeki etkilerini kontrol etmek suretiyle, kusursuz bir çevre performansına ulaşmada ve bunu göstermede ilgileri her geçen gün artmaktadır. Kuruluşlar bu tür uygulamaları, çevre korumayı teşvik eden daha sıkı hükümler kapsayan mevzuat, çevre korumayı teşvik eden ekonomi politikaları ve diğer tedbirler ve ilgili tarafların sürdürülebilir kalkınma ve genel çevre meselelerine karşı gösterdikleri gittikçe artan ilgileri çerçevesinde gerçekleştirmektedir.[370]

3.5.2.1.ISO 14000 Standardı

Nüfus artışı, kentleşme ve sanayileşme ile birlikte olumsuz çevre etkilerinin artışı doğayı zorlamaya başlamış ve 1960'lı yıllarda gerçekleştirilen bilimsel teknolojik devrimin çevreye etkileri, çevre için koruma ve iyileştirme çalışmalarının öncelikle yapılması gereğini gözler önüne sermiştir. Artan nüfusa iş imkânı sağlama, gıda temini ve ülkelerin kalkınma talepleri de dikkate alındığında ekonomiden toplum bilimlerine kadar pek çok noktada hayatımızı etkileyen çevre sorunları, tüm dünya devletlerini yeni çözümlere itmiştir. Özellikle sıfır atık üreterek etkisiz bir üretim modeli oluşturmanın imkânsızlığı karşısında, çevrenin daha az kirletilerek üretim yapılmasına imkân sağlayan yöntemlerin araştırılması zorunlu olmuştur.[371]

İlk olarak 1969 yılında Birleşmiş Milletler Genel Sekreteri çevrenin korunması ve nüfus artışının azaltılması konusunda üye ülkelere seslenmiştir. Söz konusu sorunlar, 1968 yılında kurulmuş olan ROMA kulübünün "Değişmek ya da yok olmak" ikilemi üzerine hazırlanan raporla da gündeme getirilmişti. Sıfır büyüme tezi kabul görmemiş, 1972 yılında Çevre Konferansı düzenlenmiş ve "Tek bir dünyamız var" sloganı ulusal ve uluslararası düzeyde birçok kuruluşun çevre ile ilgilenmesine neden olmuştur.[372]

Sıfır büyüme tezinden sonra çevre kalitesinin korunmasının yanı sıra, ekonomik kalkınmanın da sağlanabilmesi için 1972 yılında Stockholm Çevre Konferansında "Çevreyi dışlamayan kalkınma" stratejisi açıklanmış ve açıklanan bu stratejiye göreamaç, doğal kaynaklardan adaletli bir şekilde yararlanmanın sağlanmasıydı.[373]

---

369 Tüzün, T., "Benefits of TS ISO 14001 Environmental Management Systems", The Kriton Curi International Symposium on Environmental Management In The Mediterrean Region, Boğaziçi University, İstanbul, 1998, s. 60
370Kılınç O. E.,www.etikadanismanlik.comTS EN ISO 14001 / Nisan 2005
371 Kılınç, a.g.e.,
372 Tuğlu, a.g.e., s. 31
373 Tuğlu, a.g.e., s. 31

1970'li yıllarda ekonomik kalkınmanın yanında çevre kalitesinin de korunmasına çözüm olarak "Sürdürülebilir Kalkınma" felsefesi tartışılmaya başlanmıştır. Bu çözüm, doğal kaynakların tüketim hızının oluşum hızına paralelliğinin sağlanması esasına dayanmaktaydı. Kavram 1987 yılında BM Çevre ve Kalkınma komisyonunca yayınlanan "Ortak Geleceğimiz" adlı raporda yer alarak yaygınlık kazanmaya başlamıştır.[374]

Haziran 1992'de Rio de Janerio'da toplanan Birleşmiş Milletler Çevre ve Kalkınma Konferansı'nda, yüzü aşkın ülke bir deklarasyon imzalayarak çevre yönetim programlarının daha da geliştirilmesi gereği üzerinde anlaşmaya varmışlardır. ISO'nun, Çevre Yönetim Sistemleri ile ilgili 14000 numaralı belgeler dizisi işte bu çerçevede ortaya çıkmıştır.[375] ISO Teknik Komitesi (ISO/TC207) ISO 14000 standartları ile ilgili ilk toplantısını 1993 yılında Kanada'da, ikinci toplantısını 1994 yılında Avustralya'da, üçüncü toplantısını da 1995'te Norveç'te yapmış ve bu standartların son şekli 1996 yılında uluslararası kabul görmüş "ISO 14000 Çevre Yönetim Sistemi Serisi"ni uygulanmak üzere yayınlamıştır.[376]

Uygulamaları hızla yayılan ve kabul gören ISO 14000 standardı, çevre politikası, çevre amaçları/hedefleri ve çevre programları doğrultusunda çevre boyutlarının kontrolü ve bertarafına yönelik şartları içermektedir.[377]

Tüm dünyada ISO 14001 Standardı, Çevre Yönetim Sistemi ile bilinmektedir ve ISO 9000 Kalite Yönetim Sistemi Standardından sonra uluslararası kuruluşlarda tanınması ve uygulanması çok hızlı olmuştur.[378]

Çevre yönetimiyle ilgili uluslararası standartlar, kuruluşlara, ekonomik ve çevresel hedeflerine ulaşabilmeleri konusunda yardımcı olmak için, diğer yönetim ihtiyaçlarıyla bütünleştirilebilen etkin bir çevre yönetim sisteminin başlıca unsurlarını sağlamak amacıyla düzenlenmektedir. Diğer uluslararası standartlar gibi, bu standartlar da, tarife dışı ticarî engeller oluşturmak veya bir kuruluşun yasal yükümlülüklerini değiştirmek veya artırmak amacını gütmemektedir.[379]

ISO 14000 Standardı, bir kuruluşa, önemli çevresel konularda bilginin ve yasal şartların dikkate alınması için gerekli politikayı ve amaçları geliştirmesine ve uygulamasına imkân verecek bir çevre yönetim sisteminin şartlarını belirtmektedir. Bu standardın, her çeşit ve büyüklükteki kuruluşa uygulanması ve değişik coğrafi, kültürel ve sosyal şartlara uyarlanması amaçlanmaktadır. Böyle bir sistem, bir kuruluşa, çevre politikası geliştirme, bu politika taahhütlerini gerçekleştirmek için amaçları ve süreçleri oluşturma, performansını geliştirmek

---

[374] Tuğlu, a.g.e., s. 31

[375] Keskin, Ş., "Sistem Standartları Kavramı, Çevre Yönetim Sistemi'ne Sahip Olmanın Avantajları", TSE Kal-Der Çevre Uzmanlık Grubu Semineri, İstanbul,1999

[376] Işıyel, H.,"ISO 14001 Çevre Yönetim Sistemi Standardı Ve Uygulama", 2000, s. 5

[377] Sheldon, C., ISO 14001 and Beyond: Environmental Management Systems in the Real World. Greanleaf, Sheffield,1997.

[378] Sheldon, a.g.e.,

[379] Tuğlu, a.g.e., s. 31

için gerekli adımı atma ve sistemin bu standarda uyumunu sağlama imkânını vermektedir. Bu standardın genel amacı, sosyo-ekonomik ihtiyaçlarla dengeli bir şekilde, çevrenin korunmasını ve kirlenmesinin önlenmesini desteklemektir. Pek çok şartın aynı zamanda karşılanabileceği veya bu şartların her zaman yeniden düzenlenebileceği hususu gözönünde bulundurulmalıdır.[380]

ISO 14000 Standardı, bir kuruluşun, yükümlü olduğu yasal ve diğer şartları dikkate alan politika ve amaçları geliştirmesine ve uygulamasına imkân veren bir çevre yönetim sistemi için gerekli şartları ve önemli çevre boyutları hakkında bilgiyi kapsar. Bu standart, kuruluşun kontrol altında tutabildiği ve etkileyebildiği çevre boyutlarına uygulanır. Bu standardın kendisi, özel çevre performansı kriterlerini tespit etmez.[381]

Bu sistem çevre boyutlarının kontrolü ve bertarafı konularında şartlar içeren ve özellikle kalkınmakta olan ülkelere uygundur.[382] ISO 14000 bir ürün standardı değil sistem standardıdır ve ne üretildiğinden çok, nasıl üretildiği ile ilgilenir. Çevre performansının izlenmesi ve sürekli iyileştirilmesi temeline dayanır. Çevre faktörlerine ilişkin olarak ilgili mevzuat ve kanunlar tarafından tanımlanmış şartlara uymayı esas alır.[383]

Gerek işletmeler gerek ürünler için, çevre faaliyetlerinin analiz edilmesi, denetlenmesi, etiketlenmesi, yönetim, sistem ve enstrümanlarının bir bütünlük anlayışı içinde ele alınmasını kapsayan ISO 14000 Çevre Yönetim Sistemi Standartları serisi bir aile standartları serisidir.

ISO 14000 Çevre Yönetim Sistemleri Standartlarının amacı;[384]

- Çevre koruma konusunda tüketiciyi bilinçlendirmek,
- Çevreye duyarlı hale getirmek, çevre dostu teknolojilerin kullanımını teşvik etmek,
- Doğal kaynakların rasyonel kullanılmasını sağlamak,
- Ürünün hayat boyu dönemince (beşikten - mezara) yaklaşımı içerisinde çevreye zararveren hammadde ve ürünleri elemek
- Çevrenin korunması, geliştirilmesi vb çevre kalitesinin iyileştirilmesinde gönüllükatılımı ön plana çıkarmak,
- Çevre politikaları ile üretim politikalarının bütüncül bir anlayışla ele alınmasını sağlayarak sürdürülebilir kalkınma ilkesinin amacına ulaşmasını yardımcı olmak,
- Uluslararası ticarette teknik engelleri ortadan kaldırmak,
- Ortak dil birliğini sağlamaktır.
- Türkiye'deki tek temsilci olan Türk Standartları Enstitüsü (TSE), ISO'nun üyesidir. TSE butemsilciliğiyle birlikte, ISO'nun yürütmekte olduğu standart

---

380 Davis, S. B., ISO 14000 Environmental Management, New Jersey, Prentice Hall Inc., 2001, s. 32.

381 Davis, a.g.e., s. 32

382 www.bmdanismanlik.com

383 www.aycertkalite.com

384 Doğan C., ISO14000 ÇYS Standartları, Çevre ve Sanayi Semineri, Kocaeli. Doğan İ.Ö., 2000. "Kalite Uygulamalarının İşletmelerin Rekabet Gücü Üzerine Etkisi", Dokuz Eylül Ünv., SBE Dergisi, 2(1), İzmir, 2001, s. 42.

hazırlama çalışmalarına, TSEbünyesinden veya sanayiden uzmanlarla birlikte katılmakta ve katkıda bulunmaktadır.

3.5.2.1.1. ISO 14000 Temel İlkeleri

ISO 14000 serisi standartları hazırlayan komitelerin özellikle dikkate aldıkları bazı temelilkeler vardır. Bu ilkeler aşağıda sıralanmıştır:[385]

- Daha iyi bir çevre yönetimi sağlanması,
- Bütün ülkelerde uygulanabilirlik,
- Kamunun ve standartları kullananların çıkarlarının gözetilmesi,
- Düşük maliyetlere yol açmaları ve dünyanın her yerinde her boy işletme içinkolaylıkla uygulanabilirlik,
- Esnekliğin içsel ve dışsal olarak kontrol edilebilirliği,
- Bilimsel bir tabana dayanması,
- Pratik, yararlı ve kullanılabilir olmaları.

3.5.2.1.2. ISO14000 Çevre Yönetim Sistemlerinin Temel Unsurları

ISO 14000 standartları, sistem yönelimli ve ürün yönelimli olarak sınıflandırılabilirler. Sistem yönelimli standartlar, bir çevre yönetim sisteminin oluşturulup çalıştırılması vedeğerlendirilmesi için kapsamlı ilkeler sağlar ve diğer sistemlerle ara yüz oluştururlar. Ürünyönelimli standartlar ise ürünlerin ve hizmetlerin üretimleri ve ekonomik ömürleri boyuncaçevre üzerindeki etkilerini araştırırlar ve bu etkileri minimuma indirmeye çalışır. ISO 14000çevre yönetim sistemi standartlarının temel prensipleri şu şekilde sıralanabilir: gönüllülük, sürekli gelişmeve Ar-Ge'ye verilen önem, açık sistem anlayışı, sistematik yaklaşımdır.[386] Çevre Yönetim Sistemlerinin temel unsurları ise şu başlıklar altında toplanabilir:[387]

- Yeşil tasarım
- Sıfır kirlilik
- Yasal düzenlemelere uyum
- Çevre amaçları
- Çevre el kitabı
- Çevre ödülleri
- Çevre denetçileri
- ISO-14000 serisi

3.5.2.1.3. Türkiye'de ISO 14000 Uygulamaları

Türkiye'de son yıllarda çevre konusunda oldukça önemli çalışmalar olduğu görülmektedir. Buna en yakın örnek de Haziran 2007'de TÜSİAD tarafından yayınlanan "Sanayide ÇevreMevzuatına Uyum" başlıklı rapordur.

---

[385] www.eylem.com

[386] Karaer, F. ve Pusat, T., "ISO 14001 Çevre Yönetim Sistemi Standardının Otomotiv Yan Sanayine Uygulanması", Uludağ Üniversitesi Mühendislik Mimarlık Fakültesi Dergisi, 7(1), 2002, .s. 11-20.

[387] www.psikolojikdanisma.net

Raporda AB sürecinin de ön plana alınarak; uyum sürecinin önemi ve zorluğu, çevre konusunun kapsamının çok geniş olmasından ve bu sürecin, ekonomik, sosyal, kültürel hayat ve çevre kalitesi üzerindeki etkilerinin henüz bilinmemesinden kaynaklandığına dikkat çekilmiştir. Çevre ve Orman Bakanlığı tarafından hazırlıkları yürütülen Ulusal Mevzuatın oluşturulmasında izlenen yöntemin yeterli olduğuna dikkat çekilen raporda, Çevre Kanunu ve önemli bazı yönetmeliklerin yeterince geniş tabanlıtartışılmadan yürürlüğe girdiği kaydedilmiştir. TÜSİAD raporunda, "Denetim ve izleme altyapısındaki yetersizlikler ve bozulmalar, kayıt dışı ekonomi, haksız rekabet, tarife dışı engeller gibi sanayiyi doğrudan etkileyen olumsuzluklar, uygulama sürecinin en önemli sorunlar olarak ifade edilmiştir. Bu sorunların çözümüne yönelik ilerleme sağlanamadığı takdirde, uygulamalarınbaşarıya ulaşma düzeyinin düşük olacağı vurgulanmıştır. Ülkemizde, çevre yatırımları kısa vadede maliyetleri artıran bir unsur olacak, fakat ürün ve üretim tekniklerinin geliştirilmesi ile uzun vadede rekabet açısından önemli bir avantaj haline geleceği."belirtilmiştir.[388]

3.6. Çevre Vergisi

Çevre vergisi, çevredeki olumsuz etkileri belirleyen bir vergi olarak tanımlanmaktadır.[389] Birçok uluslararası organizasyon, sürdürülebilir kalkınmayı teşvik için etkili bir araç olarak çevresel vergiyi önermektedirler. Avrupa Birliği, çevresel vergilerin sunumunda bir program öne sürmektedir. Amaç, vergi matrahına dayanan çevresel vergilerin belirlenmesidir.[390] Birçok Avrupa ülkesi, finansal tabloların hazırlanmasında düşünülen çevresel vergileri kabul etmektedir. Farklı ülkelerdeki çevresel vergilerin vergi gelirleri, gayri safi milli hâsıla ve toplam vergi geliri ile kıyaslanabilir. Böylece ilgi duyanlar, her bir ülkede yapılandırılan çevresel vergiler, gayri safi milli hâsıla veya toplam vergilerin oranı hakkında bir fikir sahibi olabilirler.[391]

Avrupa Topluluğu İstatistik Ofisi'nin (European Community Statistical Office EUROSTAT) her bir üyesi ülkedeki çevresel vergileri sunan bir rapor yayınlamıştır. Farklı çevresel vergiler, enerji, taşıma, kirlilik ve doğal kaynaklar vergisi olmak üzere dört grupta sınıflandırılmıştır. [392] Rapor, Avrupa Birliği'ndeki çevresel vergilerin % 74'ünü enerji vergilerinin oluşturduğunu göstermektedir. Diğer ülkelerin çevresel vergilerine bakıldığında, toplam vergi gelirleri, güvenliğin sosyal maliyeti ile karşılaştırılmaktadır.[393]

---

[388]www.haberx.com

[389] European Environmental Agency, Environmental Taxes; Recent Developments in Tools for Integration Environment Issues Series No:18, European Commission, Brussels, 2000

[390] European Union, Green Accounting, Consultation Draft Version I. European Commission, 2000, s. 195- 201

[391] European Environmental Agenc,y a.g.e.,

[392]Riege -Wcislo W., Steuer A., Environmental Costs and Environmental Economic Accounting Statistical Office of the European Communities, Federal Statistical Office, Germany, 1997

[393]European Community Statistical Office EUROSTAT, 1999

Çevre vergisi veritabanı, Avrupa Ekonomik İşbirliği Teşkilatı (Organisation for European Economic Co-operation OECD) , EUROSTAT ve Çevre Bilinci Enstitüsü, (Institute of Environmental Awareness IEA) tarafından geliştirilmiştir. Veritabanının amacı, çevresel problemler üzerinde uluslararası çalışmaların karşılaştırmalarını kolaylaştırmaktır. Veritabanı, diğer ilişkili bilgiler yanında, vergilerin iyileştirilmesi, yönetimi için sözleşme bölümlerinin sorumlularını belirleme ve vergi mevzuatındaki çeşitli muafiyet unsurlarını kapsamaktadır.[394]

Çevre vergileri, aşağıdaki durumlarda etkindir:[395]

a) Üretilen mal, hizmet veya diğer faaliyetlerin fiyatlarındaki dışsallıkların içselleştirilmesi için araçlar, bu vergilere neden olmaktadır. Ekonomik ve çevresel politikaların uyumunda, çevreyi her kim kirletirse ödeyeceği, prensiplerin uygulanmasına katkı sağlar.

Çevre vergileri, sürdürülebilir kalkınmanın temel unsurlarından biridir. Aynı zamanda çevresel politikaların bir aracı olarak önemlidir. Yine çevresel etkinliğin veritabanını oluşturma açısından bir değere sahiptir. Enerji ve çevresel vergiler, fiyatlardaki dış çevresel maliyetlerin içselleştirilmesi uygun değer üzerinden gerçekleşmelidir. Böylece, günlük karar almada prosedürler ve tüketiciler için daha iyi bir motivasyon sağlayabilir. Vergiler, üretici ve tüketici davranışlarındaki değişikliklerin izlenmesinde veri olarak kullanılabilir.

b) Doğal kaynakların daha çok ekolojik amaçla kullanımı için üretici ve tüketicileri motive eder. Aynı zamanda düzenlemelere göre uygunluğu güçlendirmenin yanında yapısal değişiklikler ve yenilikleri de desteklemektedir.

c) Finansal kaynaklar, sermaye ve tasarruf, çalışanların vergilerini azaltma ve / veya çevresel maliyetleri iyileştirmek için kullanılır.

d) Politik araçlar, tarımda kullanılan kimyasal maddeler ve katı atıklar ile ortaya çıkan kirliliğin kaynağından çevresel önceliklere yönelmedir.

Çevre vergisi, üç konu başlığı altında toplanabilir. Bunlar;[396]

a) çevresel maliyetlerle ilişkili olarak kullanılan suyun tehdit altında olması gibi suyun azalmasına yönelik tedbirler ve çevresel hizmetlerin maliyetini kapsayan değişimler,

b) üretici ve tüketici davranışlarını değiştirmek için yürütülen faaliyetlerin maliyetleri

c) finansal gelirleri artırmak için yürütülen çevresel vergilerin gelirleridir.

Çevre vergisi konusundaki eğilimler, şöyle özetlenebilir:[397]

---

[394] Eoropean Community, a.g.e.,

[395] European Union, Green Accounting, Consultation Draft Version I. European Commission, 2000, s. 195- 201

[396] European Environmental Agency, Environmental Taxes; Recent Developments in Tools for Integration Environment Issues Series No:18, European Commission, Brussels, 2000

a) çevresel vergiler, Avrupa Birliği ülkelerinde toplam verginin % 1,5 kadardır. Çevresel vergilerde en yüksek pastayı, %5,1 ile Hollanda, bu ülkeyi takiben % 4 oranında Danimarka almaktadır.

b) enerjiden alınan vergiler %5,2 ile en yüksek oranı oluşturmaktadır. Enerjiden alınan vergi oranı, Avrupa Birliği Ülkeleri içerisinde İngiltere'de % 7, İtalya' da ise toplam verginin % 6 sı oranındadır.

c) 1990 yılından beri vergide genel eğilim, istihdamdan elde edilen vergilerde bir artış ve diğer vergi türlerinde ise bir azalış görülmektedir.

d) çevresel vergilerin yürütülmesinde bazı gelişmeler olsa bile, gerçek gelişme, Kuzey Avrupa'nın belirli ülkelerinde hükümet düzeyinde yaşanmıştır.

Vergiler, yenilik, rekabet, istihdam ve vergi sistemleri gibi çevredeki dört alanda politika geliştiren ikincil faydalara ve çoklu çevresel sonuçlara sahip olabilir.[398]

Türkiye'de Avrupa Birliği veya OECD ülkelerindeki anlamıyla çevre vergileri uygulama alanı bulmamaktadır. Bu ülkelerdeki çevre vergileri, üzerine kondukları mal ve hizmetlerin maliyetini arttırarak üretici veya tüketici birimleri çevreye zararlı olmayan faaliyetlere yönlendirirken aynı zamanda teknolojik gelişmeyi de sağlamaktadır. Bu nedenle bu ülkelerde uygulanan çevre vergileri ilk planda "yönlendirmek ve denetlemek" amacını gütmektedir. İkinci aşamada ise mali amaç esas alınmaktadır.[399]

Ülkemizde Çevre Temizlik Vergisi dışında "yönlendirmek ve denetlemek" amacıyla konmuş bir çevre vergisine rastlamamaktadır.[400]

Ancak bu vergi dışında dolaylı olarak çevreye olumlu katkıları olabilen Motorlu Taşıtlar Vergisi ve kaldırılıp kapsamı Özel Tüketim Vergisi'ne kaydırılan Akaryakıt Tüketim Vergisi ile Taşıt Alım Vergisi çevre vergileri grubuna dâhil edilebilecek vergiler olarak kabul edilebilir.[401]

Çevre vergileri, çevreyi korumakta etkili bir yol olduğu kadar, aynı zamanda ekonomik verimliliği sağlamakta önemli bir adımdır. Bu gelişmiş ülkelerde görülmektedir. Çevre vergilerinin etkinliğine, sadece çevre açısından değil, mali, ekonomik ve sosyal yönleriyle de bakılmalıdır.

Çevre açısından bakıldığında, çevre vergilerinin temel amacı çevreyi korumak olmalıdır. Mali açıdan bakıldığında ise çevre ile ilgili mali reform aracılığıyla modern vergi sistemine geçiş için bir fırsat sağlayacaktır.

---

[397] EU, a.g.e., s. 195- 201

[398] Kulu B.,Çevre Vergileri ve Gelişmiş Ülkelerdeki Uygulaması1, www.eksenymm.com.tr/index.php?do=bulletins...id..

[399] Ferhatoğlu E., Avrupa Birliği'nde Ortak Çevre Politikası Çerçevesinde Çevre Vergileri e-yaklasim / Ekim:, 2003, sayı: 3, s.5

[400] Değirmendereli A., Mali Yükümlülüklerin Çevresel Amaçlar İçin Kullanılması ve Ekolojik Vergi Reformu, (yayınlanmamış doktora tezi) Dokuz Eylül Üniversitesi, Sosyal Bilimler Enstitüsü, İzmir, 2002, s. 82- 83

[401] Ferhatoğlu, a.g.e., s. 5

Ekonomik bakış açısından ise, devlet yardımlarının çevreye ve ekonomiye zararlı hükümlerin kaldırılması ve uygun vergi yansımalarının oluşturulmasıyla daha etkin ve gerçek yapısal düzenlemesi yapılmış bir ekonomiye kavuşmak mümkün olacaktır.

Sosyal açıdan, ücretlere ve istihdama yönelik uygulanan vergi indirimi ile çoğu ülkede yaygın işsizliğin önüne geçilmiş olacaktır. Bu yüzden ekonomik, sosyal ve çevresel yönler birleştiğinde, çevre vergileri sürekli gelişmek için güçlü bir politika aracı olacaktır.

Aksi takdirde, çevre vergileri her derde deva görülmemelidir. Çevre politikaları (düzenlemeler, standartlar, gönüllü anlaşmalar gibi) pek çok unsuru içine almaktadır. Çevre vergilerinin olması gereken yer, bu unsurların seçimi ile birleştirilmiş karma bir sistemdir. Daha da önemlisi çevre vergileri evrensel olarak ne istenir ne de uygulanabilir. Bazı olaylarda, zehirli ürünlerle ilgili durumlarda vergilendirmeden çok yasaklama olacaktır. Bazı durumlarda da çevre vergilerinin uygulanması karmaşıklığı yönünden çok zor olacaktır. Ayrıca çevre vergileri, Kyoto Protokolünün hava değişmelerinde gaz atıklarıyla mücadele etmede büyük bir role sahiptir.

Çevre vergilerinin uluslararası koordinasyon gerektiren özelliğinden dolayı, başarı ancak geniş katılım ile sağlanabilir. Uluslararası koordinasyonla gerçekleştirilecek çevre vergileri yeşil vergi reformları için de anahtar roldedir. Bu vergiler gelecekte, dünyanın vergi gündemini belirleyecek en önemli vergi türü olacaktır.

3.7. Çevresel Yükümlülükler

Yükümlülük teriminin muhasebe ve yasal düzenlemelerde çok önemli yeri bulunmaktadır. Muhasebe kuramında yükümlülük "şimdiki katlanılan fedakârlıklar ve yükümlülüklerden ortaya çıkacak işlemler sonucu, gelecekte, hizmet sağlamak veya varlıklar edinmek olarak tanımlanmaktadır. Çevresel Yükümlülükler ise; yasal düzenlemelere uymamakla ödenecek cezaları ve çevre koruma düzenlemelerini kapsayan bir kavramı ifade etmektedir.[402] Bu tanıma göre bir yükümlülük kavramının üç temel özelliği bulunmaktadır:[403]

- Bir işletmenin ekonomik yükümlülükleri; herhangi bir zamanda, diğer birimlere ve geleceğe ekonomik varlıkları aktarma veya hizmet sağlama ile ilgili şimdiki yükümlülükleri ifade etmektedir.
- Bu görev ve sorumluluk, işletmenin belli bir kişiliği olmasını gerektirmektedir.
- Varlığın neden olduğu işlem veya faaliyet bunu zorunlu kılmaktadır.

---

402 EPA, Valuing Potential Environmental Liabilities for Managerial Decision Making, A Review of Available Techniques, 1996, s. 8

403 Chasteen L.G., Flaherty R. E. and O'Connor M.C., İntermediate Accounting, Irwin McGraw- Hill, 6. Edition, International Edition, 1998, s. 410

Yükümlülükler, işletmeler diğer birimlerden satın alma veya borç alma yoluyla kaynak elde ettiğinde ortaya çıkmaktadır.[404] İşletmeler, yukarıdaki tanımlar gereği, gelecek nesillerden borç almaktadır. Bu borç, gelecek nesillerin ihtiyaçlarının riske atılmadan şimdiki çevresel yükümlülüklerini yerine getirerek çevre kaynaklarını temiz bir şekilde geleceğe taşımak suretiyle ödenebilecektir.

Bu açıdan çevresel yükümlülükler aşağıdaki gibi sıralanabilir:[405]

- İşletmelerin üretim veya ticari faaliyetlerde bulunurken, kimyasal madde kullanımları sonucu ortaya çıkan, çevreye karşı etkilerinde yasa ve düzenlemelerle belirlenen eşik değerlere uyuma ilişkin yükümlülükler,
- Şimdi ya da gelecekte ortaya çıkabilecek kirliliğe ilişkin iyileştirici yükümlülükler,
- Düzenlemelerle belirlenmiş kurallara uymama nedeniyle katlanılacak cezai yükümlülükler,
- Ekonomik kayıplar ve çevrenin niteliğine verilen zarar nedeniyle katlanılan tazminat yükümlülükleri,
- İhmal nedeniyle çevresel zararı birikmiş çok ağır ceza ödeme yükümlülükleri,
- Doğal kaynaklara verilen zararların tazmin yükümlülükleri,

Çevresel mali yükümlülük, devletin, çevresel amaçlar gözeterek, anayasal sistemin izin verdiği hukuki şekillerde, mali konulardaki tüm düzenlemeleri kapsamaktadır.[406] Çevre vergisi kavramı, vergi, harç, katılım payı, yeri geldiğinde diğer mali yükümlülükler olarak, devletin hangi hukuki şekli kullanıldığına bakılmaksızın, çevre koruma amaçlı olarak uygulamaya koymuş olduğu tüm mali yükümlülük ve indirimleri kapsamaktadır. Çevre malları, üzerine vergi koymakla, daha önce sahip olmadıkları değere kavuşacaklar, bu fiyat mekanizması ile çevre mallarını kullanmakla tüm topluma ödetilen maliyetler, özel maliyet durumuna gelerek içselleştirilmiş olacaktır. Hava, su ve toprağa gürültü emisyonlarının miktar ve bileşimi esas alınarak hesaplanan, atık ve emisyonların azaltılmasını amaçlayan ve bu maddeleri kullananlar tarafından ödenmek zorunda olunan bu mali yükümlülüğe "emisyon vergisi" adı da verilmektedir.[407]

Hukuki tartışmalarda çevrenin mali yükümlülük konusu olamayacağı yönünde görüşler olmasına rağmen, yenilenemeyen kaynak niteliğinde olan çevrenin ve doğal kaynakların kendisinin değil, ekonomik amaçlı kullanımın vergilendirilmesiyle, ekonomik olarak etkili olabileceği sonucuna ulaşılmıştır.[408]

---

[404] Akdoğan N., Aydın H., Muhasebe Teorileri, Gazi Üniversitesi, Yayın No: 98, 1997, s. 181
[405] EPA, a.g.e., s. 9
[406] Değirmendereli, a.g.e., s. 82- 83
[407] Değirmendereli, a.g.e., s. 82- 83
[408] Değirmendereli, a.g.e., s. 82- 83

3.8. Çevresel Maliyetler

Toplum geliştikçe, daha da karmaşık bir durumla karşı karşıya kalınmaktadır. Bu da toplumun farklı kesimlerinde geniş yankı bulmaktadır. Kararlar ile çevre arasında önemli bir ilişki söz konusudur. Bu kararlarla, çevresel hizmetlerin güçlendirilmesi lehinde olan bir kısım tüketicilerin çevreden bekledikleri hizmetler hakkında bilgilendirme ve güven tazelemenin yanında, çok daha karmaşık olan çevresel soruların özelliklerine yönelmenin önemli olduğu da bir gerçektir. Çevresel karar alıcılar, seçim kararları ve muhtemel sonuçları ile ortaya çıkabilecek problemleri belirlemeye çalışmaktadır. Hatalı kararlar, beklenmedik sonuçlara ve sosyal refahtaki kayıplara öncülük edebilir.[409]

Günümüzde bir işletme, çevre merkezli karar alsın almasın, faaliyetlerini, yalnız kanunlar çerçevesinde değil, aynı zamanda endüstrinin ve tüketicilerin sesini de dikkate alarak yerine getirmelidir.[410] Diğer taraftan, işletmeler ile çevresel fayda anlayışı ve algısı arasında derin bir anlayış farkı vardır.[411]

Bu anlayış farkı, çevresel maliyetlerin tanımına da yansımaktadır. Bazı otoriteler çevresel maliyetleri, özel olarak çevresel koruma amaçlarına hizmet eden maliyetler olarak tanımlamaktadır. Bazı otoriteler de yaptıkları çevresel maliyet tanımını daha geniş tutarak bu tanımın içerisine sadece çevresel koruma maliyetlerini değil, ayrıca işletmenin çevresel performansına ilişkin diğer maliyet kalemlerini de katmaktadır.[412]

İşletmelerin içinde bulundukları çevre için yapmış oldukları her türlü faaliyet, çevresel maliyetlerin ortaya çıkmasına neden olmaktadır. Çevresel maliyetler ortaya çıkma biçimlerine göre farklılık göstermektedir. Çevresel maliyetlerin bir kısmı çevreyi korumak amacıyla gerçekleştirilen faaliyetlerin sonucunda ortaya çıkmakta, bazı çevresel maliyetler ise çevresel kaynakların kullanımları sonucunda, diğer çevresel maliyetler de işletmelerin sebep olduğu çevresel kirlilikler nedeniyle ortaya çıkmaktadır. Bu tespitler doğrultusunda çevresel maliyetler; önleme maliyetleri, kullanma maliyetleri ve zarar maliyetleri olmak üzere üç başlık altında sınıflandırılabilir.[413]

Çevresel maliyetler, hem iç hem de dış maliyeti oluşturan ve çevresel zarar ve koruma ile ilgili tüm maliyetleri ifade etmektedir. Çevre önleme

---

[409]Maliah S., Nik N., Nik A., Environmental Management Accounting, articles of Merit, s. 41

[410]Klainer, A.,What Does it Mean to be Green? Harward Business Review, July-August, 1991, s. 38- 49

[411] Ambika vd., a.g.e., s. 73- 87

[412] Savage D. E., " The What And How Of Environmental Management Accounting (EMA) : Different Types Of Environmental Cost", Business And The Environment, V:14, N:7, July 2003, s.5

[413] Kırlıoğlu-Can, a.g.e., ss.119.

maliyetleri, elden çıkarma, planlama, denetim faaliyetleri ve şirketlerde ortaya çıkan ve hükümetleri veya insanları etkileyen hasar onarım maliyetlerini içerir.[414]

Çevresel Koruma Ajansı ise çevresel maliyetleri içsel hata maliyetleri ve dışsal hata maliyetleri olmak üzere iki kategoriye ayırmıştır. İçsel hata maliyetleri, işletme üzerinde doğrudan finansal etkiye sahip maliyetler olarak tanımlarken dışsal hata maliyetleri de işletmenin çevreye, şahıslara ve topluma yol açtığı hesaplanamayan maliyetler olarak tanımlamaktadır.[415]

Çevresel maliyetlerin hem dar hem de genişaçıdan tanımlamalarını yapmak mümkündür. Dar tanımlamada, işletmenin mal ve hizmet üretimi ile satışı sırasında doğrudankatlandığı veya ödediği konu ile ilgili maliyetlerdir. Üretim sonrasında ortaya çıkankatı atıkların bertarafı ve/veya atıksu arıtma maliyetleri, en önemli maliyet kalemleri arasında yer almaktadır. Tanım genişledikçe, bu atığın toplanması ve bertarafı sırasında harcanan işgücü ve sermayenin maliyeti veya atık haline gelen hammaddenin ve girdilerin satın alınma değeri, belirli malzemelerin depolama maliyetleri, çevreye etki çerçevesinde alınan lisans maliyetleri de maliyet olarakkabul edilmektedir.[416]

Çevre vergileri, faaliyetlerin çevreye verdiği olumsuz kirlenme etkilerinin tüm maliyetleri ile karşı karşıya kalındığından "kim kirletirse o ödemeli" prensibinin uygulanmasına yardımcı olmaktadır. Çevre vergileri, işçilik gibi diğer vergileri azaltmak için kullanılıp gelir oluştururken, çevresel maliyetler bir süreç tasviri veya belirli ürünler için piyasa fiyatını belirlemeye yardımcı olmaktadır. [417]

Yöneticiler, mamul ve süreç tasarımı, mamul karması oluşturulması, tesisi konumlandırma, satın alma, sermaye yatırımları gibi kararlarında diğer maliyetlerin yanında çevresel maliyetleri de göz önüne almalıdırlar. Ayrıca yöneticiler, risk yönetiminde, performans değerlendirmesinde, maliyet dağıtımı ve kontrolünde ve mamul fiyatının belirlenmesinde çevresel maliyetleri kullanmalıdır.[418]

Çevresel maliyetlerin karar almada kullanılacak çevre bilgisi ihtiyacını karşılaması zordur. Aynı zamanda muhasebe sistemlerinin farklı bir kısmını kapsamaktadır. İşletmeler, çevresel çıktıları iyileştirme ve gelirlerini artırma, çevresel maliyetleri azaltma gibi çevresel konuları elde etmek için araştırma

---

[414] VDI, the German Association of Technicians, together with German industry representatives, havedeveloped a guidance document on the definition of environmental protection costs and other terms ofpollution prevention (VDI 2000).

[415] Friend F. – De Beer P.,, "Environmental Accounting: A Management Tool For Enhancing Corporate Environmental And Economic Performance", Ecological Economics, V:58, I:3, June 2006, s. 4.

[416] Şirketlerin Yeni Yönetim Aracı: Çevresel Muhasebe, Haziran 2005, Yayın No. TUSİAD-T/2005-06/ 404, s. 34

[417] European Environmental Agency, Environmental Taxes; Recent Developments in Tools for Integration Environment Issues Series No:18, European Commission, Brussels, 2000

[418] Özbirecikli M., Çevre Muhasebesi Kavramı ve Yönetsel Kararlara Katkıları. Muhasebe ve Finansman Dergisi 7, 2000, s. 15-21.

yapmaktadırlar. Yine işletmelerin çevresel faaliyetlerle ortaya çıkan bugünkü çevresel maliyetleri ölçmek için önceden tahmine ihtiyacı vardır.[419]

Geleneksel olarak çevresel maliyetler, tanımlama ve ölçümlerde zorluklara neden olan beklenmeyen ve olağanüstü olarak kabul edilen genel yönetim maliyetleri bünyesinde toplanmaktadır. Böylece, bu maliyetlere neden olan ürünlere ilişkin süreç veya faaliyetlerden ayırmak için eğilim söz konusudur.[420]

Ancak çevresel sorunların her geçen gün önem kazanması, işletmelerin çevresel maliyetlerin yönetilmesini dikkate almalarını bir zorunluluk haline getirmiştir. Bu konudaki en doğru yaklaşım çevresel stratejilerin önceden belirlenmesi ve maliyetlerinin hesaplanarak işletmenin muhasebe yönetimi içerisinde değerlendirilmesidir. Geleneksel muhasebe sistemleri üretim maliyetlerini hesaplarken atıkların kontrolü, yok edilmesi, kirliliğin önlenmesi amacına yönelik maliyetleri, geri dönüşüm süreçlerini ve yasal düzenlemelere uyumun gerektirdiği maliyetleri dikkate almamaktadır.[421]

Çevresel maliyetler, bugünkü ürünlerin geçmiş maliyetleri ve/ veya bugünkü ürünlerin gelecek maliyetleri ile ilgili olabilir. Diğer teknikler, bir birim için gelecek tahmini, çevresel etkileri, performansı, değerleme sistemlerini, yöneticiler ve stratejik işletme birimlerini ve kurumsal çevre stratejilerini geliştirmek için atılan adımları içine alabilir.[422]

Çevresel maliyetlerin etkileşimi, yönetimin karar alma faaliyetleri ve uygun bir maliyet muhasebesi siteminin gelişim ihtiyacını ele almaktadır. Birçok çevresel maliyet, diğer imalat hesaplarında toplanarak daha sonra bütün ürün ve süreçlere karşı ham şekilde dağıtılmaktadır. Bu işlem, günümüz şartlarında, çevresel maliyetlerin sağlıklı ve doğru bir şekilde ürünlere dağıtıldığını göstermemektedir.[423]

Aslında çevresel maliyetler, iyileştirme seçenekleri için yanlış hesaplamaları tamamen kaydedemez. Çevre koruma projeleri, uygulanamayan ve kabul edilmeyen hammadde, yarı mamul ve daha az zararlı operasyon malzemeleri ile daha çok fayda elde etmek için kaynaktaki atık ve emisyonu azalmayı amaçlar. Böylece ölçümlerden elde edilen ekonomik ve ekolojik avantajlar kullanılmamaktadır. Genellikle atık ve emisyonun üretimin farkında olmayan sorumlu insanların bu atıkların daha yüksek maliyetle bertaraf edildiğini görmeleri gerekir.

---

[419] Keegan D., Eiler R., Let's Reengineer Cost Accounting, Management Accounting, March, 1994, s. 27- 35

[420] Gray, vd. a.g.e., s. 7

[421] Nemli, E., Çevre Muhasebesinin İki Yönü. Marmara Üniversitesi Sosyal Bilimler Enstitüsü Dergisi 2, 11, 1999, s. 211-216.

[422] Epstein M., You Have Got a Great Environmental Strategy- Now What? Business Horizons, 1996, s.53-59

[423] Ranganathan J., Ditz D., Environmental Accounting a Tool for Better Management, Management Accounting, 72 (2), 1996, s. 38- 41

İşletmeler, finansal muhasebe teorisine göre, maddi duran varlıkları ve maddi olmayan duran varlıklarını tarihi değer ile bugünkü değer arasındaki en düşük fiyatla tanımlar ve kaydeder.[424]Bununla beraber bahsedilen teori, doğal sermayenin azalması ile ortaya çıkan gelir kayıplarının yanında doğal ve çevresel kaynakların kullanımını değerlendirememektedir. Ayrıca, su ve hava gibi, günümüze kadar gelen çevresel kaynakların bir kısmı, finansal tablolarda gösterilmeksizin "serbest mallar" olarak ifade edilmektedir.[425]

Diğer yandan, çevresel maliyetler, özel hesaplarda kaydedilmeden ürün ve yönetim maliyetlerinin bir kısmını oluştururlar. Aynı zamanda genel üretim giderleri gibi borçlandırılabilirler.[426] Bu nedenle, bütün ürünler ve süreçler, çevresel maliyetlere eşit şekilde katkı sağlamazlar. Bu durumda, önemli bağlantılar gibi, sorumluluk anlayışı ile üretilen ürünler, süreçler ve yürütülen faaliyetlerle çevresel maliyetler arasında bir kaybın ortaya çıkması söz konusudur. Yine çevresel maliyetler, işletmenin çok çeşitli faaliyetlerini geniş bir şekilde gösterebilir. Böylece çevrede eğitim, seminer ve uyum gibi personel faaliyetleri ile zaman harcama, çok yüksek işçilik maliyetlerine neden olabilir.[427]

İşletmelerde ortaya çıkabilecek çevresel maliyetler sadece üretim faaliyetlerine değil, işletmenin diğer fonksiyonel faaliyetlerine de payları oranında yüklenmelidir. Çünkü çevresel sorunlara yalnızca üretim faaliyetlerindeki hatalar değil, genel yönetim, AR-GE, pazarlama ve finansman faaliyetlerindeki hatalar da sebep olabilmektedir. Dolayısıyla çevresel maliyetleri oluşturan giderler, üretim ve dönem (faaliyet) gideri olarak iki kısımda ele alınabilir. Sonuç olarak çevresel maliyetler bir işletmenin bütün fonksiyonlarında ortaya çıkabileceğinden dolayı fonksiyonel gider esasına göre dağılımı yapılabilir.[428]

Dolayısıyla, araştırma ve geliştirme giderleri yanında, yönetim ve satış maliyetleri, direkt madde ve malzeme, işçilik ve genel üretim giderlerinin kullanımı, üretilen mal veya hizmetin sunulması veya dağıtımı arasındaki ilişkiyi gerekli kılmaktadır.[429]

Çevre koruma önlemleri, yasal uyum, işletmenin kendi taahhütleri veya gönüllülük esasına dayanan tüm faaliyetlerinden oluşturmaktadır. Ekonomik

---

[424]Garrison R., Noreen E., Managerial Accounting, (9th Edn) McGraw- Hill, NY U.S.A., 2002, s. 242

[425] Ginoglou D., Tahinakis P., Thriskou C., Green Accounting as an Information System, Proceedings of Academy of Business and Administrative Sciences International Conference, Vancouver, BC, Canada, 2003

[426] Bartolomeo, M., Bennet M., Bouma J., Heydkamp P., James P., Wolters T., Environment Management Accounting in Europe Current Pratice and Future Potential, The European Accounting Review, 9 (1), 2000, s. 31- 52

[427]Ranganathan J., Ditz D., Environmental Accounting a Tool for Better Management, Management Accounting, 72 (2), 1996, s. 38- 41

[428] Altınbay, A., Çevresel Maliyetlerin Raporlanması, Akademik Bakış Uluslararası Hakemli Sosyal Bilimler E-Dergisi ISSN:1694 – 528X Sayı: 11, Ocak, 2007, s. 2

[429] Garrison, vd. a.g.e., s. 242

etkiler kriter değildir. Ancak daha çok çevresel etkinin azaltılması veya önlenmesi esastır.[430]

Çevre koruma maliyetleri, işletmenin çevreyi korumak için aldığı önlemlereyönelik tüm harcamaları kapsar. Ancak çevre koruma harcamaları madalyonun sadece bir yüzüdür, atık ve emisyon maliyetleri, kirliliğin önlenmesi veya arıtma faaliyetlerinin öngördüklerinden çok daha fazlasını içermektedir. Dolayısıyla, atık, bazı sektörlerde pazarlanabilen bir mal olmasına rağmen, genellikle hammaddelere yapılan ödeme düşünüldüğünde, atıktan elde edilecek bu faydanın payı daha az olmaktadır.

Kurumsal çevre koruma maliyetleri, bir işletmenin olumsuz çevrenin neden olduğu sağlık, iyileştirme, bertaraf ve temizlik maliyetleri kadar çevrenin etkilerini azaltma, kontrol ve önleme, çevre koruma adına ölçülen tüm maliyetleri kapsar. Kurumsal çevre koruma maliyetlerinin tutarı, bir işletmenin çevresel performansı ile doğrudan ilişkili değildir.[431]

Kirliliği önleme prensibi, yalnızca atıkların bertaraf edilmesi sorusuna getirilen açıklama değil, aynı zamanda ortaya çıkan atıkların nasıl önlendiği sorusuna da cevap aramaktadır. Kirliliği önleme, çevresel yönetim sistemleri ile bağlantılı ve temizlik destekli, üretim süreçleri veya ürün tasarımındaki değişiklikler olarak adlandırılan iki faktörle sağlanabilir. Bütünleştirilmiş çevre koruma, atık ve emisyondan tamamen kaçınmaya çalışır. Temiz teknolojiler, pahalı bertaraf yöntemleri gerektiren tehlikeli çalışma materyallerinden kaçınır. Pahalı önleme yatırımlarının aksine, genellikle kirliliği önleme, çevre maliyetlerini azaltır.

Çevre ile ilgili maliyet yönetim sistemi oluşturulurken, atıkların kaynağında kontrol edilmesini dikkate alan veya daha az atık üretilmesini sağlayan çözümleri destekleyen bir sistem, uzun vadede işletmeye kâr sağlayabilecek bir sistemdir. Standart yönetim muhasebesi sistemleri, işletmelerin çevresel maliyetlerini göstermekte veya kontrol etmekte yetersiz kalmaktadır.[432]

Atık kavramının iki anlamı vardır. Atık, satın alınan karşılığında ödeme yapılan ancak pazarlanamayan ürüne dönüktür. Bu yüzden atık, üretim verimsizliğin göstergesidir. Böylece atık malzemelerin maliyetlerini hesaplama, karar alma ve toplam kurumsal çevre maliyetlerine ulaşmak için işçilik ve sermaye maliyetlerini de dâhil etmek gerekir. Bu kapsamda atık, katık atık, atık su ve hava emisyonu, genel bir terim içerisinde ürün olmayan çıktı olarak tanımlanır. Malzemeler, su ve enerjiyi kapsamaktadır.[433]

---

430 VDI, a.g.e.,

431 VDI, a.g.e.

432 Alagöz A, Yılmaz B., Çevre Muhasebesi ve Çevresel Maliyetler. Selçuk Üniversitesi Sosyal ve Ekonomik Araştırmalar Dergisi 1-2, 2001,s. 147-158.

433 VDI; a.g.e.

Şekil 3.1. Toplam Kurumsal Çevre Maliyetleri

Çevre Koruma Maliyetleri (emisyon iyileştirme, kirliliği önleme)	
+	Atık alzemelerin maliyeti
+	Atıkların işçilik ve sermaye maliyetleri
=	Toplam kurumsal çevre maliyetleri

Malzeme akış aynı zamanda nakit akışı olduğu için kısmen geleneksel muhasebe sistemleri tarafından izlenmektedir. Yine çevre koruma yatırımları hesaplandığında, malzeme ve üretim verimlilik artışını dikkate almak gerekir.

Temel problem, şirketin malzeme akışı yapısındaki fiziki yapısıyla ilgili bilgiyi sağlayamayan ve geleneksel maliyet muhasebesi sistemine dayanan, malzeme verimliliğin iyileştirilmesi için potansiyel sistematik bir tanımlamadır. Özellikle atık ve atık su gibi ürün olmayan çıktılar, muhasebe sisteminde miktar ve tutar olarak ayrı ayrı belirlenmemiştir.

Son zamanlarda, bu eksiklikleri aşmak için bazı yöntemler geliştirilmiştir.[434]

Şekil 3.2. Malzeme Akış Uyumlaştırması ile Çevresel Muhasebenin Sınıflandırılması

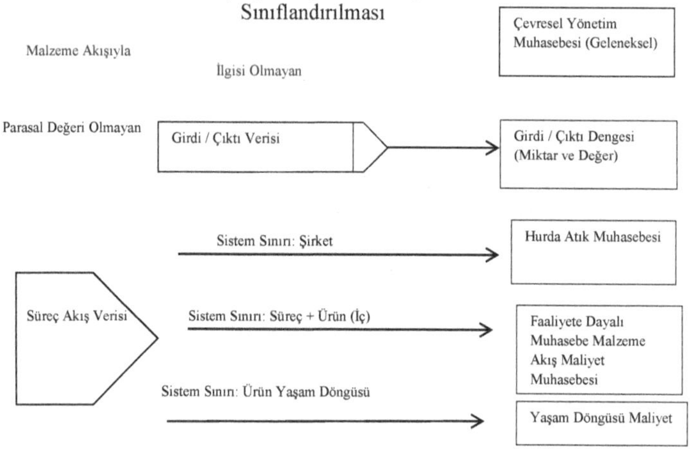

Kaynak: IMU Augsburg' tan uyarlanmıştır.

Geleneksel muhasebe sisteminde öncelikle işletmenin malzeme akış dengesi belirlenir. Ancak bu işlem, malzeme akış maliyetleri değerlendirilmeden ve sistematik olarak iki bilgi sistemi bütünleştirilmeden gerçekleşir.

Bundan sonraki aşama hurda atık muhasebesidir. Hurda atık muhasebesi, yalnızca bertaraf maliyetleri ile atık maliyetlerinin ölçümünü gerçekleştirmez aynı zamanda malzeme satın alma değeri ve üretim maliyetlerini de dikkate alır.

---

[434] IMU Augsburg'tan uyarlanmıştır.

Bir başka adım Akış Maliyet Muhasebesidir. Bu muhasebe, sadece çevre koruma maliyetlerini ayırmayı amaçlamamaktadır. Ancak şirketin maliyet merkezleri aracılığıyla tüm malzeme akışlarını algılamak ve üretim maliyetlerini yeniden değerlendirmek için atık oranları, hurda yüzdeleri ve yüzde miktarları gibi tahmin edilen ürünün çeşitli aşamaları da ilave edilmiştir. Bu yaklaşım, teknik süreç akış şemalarını desteklemektedir. Yöntem, toplanan tutarlar, malzeme akışının maliyetleri ve üretim maliyetlerinin hesaplanmasında sonuçları daha ayrıntılı olarak değerlendirirken, diğer çevresel maliyetlerin toplam listesini elde etmede çevre ile ilgili gerekli payı ayırmadan kaçınır. Sistemin sınırları, bir işletmenin bir kaç üretim süreci ve maliyet merkezleridir.[435]

Malzeme akışlarının girdi / çıktı analizleri, işletme ve üretilen ürünlerdeki süreç seviyelerinde dağıtılabilir. Ürün değerlendirme iki düzeyden oluşmaktadır. İşletme içi süreç verileri üretilen ürünler bölümüdür. Diğer ürün değerlendirme ise işletmeden ayrılan ve aşağı yukarı yaşam döngüsü aşamalarına ürünün yaşam döngüsünü ekleyerek ürün boyunca takip eder. Bu yöntem, malzeme akışı düşüncesine göre ISO 14040 dâhil edilmiştir.[436]

Bir diğer adım, yaşam döngüsü maliyetleme olarak adlandırılan metottur. Bu metot, bir ürünün bütün bir yaşamı boyunca ortaya çıkan maliyetlerle ilişkisini dâhil etmeye çalışır. Metodolojik ve pratik problemlere neden olan muhasebenin normal döneminde işletmenin yaşam döngüsü maliyetlemedeki muhasebe sınırlarını kesmiştir. Teoride, rekabet piyasası şartlarında, malzeme satın alma fiyatlarının satış noktasına kadar tahakkuk eden maliyetleri yansıtması beklenmektedir. Buna ek olarak dış maliyetlerin tahmini, verinin düşük kaliteli ve tutarsızlığı nedeniyle çok fazla bilgi değerine sahip olmayıp aynı zamanda hantal bir yapıdadır. Bundan dolayı çalışmada yaşam döngüsü maliyetlemeye yer verilmemiştir.[437]

Yaşam döngüsü süreci ve yönetimi, yaşam döngüsü maliyetlemesi, ortak ürünlerin finansal ve çevresel etkilerinin daha iyi anlaşılması için kullanılmaktadır.

Yaşam döngüsü süreçleri, ürünün çevre etkileşimi konusunda tasarımcıları ve üreticileri bilinçlendirmek amacıyla ürün seçiminde doğru kararların alınması açısından önemli görülmektedir. [438] Yaşam döngüsü yönetiminde, ürünün seçimindeki kararın yanlış verilmesi öncelikli olarak canlıların sağlığını olumsuz yönde etkilemektedir. Sağlıklı ürün kararı, doğru ürün bilgisiyle gerçekleşmektedir.[439]

---

435 VDI, a.g.e.

436 International Standard Organization, ISO 14040: Life Cycle Assessment – Principles and Frameworks(1998).

437 Davis L., Literature of Review of Life Cycle Costing and Life Cycle Assesmant, Draft Review Haziran 2006

438 Taygun T.G., Balanlı A., Yaşam Döngüsü Süreçlerinde Yapı Ürünü – Çevre Etkileşmesi, MMGARON, YTÜ Mühendislik Fakültesi e- dergisi, Cilt 1, 2005,sayı 1, s. 2

439 Taygun vd. a.g.e., s. 2

Yaşam döngüsü süreçlerinde hammaddenin temin edilmesinden üretim faaliyeti ve nihai ürüne kadar geçen süreçte, hava emisyonu, sıvı ve katı atıklar oluşabilmektedir. Bu faaliyetler sonucunda ortaya çıkan zararlı atıkların çevreye olumsuz etkileri ve buna paralel olarak çevresel maliyetleri söz konusudur.

3.8.1. Çevresel Raporlanma

Kurumsal sosyal sorumluluğun önemli bir alanı, işletmelerin çevre üzerindeki etkileri ve bu konuda yapılacak açıklamalardır. Araştırmalar incelendiğinde; 1980'li yılların ortalarından itibaren faaliyet raporları kapsamında, kurumsal sosyal sorumluluk raporlaması ve özellikle çevresel raporlamaya ilişkin artan bir ilginin olduğu dikkat çekmektedir.

Özellikle gelişmiş ülkelerde, çevre bilincinin artmasıyla birlikte kamuoyunun baskısı ve diğer taraftan işletmelerin çevreye yönelik hassasiyetlerini arttırmaya çalışan kanun koyucuların baskısı sonucunda normal mali raporlara çevresel üretim raporlarının da eklenmesi zorunluluğu doğmuştur. Hatta işletmelerin çevreye yönelik faaliyetlerini daha net görebilmek için çevresel raporlar yıllık mali raporlardan ayrı olarak da düzenlenebilir. Finansal nitelikli çevresel bilgilerin ayrıntılı olarak raporlandığı çevresel maliyet raporları, bilgi kullanıcılarının işletmenin çevresel maliyetleri hakkında daha kolay ve daha hızlı bilgi edinmesini sağlayabilir.

Çevresel raporlama ile ilgili Birleşmiş Milletler Çevre Programı (United Nations Environmental Programming-UNEP) tarafından yapılan tanıma göre, çevresel raporlama; işletmelerin çevresel performanslarını ve işletme içinde uygulanan birleştirilmiş çevre yönetim sistemini, işletmenin çevreye karşı sorumluluğunu ve çevre ahlâkına nasıl uyduğunu göstermek amacıyla gönüllü olarak hazırlanmış etkili bir iletişim aracıdır.[440]

Çevresel raporlama, finansal, sosyal ve çevresel konulara odaklanan üçlü sorumluluk raporlamasının bir unsurudur ve çevre politikaları/stratejileri, çevresel maliyetler, çevre yönetim sistemleri konularında diğer bir ifade ile çevresel etkiler ve çevresel performanslara ilişkin olarak iç ve dış paydaşlara yapılan açıklamalardır.[441]

Günümüzde çevresel bilgiler niteliksel ve/veya niceliksel türde olup, sosyal ve çevresel bilgilerin açıklanması, büyük çapta gönüllülük esasına dayanmakta ve ayrı bir çevre raporu veya faaliyet raporu içine dâhil edilen ayrı bir bölüm olarak yapılmaktadır. Gönüllü yapılacak açıklamaların derecesi ise,

---

[440] Kaya, U., İşletme-Doğal Çevre İlişkilerinin Mali Tablolar Aracılığıyla Raporlanması ve Denetimi, Yayınlanmış Doktora Tezi, Trabzon, 2002, s. 112

[441] Fédération Des Experts Comptables Européens-FEE (The Federation of European Accountants), 2000, ''Towards a Generally Accepted Framework for Environmental Reporting'', http://www.fee.be/fileupload/upload/Paper%20Towards%20a%20Generally%20Accepted%20Framework%20for%20Environmental%20Reporting173200561425.pdf, s: 1-30.

çevresel ve sosyal sorumluluk bilgilerinin kamuda talep edilme derecesi ile işletmelerin hesap verme derecesi arasındaki ilişkiye bağlıdır.[442]

Yukarıdaki ifadelerden anlaşılacağı üzere, klasik anlamda finansal raporlama ile çevresel raporlama arasındaki temel fark "gönüllü" olarak yapılmasıdır. Diğer finansal tabloları standartlaştıran en büyük faktörlerden birisi de yasal düzenlemeler ile zorunlu hale getirilmesidir. Çevresel raporların gönüllü olarak yapılması standartlaştırmanın önündeki en büyük engellerden birisidir. Bu nedenden dolayı tek tip bir raporlama modeli oluşturulamamış, birkaç model üzerinde uzlaşma sağlanmış gibi gözükse de, karşılaştırılabilirlik açısından tek tip raporlama modeli arayışı sürmektedir. Fakat yaşanan gelişmeler, çevresel raporlamanın yakın gelecekte genel bir uygulamaya dönüşeceğinin sinyallerini vermektedir.

Genelde çevresel raporlamanın herkes tarafından kabul edilmiş bir standart şekli olmadığından, nasıl yapılması gerektiği de açık değildir. Çevresel raporlamada açıklanacak konular hakkında bir çerçeve oluşturmak amacıyla, son yıllarda pek çok çevresel raporlama yönergesi geliştirilmiştir. İdeal bir çevresel raporlamada bulunması gereken asgari temel unsurlar, işletmenin yapısı hakkında bilgi, çevresel politikaları, hedefleri, gerçekleştirilen çalışmalar, çevre yönetim sistemi (ISO 14000) ve iç ve dış denetime ilişkin olarak yapılacak açıklamalardır.[443]

Muhasebe bilgi sisteminde hazırlanan raporların, bilgi kullanıcıları açısından değer taşıyabilmesi için birtakım niteliklere sahip olması ve öncelikle bu raporların doğru ve güvenilir bilgiyi içermesi gerekir. Aynı zamanda bu raporlarda, bilgi kullanıcısının kararını etkileyebilecek olan bilgi bulunmalıdır. Ayrıca bu raporların kaliteli olabilmesi için tutarlı, zamanlı, anlaşılabilir ve karşılaştırılabilir olması gerekir.[444]

Raporlama, muhasebenin önemli bir fonksiyonudur. Aynı şekilde çevresel muhasebede de raporlama hayati bir fonksiyondur. Çevresel muhasebenin ürettiği bilgileri de muhasebe tanımında geçen bilgi kullanıcıları kullanacaktır. Yöneticiler, paydaşlar, işletmeye kredi veren kişiler ve kurumlar, işletme kârı üzerinde doğrudan veya dolaylı olarak pay sahibi olan kamu maliyesi, mali analistler ve ilgi derecesi işletmenin niteliğine göre değişmek üzere tüm toplum bilgi kullanıcısı olabilmektedir.[445]

---

[442]Holland, L., Foo, Y.B., ''Differences in Environmental Reporting Practices In The UK and The US: The Legal and Regulatory Context'', The British Accounting Review, Vol: 35,. 2003, s: 1-18.

[443]The Association of Chartered Certified Accountants (ACCA), 2001, An Introduction to Environmental Reporting, http://www.accaglobal.com/pdfs/environment/ACCA-RJ1-002.pdf, s: 1-30, 20.05.2010.

[444] Joy E. H.,,**National Environmental Accounting: Bridging The Gap Between Ecology And Economy**, RFF Pres, Washington DC, 2005, s. 3-7.

[445]Sevilengül. a.g.e., s.10; TÜRMOB, **Türkiye'de Muhasebe-Finansal Raporlama ve Denetim Hizmetlerinin Gelişimi**, TURMOB Yayın No:15, 159, Ankara, 1994, s. 51-55

3.8.2. Çevresel Raporlamanın Niteliksel Özellikleri

Finansal raporlamada niteliksel özellikler; açıklanmış bilgilerin karar verme amaçları için kullanılabilir olması anlamına gelir. Çevresel raporların karar vermek için kullanılabilir olabilmesi için aşağıdaki özellikleri taşıması gerekir. Geleneksel muhasebe sisteminde de rastlanabilecek şekliyle çevresel muhasebenin altı temel boyutu vardır:[446]

- Uygunluk,
- Güvenilirlik,
- Anlaşılabilirlik,
- Karşılaştırılabilirlik,
- Süreklilikve
- Doğrulanabilirlik

Uygunluk; Bilgi kullanıcıların karar verme ihtiyaçlarına uygun olmalıdır. Bu noktada çevresel raporlarda neyin raporlanacağı tespit edilirken kullanıcı (paydaş, yönetici vs.) beklentileri göz önüne alınmalıdır. Çevresel raporlar da uygun bilgi, dikkat çeken, bilgilendiren, fikir yürütmeyi sağlayan bilgidir.

Güvenilirlik; Kullanıcılar bilginin dürüstçe sunulduğu konusunda şüphe taşımamalıdır. Çevresel raporlarda güvenirliliğin sağlanması için, çevresel raporların teknik boyutta anlaşılır olması, bilgilerin özde çevreyle ilgili olması, tarafsız hazırlanması, doğrudan ve dolaylı çevresel etkilere raporda yer verilmesi ve rapor hazırlanırken ihtiyatlılık kapsamında hazırlanması gerekir.

Anlaşılabilirlik; Teknik ve bilimsel terimler dikkatli bir şekilde kullanılmalı ve raporda açıklanmalıdır.

Karşılaştırılabilirlik; Çevresel bilgileri kullananlar trend belirlemek için belirli dönemlere ait çevresel performans sonuçlarını ve farklı işletmelerin, özellikle sanayi sektörlerindeki işletmelerin, sonuçlarını karşılaştırmak isteyecektir. Çevresel bilgilerin ölçümü, tanınması ve sunulmasındaki uyum bu nedenle önemlidir.

Süreklilik; Çevresel raporlama belli aralıklarla, finansal raporlarla aynı zamanlarda, ya da farklı zamanlarda yayımlanabileceği gibi çevre raporları yıllık raporlar ya da hesap paketi içinde de yayımlanabilir.

Doğrulabilirlik; Bir dışsal raporun kullanıcı nazarında güvenilir nitelikte olması çok önemlidir. Bu anlamda bir raporun bağımsız bir 3. kişi tarafından kanıtlanması veya tasdik edilmesi gerekir.

Kısacası, şirket yönetiminin ve/veya hissedarlarının karar verme sürecine katkıda bulunacak verinin kalitesi, ölçülebilir, kapsayıcı ve güvenilir olması ve söz konusu bilgiye seçmeci yaklaşılmaması önemlidir. Verinin şirketin çevre koruma faaliyetleri ile ilgili bilgiyi tam veriyor olması, bu anlamda anlaşılabilir

---

[446] Özbirecikli M.,**Çevre Muhasebesi, Kavramlar, Uygulama Alanları, Araştırma Sonuçları**, Naturel Kitap ve Yayıncılık, Ankara, 2002, s. 99-106

olması, yıldan yıla karşılaştırılabilir olup, uzun soluklu bir standart oluşturması da gereklidir.

3.9. Çevresel Muhasebe

Elektronik ve bilgi teknolojisindeki gelişmeler, ulusal ve uluslararası rekabetin artması, müşteri tercih ve isteklerinin ön plana çıkması, ekonomide son yıllarda meydana gelen önemli değişim ve gelişmeler, muhasebede hızlı bir değişime neden olmuştur.[447]

Çevresel muhasebe (Environmental Accounting EA), ekonomi ve çevre arasındaki etkileşimi açıklamak amacıyla çevrenin durumu ve gelişim hakkında makro seviyede bilgi üretmek olarak tanımlanabilir. [448] Çevresel muhasebe, finansal muhasebede ölçümlenme fonksiyonlarının, örneğin finansal raporlama ve işletme içi ve işletme dışı çevre faktörlerinin dikkatle uygulanmasıdır.[449]

Çevresel muhasebe, bir işletmede planlama, karar alma ve faaliyetlerin yürütülmesi süreçlerinde çevresel konuların dikkate alınması ve işletme faaliyetlerinin fiziksel çevre üzerindeki olumsuz etkilerinin ve bu etkileri azaltmak için gerçekleştirilen çabaların raporlanmasını ifade etmektedir.[450] Daha kapsamlı bir yaklaşımla çevresel muhasebe; gerek geleneksel gerekse de çevre yönetimi ile ilgili karar almada kullanılmak amacıyla malzeme ve enerji akışına ilişkin bilgilerin, çevresel maliyet ile diğer maliyet bilgilerinin saptanması, toplanması, analiz edilmesi ve hem işletme içi hem de işletme dışı ilgililere raporlanması faaliyetlerinin bütünü olarak tanımlanabilir.[451]

Çevresel muhasebe, çevresel maliyetlerin dağılımı ve çevre ile ilgili vergiler gibi konular hakkında alınacak kararlarda faydalı olabilir. Genellikle çevresel muhasebe, bilgi alıcıları, şirkete doğrudan veya dolaylı yatırım yapan (yatırımcılar, kredi verenler, vergi otoriteleri ve yerel halk) işletme dışındaki kişiler/ kuruluşlar veya ortak fonları yöneten, uygulayan (yöneticiler, işletme sahipleri) şirket içerisindeki kişiler olacaklardır. Bütün alıcılar, bilginin güvenilir olmasına ihtiyaç duyarlar. Bilginin güvenilir olması için;[452]

- Katma değeri olmayan ek maliyetleri sınırlama ve çevresel fırsatları tanımlama,

---

[447] Uslu S., Muhasebe Tekniğinde Gelişmeler, XVII, Türkiye Muhasebe Kongresi, TÜRMOB Yayınları, 2002

[448] Yörük N., "Çevre Muhasebesi", İktisat İşletme Finans Dergisi, s.154, Ocak, 1999, s.69

[449] Gray R, - Bebbington J., - Walters D., Accounting For The Environment, Founded by the Chartered Association of Certified Accountants, England, , 1993, s.7

[450] Antheaume, N.,"Valuing External Costs – From Theory to Practice: Implications for Full Cost Environmental Accounting" European Accounting Review 13 (3), 2004, s. 443-464, Bailey, P. E. ve P. A. Soyka, "Making Sense of Environmental Accounting" Total Quality Environmental Management 5 (3), 1996, s. 1-15.

[451] Jing, L. ve W. Hong-yan, "Environmental Accounting and Environmental Evaluation" Mechanic Automation and Control Engineering (MACE), 2010 International Conference on, 2010, s.2102- 2104, Deegan, C. 2003. Environmental Management Accounting: An Introduction and Case Studies for Australia, Institute of Chartered Accountants of Australia www.epa.vic.gov.au/bus/accounting/ docs/fi nal_report.pdf, 6 Aralık 2010.

[452] Owen, D., Accountancy and the Challenge of the Nineties, Chapman & Hall, London, U.K., 1995

- Genel üretim maliyetleri içerisinde yer alan çevresel maliyetleri tahmin etme,
- Net gelir getirebilecek çevresel fırsatları belirleme,
- Çevresel faktörleri birleştiren Çevresel İzleme ve Bilgi Sistemleri (Enrivonmental Monitoring and Information Systems EMIS) çerçevesinde yönetim bilgisinin bir çevresel sistemde ele alınıp yürütülmesi,
- Çevresel izleme ve bilgi sistemleri uygulamasının bir sonraki yılda gerçekleşebilecek maliyetlerini tahmin etme,
- Çevresel ürünleri fiyatlandırma ve maliyet muhasebesi metotlarını hazırlama,
- Çevresel ürün sürecinde ürün ve hizmetlerin tasarımı.

Çevresel muhasebenin, hem finansal muhasebeyi hem de maliyet ve yönetim muhasebesini ilgilendiren yönü vardır. Çevresel finansal muhasebe, işletme dışındaki kullanıcılar için işletmenin çevre koruma faaliyetleri ile ilgili finansal bilgiler sunmaktadır. Çevre yönetim muhasebesi, işletmenin kullandığı malzeme ve enerji gibi kaynaklarla ilgili ve çevresel kararlara esas teşkil edecek tüm maliyet bilgilerinin tanımlanmasını, toplanmasını, tahmin edilmesini, analiz edilmesini ve raporlanmasını içermektedir. İşletme seviyesinde çevresel muhasabe, hem finansal muhasebe (işletmenin mevcut çevre ile ilgili sorumluluklarını raporlaması ve değerlendirmesi) hem de yönetim muhasebesi (bir işletmenin kirliliğin kontrol ekipmanlarındaki masfarlarının değerlendirmesi, geri dönüşümlü malzeme gelirleri, yeni enerji tasarruflu ekipmanlar, yıllık parasal tasarruf, kirlilik kontrol ekipmanı bir kuruluşun harcamaları değerlendirme) kapsamında yer alır. [453]

Çevresel Muhasebe, farklı kapsamlarda, kullanılan bir terimdir. Bunlar kısaca birkaç başlık altında şöylece toplanabilir.[454]

- Finansal muhasebe ve raporlama çerçevesinde çevre ile ilgili finansal bilgilerin açıklanması ve değerlendirme,
- Çevre ile ilgili fiziksel ve parasal bilgilerin Çevresel Yönetim Muhasebesi (EMA) bağlamında değerlendirilmesi ve kullanılması,
- Dış çevresel etkileri ve maliyetlerinin tahmini, genellikle Tam Maliyet Muhasebesi (Full Cost Accounting FCA) olarak adlandırılır,
- Hem fiziksel hem de parasal anlamda hisse senedi ve doğal kaynakların akışı için muhasebe, yani Doğal Kaynak Muhasebesi (Naturel Resource Accounting NRA),
- Organizasyon düzeyinde muhasebe bilgisinin toplanması ve raporlanması, doğal kaynak muhasebe bilgisi ve ulusal muhasebe için diğer bilgiler,
- Sürdürülebilir muhasebe çerçevesinde çevre ile ilgili fiziksel ve parasal bilgilerin dikkate alınması.

Çevresel muhasebe teorisi, çevresel gelir ve giderler, kâr / zarar tablosunu da içine alan hesaplardaki düzenlemelere eğilir. Üretilen malların geri

[453] Xiaomei L., Theory and Practice of Environmental Management Accounting. International Journal of Technology Management and Sustainable Development 1, 2004,s. 47-57
[454] Gray vd., a.g.e., s. 7

dönüşünden elde edilen gelirler yanında, israf edilen düzenin gelirleri ile zararlı gazlar veya petrol sızıntılarının neden olduğu çevresel tehlikelerin boyutunu da dikkate almaktadır.[455]

Çevresel muhasebenin "ekonomi ve çevre arasındaki etkileşimi açıklamak amacıyla çevrenin durumu ve gelişimi hakkında makro seviyede bilgi üretmek"[456] biçiminde tanımlanmasının altında yatan düşünce budur. Bir başka tanımda, "çevresel kaynakların kullanımı ve bu kaynakların kullanımı sonunda doğacak etkilerin muhasebesi"[457] Çevresel muhasebenin bu tanımlarda daha çok makroekonomik açıdan ele alındığı ve "Doğal Kaynaklar Muhasebesi" biçimde tanımlandığı görülmektedir.[458]

Çevresel Muhasebe uygulamalarının makro ve mikro düzeyde işletmeler ile belediyeler düzeyinde yaygınlaşabilmesi için çevre ile ilgili maliyetlerin karar alma süresinde önemli bir unsur olarak değerlendirilmesi gerekir.[459]

Çevresel muhasebe, finansal muhasebede ölçümlenme fonksiyonlarının, örneğin, finansal raporlama ve işletme içi ve işletme dışı çevre faktörlerinin dikkatle uygulanmasıdır.[460]Bir başka ifade ile çevresel muhasebe, bir bölgede faaliyet gösteren işletmenin performans değerleme, kontrol, karar verme ve raporlama faaliyetleriyle yöneticilere yardımcı olan bilgiyi sağlamakla ilgilidir. Çevresel muhasebe, ekolojik içeriklere ve benzer ekonomik ölçümlere ek olarak ekolojik ölçümlere dayandırılmaktadır.[461]

Sosyal muhasebe, toplumsal faaliyetler, üretim, çalışanların menfaatleri ve işletmenin çevresel etkisi hakkında bilgi içerecek muhasebe raporlarının uzantısıdır. Başlıca alanları beşeri kaynaklar muhasebesi ile çevresel muhasebedir. Çevresel muhasebe, kendinden daha kapsamlı olan sosyal muhasebenin bir alt dalını oluşturmaktadır. Yeşil muhasebe (Green Accounting) olarak da ifade edilen çevresel muhasebe, günümüzde çevresel konuların cazipliği ve hızlı sanayileşme sonucu öneminin giderek artması nedeniyle sosyal muhasebenin alt dalları içerisinde en popüleri olmuştur.[462]

---

[455] Gray, vd. a.g.e., s. 7

[456] Egemen M.N., "Doğal Kaynaklar Muhasebesi" Devlet İstatistik Enstitüsü, Su İstatistikleri ve Doğal Kaynaklar Muhasebesi Şubesi, Ankara, 1994, s. 3

[457] Gautam, H.C., "Environmental Accounting at National and at Firm Level: A Case India", IAADER 8th Congress (Sekizinci Dünya Muhasebe Eğitimcileri Kongresi Bildirileri), Fransa, Paris, 1997, s. 1

[458] Kırlıoğlu H, Can A.V., "Makro ve Mikro Açıdan Çevre Muhasebesinde Yaşanan Gelişmeler"II. International Scientific – Practical Conference; "The Significanceof Weakening of Influence of Emergency Situations in Stable Development of the Country", The Reports and Protrusions, Baku/ Azerbaycan, 26- 28 November, 2003, s. 620- 637

[459] Kırlıoğlu H., Kasapoğlu Y., Ş., Çevre Muhasebesi Uygulaması, Muhasebe ve Finansman Dergisi,Nisan 2004, Sayı 22, s. 59

[460] Gray R., - Bebbington J., - Walters D.,, Accounting For The Environment, Founded by the Chartered Association Of Certified Accountants, England, 1993, s.7

[461] Birkin F., Ecological Accounting: New Tools for a Sustainable Culture, International Journal of Sustainable Development and World Ecology: 10(1), 2003, s. 49- 61

[462] Kurasaka T., Kokubu K.,"Corporate Environmental Accounting: A Japanese Perspective", www.emawebsite.org,

3.9.1. Çevresel Muhasebe Kavramları

Çevresel muhasebe dönemi genelde şirketin çevre raporunun kapsadığı dönemdir. Bu dönem, karşılaştırma imkânını kolaylaştırdığı için finansal muhasebe ileeş zamanlı olarak da seçilmektedir. Bu dönem içerisinde şirket ve/veya bağlışirketleriile ilgili finansal hesaplamalar, şirketin çevresel faaliyetleri ve çevresel muhasebesibir arada ele alınır.

Bunun dışında, çevresel muhasebe fayda-maliyet analizi çerçevesinde, ikisi parasal değerlerle bir tanesi fiziksel birimlerle olmak üzere üç unsurdan oluşur:[463]

- Çevre Koruma Maliyetleri
- Çevre Koruma Faydası
- Çevre Koruma Faaliyetleri ile ilişkili Ekonomik Fayda

İşletmenin çevreye olan olumsuz etkilerinin azaltılması, bundan kaçınılması ve/veya korunması, bu etkinin tümüyle kaldırılması, bir zarar oluşması sonucundabu zararın giderilmesi ile ilgili her türlü yatırım ve harcama çevre koruma maliyetiolarak adlandırılır ve parasal değerlerle ölçülür. Aynışekilde şirketin çevreyi korumafaaliyetleri ile ilerlemesinin sonucunda şirket kârına eklenen fayda da, çevre korumafaaliyetler ile ilişkili ekonomik fayda olarak adlandırılır ve yine parasal değerlerleölçülür. Buna rağmen, şirketin çevreye etkisi sonucu ortaya çıkan fayda fizikselbirimlerle ifade edilir.

3.9.1.1.Çevre Koruma Maliyetleri

Çevre Koruma Maliyetleri yedi kategoride değerlendirilebilir: Yapılan iş ile ilgili Maliyetler, (Faaliyet) Öncesi / Sonrası Maliyetleri (Upstream / Downstream Costs),* İdari Maliyetler, Ar-Ge Maliyetleri, Sosyal Maliyetler, Çevresel Telafi Edici Maliyetlerve diğer maliyetlerdir.

Yapılan iş ile ilgili maliyetler her türlü (hava, su, gürültü, toprak vb.) kirliliği önleme, çevreyi koruma ve kaynak sirkülasyonunu sağlama maliyetleridir. Kimi maliyetler şirketin üretim için tedarik ettiği mal veya hizmetlerden önce yapılan faaliyetlerden doğan maliyetleri, kimisi de ürün veya hizmetin iş alanını terk etmesinden sonraki faaliyetlerinden doğan maliyetleri kapsar. Öncesi/Sonrası maliyetler olarak adlandırılan bu maliyetlere örnek olarak, çevresel bilince sahip ürün sunumunun oluşturduğu ilave maliyetleri, kullanılmış ürünlerin toplanması, geri dönüşümü, yeniden satılması veya uygun bertarafı için yapılan masraflar gösterilebilir. İşletmenin tüm bu çevre koruma faaliyetlerini düzenlerken yaptığı harcamalar idari maliyetlerdir.[464]

Bu maliyetler arasında çevresel yönetim sisteminin uygulanması, işletmenin çevreye etkilerinin izlenmesi ve çalışanlarının konu ile ilgili

---

[463] Şirketlerin.....s.31- 32

*Öncesi maliyetler arasında hammadde ve tedarik maliyetleri; sonrası maliyetler arasında ise, atık, emisyon, yeniden üretim ve bertaraf maliyetleri yer almaktadır.

[464] Şirketlerin.....s.33

eğitilmesi için yapılan harcamalar da yer almaktadır. Çevre koruma maliyetleri içerisinde en önemli kalemlerden biri olan Ar-Ge harcamalarının yanı sıra, şirketin doğrudan kendi faaliyetleriile ilgili olmayıp sosyal faaliyetlerinin bir parçası olarak şirketin çevreyi koruma faaliyetleri ile ilgili sosyal maliyetler de söz konusudur.

Son olarak, işletme faaliyetlerinden kaynaklanan çevrenin yıpranmasının iyileştirilmesi veya telafi edilip düzeltilmesi maliyetleri de çevresel çözüm maliyetleri olarak değerlendirilir. Bozulan doğal çevrenin orijinal durumuna geri getirilmesi veya çevrenin örselenmesini kapsayan sigorta primleri bu tür maliyetler arasındadır. Sayılan bu tür maliyetlerin dışında net bir şekilde tanımlanmış ve çevreyi koruma faaliyetleri kapsamına alınabilecek maliyetler de diğer malıyetler başlığı altında değerlendirilebilir.[465]

3.9.1.2.Çevreyi Korumanın Faydası

Çevre koruma maliyetlerinin parasal değerlerle ölçülmesine karşılık, çevre korumanın faydası fiziksel birimlerle de ifade edilmekte ve bu fayda, çevreye olumsuz etkilerin azaltılması veya bunlardan korunma gibi faaliyetlerden ortaya çıkmaktadır. Çevreyi korumanın verdiği faydanın ekonomik değeri, kimi zaman parasal olarak da tanımlanabilmektedir. Her ne kadar çevre ekonomisi içerisinde, çevrenin ekonomik değerini saptamaya yönelik bazı değerleme yöntemleri geliştirilmişse de, çevresel muhasebe için uygun tek bir değerleme yöntemi yoktur.

Çevreyi koruma sonucunda oluşan fayda dört kategoride ele alınmaktadır. Bunlar, şirketin kullandığı girdilerden, şirket faaliyetlerinin doğurduğu çevresel etki veatık emisyonu ile ilgili olarak, şirketin ürettiği mal ve hizmetlerden son olarak dataşıma ve şirketin diğer faaliyetlerinden doğan faydadır.[466]

Parasal değerlerle ifade edilmemesi durumunda çevre korumanın faydasınınanlatılabilmesinde, kimi fiziksel miktar, kimi oran olarak hesaplanmış bazı göstergelere başvurulmaktadır. Miktar olarak hesaplanan göstergeler, çevresel etkinintemel alınan dönem ile cari dönem arasındaki hacim farkının hesaplanması şeklindedir.

Fark, birim başına şeklinde de kullanılabilir. Buna karşılık, oran olarak yapılan hesaplamalarda, temel alınan dönem ve cari dönem arası fark kullanılır. İşletmelerin kullandığı girdiler yönünden fayda hesaplamasında kullanılabilecek göstergelere bakılacak olursa, toplam beş tip fayda göstergesi söz konusudur. Bunlar enerji tüketimindeki azalma, toplam enerji tüketimi içerisinde yenilenebilir enerjinin artan oranı, su kullanımındaki azalma, çeşitli kaynak kullanımındaki azalma, kullanılan toplam girdi içerisindeki geri dönüşümlülerin oranındaki artış olarak sayılabilir.[467]

---

[465] Şirketlerin......s.35
[466] Şirktlerin..s.35
[467]Şirketlerin...s.35

İkinci kategoride yer alan çevresel etki ve atık emisyonu ile ilgili faydanın hesaplanmasında ise toplam yedi gösterge vardır. Bunlar çevreyi kirleticilerin emisyonundaki azalma, gürültü ve titreşimde azalma, atıksu miktarındaki azalma, toplam at›kemisyonundaki azalma, geri kazanılabilir atık oranındaki artış, tehlikeli atık miktarındaki azalma ve atık içerisindeki çevre kirleticilerin azalmasıdır.

Üçüncü olarak üretilen mal ve hizmetlerin faydası ile ilgili kullanılan iki gösterge bulunmaktadır. Üretilen mal ve hizmetin kullanımı veya imhası sırasındaki çevre etkisinin azalması ile geri dönüşümlü ürünlerin, ambalajların kullanım oranındakiartıştır.

Son olarak da, işletmenin taşıma ve diğer faaliyetleri ile ilgili fayda kategorisinin ölçülmesinde iki gösterge yer alır, birincisi taşıma işlerinin azalması ve ikincisi ise taşımacılık sonundaortaya çıkan çevresel etkinin azalmasdır.

3.9.1.3.Çevre Koruma Faaliyetleri ile İlişkili Ekonomik Fayda

Çevresel muhasebenin üçüncü unsuru olan çevre koruma faaliyetleriyle ilişkili ekonomik fayda, parasal değerlerle ölçülmekte ve her ne kadar yapılan faaliyetlerin topluma yansımaları da olsa, esas olarak işletmenin mali tablosundaki kârlılığı belirlemeye çalışmaktadır. Söz konusu bu fayda, gerçekleşen fayda ve tahmini fayda olarak ikiye ayrılmaktadır. Gerçekleşen fayda başlığı altında, işletmenin yaptığı çevreselfaaliyet sonucunda elde ettiği gelir (örneğin, işletmenin temel faaliyet alanı olarak kullanılmış ürün veya atığın geri kazanımı sonucunda elde edilen gelir), ve işletmenin harcamalarında bir önceki yıla göre yaptığı tasarruf (söz konusu tasarruf işletmenin faaliyetleri için daha az girdi kullanması, çevresel etkisini ve atık miktarını azaltması ve çevresel çözümler bulması yoluyla olabilir) söz konusudur. Tahmini fayda ise esas olarak işletme içi kullanıma yönelik yapılan ve tamamen yönetimin karar verme mekanizması için oluşturulan bir hesaplamadır. Bu hesaplama içersinde üretim ve bertaraf maliyetleri yer almaktadır.[468]

3.9.2. Milli Gelir Açısından Çevresel Muhasebe

GSMH, bir ülkede bir yıl içerisinde üretilen mal ve hizmetlerin piyasa fiyatı ile toplam değeridir. GSMH, ekonomideki mal ve hizmet akışının bir ölçüsüdür ve genellikle toplumsal refah düzeyinin bir ifadesi olarak kullanılır. Çevresel muhasebede ülkenin yenilenebilir ve yenilenemez nitelikteki doğal kaynak tüketimini ifade etmek için fiziksel ve parasal birimler kullanılabilir.[469]

3.9.3. Finansal Muhasebe Açısından Çevresel Muhasebe

Sözlük anlamı hesaplama, hesap etme olan genel muhasebenin tanımı, işletmenin varlıkları ve kaynakları üzerinde değişme oluşturan ve para ile ifade

---

[468] Şirketlerin......s. 34
[469] Haftacı, Soylu, a.g.m., s. 115

edilen mali nitelikli işlemlere ait ilgileri muhasebe fonksiyonları yardımıyla kaydetmek, raporlamak ve ilgili kişi veya kuruluşlar için yorumlamaktır.

Bir başka tanıma göre genel muhasebe, mali işlemlerin objektif belgelere dayanılarak ve olduğu gibi kaydedilmesini ve söz konusu işlemlerin sürekli saklanmasını sağlayan muhasebe türüdür.[470]

Geleneksel muhasebe anlayışı üretim ve ticari işlemlerin sadece parasal yönü ile ilgilenmiş, üretim ve tüketimin sosyal maliyetini göz ardı etmiş, üretimin temel faktörlerini dikkate alırken çevre unsurunun sorumluluğunu yüklenmemiştir. Çevresel muhasebeye finansal muhasebe penceresinden bakıldığında, çevresel muhasebe, çevresel yükümlülükler ile çevresel maliyetlerin tahmini, tasnifi ve raporlanması sürecidir.[471]

Geleneksel muhasebe, işletmenin işleyişi ile işletmenin ekonomik unsurları arasındaki ilişkileri ve değişimleri, belirli bir dönem sonundaki durumlarını kâr veya zarar olarak parasal açıdan belirleyebilmektedir. Geleneksel muhasebe sistemleri üretim işleminin veya ticari işlemin yalnızca parasal yönü ile ilgilenmiş, üretim ve tüketimin sosyal maliyetlerini göz ardı etmiş, üretimin temel faktörlerini dikkate alırken çevre unsurunun sorumluluğunu yüklenmemiştir. Bu da geleneksel muhasebe sisteminin bakış açısının darlığını göstermektedir.[472]

Finansal muhasebe açısından çevresel muhasebeyi, çevresel faaliyetlerin finansal muhasebe içerisinde hangi hesap düzeyinde, hangi hesaplarda, nasıl gösterileceği olarak özetlemek mümkündür. Bu açıklamadan anlaşılacağı üzere, çevresel muhasebeyle finansal muhasebe kayıtlama ve raporlama olmak üzere iki noktada kesişmektedir.[473]

Kayıtlama noktasında çevre ile ilgili faaliyetleri, bilanço hesaplarında ve sonuç hesaplarında gösterilecek faaliyetler şeklinde ikili bir ayrıma tabi tutmak mümkündür. Çevresel faaliyetlerin bilanço hesaplarında mevcut hesapların hangilerinde kullanılacağı veya yeni hesap açılacaksa hangi isimle adlandırılacağı kayıtlama işinin ilk adımını oluşturmaktadır.

Çevre faaliyetlerinin kayıtlanmasında sonuç hesaplarının kullanılması üzerinde de durulmalıdır. Zira tüm faaliyetlerin bilanço hesaplarında gösterilmesi mümkün değildir. Bu nedenle gider ve maliyet niteliğindeki faaliyetlerin de nasıl kaydedilmesi gerektiği finansal muhasebe-çevre muhasebesi ilişkisinde ortaya çıkan diğer bir noktadır. Özellikle bu nokta incelenirken klasik giderlere ek olarak; çevreyle ilgili vergiler ve cezalar, emisyon kontrol ve azaltma giderleri, yeni teknoloji ve yeni teknik arama ve geliştirme giderleri, çevreyle ilgili yatırımların amortismanı vb. giderler ile gelirlerden de çevreye duyarlılıkla artan

---

470 Sevilengül, a.g.e., s. 19

471 Özbirecikli M.,, "Çevresel Muhasebe Kavramı ve Yönetsel Kararlara Katkıları", MUFAD, Sayı:7, Temmuz, 2000, s. 16-17

472 Siniscalco D., "Definition of Instruments for Environmental Accounting", Çev.: Dr. Erdal Özkol, 1993. s. 1

473 Taşdemir, V., a.g.e., s. 52

satışların hem kaydı hem raporlanması gündeme gelecektir. Bu konuya ilişkin olarak finansal muhasebe ile çevre muhasebesi bilgi alış verişine girecektir.[474]

Finansal muhasebede kullanılan temel terimler çevresel unsurları içine alacak şekilde ele alındığında aşağıdaki tanımlamalar yapılmaktadır.[475]

a) Varlık: İşletmenin geçmiş faaliyetlerinden dolayı elde ettiği ve gelecekte muhtemel fayda beklediği iktisadi kıymetler ve ekonomik olarak bağımlı olduğu doğal kaynakların toplamıdır. Çevresel muhasebe ile hava, su, toprak vb. doğal kaynaklar varlıklara dâhil edilmektedir.

b) Borç: İşletmenin mevcut zorunlulukları nedeniyle gelecekte katlanacağı fedakârlıklar ve diğer işletmelere geçmiş işlemleri nedeniyle yapmak zorunda olduğu mal ve hizmet transferi şeklindeki borç tanımlamasına ek olarak, işletmenin ilgili yasa ve yönetmelikler uyarınca maruz kalacağı doğal kaynak tüketme riski de katılmaktadır.

c) Gider: Çevresel muhasebe giderin kapsamını genişletmiştir. İşletmelerin doğal sermayeyi koruma giderleri gider kapsamına alınmaktadır.

d) Maliyet: Çevresel muhasebe genel üretim giderlerinden çevresel maliyetleri ayrıştırmakta ve işletme faaliyetlerinin çevre ve toplum üzerindeki olumsuz etkisi olarak ifade edilen çevresel sosyal maliyetleri de maliyet unsuru olarak hesaba katmaktadır.

Sonuç olarak finansal muhasebe yalnızca para ile ölçülebilen niceliksel verileri işlerken çevre muhasebesi hem niceliksel hem de niteliksel verileri işlemekte ve ilgililere sunmaktadır.

3.9.4. Maliyet Muhasebesi Açısından Çevresel Muhasebe

Maliyet muhasebesi, endüstriyel faaliyette bulunan veya hizmet üreten işletmelerin ürettikleri mamullerin maliyetini saptayabilmek için giderlerin türlerini ortaya çıktıkları yerler itibariyle ve üretilen mamullerin türlerine göre izlemek için yapılan hesaplar ve tutulan kayıtları kapsamaktadır.[476] Maliyet muhasebesinin temel amaçlarından biri toplam ve birim maliyetlerin doğru olarak hesaplanmasıdır.

Maliyet muhasebesi ile çevresel muhasebe arasındaki ilişki de toplam ve birim maliyetlerin hesaplanması noktasında kesişmektedir. Günümüz muhasebesinde çevresel kaynak ve maliyetler ya hiç hesaba katılmamakta veya işletmenin diğer faaliyetleriyle beraber dağınık ve karışık bir şekilde muhasebeleştirilmektedir. Hiç hesaba katılmayanlar "sosyal maliyet" adıyla nitelendirilmekte, fabrika bacalarından çıkan zehirli gazlar, atık kimyasal maddeler ve sular buna örnek olarak verilebilmektedir. Sosyal maliyetlerin hiç

[474] Gray vd., a.g.e., s. 23
[475] Kaya, U., İşletme-Doğal Çevre İlişkilerinin Mali Tablolar Aracılığıyla Raporlanması ve Denetimi, SPK Yayın No:201, Ankara, 2006, s. 43- 44
[476] Yükçü S., Yönetim Açısından Maliyet Muhasebesi, Anadolu Matbaacılık, İzmir, 1998, s. 3

hesaba katılmaması bazı çıkar gruplarının baskısı sonucu gerçekleşse de, işletmenin sosyal sorumluluk amacı ile bağdaşmamaktadır.[477]

Çevresel maliyetler, çevresel muhasebenin gelişimine öncülük etmektedir. Çevresel maliyetler, mamullere veya süreçlere yüklenerek kayıt altına alınmaktadır.[478] Bazı yaklaşımlara göre çevresel maliyetler mamullere yüklenmeden doğrudan dönem gideri yazılmakta veya her mamul veya hizmet için ne kadar kaynak tüketildiği belirlenemediğinden üretim maliyetlerinden genel üretim maliyetlerine kayıt edilmektedir. Genelüretim maliyetlerine kayıt edilen çevresel maliyetlerin doğru bir şekilde takip edilmesi halinde, çevresel performansın artırılması ve çevresel yönetim için stratejik planların oluşturulması söz konusu olmaktadır.[479]

Çevresel maliyetlerin hesaba katılan kısmı "Genel Üretim Giderleri" hesabı içerisinde kaydolmakta ve izlenmektedir. Ancak klasik maliyet muhasebesinin maliyetleri mamullere yükleme anlayışı bazı yanlış hesaplamalara yol açmaktadır.

Bu yanlışı ortadan kaldırmak için iki aşamalı bir yol izlenebilir. Birinci aşamada karar vericiler, çevresel GÜM'ü dağıtmak için en iyi karar kriterlerini belirlemeli ve karar kriterleri olan çevresel GÜM'ü oluşturan gider çeşitleri ile dağıtım anahtarları arasındaki ilişkiyi kurduktan sonra ikinci aşamada da mamuller ile dağıtım anahtarları arasındaki ilişki belirlenir. Bu aşamadan sonra belirlenen ve en uygun dağıtım anahtarlarında toplanan çevresel maliyetler, tüketildikleri ölçüde mamullere yüklenebilir.

3.9.5. Yönetim Muhasebesi Açısından Çevresel Muhasebe

Bilindiği gibi yönetim muhasebesi, işletmenin geçmiş verilerinden yararlanarak, geleceğe yönelik planların uygulanmasında yöneticilere istedikleri bilgileri sağlayan muhasebetürüdür. Bu muhasebe türü, işletme içine yöneliktir ve üst yönetime hizmet etmektedir. Yönetim muhasebesi, bilgiyi elde etmek ve işlemek için gerekli olan verileri, finansal muhasebe ve maliyet muhasebesinden almaktadır. Bu nedenle yönetim muhasebesi ile genel ve maliyet muhasebesi ayrı düşünülemez. Hatta yönetim muhasebesine diğer iki muhasebe dalının kesişim kümesi denilebilir. Yönetim muhasebesi, analitik muhasebe veya sadece işletme yöneticilerine bilgi verdiğinden dolayı içe dönük muhasebe olarak da adlandırılmaktadır.

Yönetim muhasebesinin çok sayıda işletme kararının alınmasında, geniş bir maliyet ve performans verileri setinin yöneticiler tarafından kullanım boyutu

[477] Taşdemir, a.g.e., s. 53

[478] Mehenna Y.ve Dorweıler V. P., "Environmental Accounting: An Essential Component of Business Strategy", Business Strategy and the Environment, 13, 2004, s. 68.

[479] Raouf A H., Mohamed A,"Theoretical Framework for Environmental Accounting-Application on the Egyptian Petroleum Sector", Ninth Annual Conference of the Economic Research Forum, 26–28 October 2002, s.1–29.

ile çevresel muhasebenin işletmenin faaliyetleri ile ilgili kararları için çevresel verilerin kullanım boyutu benzerlik göstermektedir.[480]

Yönetim muhasebesi, bir işletmeye ait ekonomik (finansal) bilgilerin toplanması, analiz edilmesi ve raporlanmasıyla ilgilidir. Yöneticiler, işletme hedeflerini gerçekleştirmekle sorumludurlar ve bunun için işletmenin gidişatı hakkında ekonomik (finansal) bilgilere ihtiyaçları vardır. Bu durum, işletmenin planlama ve kontrol faaliyetleri ve yöneticinin çözüm bulma yeteneği ile sağlamlaşır. Yöneticilerin örgüt amaçlarını uygulamakta etkili olabilmeleri ve mümkün olduğunca etkin çözümler bulabilmeleri için belli ürünlerin, yatırımların ve politikaların fayda ve maliyetleri hususunda bilgiye ihtiyaçları vardır. Yönetim muhasebesi sistemi, yöneticileri kararlarına ulaşmalarına yardım edecek bu ekonomik (finansal) bilgileri temin eder.[481]

Yönetim muhasebesi diğer iki muhasebe dalının ortak özelliklerini barındırdığından, çevre muhasebesi ile bazı ortak noktaları bulunmaktadır. Bunlar şuşekilde sıralanabilir:[482]

- Yönetim muhasebesinin geleceğe yönelik olması ve bu özelliğinin çevreye duyarlı olmaya çalışan işletme amacıyla paralel olması,
- Yönetim muhasebesine bir işlemin konu olması için parayla ifade edilmesinin zorunlu olmaması, çevre muhasebesinin de en büyük engel olan bu özelliğinin yönetim muhasebesiyle aşılmış olması,
- Yönetim muhasebesinin raporlanacak bilgiler için mevcut standart raporların dışında da raporlama biçimini kabul etmesi, çevresel muhasebenin raporlama biçiminin yönetim muhasebesince kabu lgörmesi.

Bu başlıklara daha birçoğu eklenebilir. Tüm bu ortak noktalardan dolayı, çevresel muhasebenin en çok önem kazandığı, en fazla kullanıldığı ve konu ile ilgili en fazla bilginin üretildiği muhasebe dalı, yönetim muhasebesidir. Ayrıca yukarıda değinildiği üzere, yönetim muhasebesindeki verilerle hareket eden yöneticiye çevreyle ilgili sunulacak bir rapor standart mali tablolarla olabileceği gibi, standartdışı bağımsız rapor rehberleriyle de olabilmektedir.

3.9.6. Çevresel Muhasebenin Tarihçesi

S 18. Yüzyılın son çeyreğinde başlayan, 19. ve 20. yüzyılda daha da hızlanan sanayi devrimi; kâr maksimizasyonu, refah artışı, hızlı kentleşme ve sanayileşme gibi kavramları insanlığın gündemine getirmiştir. Kârın maksimize edilebilmesi için doğal kaynakların acımasız bir şekilde kullanılması, çevresel kayıpları hesaplamaksızın elde edilen refah, yenilenmesi mümkün olmayan kaynakların aşırı kullanımı ile sağlanan teknolojik gelişim, hızlı nüfus artışı ve düzensiz şehirleşme hem kırsal hem de kentsel toplum yapılarını bozmuştur. Bu

---

[480] EPA, An Introduction to Environmental Accounting as a Business Management Tool: Key Concepts and Terms, Washington, 1995, s. 4

[481] Atrill, P., McLaney, E., Management Accounting An Active Learning Appoach, Blackwell Business, 2001, s. 6

[482] Kaya, a.g.e., s. 62

bozulma sonucunda hava kirliliği, su kirliliği ve toprak kirliliği gibi pek çok çevresel sorun doğmuştur.[483]

Çevresel muhasebe, iletişimin gelişmesi, birey ve kuruluşların faaliyetleri ve dünya ile ilgili bilinen gerçeklere bakılarak oluşan mantıksal sonuçlardan ortaya çıkmış ve doğal kaynakların teknoloji yardımıyla daha etkin kullanımını gündeme getirmiştir. Ekonominin ve pazarların gelişiminin birbirlerine bağımlı süreçler olduğu düşünülürse, bu süreçlerin çevresel ve ekolojik süreçler içinde çalıştığı ve çevre muhasebesi yardımı ile daha optimize olacakları görülür. Bu mantıktan yola çıkıldığında ise çevresel muhasebenin en önemli amaçlarından birinin yapılan işlerde maksimizasyon yerine optimizasyon odaklı olduğu görülmektedir.[484]

Ekonomik, sosyal, teknolojik gelişmelerin sonucunda çevre kirliliği kavramı ortaya çıkmış, kamuoyundaki gündem sıralamasında üst seviyelerde yer almaya başlamıştır. Bu gelişmeler sosyal sorumluluk ilkesi gereği muhasebenin de çevre konularının içine yerleşmesine neden olmuş, muhasebe ile çevre arasındaki etkileşim sonucunda da çevre muhasebesi kavramı ortaya çıkmıştır. Çevre kirliliğinin artması ve çevre şartlarının değişmesi karşısında çevre muhasebesi de ülkelerin gündemine oturan bir kavram olmuştur.

Bir kısım ekonomistler bu yeni anlayış için tasarladıkları yeni ekonomik sistemlerin maliyet tabanlarına, topluma ve doğaya olan etkileri de eklemişler ve refah ölçümleri ile parasallığı birleştirmişlerdir. Muhasebeciler de bu yeni anlayışı benimseyip, doğaya olan etkilerin, işletme çevre raporları, çevresel yönetim muhasebesi ve tam maliyet muhasebesi ile çevresel giderleri, sorumlulukları özümseyerek işletme hesaplarında yer vermişlerdir. Konu işletmeler açısından ele alındığında ise, ekonominin gereklerine ve farklı görüşlere olan bağımlılıklar ile birlikte fertlerin sosyal görüşlerinin işletmelerin bu uyumunda önemli rol oynadığı görülmektedir. Girişimcilerin veya yatırımcıların da etik, sosyal, çevresel ve ekolojik kriterlere uygun portföy veya yatırımlara yönelmeleri, çevresel muhasebe anlayışını, etkin olmasa da iş hayatının kaçınılmaz bir parçası durumuna getirmiştir.[485]

Çevresel muhasebeye ilişkin ilk yaklaşım 1960'lı yıllarda bir grup muhasebeci ve ekonomist tarafından çevresel model ve tekniklerin geliştirilmesiyle başlamıştır. Ancak o zaman geliştirilen bu model ve teknikler özellikle sosyal muhasebe için önerilmiştir.[486]

Çevresel konuları bir muhasebe sistemi içerisine yerleştirme çabaları iki çalışma ile yakın bir geçmişe sahiptir. Bu çalışmalardan ilki 1972 tarihinde

[483] Özbirecikli M., "Ulusal Düzeyde ve Firma Düzeyinde Çevre Muhasebesi-Hindistan Örneği", Mufad Muhasebe ve Finansman Dergisi , S:4, Ekim 1999, s. 53
[484] Birkin, a.g.e., s. 52
[485] Birkin, F., "Ecological Accounting: New Tools For A Sustainable Culture", International Journal of Sustainable Development and World Ecology, Vol. 10, 2003, s. 50
[486]Güvemli, O. ve Gökdeniz,Ü., "Çevre Muhasebesindeki Gelişmeler", MÖDAV Dergisi, s. 4, İstanbul, 1996, s. 22

Nordhaus ve Tobin'in yaptığı çalışmalardır. İkincisi ise, Norveç hükümetinin 1974'de başlattığı doğal kaynak muhasebesi modeli çalışmasıdır.[487]

1960'lardan beri "her ne pahasına olursa olsun ekonomik büyüme" diyenler ile "önce çevre" diyenler olmak üzere iki grup ortaya çıkmış ve bunlar arasında son kırk yıldır hararetli tartışmalar olmuştur. Birinci gruba girenler öncelikle ekonomik kalkınmanın ve refahın amaçlanması gerektiğini ve bunun sonucunda da ekonomi ile çevre arasındaki dengenin çevre aleyhine bozulmasının normal olduğunu savunmuşlardır. İkinci gruba girenler ise ekonomik büyümeden önce ekolojik dengenin ve tabiatın korunması gerektiğini öne sürmüşlerdir. 1960 ile 1970 arasındaki yıllarda taviz vermez tavırlarla sürdürülen bu tartışmalar, 1970'lerden sonra yerini ölçülü ve daha yumuşak tartışmalara bırakmıştır.[488]

Gerek çevrecilerin sayısının ve gerekse toplumsal çevre bilincinin artmasıyla birlikte 1970'lerde ekolojik dengeyi ve doğayı koruma bilinci yasalara yansımaya başlamıştır. 1973-1977 döneminde, çok uluslu şirketler çevre konusunda bilinçlenmeye öncülük ederek çevre yönetim fonksiyonunu örgüt yapılarına katmışlardır.[489]

1980-1990 dönemi artık pek çok işletmenin çevresel sorunlarla doğrudan ilgilendiği ve sorunları çözmek için gayret sarf ettiği bir dönemdir. Bu dönemde çevre sorunları küresel boyutta tartışılmıştır. Hem firma bazında hem de ülke bazında önlemler ve çözümler bulunmaya çalışılmıştır.[490]

Çevre Koruma Ajansı (EPA)'nın 1969 yılında kurulmuş olmasına rağmen, çevre koruma ile ilgili işletme düzeyinde çalışmalara ve çevresel raporların hazırlanmasına, 1980'lerin sonlarında başlanabilmiştir. Çevresel bilgilerin, muhasebe sistemlerinde raporlanması ise ancak 1990'ların başını bulmuştur. 1990'ların ikinci yarısında, "çevre muhasebesi-yeşil muhasebe" gibi kavramlar kullanılmaya başlanmış, birçok Avrupa ülkesinde finansal tablolarda çevresel maliyetlerle ilgili ekler hazırlanmaya başlanmıştır.[491]

Yine 1990'lı yıllarda "doğal çevre korunarak ekonomik kalkınma nasıl gerçekleştirilebilir" sorusuna herkes cevap aramaya başlamıştır. Bu dönemde yapılan çalışmalar sonucunda "sürdürülebilir kalkınma (sustainable development)" modeli doğmuştur.[492]

"Sürdürülebilir Kalkınma", ekonomi ile çevre arasında entegrasyon sağlamaya çalışan bir kalkınma modelidir. Uzun dönemde çevreyi dikkate alan

---

[487] Pearce, D., Markandya A., Barbier E., Yeşil Ekonomi İçin Mavi Kitap, Çev: Arslan B.- Türksen Kafaoğlu, Alan Yayıncılık, Renk Basımevi, İstanbul, 1993, s. 88

[488] Kırlıoğlu, H., Can A.V., "Çevresel Muhasebede Kavramsal Tartışmaların Gelişimi ve Analizi", a.g.m., s. 64-65

[489] Akün, L., Çevre Muhasebesi: Genel Bir Bakış, Muhasebe Bilim Dünyası Dergisi, 1(1), 1993, s. 145-156.

[490] Pearce vd., a.g.e.

[491] Fleichman RK, Schuele K., Green Accounting: A Primer, Journal of Accounting Education 24, 2006, s. 35-66

[492] Akün, a.g.e., s. 145- 156

tek kalkınma modeli olup tüm kaynakları israf edilmeden, optimum kullanımını amaçlamaktadır. Bu model, hem doğal kaynakların etkinliğini hem de çevresel kalitenin korunmasını amaçlayarak ekonomik büyüme ile ekolojik dengeyi birlikte ele alır.

Çevresel sorunları çözebilmek ve çevre kalitesini maksimum kılabilmek için bütün bilim dalları hummalı bir faaliyet içindedir. Bu doğrultuda muhasebe biliminin de çevreye ilişkin araştırmalarda bulunması ve çevre konusundan sorumlu tutulması gerekir.

Muhasebeciler de çevresel sorunların çözümüne katkıda bulunabilmek için Çevre Muhasebesi kavramını gündeme getirmiştir.[493]

Reklam amaçlı, abartılmış ve halkla ilişkiler çerçevesinde olsa bile değişimlerin varlığı ve işletme felsefelerinin bir parçası olmaya başlaması gerçek değişiklikleri tetiklemektedir. Söz konusu değişiklikler aslında, ekolojik, çevresel ve sosyal değerlere uyumlu iş yapısını öngörmektedir. Böylece yüz yıllardır şu anda bilinen ve uygulanan ekonomik gerçeklere, sosyal ve çevresel bir bilinçlilik eklenilmeye çalışılmaktadır. Temelde, devlet ve iş yönetiminde, parasal ekonomi ve yararcı kavramlara öncelik verilmekle birlikte, sosyal ve doğal çevreye karşı sorumluluklar, ekolojik değişiklikler, yetersiz olsa da göz önünde bulundurulmaya başlanmıştır.[494]

3.9.7. Çevresel Muhasebenin Yararları

Toplumun çevreye karşı olan ilgisinin artmasıyla, işletmeler için çevresel performansları ilgi duyan gruplara iletmek son yıllarda giderek daha önemli duruma gelmiştir. Paydaşlar (ilgi duyanlar) işletmeler üzerinde yatırımlar, satışlar, hükümet baskıları ve işin gelecekteki kârlılığı yoluyla, çeşitli şekillerde etkili olabilmektedirler. Dahası, iyi bir çevresel performans veya kaynak verimliliği dinamik rekabet ortamında avantaj olarak görülmektedir. Bu nedenle, çevreye duyulan ilgi, ürünlerin tüm yaşam döngüsünde ekonomik kazançlar da göz önüne alarak, işletme amaçlarıyla bütünleştirilmelidir.[495]

3.9.8. Çevresel Muhasebenin Amaçları

Çevresel Muhasebenin amaçlarının bakış açılarına göre farklılık gösteren, ancak birbirlerini destekleyici ve tamamlayıcı şekilde ifade edildiği görülmektedir. Çevresel muhasebenin amaçları aşağıdaki gibi ele alınabilir:[496]

- Geleneksel muhasebe uygulamalarının geliştirilmesine katkı sağlayacak araştırmalar yapmak,

---

[493] Kırlıoğlu H., - Can A.V, Çevre Muhasebesi, Değişim Yayınları, Adapazarı, Ekim 1998, s. 1- 15

[494] Birkin, a.g.e., s. 51

[495] Cerin P., Communinication in Corporate Environmental Reports, Corporate Social Responsibility and Environmetal Management, Vol. 9, 2002, s. 48

[496] Özkol E., Çevre Muhasebesi, Dokuz Eylül Üniversitesi, İ.İ.B.F. Dergisi, Cilt: 13, Nisan 1998, s. 3

- Geleneksel muhasebe sistemi içinde, çevresel maliyet ve gelirleri ayrı olarak tanımlamak,
- İşletmenin hem iç hem de dış çıkar grupları için, yeni performans ölçüm raporları ve formları geliştirmek,
- Yönetim kararlarında daha fazla çevresel yararlılık elde edebilmek için yeni finansal olan ve finansal olmayan muhasebe bilgi ve kontrol sistemleri oluşturmak,

Bir başka açıdan çevre muhasebesinin amaçları aşağıdaki gibi sıralanabilir:[497]

- Çevresel sorunların etkisine ilişkin sosyal anlayışı işletmenin finansal yapısına ve yıllık hesaplarına yansıtmak,
- Çevresel faaliyetleri denetim programlarına eklemek,
- Çevresel raporlamanın ve çevre muhasebesi sisteminin geliştirilmesine katkı sağlayacak teori ve uygulamalara ağırlık vermek,
- Çevresel beyan ve raporların denetlenmesine / incelenmesine katkı sağlamak,
- Çevresel karar verme, yönetim sistemlerini değerleme gibi denetimle ilgili diğer hizmetlere katkı sağlamak,

Çevre muhasebesinde çalışmalar kısaca şu noktalarda yoğunlaşmaktadır:[498]

- Çevresel sorumlulukların muhasebe sistemleri ile bütünleştirilmesi,
- Çevre etken ve koşullarının belirlenmesi, bunların olumsuz etkilerinin giderilmesine yönelik muhasebenin katkısının sağlanması,
- Çevresel sorunların giderilmesine dönük maliyet analizleri yapılması,

Kısasa çevresel muhasebenin amacı, üretim ve tüketimin ekonomik faaliyetlerini araştırmak ve bu faaliyetlerin çevreye olan etkilerinin ne boyutta olduğunu anlamaktır. Ekonomik faaliyetleri çevreleyen fiziki çevre oluşumu, bu faaliyetler sonucu ortaya çıkan fiziki atıklarla ilişkilidir.[499]

3.9.9. Çevresel Muhasebenin Kapsamı

Devlet, özel sektör kurum ve kuruluşları ve fertlerin sahip oldukları, ölçülemeyenleri de kapsamak üzere ölçülebilen, değerlendirilebilen ve hesaplanabilen bütün çevresel değerler ile bu çevresel değerler üzerinde yaptıkları etkileri geniş anlamda çevresel muhasebenin kapsamına girmektedir.[500]

---

[497] Pearce D., Markandya A., Barbier B. Edward, Yeşil Ekonomi için Mavi Kitap, Çeviren Türksen Kafaoğlu, Arslan Başer Kafaoğlu, Alan Yayıncılık, Renk Basımevi, İstanbul, 1993, s. 87

[498] Güvemli O., - Gökdeniz Ü, "Çevre Muhasebesindeki Gelişmeler", MÖDAV Bülteni, S:4, Ekim 1996, s.24

[499] Gray R, - Bebbıngton J., - Walters D., Accounting For The Environment, Founded by the Chartered Association of Certified Accountants, England, , 1993, s.7.

[500] Haftacı, Soylu, a.g.m., s. 115

Muhasebenin geniş anlamdaki tanımından yola çıkılarak çevresel olgularla ilgili hesapların tutulmasından, işletmenin çevre ile ilgili finansal nitelikli raporlamaya kadar kapsadığı alan çevre muhasebesinin kapsamına da girmektedir.

Çevresel muhasebenin kapsama alanına ve muhasebe sistematiğine göre ayrımı aşağıdaki şekillerde görülmektedir.[501]

Şekil 3.2. Çevresel Muhasebenin Kapsama Alanına Göre Ayrımı

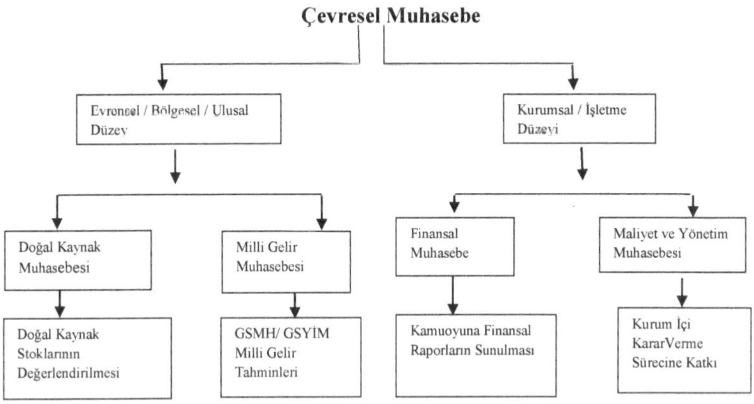

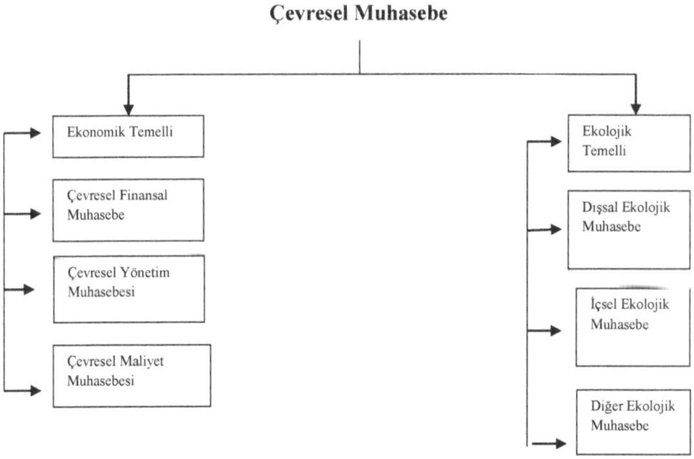

Şekillerde de görüldüğü gibi, çevresel muhasebe kavramı işlem muhasebesi, maliyet veya yönetim muhasebesi gibi, muhasebe sistemi içerisinde yer alan ayrı bir bölüm değildir. Çevresel muhasebe bu muhasebeler içerisinde

[501] http://www.emawebsite.org/ document/ emaric_396pdf

çevresel olgularla ilgili daha ayrıntılı bilgiler sunulmasını kapsar. Dolayısıyla bu muhasebe türlerin hepsinin içerisinde yer alır.[502]

Muhasebenin geniş anlamıyla hesaplaşma, hesap görme, hesapların tümü, bir şeyin olumlu veya olumsuz yönlerini gözden geçirme gibi yönlerine çevre eklendiğinde, çevresel muhasebenin kapsamı genişler ve çevre ile ilgili olumlu ve olumsuz durumların belirlenmesi, hesaplanması gibi çok geniş bir alan ortaya çıkar. Muhasebenin sosyal sorumluluk ilkesi gereği işletme dışı olaylara duyarlı davranılması, çevreyi korumaya yönelik gelişmelerin dikkate alınarak muhasebe sistemine katılması ve çevresel olgularla ilgili verilerin işlenerek yeni veri ve bilgilerin üretilmesi gerekir. Dar açıdan bakıldığında çevresel muhasebenin kapsamı, bir işletmedeki çevresel olgularla ilgili finansal nitelikli bilgilerin kaydedilmesi ve raporlanması olarak ifade edilebilir.[503]

3.9.10. Çevresel Muhasebenin Sorunları

Genişleyen muhasebe hesaplama tekniklerine karşın, ekonomik olmayan (non-economic) değerlerin finansal sayılabilir olarak ifade edilmesi yine de zor olmakta ve gerçek değerlerinin görülmesini zorlaştırmaktadır. Muhasebe bilgi sistemi ve karar verilerinde, yalnızca sayılabilir finansal bilgileri değil, aynı zamanda sosyal ve çevresel verileri de bulundurmalıdır.[504]

3.9.10.1. Günümüz Muhasebe Anlayışının Yetersizliği

Geleneksel muhasebe, finansal kaynaklar için bir üst sınır getirmediği gibi, doğada taşıma kapasitesi nedeniyle mevcut olan sınıra karşılık gelecek rakamsal bir sınır da getirmemektedir. Madde ve varlıklar arasındaki etkileşim, bağlılık ve bütünlüğü dikkate almaksızın kapsamına aldığı tüm konuları ilişkili ve bağlı bulunduğu bütünlükten ayırmakta, bölmekte, saymakta, kaydetmekte ve aslında birbirlerine eklenmeyebilecek olan olguları sonuçta mali tablolarda birleştirmektedir.[505]

Mevcut muhasebe uygulamalarında, yalnızca hissedarlar, finans kuruluşları ve diğer ilgili gruplarla yapılan sözleşmelerden doğan yükümlülükler, borç olarak kaydedilmekte iken (örneğin zehirli atıkların salınımı sebebiyle doğan borçlar vb.) çevresel yükümlülükler, gelecek nesillerle bir sözleşme yapılmadığı için kaydedilmemektedir.[506]

Geleneksel Muhasebe, hukuki olarak düzenlenmiş olan toplumsal maliyetlerle ilgilenmektedir. Kaynak kullanımından çok finansal işlemleri dikkate aldığından ve bu konuda yapılmış hukuki bir düzenleme

---

502 Haftacı, Soylu, a.g.m., s. 116
503 a.g.m., s. 116
504 Boyce G., Public Discourseand Decision Making Exploring Possibilities for Financial, Social and Environmental Accounting, Accounting Auditing and Accountability Journal, Vol 13, No 1, 2000, s. 30
505 Schaltegger S., Burrit R., Contemporary Environmental Accounting Issues, Concepts and Practice, Greenleaf Publishing, 2000, s. 79
506 Rubenstein D.B., Environmental Accounting for the Sustainable Corporation, Quorum Books, 1994, s. 17

bulunmadığından hava, su veya toprak gibi doğal unsurları da içeren bir toplam üretim maliyeti hesaplaması yapmamakta ve kayıt altına almamaktadır.[507]

Geleneksel maliyet ve yönetim muhasebesi sistemleri, geçmişe dönük ilgileri nedeniyle, geleceğe ilişkin değerleri dikkate almamaktadırlar. Örneğin; zayıf çevresel performansın, çevresel konulara önem veren müşterilerin satın alma eğilimlerini azaltması, çevresel konularda kısıtlamaları bulunan piyasalara erişmeyi engellemesi, muhtemel ortakların çevresel riskleri olan bir işletmeyle işbirliğine girmekten kaçınmaları gibi nedenlerle, finansman ve sigorta imkânlarının kısıtlanması gibi daha soyut sayılabilecek olan çevresel maliyetlere finansal tablolarda yer vermemektedir.[508]

Çevresel raporlama açısından çevresel gelir ve giderlerin tahakkuk ettirilmesinde tahakkuk ilkesinden, bunların eşleştirilmesinde, eşleştirme ilkesinden, çevresel raporlama maliyetinin (bu bilgilerden faydalanacak olanlara) sağlayacağı faydadan büyük olması durumunda, önemlilik ilkesinden, çevresel nitelikli bilginin dönemler ve işletmeler düzeyinde kıyaslanmasında tutarlılık ilkesinden, çevresel borçların gelecekteki yasal düzenlemelerle ilişkilendirilmesinde ihtiyatlılık ilkesinden, vb. kaynaklanan güçlükler söz konusudur.[509]

Muhasebe mesleği çevresel maliyet ve yönetim muhasebesi sistemlerinin geliştirilmesi konusunda öncelik alarak yeterince aktif bir rol üstlenememiştir.[510]

Kısacası, geleneksel muhasebe, çevresel muhasebe için uygun değildir. Çünkü geleneksel muhasebe, insanın doğal çevreye yapmış olduğu etkiyi kavrayamamasından dolayı bu yönüyle eksik kalmıştır. Çevresel muhasebe ve raporlamanın gözden geçirilmesi ihtiyacının var olduğunu dile getiren bazı yazar ve bilim adamları mevcuttur. Bu alanda, çevresel raporlara dayanan ve yıllık raporlarda çevresel olayları dile getiren bolca akademik yazı ve çalışmalar göze çarpmaktadır. Fakat bu durum, herkesin kabul ettiği gibi evrensel değildir. Örneğin çevresel muhasebe, IASB nin gündeminde olan karbondioksit emisyonuna rağmen muhasebe standartlarında yer almamıştır.[511] Tarihsel dizin içerisinde sınırlandırılan ve tartışılan çevresel muhasebe için birkaç başlık altında ele alınacak engeller mevcuttur.[512]

[507] Rubenstein, a.g.e., s. 19
[508] Kırlıoğlu H, Can A. V, Çevresel Muhasebede Kavramsal Tartışmaların Gelişimi ve Analizi, Muhasebe ve Finansman Dergisi, Sayı 32, Ekim 2006, s. 68
[509] Nyquıst s., Accounting Theory and Financial Environmental Reports, Eco-Management and Auditing, N..7, 2000, s. 178- 185
[510] Parker L.D., Environmental Costing: A Path to Implementations, Avustralian Accounting Review, Nov., Nr. 10, 2000, s. 43 – 50
[511] Cook, A., Emission Rights: From Costless Activity to Market Operations. Accounting, Organizations and Society, 34(3–4), 2009, s.456–468.
[512] Jones, a.g.e., s.129

3.9.10.2. Endüstrinin Etkisini Ölçme

Burada kabul edilmelidir ki, endüstrinin etkisini birkaç yolla ölçmek önemlidir. Ölçüm bizatihi, gizli kalmış bir konunun açığa çıkarılmasına imkân vermek, önceden görülmeyenlerin görülmesini sağlamaktır. Ölçüm; mesafeler için milimetre, santimetre, metre ve kilometre, zaman için saniye, dakika ve saat gibi çeşitli ölçüm sistemleri ile dünyanın çevresi dahi ölçülebilmektedir. İşletmede muhasebe değerleri etrafındaki ölçüm, büyük çaplı ölçüm sistemlerinden biridir.

3.9.10.3. İşletme Merkezli Anlayış

Geleneksel muhasebe, işletme merkezli ve çok dar bir bakışı esas almaktadır. Bu anlayış, somut işletme ölçümlerini hesaplamayı amaçlamaktadır. Yine bu anlayışta toplum ve doğa arasındaki etkileşimi içeren herhangi bir çalışma bulunmamaktadır. Ayrıca, doğal dünya, muhasebe terimlerinde yeniden tanımlanmıştır. Bununla beraber, ormanlar, yaban hayatın bir sığınağı değil de, "kereste" deposu olarak görülmektedir. Denizler, çevrebilimle ilgili sığınak olmasından ziyade balık varlıklarının deposu olarak görülmektedir. Genellikle su ve hava serbest mallar olarak algılanmakta ve bunun sonucunda çevresel tehlikelere maruz kalmaktadır. Basitçe bir ifade ile çevreyle ilişkimiz genellikle kazanç veya ticari istismar fırsatı olarak görülmekte ve çok iyi bir şekilde göz ardı edilmektedir. Çevre, yalnız ölçülebilen ve elde edilebilen ve muhasebe terimlerinde görülebilen varlıklardan oluşmamaktadır.[513]

3.9.10.4. Sayısal Ölçüm

Muhasebe, genellikle sayısal ölçüme dayanmaktadır. Bu anlamda sayılar, genellikle yönlendirilen, ilave edilen ve çıkarılan şekiller ile ortak kıstaslar sağlar. Örneğin, Muhasebeciler, karbon muhasebesinde eşit hakları yaymak için mücadele vermektedirler.[514] İşletme de, bazen kendisindeki son durumu ölçmek ister. Bununla beraber, gerçek doğal dünyada, ölçüm, başarısız bir faaliyetin en iyi ve en kötü arasındaki sınırlandırılmış değeridir. Birkin'e (1996) göre sayılar, faydalı soyutlamalardır. Fakat sayılar, ölçülebilir veya ölçülemeyen problemlerin iş dünyasının yalnızlığı içerisinde herhangi bir faaliyetin sonucunu ortaya koyan ve birbirine bağlı karmaşık bir dizi olayı sınırlama yeteneğine sahip değildir.[515]

3.9.10.5. Paraya Bağımlılık

Sayısal ölçüm, genellikle parasal değer üzerinden tahmin edilir. Değişik ülkelerde çoğu farklı şube hesapları, farklı para biriminin kullanımına hazır olup standart bir değer üzerinden değiştirilebilirler. Alternatif ölçüm(petrol rezervlerinin litre, doğal gazın metreküp veya karbondioksitin ton ile ölçümü

---

[513] Jones, a.g.e., s. 123- 138

[514] MacKenzie, D., Making Things the Same: Gases, Emission Rights and the Politics of Carbon Markets. Accounting, Organizations and Society, 34(3–4), 2009, s. 440–455.

[515] Birkin, F., The Ecological Accountant from the Cogito to Thinking Like a Mountain. Critical Perspectives on Accounting, 7, 1996, s. 231–257.

gibi) değerlemeleri mümkündür. Bununla beraber muhtemelen bu alternatifler genellikle geçerli para kuruyla değiştirilebilir. Parasal değerler, ekonomik hesaplamada yapıcı bir rol oynamaktadır.[516] Yalnız parasal değere sahip bu kalemler, kayıt altına alınmıştır. Bu ifade, kayıt altına alınmamış varlıkları içine almaktadır. Çevresel durumda, parasal olmayan işlemler, (hava, su, kara parçaları, yerleşim yerleri ve ozon tabakası gibi) fiyat ile belirlenmemiş dünyanın çok geniş bir aksiyonudur.[517] Doğa, muhasebe hesaplarının dışındadır.[518] Çoğu durumda, yukarıdaki faktörden dolayı doğa gerçek değeriyle değerlenememektedir. Çünkü geçerli değerleme sistemleri ile o değeri ölçmek zordur. Örneğin yaşam kalitesi, eğer hava ve su kalitesi ciddi bir tehdit altında olursa, ağır bir şekilde etkilenebilecektir. Çevresel ve çevreyle ilgili ekonomiler, piyasaya dayanan klasik ekonomilerin dışında hesaplamaya dönük olarak geliştirilmiştir.[519]

3.9.10.5.1.1. Teknik Muhasebe Uygulamaları

Maunders ve Burnitt (1991) çevreye karşı zararları azaltmada (varlık kavramı ve dönemi gibi) muhasebenin belirli teknik varsayımlarını göstermektedirler. Örneğin, varlık kavramı, "birimler" muhasebesi olan yapısal varlıkları suni olarak öne sürmektedir. İşletme organizasyonunun belirli yapı taşları olan şahıslar ve varlıklar, dışarıdaki üye olmayanlar tarafından açık bir şekilde sezinlenemez. İşletmeler sınırları belirlenemeyen ve sürekli değişen likit bir maddi olmayan varlıktan etkilenirler. Dışarıdaki bu dışsallanmış birimler, göz ardı edilmektedir. Daha çok çevre ile varlıklar arasındaki etkileşim, bilinememekte ve kayıtlanamamaktadır.[520] Belirli aralıklarla, suni ve farklı dönemler zaman dilimiyle ayrılmıştır. Finansal raporlarda bu dönem, bir takvim yılıdır. Modern şirketlerde uygulanan muhasebe, uzun vadeye yayılan küresel ısınma gibi çevresel problemler varken, kısa vadeye odaklanarak kötü bir şöhret sahibi olmuştur. Bu dönemdeki yanlış eşleştirme, muhasebe ve çevre arasındaki evliliğin kolay olmayacağını göstermektedir. Eşleştirme kavramı, hava, su ve karaları kirleten, biyolojik çeşitliliğin azalmasına neden olan kısa vadeli yönetim stratejilerinin çevreye vermiş olduğu zararın maliyetinin dikkate alınmamasıdır.[521]

---

[516] Weber, M. (Ed.), The Protestant Ethic and the Spirit of Capitalism. London: George Allen and Unwin Ltd, First Published 1904, 1976

[517] Gray, R. H., The Accounting Profession and The Environmental Crisis (or Can Accountancy Save the World). University of Dundee Working Paper Series, 57, 1991, May, s. 23

[518] Hines, R., On Valuing Nature, Accounting. Auditing and Accountability Journal, 4(3), 1991, s. 27–29.

[519] Daly, H. E., Economics and Sustainability: In defence of a Steady-State Economy. In M. Tobias (Ed.), Deep Ecology California: Avant Books, 1985, s. 90–100

[520] Maunders, K. T. & Burritt, R. L., Accounting and Ecological Crisis. Accounting, Auditing and Accountability Journal, 3,1991, s. 9–26

[521] Saravanamuthu, K., What is Measured Counts: Harmonized Corporate Reporting and Sustainable Economic Development. Critical Perspectives on Accounting, 15, 2004, s. 295–302.

3.9.10.5.1.2. Yeni Bütünsel Muhasebe

Yeni bütünsel muhasebe, çevre ve muhasebe arasında bir ilişki bağının olduğu ve birbiriyle bağlı bir muhasebe sisteminin daha çok bütünsel bakış açısına dayanmaktadır. Gerçekte muhasebe, bir bütün sistemin bazı parçalarını (özel finansal olay ve işlemler) ve diğer harcamaları (çevre gibi) tercih eder. Bu kavram, çevresel muhasebe teorisyenleri tarafından sıklıkla dile getirilmektedir. [522] Organizasyona, birkaç yolla, ekonomik ve sosyal çevreye katkı sağlayan ve birbirini etkileyen karmaşık bir ağ gibi bakılmaktadır. Nitekim organizasyonun küçük bir birimi,(firma veya aile) çok geniş bir sistemin (toplam veya makroekonomik) bir parçası olarak faaliyet sürdürmektedir. Öyle ki, toplam ekonomi, doğal ekosistemin geniş bir parçası gibidir.[523] Aynı zamanda değişim ağ bağlantı sistemi ve alt sistemidir.

Bu etkileşim, hem parasal olan hem de parasal olmayan işlemlerin ölçülebilirliğini kapsamaktadır. Aynı zamanda insan ve insansız sistemleri de içine almaktadır. Gray, (2002) bu sisteme, muhasebe ve finansın sınırları çerçevesinde sonuca deneme yanılma yoluyla giden bir yardım düşünce sistemi olarak bakmaktadır. [524]

Geleneksel makroekonomik modeller, biyolojik kaynak temelli dünyanın bozulmasını göz ardı eden, öncelikle materyalist insanın arzu ve isteklerini tatmin etmeye odaklanmaktadır. Çünkü bu anlayışa göre, çevrenin bir değeri ve maliyeti yoktur. Uzun araştırmalar, olmayan piyasa faktörlerine değer atfetmede başarısız olunduğunu göstermektedir.[525] Bir ülke, ormanlarını kesebilir, çevreyi kirletebilir, aşındırabilir, yaban hayatı katledebilir, balıkların neslini yok edebilir. Fakat o ülkenin ölçülebilen gelirleri, yok edilen bu varlıklar kadar etkilenmezler.[526] Daha çok bu fakirleşme, insan odaklı sürecin bir sonucudur. Ayrıca ekosistemin ihmal edilmesi, şu an yeryüzünde yaşayan insanların sürdürülebilirliğini de tartışılır hale getirmektedir. [527] Geleneksel ekonomiler, toprağı, işçi ve sermaye tarafından sömürülmeye istekli ve hazır, verimsiz, doğal ve edilgen bir kara parçası olarak görmektedir.[528]Toprak, biyolojik çeşitliliğinin

---

[522]Laughlin, R. C. & Gray, R. H., Financial Accounting: Method and Meaning. London: Van Nostrand Reinhold, 1988

[523]Daly, H. E., Towards an Environmental Macroeconomics. Land Economics, 67(2), 1991, s. 255–259.

[524]Gray, R. H.,& Collison, D., Can't See the Wood for the Trees, can't See the Trees for the Numbers: Accounting Education, Sustainability and the Public Interest. Critical Perspectives on Accounting, 13, 2002,s. 797–836.

[525] Repetto, R., Wasting Assets, the Need for National Resource Accounting. Technology Review, January 1992, 93(1), s. 38–44. Repetto, R. (1992). Accounting for Environmental Assets. Scientific American, 64–70.

[526] Repetto, R., Accounting for Environmental Assets. Scientific American, 1992, s. 64–70.

[527] Costanza, a.g.e.,

[528]Daly, H. E.,& Cobb, J. B., For the Common Good: Redirecting the Economy Toward Community. The Environment and a Sustainable Future. Massachusetts: Beacon Press, 1989, s. 190

ekolojik bir deposu olarak geleneksel ekonomik modellerin dışında tutulmaktadır.

3.9.10.5.1.3. Açıklanan Raporun Etkileri

Bütün işletmeler, kâr elde etmek gibi işletme amaçlarının yanında çalışanları insan olan geniş bir toplumun üyesi, ailesi aynı zamanda vatandaşıdır.[529] Eğer bir işletme, toplum ve yönetime dayalı sorumluluğunu tamamen yerine getirirse, kurumsal çevre etkilerini raporlama ve yayınlama gereklidir.

Çok dar anlamda işletmelerdeki doğal varlıktan yöneticilerinin paydaşlarına karşı sorumlu olduğu görülebilir. Geniş anlamda ise onlar, herhangi bir faaliyet için doğayı tahrip eden (tabi kaynakların kullanımı veya kirlenmesi gibi) ve aynı zamanda sahip oldukları doğal varlıklar için sorumlu olarak görülmektedirler.[530] Yönetim, sahip olduğu topraklar ile bir arada yer almayan kara parçalarını yok etmeye hakkı olduğunu ima etmektedir. Mantık olarak hali hazırda kanuni terimlerin göz ardı edildiği ifade edilmektedir. Geniş halk yatırımları görüşü, öncelikle dar özel hizmet yatırımlarının üzerinde yer almıştır. Diğer bir ifade ile "mülkiyet, piyasa değeri oluşturmak için değer kullanımını yok etme hakkını vermemektedir." [531] Mülkiyet, haklar gibi sosyal sorumluluk ve zorunlu yükümlülüklerden tamamen soyutlanamaz. Mülkiyetin bu geniş ifadesi, toplum tarafından meşru kabul edilen işletmeler için ihtiyaçtan kaynaklanmış gibi görülebilir.

Yaban hayatı gibi çevresel varlıklar, geleneksel işletme varlıkları değildir. Bu varlıklar, toplumun malıdır. Örneğin çevresel varlıklar, muhasebe varlıklarından daha ziyade kamu için değerlenebilir varlıklardır. Bu varlıkların tabandan tavana kadar olan özelliklerinin yetersiz bir şekilde tanımlanması, varlıkların ekonomik değerlerini ve ekonomik hayatlarını belirlemede ölçü değildir[532] yorumu, varlıkların yaban hayatının göçebeleri olmadığını, diğer özel mülkiyetler gibi, satılamayacağını gelir aracı olarak kullanılamayan ve dışlanamayan kamu malı olduklarını beyan etmektedir.[533]

Eğer bu araçlar kabul edilirse, işletmeler, kaynaklarını sorumlu bir şekilde yönetmelidir. Doğal kaynakların kullanımı için yönetim sorumluluğu gibi ortakların da dikkate alınmasını dile getiren Rubinstein (1989, 1991, 1992),

---

[529]Ostapski, S. A.,& Isaacs, C. N., Corporate Moral Responsibility and the Moral Audit: Challenges for Refuse Relief inc. Journal of Business Ethics, 11, 1992, s. 231–239.
[530]Willis, A.,& Goodfellow, J., The name of the game. CA Magazine, March, 1991, s. 43–50.
[531]Sagoff, M., Review of Property Rights and Eminent Domain. Transaction Books in Environmental Ethics, New Jersey, 1989, Summer,s. 179–197.
[532]Barton, A. D., A Trusteeship Theory of Accounting for Natural Capital Assets. Abacus, 35(2), 1999,s. 207–222.,Pallot, J., Elements of a Theoretical Framework for Public Sector Accounting. Accounting, Auditing and Accountability, 1992, 5(1), s. 38–59.,Wright, J. C., Natural Resource Accounting – An Overview from a New Zealand Perspective with Special Reference to the Norwegian Experience, Information Paper 2, Lincoln University and University of Canterbury, Centre for Resource Management., 1990
[533] Barton, a.g.e., s. 208

toprağın çevresel bozulmasını içine alan ve çift taraflı kayıt sistemini genişleten doğru muhasebenin, doğal kaynaklar fikrini geliştireceğini ileri sürmüştür. Paydaşlar kavramı, gelecek nesilleri içine alması için ortaya atılmıştır.[534] Bu yönetim kavramı hem kamuyu hem de özel mülkiyeti kapsamaktadır. Üst ve alt kaynakların sorumluluğunu yönetme yükümlülüğü, şirketlerin topluma karşı sorumlu faaliyetlerin açıklamasına gerekli kılmaktadır.

Günümüzde birçok işletmenin, yıllık raporlarında veya yalnız sürdürülebilir çevresel raporlarında büyük bir halk ve hükümet desteği ile işverenler gibi diğer şirket hissedarlarına finansal olan ve finansal olmayan faaliyetlerin hesabını verme sorumlulukları bulunmaktadır.[535] Toplum tarafından kabul görmüş meşru işletmeler ve çevredeki endüstriyel etkiler yeryüzünü çevresel tehlikelerle karşı karşıya bırakmıştır. Muhasebeciler, bu bilgilerin hazırlanması, toplanması ve dağıtılmasında önemli bir rol oynamaktadırlar. Gerçekte bu, aydınların kişisel çıkarlarını ifade etmektedir.[536] Başarılı işletmeler, paydaşlarının bir sınıfına çevresel sorumluluklarını iletişim yoluyla vermenin yanında çevreden sorumlu olanlar tarafından geniş çaplı bir kanun çıkarılmasını istemelidirler. Aydınların kişisel çıkarları, işletme için fark oluşturma ve rekabet piyasası avantajında öncülük edebilir.[537] Çoğu olumsuz olarak algılanan çevresel raporlama, çevresel başarılarını duyurmak isteyen işletmeler için mükemmel kamu ilişkisi fırsatı sunmaktadır. Zayıf çevresel performans, zorla isteksiz tanıtım ve eşit hükümet girişimlerinde işletmenin hisse değerlerine etki yapabilir.

3.10. Çevresel Muhasebe ve Muhasebe Standartları

Finansal Tabloların Sunuşuna ilişkin yayınlanan TMS–1 (Türkiye Muhasebe Standardı–1)'de birçok işletmenin finansal tabloların dışında, yönetimin işletmenin finansal performansı ve finansal durumu ve karşılaştıkları temel belirsizliklerin ana esaslarını açıklayan finansal değerlendirmeler sunduğundan bahsedilmektedir. Bu değerlendirme raporları arasında, işletmelerin faaliyette bulundukları çevredeki değişiklikler de dâhil olmak üzere, işletmelerin bu değişikliklere tepkisi ve finansalperformansın sürdürülmesi ve iyileştirilmesi için politikalarını gösteren raporlar yeralmaktadır.[538]

Yine TMS–1'de özellikle çevresel faktörlerin önemli olduğu sanayi kollarında ve çalışanların önemli birer finansal tablo kullanıcısı olduğu

---

534 Willis and Goodfellow, a.g.e., s.46

535 Harte, G.,& Owen, D., Environmental Disclosure in the Annual Reports of British Companies: a Research Note. Accounting, Auditing and Accountability, 1991,4(3), 51–61.

536 Adams, R.,. Why is the Environmental Debate of Interest to Accountants and Accountancy Bodies? In D. Owen (Ed.), The Accounting Profession, of Gren Reporting: Accountancy and the Challenge of the Nineties 1992, s. 76–86, London: Chapman and Hall. Chapter 4.

537 Hartman, L. P., Rubin, R. S., & Dhanda, K. K., The communication of corporate social responsibility: United States and European Union Multinational Corporations. Journal of Business Ethics, 74,2007,s. 373–389.

538 http://www.tmsk.org.tr/tms_seti/TMS/EK1-TMS_1_Yeni.doc

sektörlerde çevresel unsurların ve yaratılan katma değerin açıklandığı çeşitli raporların hazırlanmakta olduğu bilgisine yer verilmektedir.[539]

Maddi Duran Varlıklara ilişkin yayınlanan TMS–16'da "maddi duran varlıkkalemleri güvenlik veya çevresel nedenlerle edinilebilir. Bu maddi duran varlıkların iktisabı, varolan herhangi bir maddi duran varlık kaleminden elde edilmesi beklenen gelecekteki ekonomik yararları doğrudan artırmasa da, bir işletmenin diğer varlıklarından gelecekte ekonomik yarar elde etmesi için gerekli olabilir. Bu maddi duran varlık kalemlerinin elde edilmeleri sonucu, ilişkili varlıkların işletmeye gelecekte sağlayacakları ekonomik yararın, bu kalemlerin elde edilmemiş olması durumunda ilişkili varlıkların işletmeye gelecekte sağlayacakları ekonomik yarardan fazla olması nedeniyle bu kalemler maddi duran varlık olarak muhasebeleştirilir."açıklaması yapılmaktadır. Bu duruma örnek olarak da bir kimyasal madde üreticisinin, çevre düzenlemelerine uymak için tehlikeli kimyasal maddelerin üretimi ve depolanması için yeni kimyasal maddelerin kullanım süreçleri tesis etmesi durumunda ilgili tesis düzenlemeleri olmaksızın kimyasal maddeleri üretip satamayacağından, bunların varlık olarak muhasebeleştirilebileceği gösterilmektedir.[540]

Karşılık, Koşullu Borçlar ve Koşullu Varlıklar adını taşıyan TMS–37'de "karşılık olarak finansal tablolara yansıtılan tutarlar, işletmenin gelecek dönem faaliyetlerinden bağımsız, geçmiş dönemlerde oluşmuş olan olumsuzluklardan kaynaklanan yükümlülüklerdir." açıklaması yapılmaktadır. Bu duruma, işletmenin çevreye kanunsuz bir biçimde verdiği hasarlar sonucu oluşan ceza ve temizleme maliyetlerinden dolayı gelecekte işletmenin kaynaklarında meydana gelecek azalış örnek gösterilmektedir. Yani işletmeler gelecekte olması muhtemel çevresel cezalara karşılık ayırabilmektedir. Bu duruma bir diğer örnek olarak ise herhangi bir petrol tesisinin veya nükleer güç istasyonunun çevreye vermiş olduğu zararı düzeltmek için yedeğe çekilme maliyetlerine karşılık ayırabileceği belirtilmektedir. İşletmelerin ticari baskılar veya kanuni zorunluluklar nedeniyle gelecekteki faaliyetine belli bir şekilde devam etmek için çeşitli harcamalar yaptığında, örneğin fabrikaya duman filtreleri taktırdığında bunlara ilişkin bir karşılık kaydının finansal tablolara yansıtılamayacağı belirtilmektedir.[541]

Yine TMS–37'de "başta herhangi bir yükümlülük doğurmayan bir olay, kanunda meydana gelen değişiklik veya işletmenin bir fiilinin (örneğin, yeterince belirgin kamu açıklamaları) zımni olarak kabulden doğan bir yükümlülük doğurması sebebiyle, daha sonra bir yükümlülük oluşturabilir." açıklaması yapılmaktadır. Bu duruma, işletmenin faaliyetleri sonucu oluşan çevresel hasarların giderilmesine yönelik herhangi bir yasal yükümlülük yokken, yeni bir kanun ile ortaya çıkan hasarın düzeltilmesi gerektiği veya işletmenin hasarın

[539]http://www.tmsk.org.tr/tms_seti/TMS/EK1-TMS_1_Yeni.doc
[540]http://www.tmsk.org.tr/tms_seti/TMS/tms16.doc
[541]http://www.tmsk.org.tr/tms_seti/TMS/tms37.doc

düzeltilmesine yönelik kamusal anlamda bir sorumluluk yüklendiği durumlar örnek gösterilmektedir.[542]

3.11. Geleneksel Muhasebe Açısından Çevresel Konular

Geleneksel muhasebe nasıl finansal kaynaklar için bir üst sınır getirmiyorsa, doğada taşıma kapasitesi nedeniyle mevcut olan sınıra karşılık gelecek rakamsal bir sınır da getirmemekte; madde ve varlıklar arasındaki etkileşim, bağlılık ve bütünlüğü dikkate almaksızın kapsamına aldığı tüm konuları ilişkili ve bağlı bulunduğu bütünlükten sınıflandırmakla bölmekte, saymakta, kaydetmekte ve aslında birbirlerine eklenmeyebilecek olan olguları sonuçta mali tablolarda birleştirmektedir.[543]

Mevcut muhasebe uygulamalarında, yalnızca paydaşlar, kreditörler ve diğerleriyle yapılan sözleşmelerden doğan yükümlülükler borç olarak kaydedilmekte iken (örneğin zehirli atıkların salınımı sebebiyle doğan borçlar vb.) çevresel yükümlülükler, gelecek nesillerle bir sözleşme yapılmadığı için, kaydedilmemektedir.[544]

Geleneksel Muhasebe, hukuki olarak düzenlenmiş olan toplumsal maliyetlerle ilgilenmektedir. Kaynak kullanımından çok finansal işlemler dikkate alındığından ve bu konuda yapılmış hukuki bir düzenleme bulunmadığından hava, su veya toprak gibi doğal kaynakları da içeren bir toplam üretim maliyeti hesaplanması yapmamakta ve kayıt altına almamaktadır.[545]

Çevresel raporlama açısından çevresel gelir ve giderlerin tahakkuk ettirilmesinde tahakkuk ilkesinden, bunların eşleştirilmesinde eşleştirme ilkesinden, çevresel raporlama maliyetinin (bu bilgilerden faydalanacak olanlara) sağlayacağı faydadan büyük olması durumunda, önemlilik ilkesinden, çevresel nitelikli bilginin dönemler ve işletmeler düzeyinde kıyaslanmasında tutarlılık ilkesinden, çevresel borçların gelecekteki yasal düzenlemelerle ilişkilendirilmesinde ihtiyatlılık ilkesinden, vb. kaynaklanan güçlükler söz konusudur.[546]

Yukarıda sayılan bütün olumsuzluklara rağmen muhasebe mesleğini icra edenler ve ilgi duyan akademisyenler, çevresel maliyet ve yönetim muhasebesi sistemlerinin geliştirilmesi konusunda inisiyatif alarak aktif bir rol üstlenmemiştir.[547]

---

542 http://www.tmsk.org.tr/tms_seti/TMS/tms37.doc

543 Schaltegger S., Burrit R., Contemporary Environmental Accounting Issues, Concepts and Practice, Greenleaf Publishing, 2000, s. 79

544 Rubenstein D.B., Environmental Accounting for the Sustainable Corporation, Quorum Books, 1994, s. 17

545 Rubenstein D.B., a.g.e., s. 19

546 Nyquist S., Accounting Theory and Financial Environmental Reports, Eco-Management and Auditing, Nr.7, 2000, s. 178- 185

547 Parker L.D., Environmental Costing: A Path to Implementations, Avustralian Accountin Review, Nov., Nr. 10, 2000, s. 43 - 50

3.11.1.1.1.1. Çevresel Maliyet Muhasebesi

Çevresel maliyet muhasebesi fikir olarak, ortak havuzdan dağıtılmayan ürün ve süreçlerle ilgili çevresel maliyetlere öncülük etmektedir. Genelde çevresel maliyetler, satışların % 2 si olarak tahmin edilmektedir. Çevreye duyarlı bazı şirketler, çevresel performanslarını geliştirirken, kârlarını maksimize etmek için çevresel maliyet muhasebesini kullanmaktadırlar.[548]

Çevresel Maliyet Muhasebesi, mevcut maliyet muhasebesi işlemlerinde ek çevresel maliyet bilgilerinin ve / veya yerleşmiş çevresel maliyetlerin fark edilmesi ve uygun ürün ve süreçlere dağıtılmasını ifade etmek için kullanılan bir kavramdır.[549] Geleneksel maliyet muhasebesi sisteminde çevresel maliyetler diğer genel üretim giderleri gibi gelişigüzel işlemden geçirilip örneğin, doğaya yayılan gazlar, elden çıkarılan atıklar ve atık su maliyetleri ilk ortaya çıktığı yere bakılmaksızın, toplanıp gelişi güzel dağıtılmaktadır. Hatta üretim süreçlerinde ortaya çıkan emisyon, atık ve israf edilen malzeme maliyetleri gizli olmaları veya kaydedilememeleri nedeniyle göz önüne alınmamaktadır.[550]

Çevresel maliyet muhasebesi sistemi, sistematik neden ve etki sonuç analizlerine dayanan akımla ilgili maliyet muhasebesi sistemi olması nedeniyle çıktıyla ilgili katı ve sıvı atık, atık ve emisyon gibi maliyetler, onlara neden olan girdilere doğru olarak yüklenmektedir.[551]

Çevresel maliyetlerin maliyet merkezlerine gelişigüzel yüklenmesi, işletmelerin çevresel etkilerini ve onların maliyetlerini azaltmak gibi, maliyet merkezleri için herhangi bir özendirme içermemektedir. Çevresel maliyetlerin oluşumuna neden olanların doğru olarak saptanması ve yüklenmesi diğer alanlarda da maliyetlerin azaltılmasına yardımcı olabilir. Atıkların çokluğu, iş süreçlerindeki verimsizliklerin bir göstergesidir. Örneğin, bozuk / bozulmuş, üretim yalnızca atıkların atılma maliyetleri değil, aynı zamanda bozuk mallara giden ek malzeme, işçilik ve genel giderler nedeniyle üretim maliyetlerindeki yükselmelere de neden olmaktadır.[552]

Geleneksel maliyet ve yönetim muhasebesi sistemleri, geçmişe dönük ilgileri nedeniyle, geleceğe ilişkin örneğin; zayıf çevresel performansın, çevresel konulara önem veren müşterilerin satın alma eğilimlerini azaltması, çevresel konularda kısıtlamaları bulunan piyasalara erişmeyi engellemesi, olası ortakların çevresel riskleri olan bir işletmeyle işbirliğine girmekten kaçınmaları gibi

---

548 Carrera vd., a.g.e., s 63- 68

549 EPA, An Introduction to Environmental Accounting as a Business Management Tool: Key Concept and Terms, 1995, s. 31

550 Gale R.t, Environmental Management Accounting as a Reflexive Moderization Strategy in Cleaner Production, Journalof Cleaner Production,2005, s. 1

551 Çelik M., Çevreye Duyarlı Muhasebe, Muhasebe Finansman Dergisi, Sayı: 33, Ocak 2007, s. 156

552 Letmathe P., ve Doost R. K., Environmental Cost Accounting And Auditing, Managerial Auditing Journal, Vol 15, Sayı: 8, 2000, s. 425

nedenlerle, finansman ve sigorta imkânlarının kısıtlanması gibi daha soyut sayılabilecek olan çevresel maliyetleri dikkate almamaktadır.[553]

Çevresel Maliyet Muhasebesi, üretim girdileri, üretim süreçleri, etkileri ve ürünleri gerçek maliyetleri ile değerlendiren bir iç fiyatlama sistemine katkıda bulunmaktadır. Bu yöntem, çevresel yönetim sistemi, malzeme ve enerji akımlarının gözetimi, kontrolü ve planlaması konularında karar almak için bilgi oluşturmaktadır. Bu nedenle çevresel maliyet muhasebesi daha düşük maliyetlerle yasal uyumu sağlamak için uygun bir araçtır. Maliyet verilerini kullanan planlamanın tüm bölümlerindeki çevresel faktörleri bir araya getirmektedir. Bunun yanında çevresel veriler, iş süreçlerinin anlaşılabilirliğinin gelişmesine yardımcı olmaktadır. Örneğin, çıktı akımları ile ilgili verilere sahip işletmeler atık akımlarının hacmine ve onlarla ilgili maliyetlere şaşırmamaktadır. Bu bilgi, önlemler bulmaya yardımcı olabilmekte ve çevresel koruma için işletmenin davranışlarını değiştirebilmektedir.[554]

Bunu başarabilmek için çevresel maliyet muhasebesi sistemini yaygınlaştırmak gerekir. Ek bilginin yararları, ona ulaşma maliyetlerinden daha yüksekse işletme böyle bir maliyete katlanacaktır. Bu durum geleneksel ve çevreci maliyet muhasebesi sistemlerinin birleştirilmesini haklı çıkaracaktır. Böyle sistemi uygulamak için maliyet bölümü sorumlularının çevresel maliyetlerin neden ve etkileriyle ilgili çok bilgiye sahip olmaları gerekmez. Çevresel etkilerin maliyetlerini içeren fiyatlar, aslında işletmelerin çevreyle ilgili maliyetlerini içselleştirmelerini özendirir.[555]

3.12. Çevresel Maliyet Muhasebesi Sisteminin Yapısı

Çevresel maliyetleri doğru olarak belirleyebilmek için çevresel etkilerin karmaşık neden ve sonuçları göz önünde bulundurulmalıdır. Çevresel etkilerin maliyetleşmesinde, malzeme ve enerji akımları kaydedilir ve gerçek maliyetleri ile değerlendirilirse, çevresel maliyetleme uygun bir şekilde bu akımların kontrolüne yardım edebilir. Bu hedefi başarı ile sonuçlandırmak için kısmen aynı anda gerçekleştirilecek beş aşamaya ihtiyaç vardır.[556]

İlk aşama, çevre yönetimi sistemi grubunun işletmenin çevresel etkilerini belirlemesi gerekmektedir. Aynı zamanda bu ISO 14001 standardının ihtiyaçlarından biridir. Normalde etkilerin çoğu depolama, üretim ve dağıtımı kapsayan malzemelerle ilgilidir. Çevresel etkilerin çeşidi ve nedeni belgelendirilmelidir. Bu aşamada, çevre yönetim sistemi grubunun, çevresel etkilerin öneminin yüksek veya düşük olduğuna karar vermesi gerekmektedir. Çevresel maliyet muhasebesinde yalnızca yüksek öneme sahip etkiler düşünülecek ve değerlendirilecektir.[557]

---

[553] Kırlıoğlu H., Can A. V.,, Çevresel Muhasebede Kavramsal Tartışmaların Gelişimi ve Analizi, Muhasebe ve Finansman Dergisi, Sayı: 32, Ekim 2006, s. 68
[554] Letmathe, Doost, a.g.m., s. 425
[555] Çelik, a.g.m., s. 157
[556] Letmathe, Doost, a.g.m., s. 426
[557] Letmathe, Doost, a.g.m., s. 426

İkinci aşama, malzeme ve enerji akımlarının çevresel etkilerinin belirlenmesidir. Bu nedenle imkânlar ölçüsünde, malzeme ve enerji kaynaklarından en az bir grubunun etkisi ölçülmelidir. Tek bir malzeme bile farklı çevresel etkilere neden olabilmektedir.[558]

Üçüncü aşama, malzeme ve enerji akımlarını kontrol etmek için onların gerçek hacimlerinin standart miktarları ile karşılaştırıldığı aşamadır. Çevresel maliyetleri hesaplayabilmek için enerji ve malzemenin miktarlarının saptanması gerekmektedir. Planlamanın amacına uygunluk açısından; malzeme ve enerji miktarlarının saptanması, malzeme ve enerjinin çevresel etkilerini tanımlamak ve onları sistematik olarak girdilere, süreçlere ve ürünlere yüklemek yararlı olacaktır. Bu işlem yalnızca çevresel etkileri azaltmak için uygun olmayıp aynı zamanda yüksek maliyetlere yol açan verimsizlikleri de ortadan kaldırmayı amaçlamaktadır.[559]

Dördüncü aşama, malzeme ve enerjinin miktarları hesaplandıktan sonra, onların gerçek maliyetleri ile değerlendirilmesidir. Yalnızca gerçekçi bir görev, değerinin altında değerlendirilmiş çevresel maliyeti, sistematik olarak önleyebilir.[560]

Son aşama, çevresel maliyetleri, onlara neden olan girdiler, süreçler ve ürünler gibi nesnelere doğru yükleme aşamasıdır. Bu işlem, üçüncü aşamada sözü edilen malzeme ve enerjinin etkilerine göre gerçekleştirilmelidir. İç fiyatlar, enerji kaynaklarının ve tek bir malzemenin toplanan tüm maliyet bileşenlerinin sonucudur. Bu iç fiyatlar çevresel etkilerin, girdilerin, süreçlerin ve ürünlerin kontrol edilmesi ve planlanması için kullanılmaktadır.[561]

3.13. Çevresel Muhasebe ve Sürdürülebilir Kalkınma

Sürdürülebilir kalkınma anlayışı, 1970'lerin hâkim düşüncesi olan çevreye duyarlılık ve ekonomik büyüme paradoksunun tezlerini bir sentez haline getirmiştir. Sürdürülebilir kalkınmanın ekonomik kalkınmada bir araç olabileceği ve çevreye karşı duyarlı üretim politikaları gerçekleştirmek suretiyle de kalkınmanın mümkün olduğu ve bu ikilinin birbirini tamamlaması gerektiği önerilmektedir.[562]

Sürdürülebilir kalkınma kavramı iki kısımda ele alınabilir. Birinci kısımda 'ihtiyaçlar', ikinci kısımda ise çevrenin günümüzde ve gelecekteki talepleri karşılayabilme gücüne teknolojiden kaynaklanan 'sınırlamalar' bulunmaktadır. Diğer bir ifade ile sürdürülebilir kalkınma, insan sağlığını ve doğal dengeyi koruyarak sürekli bir ekonomik kalkınmaya imkân verecek şekilde doğal kaynakların akılcı bir şekilde yönetimini sağlamak ve gelecek

558Letmathe, Doost, a.g.m., s. 426
559Letmathe, Doost, a.g.m., s. 426
560Letmathe, Doost, a.g.m., s. 426
561Letmathe, Doost, a.g.m., s. 426
562European Parliament, "Report on Environment Policy and Sustainable Development: Preparing for the Gothenburg European Council", Reporter: A. Hulthén, Final A5-0171/2001, 15 May, 2001, s.15.

nesillere yakışır bir doğal, fiziki ve sosyal çevre bırakmak yaklaşımıdır. Böyle bir yaklaşım kalkınmanın her aşamasında küresel anlamda ekonomik ve sosyal politikaların çevre politikaları ile birlikte ele alınmasını gerektirmektedir. Sürdürülebilir kalkınma; toplum için düşünüldüğünde sosyal, ekonomik ve kültürel açıdan; doğal kaynaklar kapsamında düşünüldüğünde ise ekolojik açıdan önem kazanmaktadır.[563]

Küresel ısınma, ozon tabakasının incelmesi, hayvan ve bitki türçeşitliliğinin azalması, hava, su ve toprak kirliliğinin yaygınlaşmasının olumsuz sonuçlarının gözlemlenmesi ve dahası bu çevresel sorunların küresel boyut kazanması ekonomik ve çevresel atmosferlerin karşılıklı etkileşim içinde bulunduğunu, dolayısıyla birlikte değerlendirilmesi gerektiği gerçeğini somutlaştırmıştır. Ekonomik ve doğal çevrenin karşılıklı bağımlılığının kalkınma politikalarında dikkate alınmasına ihtiyaç olduğuna dair ilk kapsamlı uyarı Roma Kulübü'nün"Büyümenin Sınırları" başlıklı raporunda daha 1972 yılındayer almıştır. Aynı yıl içersinde yapılan Birleşmiş Milletler çevre konferansı ekoloji ve kalkınma arasındaki dengeyi ön plana çıkaran"eko kalkınma" politikası çerçevesinde sürdürülebilir kalkınmanın ikitemel unsuru olan "insan merkezlilik" ve "gelecek nesillerin kaynaklarının korunması" konularını gündeme getirmiştir. Ancak sürdürülebilir kalkınmanın küresel çapta aktif bir politika halinedönüşmesi 20 yıllık bir gecikme ile 1992 Rio Zirve'sinden sonra mümkün olmuştur.[564]

Rio Zirvesi'nde açıkça ortaya konulduğu üzere, sürdürülebilir kalkınma politikasının eylemsel nitelik kazanabilmesi, politika yapıcıların bu konudaki tutum ve duyarlılığına bağlıdır. Her ne kadar başka unsurlar da etkili olsa bile politikaların amaca hizmet edebilmesi, sürdürülebilir kalkınmanın ilkeleriyle tutarlı olmasına bağlıdır. Çünkü seçilen amaç, ancak oamaca götürecek bir politika olduğu sürece anlamlıdır. Kaldı ki, sürdürülebilirlik gibi kapsamlı içeriğe sahip bir amacın netleşmesi ve geliştirilmesi, doğa-insan ilişkisine göre oluşturulacak her türlü gelişime paralel yeni düzeltmeleri gerekli kıldığı için zorlu bir süreci kapsamaktadır.[565]

Sürdürülebilir kalkınma ile çevre ve kalkınma arasındaki ilişkilerin yeniden düzenlenmesi ihtiyacı, ilk etkilerini doğal olarak makroekonomik boyutta göstermiş, doğal / çevresel kaynakların daha fazla milli gelir hesaplarında yer alması eğilimini doğurmuştur. Böyle bir eğilimin en önemli sebebi, mevcut milli gelir hesaplama yönteminin ve buna dayalı kalkınma stratejilerinin, sürdürülebilir kalkınmanın ilke ve amaçlarına uygunluk bakımından sorunlu olmasıdır. Bu nedenle, sürdürülebilir kalkınmanın gerçekleştirilebilmesi için ekonomi ile çevre arasındaki dengeyi sağlamaya

---

563 Altınbaş D., "Uluslararası Sürdürülebilir Kalkınma Ekseninde Türkiye'deki KurumsalDeğişimlere Bir Bakış", s.1,2., http://biibf.comu.edu.tr/daltunbasmakale.pdf, 01.06.2006

564 Dulupçu M.A., "Sürdürülebilir Kalkınma Politikasına Yönelik Gelişmeler",2004. http://www.nsidc.org/deserts.htm

565 www.ekolojiorg.tr

yardımcı olacak bilgileri sağlama bakımından çevre muhasebesi umut verici bir yaklaşım olarak görülmektedir.[566]

Sürdürülebilir kalkınma hedeflerine ulaşmak için radikal değişiklikler içeren böyle bir yönteme başvuru, aynı zamanda küresel ölçekte çevre sorunları ile ilgili olan kuruluşların politikalarının gereğidir. Örneğin, 1972'de kurulan BM Çevre Programı (UNEP)'nın belli başlıöncelikleri ve işlevleri arasında, "çevresel kalite standartları için kriterler ve göstergeler geliştirmek, doğal kaynakların sürdürülebilir kullanımı ve yönetimi için rehber kurallar getirmek" de sayılmaktadır [567]

Çevresel muhasebedeki "fiyatlama" olgusu, sürdürülebilirliğin nasıl olacağının somut ifadesinde en önemli araç olarak değerlendirilebilir. Çünkü mal ve hizmetlerle doğal kaynakları "gerçek" fiyatlama uygulamasının altında yatan ilke aynıdır: "Fiyatlar, üretimin ve kullanımın sosyal maliyetlerini yansıtmalıdır." Fiyat, kaynak kullanımları, piyasanın her yerine aynı biçimde değerlendirilebileceği için de önem taşır. Ayrıca fiyatlama, bu yolda"kirleten öder" ilkesine de uygundur.[568]

Sürdürülebilir kalkınma düşüncesi, bugünkü kararların, gelecek nesillerin yaşam standartlarını olumsuz biçimde etkilememesi esasına dayanır. Buna göre ekonomik sistemlerin, hem doğal kaynakların kâr paylarını toplaması, hem de bilanço aktif değerlerinde hiç eksilmemeyi sağlaması gerekir. Bu ilke, muhasebecilerin ideal gelir kavramında aradıkları özelliklerle uyumludur. İşletme yöneticileri de gelecekteki tüketimi kısmadan, en yüksek geliri elde etmeyi amaçlamaktadır. [569] Bu açıdan, çevre muhasebesinin amaçları, sürdürülebilir kalkınmanın hem ekonomik hem de ekolojik yönleriyle neredeyse örtüştüğü söylenebilir.[570]

---

[566] Mutlu, A., Sürdürülebilir Kalkınma ve Çevre Muhasebesi II, MUFAD Dergisi, Sayı 34, Nisan, 2007, s. 169
[567] Mutlu, a.g.e., s. 169
[568]Pearce, D., Markandya, A., & Barbier, E. B., Blueprint for a Green Economy. London: Earthscan Publications Ltd, 1993, s. 90
[569]Pearce vd, a.g.e., s. 90
[570] Mutlu, a., a.g.e., s. 169

IV. Bölüm

4. Çevresel Yönetim Muhasebesi

Gelişmiş ve gelişmekte olan ülkelerde yaşanan sanayileşme ve ekonomik büyüme, hızlı nüfus artışı, beraberinde küresel ısınma, havave su kirliliği, tarım ve orman alanlarının hızla azalması, gürültü kirliliği, kimyasal ve radyoaktif atıklar gibi çevresel sorunların da önem kazanmaları sonucunu doğurmuştur.[571]

Bu durum dünya genelinde birçok ülkede devletler, yerel yönetimler, tüketiciler, uluslararası kuruluşlar ve kamuoyu gibi işletme ilgililerinin dikkatlerini, işletme faaliyetlerinin çevre üzerindeki etkilerine yoğunlaştırmalarına ve çevresel maliyetlerin ölçülmesi, çevresel bilgilerin tüm ilgilerinin ihtiyaçlarını karşılayacak şekilde raporlanması gibi konularda işletme üzerindeki baskılarını artırmalarına neden olmuştur.[572]

Yukarıda bahsedilen çevresel baskılar, bir işletmenin parasal bilgiler yanında çevreyle ilgili yatırım kararlarının alınması ve etkin bir şekilde yürütebilmesi için bilgi sistemlerine ihtiyaç duyacağını göstermektedir.

Çevresel yönetim muhasebesi konusuna geçmeden önce konu bütünlüğünü sağlama açısından muhasebe kavramları vebilgi sistemine temas etmenin faydalı olacağı düşünülmektedir.

4.2. Muhasebe Kavramları

Muhasebe kâr amacı gütsün veya gütmesin her türlü kuruluşun işleyişi ile ilgili parasal ve diğer bazı bilgileri hesap dönemi adı verilen zaman dilimleri itibarıyla toplayan, kayıt ve tasnif eden ve raporlar halinde özetleyen bir bilgi sistemidir.[573]

Muhasebe sistemleri, kuruluşun büyüklüğü, gelişmişlik düzeyleri, türleri, hedefleri ve kamu veya özel sektör gibi birçok faktöre bağlı olarak, değişim göstermektedir. Bu nedenle, yukarıdaki faktörler dikate alındığında, muhasebe okuyucuları için bazı ortak muhasebe kavramlarına çok kısa olarak değinilecektir.

İşletmenin değişik türde faaliyetlerine ilişkin birçok kararın verildiği bir ortamda kullanılacak bilgi türünün tek tip olması beklenemez. Muhasebe fonksiyonu bilgileri üretecek ve kullanıma hazır hale getirecek şekilde yapılandırılmalıdır. Bu yapılandırılmada finansal muhasebe, maliyet muhasebesi

---

[571] Xiaomei, L., "Theory and Practice of Environmental Management Accounting" International Journal of Technology Management & Sustainable Development 3 (1), 2004, s. 47-57

[572] Jasch, C., "Environmental Management Accounting (EMA) As The Next Step in the Evolution of Management Accounting" Journal of Cleaner Production 14 (14),2006a, s. 1190-1193.

[573] Gürsoy C.T., Yönetim ve Maliyet Muhasebesi, Beta basım Yayım Dağıtım A.Ş., 2. Bası, Eylül 1999, İstanbul, s. 3

ve yönetim muhasebesi yer almaktadır. Bu muhasebe türleri farklı amaçlar için kullanılmakta ve muhasebe bilgi sistemini oluşturmaktadır. Herbirinin muhasebe sürecinde farklı bir yeri ve önemi vardır.[574]

Muhasebe türleri birbirinin alternatifi olmayıp muhasebe sisteminin bütününü oluşturan unsurlardır. İşletme yönetimleri her bir muhasebe türünü farklı amaçlar için kullanmakta ve bu farklılıklar birbirini tamamlamaktadır. Bu nedenle sağladıkları bilginin türü, kapsamı ve kullanıcıları değişim göstermektedir.[575]

Bir işletmenin finansal muhasebe ve yönetim muhasebesi uygulamaları arasında birçok bağlantı vardır. Örneğin, muhasebe, hem iç hem de dış izleyiciler için bilgi üreten bir veri toplama süreci olarak görülebilir. Yönetim muhasebesi amaçlari için hesaplanan toplam maliyetler ve kazançlar, finansal raporlama amaçları için toplanan işletme gelirleri ve giderleri ile ilişkilidir. Bir başka ifade ile yönetim muhasebesinde, işletme yönetimi iç karar almada doğru bilgi sağlamaya odaklanırken, finansal muhasebe, genel olarak muhasebe faaliyetleri ve dış paydaşlara yönelik finansal tabloların hazırlanması eğilimindedir.

Finansal muhasebe, ağırlıklı olarak bir kuruluşun mali performansı hakkında bilgi almak isteyen yatırımcılar, vergi idareleri ve alacaklılar gibi dış paydaşların bilgi ihtiyaçlarını, taleplerini karşılamak üzere tasarlanmıştır. Mali raporlar ve farklı finansal unsurlarıulusal yasalar ve uluslararası standartlar ışığındadüzenler.

Finansal muhasebe, çeşitli finansal bilgilere odaklanır. Bir kuruluşun mali tablolar (Gelir ve Gider Hesabı veya Kâr ve Zarar Hesabı olarak bilinen) Gelir Tablosu, yıllık gelir ve giderleri hakkında bilgi sağlar. Bilanço belirli bir tarihte varlık, yükümlülük ve özkaynak raporlamaktadır. Buna ek olarak, finansal tablolar, Nakit Akım Tablosunu da içerir. Böylece, finansal muhasebenin faaliyetleri, veri toplama, hesap dengeleme, mali tabloların denetimi ve dış raporlamayı içermektedir.

Finansal muhasebenin sunduğu bilgilerin objektif ve irdelenebilir olması esastır. Örneğin bir üretim işletmesinde hammdde stokları maliyet bedeli ile aktifleştirilir. Çünkü maliyet bedeli objektif bir veridir ve satıcıdan alınan fatura ile ilişkilendirilir.[576]

Çevresel muhasebenin bir kuruluşun finansal ve yönetim muhasebesi fonksiyonları tarafından kabul edilen konuların ötesinde diğer türleri vardır. Örneğin, bazı çevre muhasebesi çabaları, miktar tahminleri ve çevresel dışsallıklarla ilişkili fayda ve maliyetler, yani yasaların izin verdiği ölçüde örgütsel faaliyetlerin çevresel etkilerini kapsamaktadır.[577]

---

[574] Kaygusuz S.Y., Dokur Ş., Maliyet Muhasebesi, Dora Basım Yayım Dağıtım, Bursa, 2009, s. 15
[575] Kaygusuz vd., a.g.e., s. 15
[576] Gürsoy, a.g.e., s. 4
[577]Full Cost Accounting from an Environmental Perspective (Toronto: Canadian Institute of Chartered Accountants, 1997); J. Bebbington, R. Gray, C. Hibbitt and E. Kirk, Full

Birçok çevre düzenlemesi, hem ekosistemlere hem de insan sağlığı üzerinde olumsuz etkisi olabilen kirletici emisyonlara, bazı yasal düzeyde izin vermektedir. Bununla beraber, emisyonlar yasal olduğundan, bu zararlı gazları yayan kuruluşlar ortaya çıkan olumsuz etkilerden dolayı herhangi bir maliyete katlanmak veya bu etkileri yönetmek zorunda değillerdir. Ancak, yasaların izin verdiği kirlilik düzeyi ne olursa olsun, emisyon, zararlı dış etkilere sahiptir. Birçok işletme için bir şehirdeki bir nehir veya havanın kalitesi, su kalitesi gibi etkiler, tek faktör değildir.

Çok sayıda işletme dış çevresel etkiler hakkında fiziki bilgi raporlayıp hesap yaparken (örneğin, yıllık kirletici emisyonların farklı türdeki miktarları) muhasebe ve raporlama için dış ekonomik etkileri çok daha az bilinmektedir.[578]

Tablo4.1 dış raporlama bağlantılarının genel ilişkisinin yanı sıra, finansal ve yönetim muhasebesinin çevresel boyutlarıyla ilişkili kısa bir karşılaştırma imkânı sağlamaktadır.[579]

Tablo 4.1.İşletme Düzeyinde Muhasebe ve Raporlama

İşletme Düzeyinde Muhasebe	İşletme Düzeyinde Çevresel Muhasebe	İlişkili Zorunlu Dış Raporlama	Diğer Dış Raporlama Bağlantıları
Finansal Muhasebe (FA): Bir kuruluşun dış birimlere raporlama için standart finansal bilgilerin geliştirilmesi. (Örneğin, yatırımcılar, vergi makamları, alacaklılar)	Finansal Muhasebede Çevre Sorunları: çevre ile ilgili bilgi, çevre ile ilgili yatırımlar, çevresel sorumluluk ve kuruluşun çevre performansını ile ilgili diğer önemli gider ve kazançlar dâhil finansal raporlar.	Farklı finansal unsurların nasıl davranılması gerektiğini belirlemek, ulusal yasalar ve uluslararası standartlara, dış taraflara Finansal Raporlama tarafından düzenlenir. Kuruluşlar tarafından ele alınan mali raporlar, giderek artan çevresel ve sosyal performans ile ilgili bilgileri içerir. Bazı ülkeler, bazı kuruluşların gönüllü olarak bu tür bilgileri, mali raporlar, bu tür içeriği gerektirir.	Ayrıca, kuruluşlar, çevre düzenleme raporlama için finansal raporlama amacıyla toplanan çevre ile ilgili bilgi, bazı ulusal raporlama veya gönüllü kurumsal çevre ve sürdürülebilirlik raporlama kullanır.
Yönetim Muhasebesi (MA): Bir organizasyonun gelişimi ve parasal hem de parasal olmayan bilgi, hem de rutin ve stratejik karar verme, iç yöneticileri tarafından desteklenir.	**Çevresel Yönetim Muhasebesi (EMA):** yönetim muhasebesi sistemleri ve uygulamaları ile çevre ve ekonomik performans yönetimi, enerji, su, malzeme ve atıkların akışını fiziksel bilgi yanı sıra, ilgili maliyetler, kazanç ve parasal bilgileri odaklanarak tasarruf sağlar.	Özellikle Yönetim Muhasebesi veya Çevresel Yönetim Muhasebesi ilişkili hiçbir dış raporlamaya genellikle gerek duyulmaz..	Ancak, kuruluşların çevre düzenleyici raporlama için Çevresel Yönetim Muhasebesi altında toplanan bilgileri, bazı ulusal raporlama veya gönüllü kurumsal çevre ve sürdürülebilirlik raporlama ile kullanır.

Cost Accounting: An Agenda for Action (London: The Association of Chartered Certified Accountants, 2001); R. Howes, Environmental Cost Accounting: An Introduction and Practical Guide (London: The Chartered Institute of Management Accountants, 2002); The SIGMA Guidelines – Toolkit, SIGMA Environmental Accounting Guide and TheSIGMA Guidelines-Toolkit, Sustainability Accounting Guide (London: The SIGMA Project, 2003).

578 Full Cost Accounting……

579 Full Cost Accounting…

Coğrafik ve jeopolitik seviyelerde çevre muhasebesi bilgisi, belirli bir ekosistem (bir dönüm noktası gibi), belli bir siyasi varlık (bir millet gibi) ve hatta tüm dünya sağlığını değerlendirmek için, genellikle hükümet tarafından toplanır. Ulusal Çevresel Muhasebe (National Environmental Accounting NEA) [580] tarafından sağlanan sadece tek bir işletmede toplanan bilgileri (örneğin, bir ülke içinde sanayi ve hükümet tarafından çevresel iyileştirme yıllık toplam harcamaları) ve muhtemelen dışsallık bilgisinin yanında, aynı zamanda Doğal Kaynak Muhasebesi (Natural Resource Accounting NRA) bilgisini de içerebilir. Doğal Kaynak Muhasebesi, stokları ve akışları, gerçek ve potansiyel kullanım alanları ve orman arazisi, temiz su ve maden yatakları gibi doğal kaynakların potansiyel değeri hakkında bilgi sağlar. Örneğin, orman arazisi, piyasada odunun potansiyel değeri tanımlamada veya yakın topluluklar için temiz su kaynağı sağlamak gibi amaçlar için değerli olabilir.[581]

Yukarıda açıklandığı gibi çevresel muhasebenin geniş türleri arasında bir örtüşme söz konusudur. Örneğin, ulusal hükümetler, ulusal düzeyde istatistiksel muhasebe için çevre muhasebesi bilgileri de dâhil olmak üzere işletme düzeyinde bilgi toplayabilir. Aksine, hükümete istatistiksel raporlama için öncelikle tek bir işletme tarafından toplanan bilgiler, işletme düzeyinde iç yönetim kararı için potansiyel olarak çok değerlidir. Ne yazık ki, işletme düzeyinde bu muhasebeyi uygulayan kurumların iyi koordine edilmediği görülmektedir.[582]

Ayrıca, çevresel muhasebenin tüm farklı türleri için kullanılan dil standardize edilmemiştir. Çok geniş bir terim olan "çevresel muhasebe" kendisi genellikle yukarıda açıklanan muhasebenin farklı türlerini ifade etmek için kullanılır. Çevresel Yönetim Muhasebesi, Çevresel Muhasebe olarak belirli bir alt kümesinin içinde bile, terminoloji, kuruluşlar ve ülkeler arasında farklılık gösterir. Örneğin, Çevresel Yönetim Muhasebesi, çeşitli şekillerde Çevresel Muhasebe olarak adlandırlmaktadır. Çevre Yönetim Muhasebesi, Çevresel Maliyet Muhasebesi (Environmental Cost Accounting ECA), Tam Maliyet Muhasebesi (FCA), Toplam Maliyet Değerlendirmesi (TCA) gibi ifade edilmektedir. Böylece, bir işletme içinde veya başka bir yerde, çevre ile ilgili muhasebe her türlü tartışmaya konu olmuştur. Bundan dolayı kullanılan tanımların ve dilin açıklığa kavuşturulması önem arzetmektedir.[583]

---

[580]EUROSTAT, Definitions and Guidelines for Measurement and Reporting of Company Environmental Protection Expenditure, 2001; European "Commission Regulation (EC) No 1670/2003 of 1 September 2003 implementing Council Regulation (EC, Euroatom) No 58/97 with regard to the definitions of characteristics for structural business statistics and amending regulation, 2003); United Nations Handbook of National Accounting: Integrated Environmental and Economic Accounting, 2003.

[581] IFAC, Environmental Management Accounting, International Guidance Document, August 2005, s. 10- 86

[582] IFAC, a.g.e., s. 10-86

[583]Cook, A. Emission Rights: From Costless Activity to Market Operations. Accounting, Organizations and Society, 2009, 34(3–4), s. 456–468.

4.2.1. Yönetim Muhasebesi

İşletme yönetiminin sürekli gelişen ve değişen çevre şartlarında faaliyetlerini daha akılcı bir biçimde yürütebilmesi için muhasebe önemli bir yönetim aracıdır. Nitekim yoğun rekabet şartları altında faaliyet yürüten işletmelerde yöneticiler, ancak muhasebeden ve diğer bilgi sistemlerinden sağlanan bilgiler ışığında etkin bir yönetim gerçekleştirebilirler. İşletme yönetimini esas alarak gerekli bilgilerin üretimini ve sunumunu sağlayan muhasebenin bu alt sistemine yönetim muhasebesi denmektedir.[584]

Yönetim muhasebesi, performans ölçümüne, bilginin verimli kullanımını sağlamaya, yönetim kararlarına, faaliyetleri planlama, bütçeleme ve bilgilendirmeye, hem parasal hem de parasal olmayan bilgilere (örneğin, hammadde miktarları veişçilik saatleri) odaklanır. Tüm bu ortak amacın gerçekleşmesi halinde bir işletmenin paydaşları için değer oluşturması, oluşan değeri koruması ve artırılması, yürütülen politika ve stratejilerin bir sonucu olacaktır. Böylece, Yönetim muhasebesi faaliyetleri, veri toplama gibi rutin ve özel yönetim ihtiyaçlarını karşılamak için sermaye yatırım değerlendirme gibi tasarlanmış çeşitli teknikler yanında daha çok veri üzerinden stratejik analizleri içerir.

Yönetim muhasebesi, işletmenin ekonomik olaylar hakkında tanımlama, ölçüm, raporlama ve bilgi analizi sürecidir. Süreç, işletmedeki kişilerin iç bilgiye ait ihtiyaçlarının karşılanmasına yöneliktir. Ayrıca, yatırım kararlarına ve operasyonlara öncülük etmektedir.[585] Şekil 4. 1 de operasyonel kontrol, tüketici ve ürün maliyetleme, yönetim kontrol ve stratejik kontrol olmak üzere yönetim muhasebesinin dört temel fonksiyonu görülmektedir.

Şekil 4.1. Yönetim Muhasebesinin Bilgi Fonksiyonları

Operasyonel Kontrol	Yerine getirilen görevlerin etkinliği ve kalitesi hakkında geri bildirim bilgisi sağlar.
Tüketici ve Ürün Maliyetleme	Tüketicilere hizmet veya ürün teslimi, piyasa şartları, ürün veya hizmeti üretmede kullanılan kaynakların maliyetlerini ölçme
Yönetim Kontrol	Operasyon birimlerinin yönetici performansları hakkında bilgi sağlar.
Stratejik Kontrol	İşletmenin mali yapısı, uzun vadede rekabet performansı, piyasa şartları, tüketici tercihleri ve teknolojik gelişmeler hakkında bilgi sağlar.

Kaynak: Atkinson, 1997, s. 12

Dört farklı fonksiyon, yönetim muhasebesi bilgisi için farklı taleplerle ilişkilidir. Genellikle konuşma, operasyonel bilgi, operasyonun gelişimi ve kontrolünde öncelikle kullanılmaktadır. En üst seviyedeki yönetim, bilgiyi stratejik karar almayı desteklemede kullanırken, orta seviyede bir yönetim bilgiyi, karar alma ve planlamada kullanmaktadır.

[584] Karakaya M., Maliyet Muhasebesei, Geliştirilşmiş 4. Baskı, Gazi Kitabevi, Ekim 2011, s. 8
[585] Atkinson, Management Accounting, Second Edition, 1997, s. 12

Geleneksel yönetim muhasebesinde finansal bilgi, miktar ile sınırlıdır. Bununla beraber "yeni" yönetim muhasebe araç ve teknikleri, iç karar almayı desteklemek için geliştirilmiştir.[586] Yeni yönetim muhasebe teknikleri, Faaliyete Dayalı Maliyetleme ve Kurumsal İşletme Karnesi gibi rekabet çevresini geliştirme ile sürdürülen bilgi ihtiyacının değişmesine bir tepki olarak ortaya çıkmış ve geliştirilmiştir. Faaliyete Dayalı Maliyetleme Sistemi, faaliyetlerin, ürünlerin ve tüketicilere sunulan hizmetlerin maliyetlerini daha doğru ölçmektedir. Kurumsal karne, şirket stratejisi veya stratejilerinin bu uygulamaya dâhil edilerek finansal perspektif, müşteri perspektifi, iç süreçler perspektifi ve çalışanlar perspektifi açısından hedeflere ulaşmadaki işlerliğinin değerlendirilmesidir. [587] Geleneksel yönetim muhasebe sistemleri ile yeni geliştirilen teknikler arasındaki fark, yalnızca üretilen yönetim bilgisi türünün genişlemesine dayanmaktadır. Yeni ürün performansı, tüketici tatmini, daha çok konu bilgisi, süreç zamanları ve kalitesi gibi finansal olmayan niteliğe ait bilginin, geleneksel finansal bilgiden ayrılması, önemli bir karardır.

Ayrıca bu tekniklerin finansal olmayan varsayımlar, faaliyetler ve uzun vadeli perspektif kalitesi için dikkatli gelişiminden dolayı karar almadaki sürdürülebilir düşünceleri birleştirmede de faydalı olabilir.

Yönetim Muhasebesi, öncelikle iç yönetim bilgi ihtiyacını karşılamaya odaklanır. Finansal muhasebe bilgilerinin tek düze olması, yönetim muhasebesi bilgilerinin ise daha kapsamlı olduğu görülmektedir. Zaman açısından ele alındığında finansal muhasebe geçmişte gerçekleşen faaliyetlere odaklandığı, yönetim muhasebesinin ise, gelecekle ilgili faaliyetlere odaklandığı görümektedir.[588]

Yönetim Muhasebesi, zaman içerisinde önemli bir aşama kaydetmiştir. Yönetim muhasebesinin ilk hedefi, maliyet tespiti ve mali kontrole odaklanma iken daha sonraki yıllardayönetim planlama ve kontrol için bilgi sağlanmasına odaklanma, atıkların azaltılması, iş süreçlerinde kullanılan kaynaklara odaklanma vekaynakların etkin kullanımı yoluyla yeni nesle odaklanma veya değer oluşturma[589] olarak belirlenmiştir.

IFAC analizine göre, Yönetim Muhasebesinin (Management Accounting MA) öncü uygulaması, atıkların azaltılması (kaynak kaybının azaltılması) ve kaynakların etkin kullanımına odaklanmada bilgi sağlamanın ötesine geçmiştir. Diğer bir ifade ile bir işletme "fiziksel ve parasal kaynakların" yanı sıra, bilgi kaynaklarının kullanımı etrafında önde gelen yönetim muhasabesi merkezleri ile işletmenin değer oluşturan "iş süreçleri ve sistemleri, eğitimli personel, yenilikçi kapasite, moral ve esnek kültürler gibi diğer kaynakları," bu sürece dâhil edebilir. Gerçek yönetim muhasebesinin uygulandığı bir işletmede, bilginin

---

[586] Jonshon and Kaplan, a.g.e., s. 27
[587] www.ias.com.tr/enterprise/articles/20061012-bsc-nedir.html
[588] Kaygusuz vd, a.g.e., s. 18
[589] Management Accounting Concepts(New York: International Federation of Accountants, 1998).

izlenmesinden planlama ve politikalardaki stratejik role kadar değişim geçiren yönetim muhasebesinin önemi, bu eğilimlere ayak uydurabilmekten geçmektedir.[590]

4.2.2. Yönetim Muhasebesi ve Çevre İlişkisi

Çevre ve yönetim muhasebesi arasındaki ilişkinin kurulabilmesi ve işletmelerin ekonomik performansının çevre ile bağlantısının belirlenmesi, daha temel çevresel yönetim ve bilgi sistemlerinin uyarlanması ile mümkün olabilir.[591]

İşletmelerin iç ve dış çevresiyle olan her türlü etkileşimleri, çeşitli bilgi sistemleriyle yönetime ulaşmakta ve yönetim bu bilgilerle sistemi kontrol altında tutabilmektedir. Bilgi sistemleri, işletmelerin çevresi, girdileri, süreçleri ve çıktılarıyla yönetimi arasında her türlü iletişimi sağlayabilmektedir.[592]

Yönetim muhasebesi teknikleri, bilgi ihtiyacı ilişkisinde diğer bütün şartlar aynı iken, kontrol faaliyetleri ve karar almayı desteklemek için geliştirilmiştir. Çevresel kanunlar, değişen tüketici davranışları ve organizasyonel sorumluluk, çevresel bilgi ihtiyacını etkileyen diğer faktörler arasında yer almaktadır. Çevre ile ilişkilendirilen yönetim muhasebesi, ekonomik performans ve kurumsal çevreyi geliştirmek için finansal ve finansal olmayan bilgi üretimi, kullanımı ve analizidir.[593] Şekil 4.2 de işletme düzeyinde çevresel muhasebe ilişkisinin etkisi açıklanmıştır.

Şekil 4.2. İşletme Düzeyinde Çevre Muhasebesinin Etkisi

	İşletme	**Tedarik Zinciri**	**Toplum**
Finansal Odak	Çevre Finans Yönetim İlişkisi	Yaşam döngüsü maliyet değeri	Çevresel Dışsallıkları Maliyetleme
Finansal olmayan Odak	Enerji ve hammadde Muhasebesi	Yaşam döngüsü değeri	Çevresel Etkiyi Değerleme

Kaynak: Bernett & James, 1997, s. 35

Bernett ve James kullanılan terimleri şöyle tanımlamışlardır:[594]

- Enerji ve hammadde muhasebesi: işletmedeki bütün enerji ve hammadde akışını izleme ve analiz etme,
- Çevre finansal yönetim ilişkisi: Kurumsal çevre ve ekonomik performansı geliştirmek için bilgiyi kullanma ve analiz etme,

---

590 IFAC, a.g.e., s. 10-68

591 Gelinas, a.g.e.

592 Dinç, E., Abdioğlu H., İşletmelerde Kurumsal Yönetim Anlayışı ve Muhasebe Bilgi Sistemi İlişkisi: İMKB–100 Şirketleri Üzerine Ampirik Bir Araştırma, Balıkesir Üniversitesi Sosyal Bilimler Enstitüsü Dergisi Cilt 12 Sayı 21 Haziran, 2009,s.157-184

593 Bennett, M., and James, P., eds. The Green Bottom Line, Environmental Accounting for Management. Sheffield, UK: Greenleaf Publishing, 1997; http://www.greenleaf-publishing.com/pdfs/gblch1.pdf.

594 Bennet vd., a.g.e.,

- Hayat döngüsü değeri: Başarılı çevresel gelişme için fırsat tanımlama, hayat döngüsü girişi, ürün veya hizmetin çevresel sonuçlarını bir bütünsel yaklaşımla tanımlamaktır.
- Hayat döngüsü maliyet değeri: Bu sonuçların parasal değeri ile ilgili ölçümün belirlenmesi ve çevresel sonuçların tanımlanması ile bir ürün veya hizmetin hayat döngüsü maliyetinin değerlenmesi için sistematik bir süreçtir.
- Çevresel etkiyi değerleme: proje faaliyetleri: Bir organizasyonun bütün çevresel sonuçlarını tanımlamak için sistematik bir süreçtir.

Bu çerçeve kapsamında çevreyle ilişkili yönetim muhasebesi, öncelikle iç organizasyonu yönetmek için ihtiyaç duyulan bilgi ile ilgili bir uygulamadır.

Mevcut bilgi ölçümleri, kullanılan yönetim muhasebesi tekniklerinin türü ve sınırlarına göre belirlenmektedir. Özel işletme biriminde uygulanacak ölçüm kriteri, özel süreç veya ürün için iç organizasyondan farklı olabilir.[595]

Maliyetleri belirlemede çevresel muhasebenin finansal etkisi, merkezi bir rol oynayan analizi de içine almaktadır. Çevresel muhasebenin kapsamı, analizi de içine alan maliyet türlerine dayanmaktadır.[596] Bu durum, kullanıma bağlı olarak maliyet tanımlarını gösteren, farklı amaçlar için farklı maliyet prensibi ile yakından ilişkilidir.[597]

4.2.3. Çevresel Yönetim Muhasebesinin Tarihçesi

Özellikle gelişmiş ülkelerdeki işletmelerin çevreye duyarlı faaliyet yürütmeleri daha mantıklı kabul edilmektedir. Ayrıca artan deliller, bir işletmenin çevresel performansının ekonomik performans üzerinde olumlu bir etkiye sahip olduğunu göstermektedir. Başka bir deyişle, atıkların iyileştirilmesi ve enerji verimliliği için çevreye ödenen değerler, işletmeye önemli ekonomik faydalar sağlayabilir. Buna göre, sadece çevre düzenlemelerinin uyumunu ele alan çevresel konular bile artık stratejik konular arasında kabul edilmektedir.

Çevresel Yönetim Muhasebesi (Environmental Management Accounting EMA), veya bazen sadece çevresel muhasebei olarak ifade edilir. Bugüne kadar çevresel raporlama, özellikle 2003 yılında Malezya' da ACCA Çevresel Raporlama Rehberi ve ACCA Çevresel Raporlama Ödülü' nün başlatılmasından sonra dikkate alınmıştır. O dönemde Çevresel Yönetim Muhasebesi hakkında çok az şey tartışılmış, ancak Çevresel Yönetim Muhasebesi, Ağustos 2005' te özellikle Uluslararası Muhasebeciler Federasyonu (IFAC) tarafından Çevresel Yönetim Muhasebesi Uluslararası Rehberlik Belgesi yayımlandıktan sonra önem kazanmıştır.[598]

Uluslararası Muhasebeciler Federasyonu tarafından 2005 yılında gerçekleştirilen bir çalışma, çevresel yönetim muhasebesi yaklaşımının önemini

---

[595] EPA, Life Cycle Design Framework and Demonstration Projects, Office of Research and Development Washington D.C, 1995
[596] EPA, a.g.e.,
[597] Clark, J.M., a.g.e., s. 24
[598] Environmental.......a.g.e., s. 10

ve bu yaklaşımın ortaya çıkış nedenlerini ayrıntılı bir şekilde ortaya koymaktadır. Sözkonusu çalışmaya gore; çevresel yönetim muhasebesinin ortaya çıkış nedenlerinden ilki, işletme faaliyetleriyle ve bu faaliyetlerin sonuçlarıyla ilgilenen müşteriler, yatırımcılar, yerel yönetimler ve devlet gibi kesimlerin işletmenin çevresel performansının raporlanması ve bu performansın sürekli olarak iyileştirilmesi konusundaki baskılarının gittikçe artmasıdır. İkincisi; bu baskıların bir sonucu olarak çevreyle ilgili maliyetler, gelirler ve faydaların önemi artmış ve buunsurlar örgütsel karar alma süreçlerinin önemli birer parçası haline gelmiş olmasıdır.[599]

Son olarak, bu gelişmelerin karşısındaçevresel maliyetler ve etkiler gibi çevresel konulara ilişkin kararalma ve yönetim faaliyetlerinde geleneksel yönetim muhasebesi yaklaşımının sahip olduğu bir takım yetersizliklerin, çevresel yönetim muhasebesi yaklaşımının ortaya çıkmasına neden olduğu söylenebilir.[600] Zira geleneksel anlamda yönetim muhasebesinin temel görevinin, yöneticilere işletmenin ekonomik performansı ile ilgili kararlarda ihtiyac duyacakları bilgilerin sağlanması olduğu kabul edilmektedir.[601] İçsel karar alma süreçlerinde, geleneksel yönetim muhasebesi sistemleri, çevresel maliyetleri çoğunlukla genel üretim giderleri veya genel yönetim giderleri gibi hesaplarda izleyerek, bu maliyetlere yeterli derecede önem vermemektedirler. Örneğin; üretim akışının teknik özelliklerinin belirlenmesinde yapılan hatalar neticesinde değişken nitelikteki çevresel maliyetler sabit, sabit nitelikteki çevresel maliyetler ise değişken maliyetler olarak sınıflandırılabilmektedir.[602]

Buna bağlı olarak boşa harcanan malzeme ve enerjiye ilişkin ortaya çıkan yanlış miktar ve tutar bilgileri, önemli çevresel maliyetlerin muhasebe kayıtlarında göz ardı edilmelerine neden olmakta ve bu durum da işletme yöneticilerinin çevresel maliyetlerin büyüklüğü hakkında fikir sahibi olmamaları ve bu maliyetleri düşürmek icin bir çaba sarf etmemeleri sonucunu doğurmaktadır.[603]

Bu açıklamaların ışığında, geleneksel yönetim muhasebesi, yöneticilere planlama, karar alma ve kontrol faaliyetlerine yönelik olarak ihtiyaç duydukları bilgiyi sağlarken, çevresel maliyetlerin ayrı bir başlık altında tanımlanmaması, sınıflandırılmaması, ölçümlenmemesi ve raporlanmaması, çevresel konular ile ilgili olarak geleneksel yönetim muhasebesinin en önemli eksikliğini oluşturduğu

---

599 Gale, R.,"Environmental Management Accounting as a Refl exive Modernization Strategy in Cleaner Production" Journal of Cleaner Production 14 (14), 2006, s. 1228-1236.

600 Gale, a.g.e., s.1230, Xiaomei, a.g.e., s. 50, International Federation of Accountants 2004, s. 18-20

601 Burrit vd., a.g.e., s. 40

602Burrit vd., a.g.e., s. 40

603 De Beer, P. ve F. Friend, "Environmental Accounting: A Management Tool for Enhancing Corporate Environmental and Economic Performance" Ecological Economics 58 (3), 2006, s. 548-560, Xiaomei, a.g.e., s. 50

görülmektedir.[604] Bu temel eksikliğin yanında çevresel konulara ilişkin olarak geleneksel yönetim muhasebesinin sahip olduğu diğer sorunlar aşağıdaki gibi sıralanabilir:[605]

- Performans değerlendirme yöntemlerinin dar kapsamlı ve kısa dönemli bakış açısına sahip olmaları,
- Yatırım değerlendirme yöntemlerinin çevresel konuları dikkate almamaları,
- Mamul ve malzeme ile bunların akışlarının düzenli bir şekilde bir arada ele alınması hususuna yeterli önemin verilmemesi,
- Tasarımdan başlayarak tedarikçilerden mal alımı, üretim, pazarlama, satış ve satış sonrası hizmetlere kadar olan aşamaları kapsayan faaliyetlerin oluşturduğu bir bütün olarak adlandırılan değer zinciri[606] faaliyetlerinden sadece üretim üzerinde yoğunlaşması nedeniyle dar bir bakış açısına sahip olması,
- İçsel finansal raporlama uygulamalarının, çevresel konularla ilgili fiziksel ve parasal bilgiye ilişkin içsel ihtiyaçlardan ziyade, dışsal raporlama kuralları tarafından şekillendirilmesi,
- İşletme faaliyetlerinin çevreye verdiği zararlara ve sosyal maliyetlere ilişkin muhasebe uygulamalarının yetersiz kalmaları.

4.2.4. Çevresel Yönetim Muhasebesi Kavramı ve Özellikleri

Çevresel sorunların dünya genelinde gerek hükümetler ve iş çevreleri ve gerekse toplumlar tarafından dikkate alınması ve temelde geleneksel yönetim muhasebesi uygulamalarının çevresel sorunlar karşısında yetersiz kalmaları sonucu ortaya çıkan çevresel yönetim muhasebesinin tanımı konusunda bir görüş birliği bulunmadığını söylemek mümkündür. Zira çevresel yönetim muhasebesinin tanımını ve önemini ortaya koymak amacıyla çeşitli ulusal ve uluslararası kuruluşların yanında akademisyenler tarafından da birçok çalışma gerçekleştirilmiş ve farklı yaklaşımlar ortaya konulmuştur.

Çevresel muhasebe konusunda geliştirilen yaklaşımların, içsel veya dışsal raporlamaya dönük olmaları ve finansal bilgilerin yanında finansal olmayan bilgileri de kapsamalarına göre temelde iki kriter ışığında farklılaştıklarını ifade etmek mümkündür.[607] Buna göre, geleneksel muhasebeye paralel olarak çevresel muhasebe kapsamında da; raporlamada hedef kitlenin işletme içi veya işletme dışı gruplar olmasına göre; çevresel finansal muhasebe ve çevresel yönetim muhasebesi olmak üzere iki farklı yaklaşım bulunmaktadır. Çevresel finansal

[604] Burritt, R. L. ve C. Saka, "Environmental Management Accounting Applications and Eco-effi ciency: Case Studies from Japan" Journal of Cleaner Production 14 (14), 2006, s. 1262-1275.
[605] Burritt, R. L., "Environmental Management Accounting: Roadblocks on the Way to the Green and Pleasant Land" Business Strategy and The Environment 14 (1), 2004, s.13-32.
[606] Sağmanlı, M., Modern Maliyet Muhasebesi ve Yönetimi. İstanbul: Yaylım Matbaası, 2002, s. 132
[607] Bartolomeo, M., M. Bennett, J. J. Bouma, P. Heydkamp, P. James ve T. Wolters, "Environmental Management Accounting in Europe: Current Practice and Future Potential" European Accounting Review 9 (1), 2000, 31-52

muhasebe, çevresel sorumlulukların yol açtığı maliyetlerin ve diğer çevresel maliyetlerin raporlanması ve işletme dışı gruplara çevresel konularla ilgili olarak ihtiyaç duydukları bilgilerin sağlanmasına odaklanan bir yaklaşımı ifade etmektedir.[608]

Çevresel finansal muhasebe kapsamında finansal bilgilerin yanında finansal olmayan bilgilerin de kullanıldığı fiziksel çevresel finansal muhasebe ve sadece finansal bilgilerin esas alındığı parasal çevresel finansal muhasebe olmak üzere iki farklı yaklaşım bulunmaktadır. Aynı ayırımın daha çok işletme içi ilgililerin bilgi ihtiyaçlarının karşılanmasına yönelik olan çevresel yönetim muhasebesi yaklaşımında da geçerli olduğunu söylemek mümkündür.[609]

Çevresel yönetim muhasebesi, (Environmental Management Accounting EMA) işletmenin ekonomik ve çevresel politikalarının bütünleştirilerek, işletmenin sürdürülebilirliğinin sağlanması amacıyla finansal ve finansal olmayan bilgilerin toplanması, analiz edilmesi ve kullanılmasını ifade etmektedir.[610]Daha açık bir ifade ile çevresel yönetim muhasebesi, çevrenin korunmasına yönelik projeler, çevresel maliyetler ve gelirler ile ilgili parasal bilgiler kadar, enerji, su, malzeme ve mamul akışı ile ilgili fiziksel bilgilere de önem veren bir yönetim muhasebesi yaklaşımı olarak tanımlanabilir.[611]

Çevresel yönetim muhasebesi, iç karar almayı desteklemek için çevre maliyet bilgilerini sağlamada kullanılan çevre muhasebesinin bir alt kümesidir.[612] United Nations Division for Sustainable Development (UNDSD) tarafından Çevresel Yönetim Muhasebesinin amacı şöyle ifade edilmiştir. Maddenin etkinliği (bir organizasyondaki katma değer) artarken çevredeki olumsuz etkileri azaltmaktır. Çevresel Yönetim Muhasebesi, hem hammadde, enerji su ve atıklar gibi fiziki birimleri hem de çevresel maliyetler, kazanç ve tasarruf gibi parasal birimleri ölçmeyi esas almaktadır.[613]

Çevresel yönetim muhasebesinin evrensel olarak kabul edilmiş tek bir tanımı vardır. IFAC Bildirisine göre Yönetim Muhasebesi Kavramları açısından, çevresel yönetim muhasebesi, "Çevre ile ilgili muhasebe sistemleri ve uygulamanın geliştirilmesi ve uygulanması yoluyla çevresel ve ekonomik performansın yönetimidir. Bir başka açıdan çevresel yönetim muhasebesi,

---

608 Xiaomei, a.g.e., s. 49

609 Burritt, R. L, T. Hahn ve S.Schaltegger, "Towards a Comprehensive Framework for Environmental Management Accounting - Links between Business Actors and Environmental Management Accounting Tools" Australian Accounting Review 12 (2), 2002, s. 39-50.

610 Bartolomeo vd., a.g.e., 37

611 Jasch, C.,. "How to Perform an Environmental Management Cost Assessment in One Day" Journal of Cleaner Production 14 (14), 2006b, s. 1194-1213

612Pittman, J & Wilhelm, K., 'New Economic and Financial Indicators of Sustainability', New Directions for Institutional Research, vol. 134, 2007, s. 55-69. IFAC, 2005

613UNDSD, Environmental Management Accounting Procedures and Principles, United Nations Division for Sustainable Development (UNDSD), New York, 2001, s. 19

genellikle yaşam döngüsü maliyetleme, tam maliyet muhasebesi, faydaları değerlendirme ve çevre yönetimi için stratejik planlamayı içermektedir."[614]

Ayrıca IFAC Rehberi, Çevresel Yönetim Muhasebesini geniş bir şekilde tanımlama, toplama, analizin yanı sıra iç karar alma için iki tür bilgi kullanımı açısından da ele alır bunlar:

1-Fiziki bilgi kullanımı, akışlar, enerjinin kaderi, su ve malzemeler (atık dâhil) ve

2-Parasal Bilgi, çevre ile ilgili maliyetler, kazançlar ve tasarruflar

Bu nedenle, tanım miktar cinsinden fiziksel bilgileri (kg, metre, vb.) ve parasal bilgileri önemli kabul eder. Bu tür bilgiler birinci derecede önemlidir. Çünkü bir işletmenin üretim faaliyeti sırasında ortaya çıkan muhtemel çevresel etkileri yönetmek ve azaltmak için işletme, hem atık ve emisyon gibi fiziki miktarların hem de parasal tutarların doğru verilerine sahip olmalıdır. Günümüzde birçok işletme, kullanılan kaynakları ve üretilen atıkları rapor etmektedir. Ancak parasal tutarların rapor edilmesi yetersizdir.

Sonuç olarak, çevresel sorunları, Sağlık Güvenlik ve Çevre (Health, Safety and Environment HSE) personelinin sorumluluğuna bırakılmıştır. Çevresel sorunlar para cinsinden ölçülebildiğinde insanların daha dikkatli olabileceğini söylemek mümkündür. Bunu yapmak için entegre olmuş bir çevresel yönetim muhasebesinin gelişiminin ötesinde basit kurumsal çevresel raporlamaya yönelmek daha doğru olacaktır. Böyle bir sistem, yönetimin günlük faaliyetlerine ve stratejik planlarına yardımcı olabilecektir. Burada işletmenin hem ekonomik hem de çevresel performansını geliştirirken, muhasebecinin bu faaliyetlerinin ayrılmaz bir parçası olduğu unutulmamalıdır.[615]

Tamamlayıcı bir tanım, çevresel yönetim muhasebesinin daha belirgin fiziksel ve parasal tarafını vurgulayan çevresel yönetim muhasebesinde Birleşmiş Milletler Uzman Çalışma Grubu tarafından yapılmıştır. Bu tanım, uluslararası 30 dan fazla ülkeyi temsil eden grup üyeleri tarafından oy birliği ile geliştirilmiştir. BM grubuna göre; [616]

Daha kapsamlı bir bakış açısıyla, çevresel yönetim muhasebesi, malzeme dolayısıyla üretim etkinliğini artırmak, işletme faaliyetlerinin çevreye olan zararlarını ve buna bağlı olarak çevre koruma maliyetlerinin azaltılması amacıyla malzeme akışları ile finansal muhasebe ve maliyet muhasebesi verilerinin bütünleştirilmesini sağlayan bir yaklaşımı ifade etmektedir.[617]

---

[614] IFAC, a.g.e., s. 10-86

[615] IFAC, a.g.e., s. 35

[616] United Nations Division for Sustainable Development, Environmental Management Accounting, Procedures and Principles, 2001.

[617] Jasch, C. 2003. "The Use of Environmental Management Accounting (EMA) for Identifying Environmental Costs" Journal of Cleaner Production 14 (6), 2003, s. 667-676.

Çevresel yönetim muhasebesi uygulamaları, raporlama amacı için çevre yönetim muhasebe bilgisi sağlamada, muhasebecilerin anlayışı yanında [618] topluma ve çevreye duyarlı işletmelerin ihtiyaçlarını karşılamak için işletme stratejilerinde gelişim gösteren Avustralya şirketleri tarafından hayata geçirilmiştir. [619] Bununla birlikte bu şirketler, Uygun çevresel yönetim muhasebesi sistemini geliştirme ihtiyacı yanında finansal raporlama ile entegre olabilecek faaliyete dayalı maliyetleme kullanımının çevre maliyetleri kayıtlamada gerekli olduğunu ifade etmektedirler.[620]

Birleşik Devletlerde bir elektrik şirketi, çevre performansı ile ekonomik performansı arasındaki ilişki tespit etmiştir. Bu ilişki, bir şirketin ekonomik etkinliği sağlarken kirliği azaltmanın mümkün olduğunu göstermektedir.[621] Ayrıca bu şirket, çevresel yönetim muhasebesini içine alan çevresel muhasebenin uygulanabilirliğini de ortaya koymuştur. [622] Şirketler, kirliliklerin neden olduğu maliyetlerin azaltılması değerlendirilirken (artıklar ve zararlı gazlar gibi) ürün olmayan çıktılar yanında (hammadde, enerji ve su gibi) birim girdilerinden çevresel maliyetleri ölçebilirler.[623]

Böylece, çevresel yönetim muhasebesinin gelişimi ile işletmeler, bu maliyetler hakkında daha doğru bilgi sağlarken yalnız bir ürüne dağıtılan maliyetleri değil aynı zamanda çevre maliyetlerini ölçebilecek ve tanımlayabileceklerdir.[624] Bu arada işletmeler, çevresel konularının farkındalığı ile çevre performanslarını geliştirebilirler.[625] Aslında çevre maliyet bilgisi, para birimleri (finansal, maliyet tasarrufları ve kazançlar) ve fiziksel akışların (kaynaklar, enerji ve su) kullanımının kaydedilmesi ile kaynakları yönetmede, işletmenin karar almasına yardımcı olabilirler.[626]

Çevresel yönetim muhasebesi, çevresel performansın açıklanmasını desteklemek için daha doğru çevresel maliyet bilgilerini kaydeder. Fakat bu çalışmaya katkı sağlayan ve anahtar rolü olan sosyal konuları kapsamaz. Bununla beraber, çevresel yönetim muhasebesi gelişiminin sonucunda sosyal

---

[618] Gadenne, D & Zaman, M ., 'Strategic Environmental Management Accounting: An Exploratory Study of Current Corporate Practice and Strategic Intent ', Journal of Environmental Assessment Policy and Management, vol. 4, no. 2, 2002, s. 123-50.
[619] Gadenne vd., a.g.e., s. 19
[620] Gadenne vd., a.g.e., s. 19
[621] Burnett, RD & Hansen, DR., 'Eco-efficiency: Defining a Role for Environmental Cost Management', Accounting, Organizations and Society, vol. 33, 2008, s. 551–81.
[622] Burnett vd., a.g.e., s. 551- 581
[623] Gale, a.g.e., s. 1228- 1236, IFAC, 2005
[624] Burritt, RL, Herzig, C & Tadeo, BD., 'Environmental Management Accounting for Cleaner Production: The Case of a Philippine Rice Mill', Journal of Cleaner Production, vol. 17, 2009, s. 431-439.
[625] Burrit vd., a.g.e., s. 431- 439
[626] Burrit vd., a.g.e., s. 431- 439

muhasebe yaklaşımının bir parçası olan sosyal yönetim muhasebesine entegre olmuştur.[627]

İşletmelerin gerçek uygulamları, geleneksel fiziki ve parasal bilgi sistem bağlantısını, çevre yönetim muhasebesine daha iyi entegre edebilmek için mevcut muhasebe sistemlerini basit ayarlamalarla düzenler. Ancak, yapısı ve biçimi ne olursa olsun, çok açıktır ki, yönetim muhasebesi ve çevresel yönetim muhasebesi pek çok ortak hedefi paylaşmaktadırlar. Sonuçta yönetim muhasebesinin öncülüğünde yönetim muhasebesi kavramı çerçevesinde IFAC'ın önerilerini destekleyecek çevresel yönetim muhasebesi yaklaşımları ümit vermektedir. "Çevreyi ve sosyal kaygıları dikkate almayan bir organizasyon, muhtemelen doğru ve etkili karar alamayacaktır. Yine bir işletme kaynak kullanımını uzun vadede etkin kılıp değer üretimini optimize etmek istiyorsa, işletme faaliyetleri ile beraber dış ilişkileri de dikkate almak durumundadır."[628]

Diğer yandan çevresel yönetim muhasebesinin tanımının ve öneminінortaya konularak çevresel sorunlara dikkat çekmek amacıyla "Birleşmiş Milletler Sürdürülebilir Kalkınma Birimi" tarafından gerçekleştirilen çalışmalar neticesinde yayımlanan iki raporun akademisyenlerin, uygulayıcıların ve kamuoyunun ilgilerinin bu konuya çekilmesinde hızlandırıcı bir etkisinin bulunduğu [629] ve birçok araştırmada bu çalışmalarda geliştirilen tanımların benimsendiği söylenebilir. Sözkonusu çalışmalarda çevresel yönetim muhasebesi, geniş bir bakış açısıyla, "birişletmede hem geleneksel hem de çevresel konulara ilişkin kararalma süreçlerinde ihtiyaç duyulan fiziksel akışlar (malzeme, suve enerji gibi) hakkındaki bilgiler ile çevresel maliyet bilgilerinin ve diğer parasal bilgilerin saptanması, toplanması, değerlendirilmesi, analiz edilmesi, içsel raporlanması ve kullanımı" olarak tanımlanmaktadır.[630]

Bu tanımlar ışığında çevresel yönetim muhasebesinin gelenekselyönetim muhasebesinden farklılaşmasını sağlayan temel özellikleriaşağıdaki gibi sıralanabilir:[631]

- Çevresel yönetim muhasebesi, işletme faaliyetlerinin çevreye olan etkilerine ilişkin bilgileri, ayrı ayrı saptar, analiz eder, değerlendirir ve yorumlar.
- Çevresel yönetim muhasebesi, işletmenin ekonomik performansıkadar çevresel performansının da yönetilmesi ve geliştirilmesini amaçlar.

---

[627]Jasch, C & Stasiškienė, Ž., 'From Environmental Management Accounting to Sustainability Management Accounting', Environmental Research, Engineering and Management, vol. 34, no. 4, 2005,s. 77-88.
[628] IFAC, a.g.e., s. 10-86
[629] Jasch, a.g.e., 2006a., s. 1190
[630] United Nations Division for Sustainable Development. 2001. Environmental Management Accounting: Policies and Linkages www.un.org/esa/sustdev/publications/policiesandlinkages.pdf, 6 Aralık 2010, s. 4
[631] Burrit vd, 2002, a.g.e., s. 40, Deegan, a.g.e., s. 11, Gibson, K. C. ve B. A. Martin., "Demonstrating Value Through the Use of Environmental Management Accounting" Environmental Quality Management 13 (3), 2004, s. 45-52, United Nations Division for Sustainable Development 2001, s. 12

- Çevresel yönetim muhasebesi, atık yönetim giderleri ve boşa harcanan hammadde maliyetleri gibi çevresel maliyetlere özel bir önem verir.
- Çevresel yönetim muhasebesi, bu parasal maliyetlerin yanında malzeme ve enerji miktarları ve akışları ile boşa harcanan malzemelerinmiktarlarını da kendisine konu edinir.
- Çevresel yönetim muhasebesi bir işletmede her türlü karar alma ve yönetim faaliyetinde kullanılabilmekle birlikte özellikle çevresel etkileri ve sonuçları bulunan faaliyetler ve kararlar için faydalı ve kullanışlı bir yöntemdir.
- Çevresel yönetim muhasebesi tipik olarak işletme içi yönetim ve kararlarda kullanılır. Bununla birlikte çevresel yönetim muhasebesi tarafından üretilen bilgiler giderek artan bir biçimde finansal ve çevresel raporlama gibi işletme dışı ilgililerle iletişim kurmak amacıyla da kullanılmaktadır.

4.2.5. Çevresel Yönetim Muhasebesinin Kapsamı

Dünya nüfusunun giderek artması, işletme faaliyetlerinin çeşitlenmesi çevreyi koruma ihtiyacını giderek arttırmaktadır. Hava, su, zararlı maddeler, küresel ısınma, yenilenemez kaynakların aşırı tüketimi gibi konular insanların hayatında daha fazla önem kazanmaktadır. Bu nedenle ekonomik etkinliği olan ürünlerin üretilmesi ve sürekli kalkınma çabaları da önem kazanmaktadır. Böylece işletmelerin mal ve hizmet üretimi artarken diğer yandan üretimin çevreye zararlı etkileri de oldukça azaltılabilecektir. Ayrıca işletmelerin faaliyetleri dünya çapında finansal etkilerle birlikte önemli çevresel etkilere neden olması, işletmelerin faaliyetleri ve ürünleri ile ilgili çevresel sorumluluklarının gittikçe daha fazla farkında olmasına neden olmaktadır.[632]

Günümüzde çevresel yönetim muhasebesi, işletmeler açısından giderek daha da önem kazanmaktadır. Bunun iki önemli nedeni vardır. Birincisi çevresel konularda işletmeler üzerinde artan dış çevre baskısıdır. İkincisi bu baskının sonucu olarak çevreyle ilgili maliyetlerin, kazançların ve yararların ortaya çıkmasıdır.[633] Çevresel yönetim muhasebesi, sadece çevresel yönetim kararları ve çevresel yönetim sistemlerini geliştirme için kullanılmamaktadır. Aynı zamanda ürün, süreç tasarımı, maliyet dağıtımı ve maliyet kontrolü, sermaye bütçelemesi, satın alma, ürün fiyatlama ve performans değerlendirme gibi rutin yönetim faaliyetlerinin tüm kategorileri için de önem kazanmaktadır.

Çevresel yönetim muhasebesi, yönetim muhasebesi ile paralel gelişim göstermiştir. Genel olarak yönetim muhasebesinin gelişimi dört aşamada ifade edilebilir.[634]

1. aşama: maliyet belirleme ve finansal kontrol üzerine odaklanma
2. aşama: yönetim planlama ve kontrolü üzerine odaklanma

---

[632]Hilton R., Managerial Accounting, Mc-Graw Hill, International Edition, USA, 2005, s. 548

[633] Gale, R., "Environmental Management Accounting as a Reflexive Modernization Strategy in Cleaner Production", Journal of Cleaner Production, 2005, s. 3

[634] Jasch, C., "Environmental Management Accounting as The Next Step in The Evolution of Management Accounting"(2006), Journal of Cleaner Production ,Vol. 14, 2006, s. 3

3. aşama: işletme sürecinde kullanılan kaynakların israfının azaltılması üzerine odaklanma

4. aşama: Kaynakların etkin kullanılmasıyla değer oluşturma üzerine odaklanma

Çevresel yönetim muhasebesi de yönetim muhasebesinin dört aşamada listelenen tüm amaçlarını benimsemektedir. Özellikle üçüncü ve dördüncü aşamada çevre yönetim muhasebesi ile yönetim muhasebesi arasındaki etkileşim daha da artmaktadır. Kaynak israfının azaltılması ve etkin kullanılması çevresel düşünceyi gerektirdiğinden yönetim muhasebesi çevresel yönetim muhasebesine yönelmektedir.[635]

Çevre yönetim muhasebesi, özellikle emisyon ve çevresel atıklar ve bunlara neden olan girdiler arasında doğru bir ilişki kurmaya çalışmaktadır. Çünkü emisyon ve atıkların neden olduğu çevresel maliyetlerin belirlenebilmesi ve dağıtımı, bu ilişkinin doğruluğuna bağlıdır.

Çevresel yönetim muhasebesi de çevresel maliyetlerin daha iyi anlaşılmasında, sayısal yaşam değerlendirme ve toplam maliyet değerlendirmesi kavramları önemli bir yer tutmaktadır.

Çevresel yönetim muhasebe sistemleri için sayısal ürün yaşam seyri değerlendirmesi, bir projenin çevresel etkilerini sayısal değer olarak kavramayı gerektirmektedir. Bir çevresel muhasebe sistemi için sayısal ürün yaşam seyri değerlendirmeyi anlama, hem bir projenin neden olduğu çevresel etkilere kapsamlı bakışı hem de ürün ve süreç seçiminde finansal faktörler ile ilişkili gerçek çevresel faktörler daha doğru bir şekilde anlaşılmasını sağlamaktadır. Toplam maliyet değerlendirme, hammadde, ürün veya sürecin yaşam seyrinin son aşamasına kadar tüm çevresel sosyal görünüşü ve sayısal yaşam seyri değerlendirmeyi kapsamaktadır.[636]

Aslında çevresel maliyetler içerisinde yer alan iyileştirme seçenekleri için yapılan yanlış hesaplamaların yanlış olması halinde tamamen kaydedilmesi pek kolay değildir. Çevre koruma projeleri, uygulanamayan ve kabul edilmeyen hammadde, yarı mamul ve daha az zararlı operasyon malzemeleri ile daha çok fayda elde etmek için kaynaktaki atık ve emisyonu azalmayı amaçlar. Böylece ölçümlerden elde edilen ekonomik ve ekolojik avantajlar kullanılmamaktadır. Genellikle atık ve emisyonun üretimin farkında olmayan sorumlu insanların bu atıkların daha yüksek maliyetle bertaraf edildiğini görmeleri gerekir.

Tüm harcamalar, toplam yıllık çevresel harcama izlenmesi anlamına gelen bilançonun yıllık listelerinden elde edilmeli ve aynı döneme ait raporlarda sunulmalıdır. Bu harcamalar, proje maliyetleri ve maliyet tasarrufu veya yatırım

---

[635]Gerşil M., Gerşil A., Soysal M., Ürün Tasarımı ve Çevresel Yönetim Muhasebesi,Celal Bayar Üniversitesi S.B.E., Sosyal Bilimler Yıl : 2009 Cilt :7 Sayı :2, s. 83- 92

[636]Beer P. De, Friend F., "Environmental Accounting: A Management Tool for Enhancing Corporate Environmental and Economic Performance", Ecological Economics, 2006, s. 551

seçenekleri için kullanılmamakta, ayrıca toplam yıllık çevresel harcama planı ve gelecekteki fiyat değişikliklerini öngören dış maliyetleri içermemektedir.

Çevresel yönetim muhasebesi, finansal muhasebeden veri geçişi sağlayan, maliyet muhasebesinden de malzeme verimliliği artıran, çevresel etki riskini ve çevre koruma maliyetlerini azaltan birleştirilmiş bir yaklaşımı temsil eder.

Çevresel yönetim muhasebesi, fiziksel ve parasal bir bileşen olup, herhangi bir devletin malı olmayan, özel veya kamu kesimi tarafından yürütülmektedir.

Çevresel yönetim muhasebesi verilerinin kullanımı için uygulama alanları aşağıdaki gibidir;[637]

- Yıllık çevresel maliyetler / harcamaların değerlendirilmesi,
- Ürün fiyatlama,
- Bütçeleme
- Yatırım değerlendirme, yatırım seçeneklerini hesaplama,
- Çevresel projelerin maliyet, fayda ve tasarruflarını hesaplama,
- Çevresel yönetim sistemlerini tasarım ve uygulama,
- Çevresel performansı değerlendirme, göstergeler ve kıyaslama,
- Performans hedefleri belirleme,
- Temiz üretim, kirliliği önleme, tedarik zinciri yönetimi ve çevre projeleri tasarımı,
- Çevresel harcamaların dışa açıklama, yatırım ve yükümlülükler,
- Dışsal Çevre veya sürdürülebilir raporlama,
- Diğer çevresel verileri istatistik kurumları ve yerel yönetimler için raporlama.

Çevresel Yönetim Muhasebesi veri ve uygulamaları geçmiş ve gelecek odaklı araçlarla yapılandırılmış olabilir.

Şekil 4.3. Çevresel Yönetim Muhasebesinin Geçmiş ve Gelecek Odaklı Araçları

ÇEVRESEL YÖNETİM MUHASEBESİ			
Parasal Çevresel Yönetim Muhasebesi		Fiziksel Çevresel Yönetim Muhasebesi	
Geçmişe Yönelik Araçlar	Geleceğe Yönelik Araçlar	Geçmişe Yönelik Araçlar	Geleceğe Yönelik Araçlar
Yıllık Çevresel harcama veya maliyetler, tutulan defterler ve maliyet muhasebesinden geçiş	Parasal çevresel bütçe ve yatırım değerlendirme	Malzeme, enerji ve su akış dengesi	Fiziksel çevresel bütçe ve yatırım değerlendirme
	Projenin maliyet, fayda ve tasarrufunu hesaplama	Çevresel performans değerleme ve göstergeler, kıyaslama	Performans hedefleri belirleme

[637] Environmental Management Accounting Procedures and Principles, Prepared for the Expert Working Group on "Improving the Role of Goverment in the Promotion of Environmental Management Accounting", United Nations Division for Sustainable Development, UNITED NATIONS, New York, 2001, s. 5

Çevresel harcamaların dışa açıklama, yatırım ve yükümlülükler		Dışsal çevresel verileri, diğer ajanslara ve otoritelere raporlama	Çevresel yönetim sistemlerini tasarım ve uygulaması, temiz üretim, kirliliği önleme, çevre için tasarım tedarik zinciri yönetimi vb.

Kaynak: S. Schaltegger, T. Hahn and R. Burrit' ten uyarlanmıştır.2000

Böyle bir yol, fiziksel çevre yönetim muhasebesi dâhil olmak üzere çevresel yönetim muhasebesi tanımı gereği, dışarıya bilgi açıklayan çok geniş kapsamlı olarak algılanmaktadır. Ancak, fiziksel çevre yönetim muhasebesi ele alındığında, araştırma bulguları, çevresel muhasebenin çevresel etki değerlendirmesi ve yaşam döngüsü değerlendirmesi tarafından temsil edildiği ve dış çevresel muhasebe bilgi açıklaması dışında, başka alanlarda da önemli bir birikime sahip olduğunu göstermektedir.

Tablo 4.2. Çevresel Yönetim Muhasebesi

Parasal Birimlerde Muhasebe		Fiziksel Birimlerde Muhasebe	
Geleneksel Muhasebe	Çevresel Yönetim Muhasebesi		Diğer Değerlendirme Araçları
	Parasal Çevresel Yönetim Muhasebesi	Fiziksel Çevresel Yönetim Muhasebesi	
KURUM DÜZEYİNDE VERİ			
Geleneksel Defter Tutma	Tutulan defterler ve maliyet muhasebesinden çevre bölümüne geçiş	Enerji ve su akışını bir araya toplamak için kurum seviyesinde malzeme akış dengesi	Üretim Planlama Sistemleri, Stok Muhasebe Sistemleri
SÜREÇ/ MALİYET MERKEZİ VE ÜRÜN / MAL TAŞIYICI DÜZEYLERİNDEKİ VERİ			
Maliyet Muhasebesi	Faaliyete Dayalı Malzeme Akış Maliyet Muhasebesi	Süreç ve Üretim seviyelerinde malzeme akış Dengesi	Diğer çevresel değerlemeler, ölçüm ve değerleme araçları
İŞ UYGULAMALARI			
İstatistikler, göstergeler, hesaplama, tasarruf, bütçe ve yatırım değerleme için iç kullanım	Çevresel maliyetlerinİstatistikleri, göstergeleri, hesaplanması, tasarrufu, bütçesi ve yatırım değerleme için iç kullanım	Çevresel yönetim sistemleri ve performans değerleme, kıyaslama için iç kullanım	Temiz üretim projeleri ve eko tasarım için diğer iç kullanım
Dış finansal raporlama	Çevresel maliyetler, yatırım ve yükümlülüklerin dışa açıklanması	Dışsal Raporlama (Çevresel Yönetim Muhasebesi, devlet, kurum, çevresel rapor, sürdürülebilir rapor)	İstatistik kurumları, yerel yönetim gibi kurumlara diğer dış raporlama
MİLLİ UYGULAMALAR			
İstatistik kurumları tarafından yapılan milli gelir muhasebesi	Yatırımdaki devlet muhasebesi, endüstrinin yıllık çevresel maliyetleri ve dış maliyetleme	Milli kaynak muhasebesi (ülke, bölge ve sektörler için malzeme akış dengesi)	

Kaynak: Environmental.....

Çevresel yönetim muhasebesi, tablonun iki orta sütunundaki konuları kapsayan Birleşmiş Milletler Sürdürülebilir Kalkınma Bölümü' nün "Çevresel Yönetim Muhasebesinin desteklenmesinde hükümetin rolünü artırma" konulu 2 ve 3. toplantıda uzman çalışma grubu tarafından tanımlanmıştır. Bu rapor, iş uygulamaları için işletmenin süreç ve üretim seviyelerinde çevresel yönetim muhasebesinin iç bölümüne Tablo 4.2. de kalın çizgilerle belirtilmiştir.

Yukarıda verilen bilgiler ışığında çevresel yönetim muhasebesikapsamında, malzeme ve enerji gibi girdilerin fiziksel akımınailişkin bilgilerin ve çevresel maliyetlere ve gelirlere ilişkin parasalbilgilerin toplandığı, analiz edildiği ve raporlandığı görülmektedir.

Bu açıdan çevresel yönetim muhasebesi, işletme içi ve çevresiarasındaki bilgi akışının yönetiminde kullanılabilecek genişve farklı araçlardan oluşan şemsiye bir kavramı ifade etmektedir. Bu doğrultuda çevresel yönetim muhasebesi çerçevesinin:[638]

- Parasal Çevresel Yönetim Muhasebesi (Monetary Environmental Management Accounting –MEMA-) ve
- Fiziksel Çevresel Yönetim Muhasebesi (Physical Environmental Management Accounting –PEMA-)

olmak üzere iki temel unsurdan oluştuğunu ifade etmek mümkündür.[639]

4.2.5.1.Parasal Çevresel Yönetim Muhasebesi

Parasal çevresel yönetim muhasebesi kavramı, işletme faaliyetleriile çevresi arasındaki etkileşimden kaynaklanan ve parayla ifade edilebilen işlem ve olayları konu edinen ve daha çok işletme içi karar almada gerek duyulan bilgileri (örneğin, çevre korunmasıile ilgili kanunlara uymamaktan kaynaklanan para cezalarıveya çevreye verilen zararların azaltılması ve çevrenin korunmasına yönelik gerçekleştirilen yatırım projeleri gibi) toplayan veanaliz eden bir yaklaşımı ifade etmektedir.[640]

4.2.5.1.1. Çevresel Yönetim Muhasebesindeki Parasal Bilgi

İşletmelerin çevreye bakışı, ekonomik ve çevresel amaçlar ve diğer nedenlerden dolayı, maliyet bilgisinin kullanım amacına dayanan çevreyle ilişkili farklı maliyet tanımları söz konusudur. Çevresel yönetim muhasebesi amaçları için işletme düzeyinde çevre ile ilgili maliyetlerin tanımlanması ve

---

[638] Herzig, C., T. Viere, R. L. Burritt ve S. Schaltegger, "Understanding and Supporting Management Decision Making: South East Asian Case Studies on Environmental Management Accounting" Sustainability Accounting and Reporting Part IV, 2006, s. 491-507.

[639] Schaltegger, S., T. Hahn ve R. L. Burritt. 2000. Environmental Management Accounting: Overview and Main Approaches, Centre for Sustainability Management www2.leuphana.de/umanagement/ csm/content/.../06-1downloadversion.pdf, 6 Aralık 2010, s. 14

[640] IFAC, a.g.e., s. 39

sınıflandırılmasında en yaygın olarak ABD Çevre Koruma Ajansı[641] ve Japon Çevre Bakanlığı,[642] tarafındankullanılan iki şema vardır. Bunların yanında birçok örnekte mevcuttur.

Finansal raporlama[643] ve ulusal raporlama [644] amaçları için geliştirilen maliyet bilgileri, dış paydaşlara raporlanan ve toplanan bilgilerin çevreyle ilişkili maliyetlerin türünü etkilemiştir.

Dünyada kullanılan bireysel maliyet planlarının tartışılması bu çalışmanın kapsamı dışındadır, Fakat bazı tarihi ve gelişen trendler kaydedilmiştir. İlk olarak, çoğu uluslararası geliştirilen programlar, atık, çevre ve insan sağlığına zarar verebilecek emisyonları kontrol etme veya önleme çabalarını açıkça belirleyen maliyet türleri şunlardır. Atık / emisyon ortaya çıkmasını önlemek için masraflar, üretıldikten sonra atık kontrol veya atık arıtma tesis maliyetleri ve kirli sitelerin iyileştirme maliyetleridir. Bu tür maliyetlerin genellikle çevre koruma harcamaları (Environmental Protection Expenditures EPEs) olarak ifade edilmektedir.[645]

Çevresel yönetim muhasebesi çerçevesinde çevre ile ilgili maliyetler, yalnız çevre koruma harcamaları (EPEs) değil, aynı zamanda çevresel performans maliyet etkin bir şekilde yönetmek için gerekli diğer önemli para bilgilerini içerir. Önemli bir örnek, ürün olduktan sonra atık veya emisyon olan malzemelerin satın alma maliyetidir. Çevresel yönetim muhasebesi alanındaki bir başka yeni gelişme, çevre ile ilgili olarak tüm doğal kaynakların (enerji, su, malzeme) satın alma maliyetlerini yürütmektir. Bir üretim sürecinde, satın alınan malzemelerin çoğu fiziksel ürünler haline dönüştürülür. Bu ürünlerin malzeme ile ilgili çevresel etkileri daha fazla etkin maliyet yönetimi sağlayacaktır.[646]

Doğal olarak işletmeler, kendi iç yönetimlerinin aldığı kararlarda malzemelerin satın alma maliyetlerini göz önünde bulunduracaklardır. Ancak mutlaka malzemelerin çevre ile ilgili etkilerini de dikkate almalıdırlar. Bununla beraber bu maliyetler, bir işletmenin çevreye bakış açısını da ele vermektedir. Çünkü bir işletmenin çevre yönetimi, hem fiziksel atık hem de fiziksel ürünlerin mali yönlerini tam olarak değerlendirmek için bu bilgiye sahip olmasını gerekli kılmaktadır. Çevresel yönetim muhasebesinin fiziksel muhasebe yönü, bu satın

---

641 An Introduction to Environmental Accounting as a Business Management Tool: Key Concepts and Terms (Washington: United States Environmental Protection Agency, 1995).

642 Japanese Ministry of the Environment, Environmental Accounting Guidelines, 2002.

643 United Nations Conference on Trade and Development, Accounting and Financial Reporting for Environmental Costs and Liabilities, 1999; European "Commission Recommendation of 30 May 2001 on the Recognition, Measurement and Disclosure of Environmental Issues in the Annual Accounts and Annual Reports of Companies."

644 EUROSTAT, Definitions and guidelines for measurement and reporting of company environmental protection expenditure, 2001; European "Commission Regulation (EC) No 1670/2003 of 1 September 2003); United Nations, Handbook of National Accounting: Integrated Environmental and Economic Accounting, 2003.

645 EUROSTAT,

646 IFAC, a.g.e., s. 13

alma maliyetlerini değerlendirmesi, enerji, su, malzeme ve atıkların miktarları ve akışları hakkında gerekli bilgi sağlamasıdır.[647]

Bazı işletmeler, çevre koruma harcamaları, (Environmental Protection Expenditures EPEs) altında ortaya çıkan maliyetleri dar kapsamlı olarak çevre yönetim muhasebesi faaliyetlerine odaklanmak için tercih etmektedir. Diğerleri, hem çevre yönetimini hem de çevre ile ilgili maliyetleri daha stratejik bir bakış açısıyla ele almaktadır. Böylece bu maliyetler kalite ve verimlilikle az ilgili gibi görülüyor olsa bile, maliyetlerin daha geniş bir çevreye atfededilmesi, işletmeyefarklı bir bakış açısı sağlayabilir. Ancak çevre ile ilgili maliyetlerin daha geniş çaplı olduğu daha önce ifade edilmişti. Buna göre çevresel performansın önemli yönü, potansiyel olarak maliyet etkinliğini yönetmek için ne gerekli ise onu kullanmasıdır.

Çevresel yönetim muhasebesi girişimlerin çoğunluğu bugün genellikle "dış" maliyetler değildir. Bireyler, iş ortakları, toplum veya kuruluşlar tarafından yapılan çevreyle ilgili maliyetlerin, yasal sorumluluğu bulunmamaktadır. Ancak bazı işletmeler, bu tür dış maliyetleri göz önünde tutarak iç ve dış çevresel maliyetler arasındaki sınırı belirlemeye çalışırlar. Çünkü hem değişen çevre mevzuatı hem de kurumsal sosyal sorumluluk konusunda baskıların artması, işletmeleri böyle bir yola mecbur etmektedir. [648]

Aşağıda, özel maliyet kategorileri ile çevresel yönetim muhasebesi çerçevesinde parasal bilgi ilişkisi türünün yanı sıra, eko-verimlilik göstergeleri gibi parasal bilgi dâhilinde ilave çevresel performans göstergelerinin kısa bir açıklaması sunulacaktır. Buna ek olarak çevresel etki alanı ile çevreyle ilgili maliyetlerinin dağılımı, çevre ile ilgili kazanç ve tasarruf ele alınmıştır.

Çevresel yönetim muhasebesi altında toplanan fiziki bilgilere benzer şekilde, parasal veriler, belirli alanlar için girdi malzemeleri, atık akışları, süreç veya ekipman hatları, ürün veya hizmet hatları bir işletmenin bilgi kullanım amacına (örneğin, toplam yıllık maliyet veya bütçe ve yatırım değerlendirme) bağlı olarak toplanabilir. Bazı işletmeler, Yaşam Döngüsü Değerlendirmesi ve Maliyetleme, Tedarik Zinciri Çevre Yönetimi fikri veya ürün hizmet yaşam döngüsü ve tedarik zincirinin diğer unsurları ile tedarikçi ve tüketicilerden almış oldukları parasal bilgiler çerçevesinde faaliyetlerinin ötesinde sistem sınırlarını genişletmeyi arzu edebilirler.[649]

4.3. Maliyet Kategorileri

Çevre ile ilgili maliyetlerin birkaçı, aşağıda listelenen maliyet kategorilerinde ele alınmıştır. Örneğin, atık arıtma cihazlarını çalıştırmak için kullanılan malzemelerin satın alma maliyetleri, daha ayrıntılı olarak açıklanacaktır. Bu maliyetlerin eklenmesi için seçilen maliyet kategorisi, şirket tercihi ve bilginin kullanım amacına ve buna paralel ayrıntılı veri düzeyine bağlı

---

[647] IFAC, a.g.e., s. 13
[648] IFAC, a.g.e., s. 39
[649] IFAC, a.g.e., s.15

olacaktır. Bir işletmenin amacı, herhangi bir yanlışlıkla birden fazla kategoriye dâhil edilen maliyeti, iki kez hesaplamayacak şekilde yıllık toplam çevresel ilişkili maliyetleri tahmin edip özetlemektir.

Maliyet kategorilerinin çoğunda teçhizatın amortismanı, malzeme ve personel gibi alt kategoriler bulunmaktadır. Bu maliyet kategorileri ve maliyet alt kategorileri Ham ve Yardımcı Malzemeleri, Ambalaj Malzemeleri, İşletme Malzemeleri, Su, Enerji, Ürün Çıktıları ve ürün olmayan çıktılardır.

Çevresel yönetim muhasebesinin en önemli hedeflerinden biri, hem işletme performansını hem de ekonomik performansı değerlendirme ve yönetmede, yöneticilerin ihtiyaç duyduğu çevre ile ilgili maliyet bilgi türlerini belirlemektir.

Dünya çapında çevresel yönetim muhasebesi araştırmacı ve uygulayıcıları, çevresel yönetim muhasebesi metodolojileri ve yaklaşımlarını belirli bir işletme, sektör veya ülkenin ihtiyaçlarına uygun geniş bir yelpazede geliştirmiştir. Bunlar maliyet planları, maliyet kategorilerini aşağıdaki dört şekilde kullanma eğilimindedir:[650]

- Çevresel faaliyet türünü yansıtan kategoriler (örneğin, atık kontrolü vs, atık önleme gibi);
- Daha çok geleneksel muhasebeyi temsil eden kategoriler (örneğin, malzeme vs emek);
- Çevresel etki alanlı kategorileri (örneğin, su vs hava vs arazi gibi);
- Muhasebe kayıtlarının veri görünürlüğünü yansıtan kategoriler (açık maliyetleri gizli maliyet vs gibi)

Hedef maliyet kategorilerini yaygın olarak genel kabul görmüş uluslararası uygulamayı sadece temsil eden bir diziyi geliştirmek değil, aynı zamanda çıkan sonucun en iyi uygulanmasının sağlanmasıdır. Bu çalışmada çevreyle ilişkili maliyetler ve çevresel yönetim muhasebesinin daha fazla tartışma konusu olan çevreyle ilişkili maliyet kategorilerini Tablo4.3. te tanımlamaktır. [651]

Tablo 4.3. Çevreyle İlişkili Maliyet Kategorileri

1-) Ürün Çıktılarının Malzeme Maliyetleri Yan ürün, paketleme ve ürün haline dönüşebilen su ve diğer malzemeler gibi dogal kaynakların satın alma maliyetlerini içerir.
2-) Ürün Olmayan Çıktıların Malzeme Maliyetleri Ürün olmayan çıktıları (atık ve emisyon) olan enerji, su ve diğer malzemeler satın alma (ve bazen işleme) maliyetlerini içerir.
3-) Atık ve Emisyon Kontrol Maliyetleri Çevresel hasar ile ilgili iyileştirme ve tazminat giderleri ve kontrol ile ilgili herhangi bir düzenleyici uyum maliyetleri, taşıma, atık ve emisyon arıtma ve bertaraf maliyetlerini içerir.
4-)Önleme ve Diğer Çevre Yönetim Maliyetleri Temiz üretim projeleri gibi önleyici çevre yönetimi faaliyetlerinin maliyetleri içerir. Ayrıca, çevresel planlama ve sistemleri, çevresel ölçüm, çevre iletişimi ve ilgili diğer faaliyetler gibi çevresel yönetim faaliyetlerinin maliyetleri içerir.
5-) Araştırma ve Geliştirme Maliyetleri Araştırma ve Geliştirme projeleri için çevresel sorunlar ile ilgili maliyetleri içerir.

[650] IFAC, a.g.e., s. 14
[651] IFAC, a.g.e., s. 40

6-) Azalan Maddi Varlıkların Maliyeti
Azalan maddi varlık konularıyla ilgili, hem iç hem dış maliyetleri içerir. Örnekler sorumluluk, gelecekteki düzenlemeler, verimlilik, şirket imajı, paydaş ilişkileri ve dışsallıkları içerir.

Bu maliyet kategorilerinin çoğu, ekipman amortisman, ham ve yardımcı maddeler, işletme malzemeleri, personel, vb gibi geleneksel muhasebeyi temsil eden alt kategorilerdir.

4.3.1. Ürün Çıktılarının Malzeme Maliyetleri

Üretim süreci sonucunda mamul haline dönüşen su ve enerji gibi doğal kaynaklardan oluşan girdilerin satın alma maliyetlerinden oluşmaktadır.

Birçok üretim işletmesinde, daha çok malzeme girdileri, fiziki ürünlere (yan ürünler ve ambalaj dâhil) sonradan dâhil edilmiştir. Örneğin, bir ürün sonradan akıcı zehirli madde oluyorsa ve ekonomik ömrü sonunda çöp olarak bertaraf edilmişse, bu tür çıktıların üretim faaliyeti sonunda çevreye potansiyel etkileri söz konusudur. Buna ek olarak, tüm doğal kaynakları çıkarma, o bölgedeki ekosistemde bozulmaya neden olacak çevresel etkilere sahiptir. Böylece, malzeme çıkarma, üretim, müşteri kullanımı ve nihai olarak bertaraf etme sürecinden kendi yaşam döngüsü sırasında bir üreticinin ürünün genelde malzemeler ile ilgili çevresel etkilerini ve üretim esnasında atık ve emisyon olarak üründen ayrılan çok küçük miktardaki atıkların çevreye etkileri daha önemli olmaktadır.[652]

Bu nedenle, bu maliyet kategorisi ve ambalaj ürünleri, ürün haline dönüştürülen malzeme girdilerinin satın alma maliyetlerini içerir. Bu maliyet verileri bir işletmenin maliyet etkinliğini ve ürünleri malzemeleri ile ilgili çevresel etkilerini yönetmeye yardımcı olur. Örneğin, alternatif maliyet etkinliği ile daha az zehirli ürün yerine çok küçük (zerre) çaptaki zehirli ürün, tercih edilebilir. Çevresel yönetim muhasebesinin fiziksel muhasebe yönü, maliyetler gibi ürün ihtiyacını belirleme, malzeme akışı ve miktarında bilgi sağlamaktadır.[653]

Malzemelerin satın alma maliyetlerini içeren bu kategori, ürün çıktısının (ürünler, yan ürünler ve ambalaj) dönüştürülmesidir. Bu kategori, yalnızca fiziksel bir ürün (örneğin, imalat) üreten sektörler ile ilgilidir. Çevresel yönetim muhasebesinin fiziksel muhasebe yönü, bu maliyetlerin değerlendirilmesi için gerekli malzemelerin akımları ve miktarları hakkında bilgi sağlar.

Malzeme Satın Alma Maliyetleri

İşletmelerin nihai ürün çıktısının bir kısmını oluşturan aşağıdaki malzeme girdilerinin satın alma maliyetlerini dikkate almaları gerekir.

- Ham ve yardımcı malzemeler;

---

[652] Personal Communication with Bernd Wagner of the University of Augsburg, Germany, and Carsten Redmann of the Institute of Management and Environment, Augsburg, Germany, 2004.

[653] Strobel, M., Flow Cost Accounting, 2001.

- Ambalaj malzemeleri;
- Su

İşletme malzemelerinin satın alma maliyeti, bu malzemelerin nihai fiziksel bir ürünün parçası olmadığı için bu kategoriye dâhil edilmemiştir. Su, ya nihai ürün veya üretim sonuna kadar işletme malzemesi olarak kullanılır. Burada su nihai ürünlerin içine mantıksal olarak dâhil edilebilir.

4.3.2. Ürün Olmayan Çıktıların Malzeme Maliyetleri

Üretim süreci sonucunda ürün haline dönüşemeyen (ürün dışı) çıktıların su ve enerji gibi doğal kaynaklardan oluşan girdilerinin satın alma ve işleme maliyetlerinden oluşmaktadır. Bu maliyetler, birçok işletmede etkinlik ve kalite ile ilgili olarak kabul edilseler de aynı zamanda çevreyle de ilgilidirler.

Bu süreç maliyetleri, malzemelerin atık ve gaz salınımına dönüşmesinde kullanılan makinelerin amortismanı ve işçilik maliyetlerinden oluşmaktadır.

Genellikle ürün çıktılarına rağmen, büyük çapta pahalı ve çevresel öneme sahip toplam ürün olmayan çıktılar, (imalatta ortaya çıkan atık ve emisyon) üretim faaliyetlerinde fiziki çıktıların büyük bir kısmını oluşturmaktadır.

Bu maliyet kategorisi, ürün olmayan çıktılardaki malzeme girdilerinin dönüştürülmüş satın alma maliyetlerini içerir. Bu maliyetler çevreyle ilişkili olduğu için verimlilik veya kalite ile ilişkili olarak düşünebilir. Çünkü atık ve emisyonun çevresel etkilerini ve maliyet etkinliğini yönetmede bir işletmeye yardımcı olur. Örneğin, ürün çıktı başına daha az atık üreten daha verimli süreç ekipmanlarının satın alınması düşünülebilir.[654] Çevreselyönetim muhasebesinin fiziksel muhasebe yönü, bu maliyetlerin değerlendirilmesi için gerekli atık ve malzeme akımlarının bilgisini sağlar.[655]

Her türlü atık ve emisyonlar azaltılabilir. Fakat bu süreçte, muhtemelen bazı atık ve emisyonlardankaçınılamaz. Fakat işletmelerin amaçlarına ulaşmak için mümkün olduğunca az malzeme, enerji ve su kullanması, mali açıdan yarar sağlayacağı açıktır. Önleyici ve inisiyatifi ele alan bir çevre yönetim oluşturulduktan sonra atık arıtma tesislerinin kurulmasından ziyade üretilen atık miktarının azaltılması daha önemlidir. Ortaya çıkan atıklar gibi kaybolan malzemelerin sadece satın alma maliyeti değil, aynı zamanda sonraki atık kontrolü ve iyileştirme maliyetleri de azaltılabilir. Böylece yöneticiler, bu

---

[654] Schaltegger S., Müller K. and Hinrichsen, H., Corporate Environmental Accounting (Chichester, UK: John Wiley & Sons, 1996); . Fichter, Loew and Seidel, Betriebliche Umweltkostenrechung, 1997; Fichter, Loew,. Redmann and Strobel, Flusskostenmanagement, Kostensenkung und Öko-Effizienz durch eine Materialflußorientierung in der Kostenrechnung, 1999; United Nations, Environmental Management Accounting, Procedures and Principles, 2001; Jasch and Schnitzer, Umweltrechnungswesen – Wir, zeigen, wiesich Umweltschutz rechnet, Beispielsammlung zur Umweltkostenrechnung und Investitionsrechnung, 2002.

[655] Strobel, 2001.

maliyetlerin değerlendirilmesinde, önleyici çevre yönetiminin potansiyel parasal değerini daha iyi değerlendirmeye de imkân sağlamış olurlar. [656]

Üretim işlemleri için bu maliyet kategorisi, ham ve yardımcı malzemeler atık ve emisyona dönüştürülmüş olduğu noktaya kadar işleme maliyetlerini de içerir. Bu işleme maliyetleri, nihai bir üründen ziyade atık ve emisyonun ortaya çıkmasına yardım etmede kullanılan ekipman amortismanı oranı ve işçilik maliyetleridir.

Bu maliyet kategorisi, sonunda ürün olmayan çıktıya (atık ve emisyon) dönüştürülmüş malzemelerin satın alma maliyetlerini kapsar. Bunlar bir işletme faaliyetleri sonunda ortaya çıkan atık ve emisyon gibi (bu atık ve emisyonların işlenmesi veya bertaraf maliyetleri farklı bir maliyet kategorisinde ayrı ayrı düşünülebilir) maliyetlerdir. Çevresel yönetim muhasebesinin fiziksel muhasebe yönü, bu maliyetlerin değerlendirilmesi için gerekli malzemelerin akımları ve miktarları hakkında bilgi sağlar.

Ürün Olmayan Çıktıların Malzeme Satın Alma Maliyetleri

Ürünolmayan çıktının malzeme satın alma değeri, malzeme akış dengesi (Material Flow Balance) tarafından değerlendirilen tüm atıkların üretimsüreci başında/esnasında satın alma maliyetlerini kapsamaktadır. Bu miktar şirketintoplam üretim maliyetlerinin % 70'ine kadar çıkabilir. Bu kalem maliyetlerden yapılacak tasarruflaraçısından büyük potansiyele sahiptir.Ancak böyle bir tasarruf işleminegirişmeden önce, malzeme akışı net ve ayrıntılı bir şekilde ortaya çıkartılmakzorundadır.[657]

Yöneticilerin ürün olmayan çıktıların bir kısmını oluşturan aşağıdaki malzeme girdilerinin satın alma maliyetlerini dikkate almaları gerekir.

- Ham ve yardımcı malzemeler;
- Ambalaj malzemeleri;
- İşletme malzemeleri;
- Su
- Enerji

Daha verimli üretim işletmelerinde, bazı ham ve yardımcı malzeme ve ambalaj malzemeleri, muhtemelen ürün çıktısından ziyade ürün olmayan çıktı olarak değerlendirilmektedir. Fiziksel bir ürünün parçası olması amaçlanmayan işletme malzemeleri, su ve enerji, somut bir ürün üretmeyen işletme malzemeleri, su ve enerji, ürün olmayan çıktı gibi tanımlanacaktır.[658]

Eğer kayıpların gerçek ölçümleri mevcut değilse, malzeme girdilerini bütün farklı türleri için kayıp tahminleri ve hurda yüzdeleri, ürün olmayan çıktıların malzeme satın alma maliyetlerini hesaplamak için kullanılabilir.

---

[656] IFAC, a.g.e., s. 16
[657] İşletmeletrin Yeni Yöentim Aracı.....s. 36
[658] IFAC, a.g.e., s. 40

4.3.3. Ürün Olmayan Çıktıların Malzeme Süreç Maliyetleri

Bu alt kategori, sadece imalat faaliyetleri için ilgili, atık ve emisyon dönüştürülme noktasında, ham ve yardımcı malzemelerin süreç maliyetlerini içerir. Bu süreç maliyetleri, nihai üründen ziyade atık ve emisyonların üretilmesine yardımcı olması için kullanılan ekipman amortisman oranı ve işçilik maliyetleridir.[659]

Ürün olmayan çıktının bu malzeme süreç maliyetleri, genelde iç personel ve ekipman amortismanın standart üretim maliyetlerinin bir yüzdesi olarak tahmin edilebilir. ürün olmayan çıktının malzeme süreç maliyetlerini tahmin ederken, iki kez hesaplamaktan özenle kaçınmak gerekir. Bazı işletmelerde, standart üretim maliyetlerindeki veri, yalnız ekipman amortisman maliyetleri ve iç personel maliyetleri değil, aynı zamanda hali hazırda kapsadığı diğer kategorilerin maliyetidir. Örneğin, ürün olmayan çıktının malzeme satın alma maliyeti kapsamında olan ham ve yardımcı maddelerin satın alma maliyetidir.[660]

4.3.4. Atık ve Emisyon Kontrol Maliyetleri

Bu maliyetler, atık ve gaz salınımlarıyla ilgili olarak ortaya çıkan süreç ve imha etme maliyetlerini, çevresel zararların tazmini ve iyileştirilmesi ile ilgili maliyetleri ve atık ve gaz salınımlarının kontrolu ile ilgili yasal mevzuata uyulmasından kaynaklanan maliyetleri içermektedir.[661]

Bu anlamda, söz konusu maliyetlerin içine, ilgili ekipmanın amortismanı, işletme malzemesi ve hizmetlerinin, bakımı da dâhil olmak üzere maliyetleri, ilgili personel ücretleri, vergiler, cezalar, sigorta giderleri ve temizleme maliyetleri veya düzeltme gerektirecek durumlar için ayrılan karşılıklar da girmektedir.

Bu kategori, katı atık, tehlikeli atık, atık su ve hava emisyonları ortaya çıktıktan sonra atık ve emisyonun türlerini iyileştirme ve kontrol maliyetlerini ele almaktadır. Atık ve emisyon kontrol faaliyetleri şunlardır: ekipman bakımı, dahili atık işleme, atık ve emisyon iyileştirmesi, kötü bölgenin (ıslahı) geri dönüşümü, atık bertarafı; bozulmuş alanlar ve diğer kirliliği temizleme, iyileştirme ve üretilen atık veya emisyonlar ile ilgili herhangi bir çevresel düzenleyici uyum maliyetlerini içermektedir

Bu kategori, ilk etapta atık ve emisyon üretimini engellemek amacıyla çevre yönetim faaliyetlerini içermemektedir. Bu tür faaliyetler, sonraki maliyet kategorisi kapsamındadır. Aşağıdaki maliyetleri kapsamaktadır:.[662]

- Ekipman Amortisman,
- İşletme malzemeleri,
- Su ve Enerji,

---

[659] İşletmelerin.....s. 37
[660] IFAC, a.g.e., s. 40
[661] IFAC, a.g.e., s. 41
[662] IFAC, a.g.e., s. 40

- İç Personel,
- Dış Hizmetler,
- Ücretler, Vergiler ve İzinler,
- Cezalar,
- Sigorta,
- İyileştirme ve Tazminat.

Ekipman Amortismanı

Ekipman Amortisman giderleri yıllık bazda kaydedilen beklenen ekonomik ömrü boyunca bir ekipman parçasının yıllara yayılmış yatırım maliyetleridir. İlgili diğer varlık edinme maliyeti de bu kategoriye dâhil olabilir. Örneğin, yıllık ekipman kiralama veya finansal kiralama maliyetleri, ev atık ve emisyon kontrol cihazları ya da özel bir depolama amacıyla arazi satın alma veya yıllık bina inşa maliyeti olabilir.

Atık ve emisyon kontrol ekipman örnekleri şunlardır:[663]

- Atık taşıma ekipmanı (örneğin, katı atık dökümü, atık taşıma ekipmanları gibi);
- Atık ve emisyonların arıtma ekipmanı (örneğin atıksu arıtma sistemleri, hava yıkayıcıları gibi);
- Atık bertaraf ekipmanları (çöp alanlarındaki hareket ekipmanı).

Atık ve emisyon kontrol sistemlerinin tek amacı, atık ve emisyonların yanı sıra, entegre kontrol ekipmanları, gerçek üretim ekipmanları ve kontrol ekipmanlarını içerir. Örneğin, atıksu arıtma tesisleri, atık ve emisyon kontrol ekipmanları gibi ekipmanları kapsar. İşletmeler, genellikle muhasebe sistemleri içinde ayrı maliyet merkezlerinde bu ekipmanın çalışması ile ilgili maliyet bilgilerini kaydetmektedirler. Bu gibi durumlarda, ilgili atık ve emisyon kontrolü maliyetlerinin çoğu, doğrudan bu maliyet merkezi raporlarından alınmış olabilir. Ayrı maliyet merkezleri bulunmayan bir işletmede atık ve emisyon kontrol ekipmanları için o işletmenin ilgili maliyetlerinin takibinde biraz zaman harcaması gerekecektir.[664]

İşletme Malzemeleri

Daha önce de belirtildiği gibi, işletme malzemeleri, ürün şeklinde işletmeden ayrılması düşünülmeyen malzeme girdileridir. Fakat yine de işletmenin düzenli çalışması için gereklidir. Atık ve emisyon kontrolü amaçları için özel olarak kullanılan bir işletme malzemesine örnek, bir atıksu arıtma tesisisinde kullanılan kimyasallar olacaktır. Bir işletmenin muhasebe uygulamalarına bağlı olarak, bu maliyetleri sadece maliyet kategorisi ürün olmayan çıktının madde ve malzeme maliyetleri altında işletme malzemelerin toplam satın alma maliyetleri arasında yer alması sona erdirebilir. Bir başka yol olarak, bu satın alma maliyetleri, atık ve emisyon kontrol maliyetleri kategorisi altında yer alabilir. Bu durumda bir işletmenin atık ve emisyon kontrol

---

[663] IFAC, a.g.e., s. 17
[664] IFAC, a.g.e., s. 44

ekipmanları ile ilgili maliyet merkezi raporları alınabilir. İşletme malzemeleri için atık ve emisyon kontrolü ile ilgili örnekler şunlardır:[665]

- Atık ve emisyon kontrol ekipmanları (ekipmanları temizlik malzemeleri gibi)
- Atık işleme (örneğin konteynerler);
- Atık ve emisyon arıtma (örneğin, kimyasallar ve atık su arıtma gibi);
- Atık bertarafı (bir çöp toplama bölgesinde kağıt, plastik ve cam vb. malzeme ayırımı gibi);
- İlgili yasal uyumluluk (örneğin, kişisel koruyucu ekipman, eğitim materyali gibi).

Su ve Enerji

Atık ve emisyon yerine nihai bir ürün, işletmenin madde ve malzeme maliyetleri altında açıklanabilir. Su ve enerji, atık ve emisyon kontrol amaçları için özel olarak kullanılan veri, maliyet merkezi raporları mevcuttur Atık ve emisyon kontrol maliyetleri kategori altında değerlendirilir. Su ve enerji satın alma maliyetine örnek şunlardır:

- Atık taşıma (ulaşım ekipmanları, enerji gibi);
- Atık ve emisyon arıtma (bir yakma fırınını temizlemek için yıkama suyu);
- Atık yok etme (çöp toplama bölgesindeki hafriyat makineleri için enerji gibi).

İç Personel

İç personel maliyetleri, atık ve emisyon kontrol faaliyetlerine katılan hem tam hem de yarı zamanlı personel maaş ve yararlarını içerir. iç personel maliyetlerine örnekler şunlardır:

- Bakım (atıksu arıtma tesisi bakım gibi);
- Atık işleme (atık ayırma, toplama, test etme, iç taşıma gibi);
- Atık ve emisyonların arıtılması (atıksu arıtma tesisleri ve çöp yakma operasyon gibi);
- Atık yok etme (yerinde bir depolama yönetimi gibi);
- Yasal uyumluluk (etiketleme, kayıt tutma, teftiş, bildirim ve eğitim gibi).

Dış Hizmetler

Dış hizmetler, atık ve emisyon kontrolü ile ilgili danışmanlar, eğitmenler, müteahhitler, belgelendirme kuruluşları, hukuk şirketleri vb tarafından sağlanan tüm masraflar dâhil edilmelidır.

Ücretler, Vergiler ve İzinler

Atık ve emisyon kontrolü ile ilgili herhangi bir ücret, vergiler ve izinleri içerir. Ücret ve vergi katı atık bertaraf ücretleri, atıksu boşaltım ücretleri, karbon dioksit emisyon ücreti, ambalaj ilgili eko-vergi vb konuları içerebilir, İzinler, sera gazı emisyonları ve atık su emisyonları için dış ticarete konu olan izinlerin maliyetini kapsayabilir.

---

[665] IFAC, a.g.e., s. 45

Cezalar

Herhangi bir hükümetin para cezaları veya atık ve emisyon kontrolü ile ilgili yasal uyumluluk için ihmal cezalarını içermektedir.

Sigorta

Tehlikeli maddeleri yanlışlıkla serbest bırakmak için ilgili sigorta gibi atık ve emisyon kontrolü ile ilgili potansiyel sorumluluğu kapsayan sigorta maliyetlerini içerir.

İyileştirme ve Tazminat

Kirliliği, ekosistem veya diğer zararlı siteleri ıslah etme, üçüncü şahıslara tazminat ve kirletilmiş alanların temizlenmesi ile ilgili iyileştirme ve tazminat maliyetlerini içerir.

4.3.5. Önleme ve Çevre Yönetimi ile İlgili Diğer Maliyetleri

Bu grup; "yeşil (çevreci) satınalma", "tedarik zincirinde çevresel yönetim", "temiz üretim", "genişletilmiş üretici sorumluluğu" gibi önleyici çevresel yönetim faaliyetlerinden kaynaklanan maliyetlerin yanında çevresel planlama, çevresel performansın ölçülmesi, kontrolü, çevresel faaliyetlerle ilgili iletişim ve çevresel projelere verilen finansal destekler gibi çevresel yönetimle ilgili diğer faaliyetlerin maliyetlerini içermektedir.[666]

Bu kategori, genişletilmiş üretici sorumluluğu, temiz üretim, tedarik zinciri çevre yönetimi yeşil satın alma vb gibi önleyici çevre yönetimi faaliyetlerinin maliyetlerini kapsamaktadır. Aynı zamanda, çevresel planlama ve sistemleri gibi (örneğin, çevre yönetim sistemleri), çevre ölçümü (örneğin, izleme, performans denetimi), çevresel iletişim (örneğin, toplumsal grup toplantıları, hükümet nezdinde lobi faaliyetleri, çevresel raporlama) ve diğer ilgili maliyetleri (örneğin, çevre projelerine mali destek) ve diğer çevresel yönetim faaliyetleri için maliyetleri içerir.[667]

Bu kategori, atık ve emisyon üretimini önlemek, atık ve emisyon kontrolü ile doğrudan ilgili olmayan diğer genel çevre yönetimi faaliyetlerini uygulama çabaları ile ilişkili maliyetlerle ilgilidir. Her şeyden önce, önleyici çevre yönetimi faaliyetlerinin maliyetleri, inisiyatifi ele alan bir eko-sistem yönetimi, yerinde geri dönüşüm, temiz üretim, yeşil satın alma, tedarik zinciri yönetimi, çevre yönetimi ve genişletilmiş üretici sorumluluğu gibi konuları içerir. Bu maliyet kategorisi,çevre ölçümü (izleme, performans denetimi, performans değerlendirme), çevresel iletişim (performans raporlama, toplum, çevre, planlama ve sistemleri (çevre yönetim sistemleri, çevre finansal muhasebe, çevre yönetim muhasebesi): grup toplantıları, hükümet nezdinde lobi faaliyetleri) ve

---

[666] İşletmelerin.....

[667] IFAC, a.g.e., s. 10- 86

diğer ilgili faaliyetler (örneğin, toplumda çevre projelerine mali destek) gibi daha genel bir çevre yönetim faaliyetlerinin maliyetlerini içermektedir.[668]

Bu kategori aşağıdaki maliyetleri kapsar:

- Ekipman Amortisman;
- İşletme Malzemeleri, Su ve Enerji;
- İç Personel;
- Dış Hizmetler;
- Diğer Maliyetler

Yukarıda sıralanan geri dönüşüm, temiz üretim ve diğerleri gibi çevre yönetimi konusunda özel bir rol oynayan önleyici faaliyetler önemli olduğu unutulmamalıdır. Önleyici çevre yönetimi faaliyetleri için ortaya çıkan maliyetler, genellikle sadece çevresel performansını geliştirmek değil, aynı zamanda, atıkları azaltma, malzemelerin etkin bir şekilde kullanımını artırma gibi finansal olarak geri dönüş sağlar. Buna göre, önleyici çevresel faydalar ile uygulanan bazı projeler, sadece çevre koruma hedeflerine ulaşmak için değil, ama aynı zamanda verimliliği, ürün kalitesini veya diğer hedefleri de esas almaktadır.

Ekipman Amortismanı

Önleme ve çevre yönetimi ile ilgili kullanılan çevresel veri toplama için yeni bir bilgisayar sistemi gibi bazı ekipmanlar, tek başına ekipman olabilir. Böyle bir ekipman için yıllık amortisman maliyeti bu maliyet kategorisi altında yer alacaktır.

Önlenme faaliyetleri için kullanılan diğer ekipmanları ile (solvent damıtma ve kimyasal bir üretim sürecinin ayrılmaz ve otomatik bir parçası olan yeniden kullanım sistemi gibi) üretim ekipmanları entegre olabilir. Diğer durumlarda ekipmanlar, (örneğin, yüksek verimli bir boya püskürtme tabancası) önleyici çevre yönetimine katkıda bulunabilir. Çünkü doğal olarak daha verimli bir şekilde enerji ve hammadde kullanır. Böylece alternatif cihazlara göre daha az atık üretir. Bu gibi durumlarda, bir işletmenin "çevre ile ilgili" ekipman için yıllık amortisman bedelleri (varsa) ne oranda tahmin etmek isteniyorsa o değerden tayin edilmelidir Bu tahmin, söz konusu ekipman parçasını satın almak için birincil nedenlerin dikkate alınmasına dayalı olabilir, örneğin, çevresel veya malzemelerin verimliliği gibi hususlar öncelik sırasında bulunabilir.[669]

İşletme Malzemeleri, Su ve Enerji

Daha önce de belirtildiği gibi, işletme malzeme girdileri bir ürün şeklinde işletmeyi terk etmesi düşünülmeyen ancak yine de işletmeyi çalıştırmak için gerekli olan unsurlardı. Önleme ve çevre yönetimi için özel olarak kullanılan bir işletme malzemesi, gönüllü çevre izleme ve örnekleme için donanım olacaktır. Örneğin, su ve enerji, hem iç geri dönüşüm ekipmanları için hem de önleme ve

---

[668] IFAC, a.g.e., s. 17
[669] IFAC, a.g.e., s. 45

çevre yönetimi için kullanılır. Bu malzemelerin satın alma maliyeti, mevcut veriler yeterli olup onlar için ayrı ayrı hesap ayrıştırılmış olmadığından, maliyet kategorisi ürün olmayan çıktının madde ve malzeme maliyetleri altında işletme malzemelerinin toplam satın alma maliyetlerinde yer almaktadır. Bu maliyetler, belirli bir amaç için malzeme verimliliği projesi potansiyel bir yatırım değerlendirilmesi anlamlı kabul edilir.[670]

İç Personel

Önleme ve çevre yönetimi ile ilgili diğeriç personel maliyetleri tam zamanlı ve yarı zamanlı personel maaşları ve yararları içerir. Personel giderleriiçinörnekler:[671]

- Önleyici çevre yönetimi (örneğin, yerinde geri dönüşüm ekipmanları, yeşil bir satın alma programı kurmak için iç personel çalışma);
- Çevresel planlama ve sistemler (örneğin, çevre yönetim sisteminin uygulanması ve bakımı);
- Çevre ölçümü (örneğin, iç çevre denetim);
- Çevresel iletişim (örneğin, bir çevresel performans raporunda derlenmesi ve yayımlanması);
- Diğer (örneğin, çevre ile ilgili finansal bağış).

Dış Hizmetler

Dış Hizmetleri Önleme ve Diğer Çevre Yönetimi ile ilgili danışmanlar, eğitmenler, müteahhitler, belgelendirme kuruluşları, hukuk şirketleri, vb tarafından sağlanan tüm masraflar dâhil edilmelidir.

Diğer Maliyetler

İlgili diğer önleme ve çevre yönetim maliyetleri burada yer almalıdır. Bu maliyetler, çevresel girişimler veya doğal rezervlerinin ekosistem yönetim maliyetlerini veya bağışları kapsayabilir. Çevresel girişimler ve milli parklarla ilgili bağış, bir organizasyonun kurumsal sosyal sorumluluk politikası parçası olsa da, aynı zamanda çevre düzenlemelerine kadar katı olmayan ülkelerde çevresel etkileri için tazminat olarak kullanılabilir.

4.3.6. Araştırma ve Geliştirme Maliyetleri

Hammaddelerin potansiyel zehirli etkilerinin araştırılması, enerji açısından daha etkin ürünlerin geliştirilmesi ve malzeme etkinliğinin geliştirilmesini sağlayacak makine tasarımları gibi çevrenin korunmasına yönelik olarak gerçekleştirilen araştırma ve geliştirme faaliyetlerinin maliyetleri bu başlık altında toplanmaktadır.

Bu kategori, çevre ile ilgili sorunlar ve girişimleri kapsayan araştırma ve geliştirme faaliyetlerinin maliyetlerini içerir. Örnek olarak yüksek verimli malzeme kullanımı ile enerji verimine bağlı ürünlerin geliştirilmesi, yeni

---

[670] IFAC, a.g.e., s. 46
[671] IFAC, a.g.e., s. 46

ekipman tasarımlarının test edilmesi ve hammaddelerin potansiyel zararları üzerine yapılan araştırma maliyetlerdir.

Çevre ile ilgili araştırma ve geliştirme giderleri, ekipman amortisman gibi her türlü maliyeti, işletme malzemeleri, su ve enerji, iç personel ve dış hizmetler içerebilir.[672]

4.3.7. Maddi Olmayan Varlıkların Maliyeti

Bir işletmenin bilgi sisteminde bulanamayabilecek ancak potansiyel olarak önem taşıyabilecek ve daha az somut olan başka bir ifade ile miktarının belirlenmesi zor olan içsel ve dışsal maliyetler bu grubu oluşturmaktadır.

Doğaya verilen zararlardan kaynaklanan yasal sorumluluklar, gaz salınımlarıyla ilgili yasal düzenlemelerden kaynaklanan maliyetler, hava kirliliğinden kaynaklanan işçilerin iş göremezlikleri gibi verimlilikle ilgili maliyetler, toplumsal imaj ve işletme ilgilileri ile ilgili maliyetler (örneğin; içinde çevreye zarar verebilecek unsurların bulunduğu projelere destek verilmesine karşı oluşacak engeller) ve fabrikalara yakın olmaları nedeniyle tabiat varlıklarının zarar görmesi gibi dışsal maliyetler, bu gruptaki maliyetlere örnek olarak verilebilir.

Bu kategori, hem iç hem dış, maddi olmayan varlıklar gibi genellikle bir işletmenin bilgi sistemlerinde bulunmayan ölçülmesi zor maliyetleri içerir. Çevre ile ilgili maddi olmayan varlık örnekleri, sorumluluk (doğal kaynak hasarı ile ilgili yasal hükümler), gelecek düzenleme (örneğin, sera gazı emisyonlar için yapılacak düzenlemenin gelecekteki maliyetleri gibi), verimlilik (kirlilik nedeniyle hastalıktan dolayı işçi devamsızlıkları gibi) imaj ve paydaş ilişkileri (olumsuz çevresel bileşenleri olan projeler için finansman engelleri gibi) ve dışsallıklar (yüksek derecede kirliliğe neden olan fabrikalara yakınlığı nedeniyle özellikle değer kaybı gibi toplum üzerindeki dış etkiler) sayılabilir.[673]

İşletmenin maddi olmayan varlık maliyetleri çevre ile ilgili mevcut bazı iç maliyetler veya faydaları kapsar. İşletme ile ilgili olmasına rağmen tahmin edilmesi zordur. Muhasebeciler ve diğer personel, maddi olmayan varlıkların maliyetini tanımladıktan sonra verilerin doğruluğu, tutarlılığı ve bütünlüğünün kontrolü üzerinde birlikte çalışmak gerekir.

Maddi olmayan varlık maliyetlerininyapısı farklıdır. Bu tür maliyetleri ve faydaları, genellikle bir işletmenin toplu bilgi sistemleri içinde herhangi bir yerde bulması mümkün olmayabilir. Örneğin, tüketicilerin zihninde, bir şirketin çevreyle ilgili vermiş olduğu olumlu imajından dolayı satış gelirlerinde genel bir artış veya düşük verimlilik, yüksek atık işlemleri ile ilgili maliyetleri içerebilir.[674]

---

[672] IFAC, a.g.e., s. 46
[673] IFAC, a.g.e., s. 40
[674] IFAC, a.g.e., s. 18

Bir işletme için şu an ödeme yapmak zorunda olmadığı dışsallık maliyetleri, maddi olmayan varlık maliyetleridir.[675] Örneğin bir işletme, daha çok ekosistem ve insan sağlığı üzerinde bir etkisi olabilen kirletici emisyonlar için çevre düzenlemeleri açısından bazı yasal izinleri alabilir. Bu izni alan işletmelerin bahse konu olan etkileri yönetmek veya emisyon iyileştirme masrafları veya yerel topluluk tıbbi masrafları gibi ilişkili maliyetleri, ödemeleri gerekmez. İç ve dış çevre ile ilgili maliyetler arasındaki sınır, dinamik olarak değişen çevre mevzuatı ve kurumsal sosyal sorumluluk konusunda artan bir vurgu nedeniyle, bugünün dış maliyetleri gelecekte iç maliyet olabilir. Bu maliyetlerin topluma dışsal faydalarının da mümkün olduğunu belirtmek gerekir. Çevre ile ilgili sağlık ve güvenlik konularında yardım kuruluşları veya personel eğitimi, toplumsal faydaları kurumsal bir sorumluluk anlayışı olarak ele alınabilir.[676]

Maddi olmayan varlık maliyetlerin faydasını ölçmek veya tahmin etmek zor olabilir Buna rağmen, bir işletmenin çevresel performansı ve iş değeri üzerinde önemli bir etkiye sahip olabilir.

Hem iç hem dış maddi olmayan varlık maliyetlerinin faydası için örnekler aşağıdaki gibidir;

Örnek 1 – Sorumluluk

Çevre sorunları ile ilgili Sorumluluk Maliyetleri iki kategoriye ayrılır:

Çevre kurallarını ihlal ettiği için sorumluluk (örneğin, uyumsuzluktan kaynaklanan para cezaları, gerekli site maliyetleri, yasal maliyetler, temizlik ve iş kapatma maliyetleri)

Kişisel yaralanma, maddi hasar veya doğal kaynak hasarı (örneğin, yasal giderler, restorasyon giderleri, tazminat maliyetleri ve cezai maliyetleri) için yargı sistemi tarafından öngörülen sorumluluklardır.

Finansal muhasebenin önemli bir yasal yükümlülüğü, iktisadi olaylarımali tablolara kaydetmesidir. Bu sorumlulukların bazı riskleri sigorta kapsamına girebilir.

Azalan maddi varlık maliyetleri, çevresel sorumluluk maliyetlerinin tahmin yaklaşımları aktüeryal teknikleri, mühendislik maliyet tahmini, uzman profesyonel yargılama ve karar analiz tekniklerini içerir.[677]

Örnek 2 - Gelecekteki Yönetmelik

---

[675]R. Constanza, C. Farber and J. Maxwell, "The Valuation and Management of Wetland Ecosystems," Ecological Economics, 1: 335-361 (1989); L. Wicke, Umweltökonomie (available only in German) (Munich: Verlag Vahlen, 1991); CICA, Full Cost Accounting from an Environmental Perspective, 1997; Bebbington, Gray, Hibbitt and Kirk, Full Cost Accounting: An Agenda for Action, 2001; Howes, Environmental Cost Accounting: An Introduction and Practical Guide, 2001; The SIGMA Guidelines – Toolkit, 2003, and The SIGMA Guidelines – Toolkit, Sustainability Accounting Guide, 2003.

[676] Constanza, a.g.e.,. s. 335- 361

[677] United States Enviromental Protection Agency Valuing Potential Environmental Liabilities for Managerial Decision-Making: A Review of Available Techniques, 1995.

Pek çok ülkede, çevre ile ilgili düzenleyici maliyetler artmaktadır. Bölgesel ve uluslararası düzenlemeler de, birçok kuruluşun çevresel performans ihtiyaçlarını, giderek küreselleşen pazarlar aracılığıyla doğrudan etkilemektedir. Böylece, çevresel yönetim muhasebesi altında, mevcut düzenleyici maliyetleri değil, aynı zamanda gelecek kanuni maliyetleri dikkate almak önemli olabilir. Biryönetmelikle gelecekmaliyetler, mevcut düzenlemelerin daha sıkı uygulanması, mevcut yönetmelik ve yeni düzenlemeler değiştirilmesi ile ilgili olanlara dâhil edeilebilir. Yönetmelik her düzeyde - yerel, ulusal, bölgesel ve uluslararası alanda - önemli olabilir. Kyoto Protokolü ve AB Atık Elektrikli ve Elektronik Ekipman Direktifi kaynaklanan ulusal düzenlemeler [678] Önceden dışsal maliyetlerin içselleştirilmiş çevre düzenlemelerine örnek olarak verilebilir.

Örnek 3 – Verimlilik

Bir işletmenin verimliliği, pek çok yönden çevresel performansı ile bağlantılı olabilir. Örneğin, verimsiz ekipman hem verimlilik (düşük üretim hacmi ile) hem de çevresel performans (atık ve emisyon üretimi yoluyla) üzerinde olumsuz bir etki yapabilir. Benzer şekilde, ürün kalitesi problemleri olan bir üretim faaliyetinde, atık üretilmesi muhtemeldir. Bazı atık sorunları ile ilişkili verimlilik maliyetlerinin ürün olmayan çıktı kategorisinde madde ve malzeme maliyetlerine dâhil edilebilir.[679]

Üretim faaliyeti boyunca ortaya çıkabilecek olumsuz çevre performansı, sadece verimlilik ile bağlantılı olmayıp, aynı zamanda düşük verimlilikle ilgilidir. Atık yönetimiyle ilgilenen personelin daha verimli faaliyetler için zamanı olmayabilir. Aynı zamanda temiz olmayan bir çalışma ortamında işçilerin sık sık hastalanması, moral kaybına ve düşük işçi verimliliğine etki edeceğinden yüksek işçi devamsızlıklarına yol açabilir.

Bu durumun çevresel performans ve verimlilik arasındaki ilişkiyi de olumsuz kılabileceği unutulmamalıdır. Örneğin, işletmenin verimliliği artırmak için üretimde güçlü kimyasallar kullanmasının çevreye olumsuz etkileri söz konusudur. Verimlilik ve çevresel performans arasındaki, yapı ne olursa olsun pozitif veya negatif potansiyel verimlilik ve çevre arasındaki önemli bağlantıyı, çevresel yönetim muhasebesi altında düşünmek gerekir.

Örnek 4 İmaj ve Paydaşlar Arasındaki İlişkiler

İmaj, bir işletmenin ayakta kalması için gerekli bir unsur olmakla birlikte, paydaşlar ile ilişkileri olumlu yönde etkileyebilirve ekonomik sürdürülebilirlik için katkı sağlayabilir. Örneğin, çevresel performans bağlamında, işletme ve ürünlerin çevresel performansını dikkate alan tüketiciler için "yeşil pazarlar," bir işletmenin imajınıolumlu etkileyebilir.[680]

---

678 European Parliament and Council, "Directive 2002/96/EC of the European Parliament and of the Council of 27 January 2003 on waste electrical and electronic equipment (WEEE)," Official Journal of the European Union, L 037/24 (February 13, 2003).

679 IFAC, a.g.e., s. 19

680 European.....

Örnek 5 – Dışsallıklar

İç ve dış maliyet bileşenleri, çevre performansı ile ilgili bazı sorumluluk maliyetleri, bir işletmenin farkında olduğu çevre düzenlemesi veya bir mahkeme kararı nedeniyle ödemek zorunda olduğu belirli maliyetlerdir. Diğer sorumluluk maliyetleri, bir işletmeninşu anda ödeme zorunda olmadığı fakat gelecekte içselleştirilen potansiyel sorumluluk maliyetleri gibi, dışsal maliyetleri olabilir. Olumsuz çevresel etkiler de dâhil olmak üzere, bir işletmenin sorumluluk faaliyetleri, topluma yansıyan olumsuz dış etkilerle sınırlı değildir.[681]

Toplum üzerindeki olumsuz çevresel etkiler, yaygın olarak ortaya çıkan atık ve emisyonların sonucu değil, aynı zamanda yeraltı kaynağı çıkarma veya ürün kullanım ve atık bertarafınınbir sonucu olabilir. Pozitif dışsal etkilerin ortaya çıkması ve işletmelerinbu duruma ilgi göstermesi de mümkündür. Örneğin, bir işletme, güvenli ve iyi ücretli istihdam sağlayan ve yerel tedarikçiler ile ilgili bir bölgede istikrar ve büyümeyi artırabilir.

Dış parasal etkiler tahmin edilebilir. Ancak işletmelerin uygulamaları son derece zordur.[682] Atık ve emisyonların olumsuz dış etkilere parasal tarafı da çevrenin potansiyel zarar görmesini önlemek veya sonradan çevreye geri dönüşümü, mümkün olan en iyi mevcut teknoloji ile maliyetler hesaplanarak tahmin edilebilir. Bu yaklaşım, bir işletmenin dış etkileri önleme, azaltma veya onarma sonucunu doğuracaktır.

Dışsallıkları tahmin etmek için ortak teknikler şunlardır:[683]

Hasarın parasal değeri için gerçek çevresel zararı önleme, kirliliği kontrol teknolojileri, kurulum ve işletim maliyeti, kullanım ve kaçınma maliyet yaklaşımıdır.

Hasar maliyet yaklaşımı, tek bir araçla dahi olsa çevrenin zarar görmesini önlemek için ödemenin ne kadar olacağını bilimsel ve ekonomik değerleme yöntemleri kullanarak vedeğerlendirerek, çevresel hasarın gerçek maliyetlerini tahmin etmektir.

Restorasyon maliyet yaklaşımı, hasarlı siteyi özgün durumuna geri dönüştürmek için maliyet tahminleridir.

Emisyonlardan doğrudan para kazanma, birim emisyonları başına maliyet tahmini ticaret fiyatı kullanarak veya mevcut en iyi teknolojiyi kullanarak bir arıtma tesisi tarafından tahsil edilen iyileştirme ücretleri kullanılarak

[681] IFAC, a.g.e., s. 38

[682] Constanza, Farber and Maxwell, "The Valuation and Management of Wetland Ecosystems," 1989.

[683] CICA, Full Cost Accounting from an Environmental Perspective,1997; Constanza, Farber and Maxwell, 1989; Wicke, Umweltökonomie, 1991; Bebbington, Gray, Hibbitt and Kirk, Full Cost Accounting: An Agenda for Action, 2001; and the SIGMA Guidelines, 2003.

hesaplanabilir. Yüksek ücretler, masraflar veya emisyonları ile ilgili maliyetler için geçerlidir.[684]

Bu açıdan parasal çevresel yönetim muhasebesi, temelde geleneksel yönetim muhasebesi yaklaşımının işletme ve çevresi arasındaki etkileşimleri de kapsayacak şekilde genişletilmesiyle ortaya çıkan bir yaklaşım olarak kabul edilmektedir.[685] Buna göre parasal çevresel yönetim muhasebesi, genellikle işletme dışı ilgililere doğrudan sunulmayan ve birçok içsel yönetim kararında ihtiyaç duyulan bilgileri sağlayan bir kaynak ve temel bir araç olarak karşımıza çıkmaktadır. Buradan hareketle parasal çevresel yönetim muhasebesinin temelde aşağıdaki sorulara cevap verdiğini söylemek mümkündür:[686]

- Çevresel maliyetler ve gelirler nelerdir ve bu maliyetler ve gelirler nasıl izlenmeli ve kayıt altına alınmalıdırlar?
- Çevresel maliyetler, mamullere mi yüklenmelidir yoksa genel üretim maliyetleri olarak mı kabul edilmelidir?
- Bir işletmede yönetim muhasebecisinin temel sorumlulukları nelerdir?

Bu noktada çevresel maliyetler ve gelirler konusunun üzerinde durmakta fayda bulunmaktadır. Çevresel maliyetler, işletme faaliyetlerinin çevreye verdiği zararlardan ve çevrenin korunmasına yönelik gerçekleştirilen faaliyetlerden kaynaklanan tüm içsel ve dışsal maliyetlerden oluşmaktadır[687] Bu açıdan çevresel maliyetler çok çeşitli ve farklı birçok maliyet unsurunu kapsamaktadır.

Çevresel maliyetlerin yukarıdaki gibi ayrıntılı ve kapsamlı bir şekilde sınıflandırılması, bu maliyetlerin yönetimi açısından önemli olmakla birlikte, sınıflandırma ve kullanım amaçlarına göre sözkonusu maliyetlerin uygulamada işletmeler arasında farklılık gösterebildiği belirtilmelidir. Burada önemli olan nokta, yönetimin bu maliyetleri belirleme ve alacağı kararlarda kullanma becerisidir.[688]

Parasal çevresel yönetim muhasebesi, işletme faaliyetleri ile çevresi arasındaki etkileşimden kaynaklanan maliyetler kadar aynı etkileşimden kaynaklanan gelirler ve tasarruflarla da ilgilenmektedir.

Çevresel gelirler temelde, bir başka işletme için girdi niteliği taşıyan yan ürün, atık ve hurdaların satışı, devlet tarafından sağlanan sübvansiyonlar ve vergi muafiyetleri, atık işleme tesislerinin artan kapasitelerinin başka işletmelere satışı, çevreyle dost ürünlerin sağladığı yüksek kâr marjı gibi unsurlardan oluşmaktadır.[689] Çevresel tasarruflar ise mevcut sistemin iyileştirilmesiyle ortaya

---

[684] Burrit vd. a.g.e., s. 41
[685] Burrit vd., a.g.e., 2002, s. 41
[686] Schaltegger, S. ve R. L. Burritt. 2000. Contemporary Environmental Accounting: Issues, Concepts and Practice Sheffi eld, UK: Greenlaf Publishing Limited, s. 59- 61
[687] Jasch, 2003, a.g.e., s. 669
[688] Ngwakwe, C. C., "Justifying Environmental Cost Allocation in a Multiple Product Firm: A Case Study" Managing Global Transitions: International Research Journal 7 (4), 2009, s 403-420.
[689] International Federation of Accountants, 2005, s. 52, De Beer, P. ve F. Friend, "Environmental Accounting: A Management Tool for Enhancing Corporate

çıkmaktadır. Örneğin, üretim etkinliğinin artırılması, malzeme kullanımını ve atık üretimini azalttığı takdirde sağlanan parasal tasarruflar eski ve yeni maliyet tutarlarının karşılaştırılması yoluyla kolaylıkla hesaplanabilir. Bu tür maliyet tasarruflarının daha çok "yerinde geri dönüşüm", "çevreci araştırma ve tasarım", "çevreci satın alma", "tedarik zincirinde çevresel yönetim", "temiz üretim", "genişletilmiş üretici sorumluluğu" gibi önleyici çevresel yönetim faaliyetleri sonucu ortaya çıktıkları görülmektedir.[690]

4.3.8. Parasal Çevre Performans Göstergeleri

Çevre ile ilgili maliyetlerin değerlendirilmesi, çok farklı düzeylerde ele alınabilir. Örneğin, bir işletme için çevre ile ilgili toplam maliyet, kâr ve zarar hesabına dayalı değerlendirilir veya yatırımın atık akışı, tüketici hizmetleri, üretim hattı, hammaddeler, süreçler, maliyet merkezleri veya özel alanlar için toplanan daha detaylı bilgiler ele alınır. Maliyet verileri, işletme yöneticilerin anlayacağı dilde "maliyet ve tasarruf'un çevresel performansa çevrilmesine yardımcı olabilir.[691]

Böylece, bazı bireyler, fiziksel açıdan değil, parasal olarak ifade edilen çevresel performans göstergelerini görmeyi tercih edebilir. Örneğin, her yıl oluşan atık suyun toplam hacmi (fiziksel bir EPI) ile ilgili bilgiye tepki göstermeyen veya değerini belirlemeyen bir yönetici, her yıl ortaya çıkan atık suyun atık arıtma tesisinin maliyeti (bir parasal EPI), ile çok yakından ilgilenebilir. Atık sudaki kayıp hammaddenin satın alma değerine tahmini bir değer ilave edilirse, maliyet bilgileri, genellikle, aynı zamanda çevre üzerindeki etkisini azaltacak ve bu maliyetleri azaltmak için hareketi tetiklemede yeterince zorlayıcı bir faktör olabilecektir.[692]

Maliyet verileri de eko-verimlilik göstergeleri olarak adlandırılan EPIs ile kesişen fiziksel muhasebe verilerini oluşturmak için birleştirilebilir.[693] Eko-verimlilik kavramı[694]sistematik bir şekilde karar vermek için parasal ve fiziksel çevresel yönetim muhasebesi bağlantıları olarak tanımlanmaktadır. Dünya Sürdürülebilir Kalkınma İş Konseyi (The World Business Council for Sustainable Development WBCSD), eko-verimlilik göstergesini, "ürün veya hizmet değerinin" geri dönüşü veya enerji, hammadde ve su tüketiminin "çevresel etki" deki kazancının yanı sıra atık ve emisyon hacmi açısından bir ilişki göstergesi olarak tanımlar.[695] Bir göstergenin parasal kısmını etkileyen

---

Environmental and Economic Performance" Ecological Economics 58 (3), 2006, s. 548-560

[690]International Federation of Accountants 2005, s. 53

[691] Strobel, a.g.e., 2001

[692] Strobel, a.g.e., 2001

[693] United Nations Conference on Trade and Development, A Manual for the Preparers and Users of Eco-Efficiency Indicators (New York and Geneva: United Nations Publications, 2004).

[694] Schaltegger S. and Sturm, A., "Ökologische Rationaltiät" (available only in German) WWZ- News, Nr. 7 (1990), s. 14-18.

[695] Measuring Eco-Efficiency: A Guide to Reporting Company Performance (Genf: World Business Council for Sustainable Development, 2000).

diğer faktörler de dikkate alınmalıdır. Örneğin, hammaddenin dünya piyasasında fiyat değişiklikleri, çevre sorunları ile ilgisi olmayan eko-verimlilik göstergelerini de etkileyebilir.

4.4. Fiziksel Çevresel Yönetim Muhasebesi

4.4.1. Çevresel Yönetim Muhasebesi İçerisindeki Fiziki Bilgi

Bir işletme, maliyetleri doğru bir şekilde değerlendirmek için, yalnız parasal veriler değil, aynı zamanda malzeme kullanımı, personelin çalışma süreleri ve diğer maliyet sürücüleri gibi parasal olmayan verileri de toplamalıdır. Çünkü (1) işletme faaliyetlerinin çevreyi doğrudan etkileyen emisyon ve üretilen atıkların yanında, enerji kullanımı, su ve malzemeler önemlidir. (2) Birçok işletmede malzeme satın alma maliyetleri, kayda değer bir maliyet sürücüsüdür.[696]

Çoğu işletmeler, faaliyetlerini destekleyecek enerji, su ve diğer malzemeleri satın alırlar. Bir üretim hattında, satın alınan bazı malzemeler, müşterilere teslim edilen son ürün haline dönüştürülür. Çoğu üretim faaliyetlerinin, nihai ürünün kullanım amacı, yalnız atık malzeme üretimi değil, aynı zamanda, ürün tasarım konuları, faaliyetlerin verimsizliği, kalite sorunları gibi nedenlerden dolayı nihai ürünle beraber ortaya çıkan atık malzemelerdir. Üretim faaliyetleri, yalnız nihai ürün için enerji kullanımı, su ve malzemeler değil, aynı zamanda üretimi gerçekleştirmek için diğer unsurlarda (ürün partilerinin veya taşıma işlemleri için yakıt kullanımı arasındaki kimyasal tankerlerin temizlenmesi için durulama suyu gibi) gereklidir. Sonuçta bu malzemelerin çoğu yönetilmesi gereken atık akışlarını oluşturur. Hizmet ve üretim sektöründe su ve enerjinin önemli bir kısmı kullanılabilir. Diğer malzemeler, emisyon ve atıkların oluşumuna öncülük eden ve bu malzemelerin yönetimine dayanan faaliyetleri yürütmek için yardımcı olabilir.[697]

Bu nedenle, malzeme ile çevresel etkiler arasındaki en belirgin örnek, atık ve emisyonların, insan ve bitki ve hayvanları da içine alan, doğal ekosistemlerin sağlığını etkileyebilen sonuçlar doğurmasıdır. Hava, su veya toprağın kirlenmesi, bu sonucu vermektedir.

Malzemeler ile ilgili çevresel etkinin ikinci geniş alanı, bir üretici tarafından üretilen yan ürünler ve ambalaj dâhil fiziksel ürünlerin potansiyel etkileridir. Bir ürünün ekonomik ömrü sonunda, örneğin, şirketi terk ederken, bu nihai ürünlerin çevresel etkileri söz konusudur. Bazı ürünlerin potansiyel çevresel etkileri, eş değer bir hizmet ile fiziki bir ürünün ikâmesi veya ambalajda kullanılan kâğıdın hacminin azalatılması gibi ürün tasarımındaki değişikliklerle azaltılabilir. Malzeme kullanılan birçok üretim planları, atık ve emisyonun bir parçası olmaktan ziyade nihai ürünün bir parçası olmalıdır. Sonuçta ürünün

---

696 Strobel, M., Flow Cost Accounting (Augsburg, Germany: Institute for Management and Environment, 2001).

697 IFAC, a.g.e., s. 10-86

potansiyel çevresel etkisi yüksektir. Ürün geliştirmenin çevreye potansiyel faydası, yüksek etki ile ilişkilidir.

Hizmet işletmeleri ve diğer şirketler tarafından kullanılan enerji, su ve malzeme miktarını izleme ve azaltmanın, hemen hemen tüm hammaddeleri çıkarmanın çevresel etkileri nedeniyle, dolaylı olarak çevresel faydaları olabilir. Örneğin, ormancılık, kömür, petrol, doğal gaz, petrol, altın ve diğer minerallerin yanı sıra malzeme çıkarılması gibi faaliyetler, çıkarma alanlarını çevreleyen ortama aşırı etkileri olabilir. Bu etkiler, sadece kirlilik ve atık çıkarma işlemleri sırasında değil, aynı zamanda erozyon veya bitki örtüsünün kaldırılması, yakındaki su kaynaklarında tortulaşmaya ve yaban hayatının beslenme, üreme ve göç yaşam alanlarının bozulması olarak sayılabilir. Bunun yanı sıra, yiyecek ve temiz suyun ekosisteme dayanan etkileri, yerel insan nüfusuna da olumsuz yansımaktadır. Yenilenebilir olmayan veya yavaş yenilenebilir doğal kaynakların tükenmesi de bir endişe nedenidir.[698]

Herhangi bir fiziki ürünün yanı sıra atık ve emisyonun potansiyel çevresel etkisini etkin bir şekilde yönetmek ve azaltmak için bir işletmenin faaliyetlerini desteklemede kullandığı tüm malzeme, su ve enerjinin miktarını doğru bir şekilde belirlemesi gerekmektedir. Kullanılan malzeme, enerji ve suyun ne kadarı fiziksel ürün ve kadarının da atık ve emisyonların haline geldiğini bilmek gerekir. Bu fiziksel muhasebe bilgileri, tüm potansiyel çevresel etkileri etkin bir şekilde yönetmek için gerekli tüm verileri sağlamanın yanında aynı zamanda muhasebe fonksiyonu sağlayan temel bilgilerdir.

Daha önce de belirtildiği gibi, malzeme satın alma maliyetleri, pek çok işletme için önemli bir maliyet sürücüsüdür. Çevresel yönetim muhasebesi altında toplanan fiziki muhasebe bilgileri, çevre ile ilgili birçok maliyetin gelişimi için anahtardır. Çevresel yönetim muhasebesinin fiziksel muhasebe ve parasal muhasebe ile bütünleştirici yönden birçok bağlantısı söz konusudur.

Fiziksel muhasebe verileri bir defada toplanmaktadır. Bu veriler, çevresel yönetim muhasebesi yönünde maliyet muhasebesini desteklemede ve çevresel performansın malzeme ilişkisini gösteren rapor, işletme malzemeleri ile ilgili yönlerini değerlendirmek ve çevresel performans göstergeleri (EPIs) oluşturmada kullanılabilir.[699]Kapsamlı malzeme dengeleri veya malzeme akışı muhasebe gerçekleştirmek için uzmanlık veya kaynaklara sahip olmayan işletmeler bile anahtar olarak EPIs tahminlerinden yararlanabilirler.[700]

---

[698] IFAC, a.g.e., s. 40

[699] Environmental Management – Environmental Performance Evaluation – Guidelines (Geneva: International Standardization Organization, 2000).

[700] T. K. Loew, U. Müller, S. Werner and M. Strobel, "Ansätze der Umweltkostenrechnung im Vergleich," in Vergleichende Beurteilung von Ansätzen der Umweltkostenrechnung auf ihre Eignung für die betriebliche Praxis und ihren Beitrag für eine ökologische Unternehmensführung (available only in German) (Berlin: UBATexte 78-03, 2003).

Bir çevresel etki bakış açısı ile toplanan kesin veriler, doğal kaynakların tüketimi, atık ve emisyonların ortaya çıkması gibi kesin göstergeler önemlidir. Bu göstergeler şunlardır;

- Her yıl tüketilen toplam tatlı su miktarı,
- Her yıl ortaya çıkan toplam atık su miktarı,

Bağıl (normalize edilen) göstergeler, bir işletmenin büyüklüğü, üretim çıktısı veya çalışan sayısı dışında, çevresel performansını temsil eder. Şirket büyüklüğü, ürün veya hizmet üretimi yıldan yıla değiştiğinden bu göstergeler önemlidir. Böylece, bu göstergeler, çevre yönetim çabalarının bir sonucu olarak, bu faktörlerin değişiklikler ve performans değişikliklerinin bir sonucu olarak çevresel performansındaki değişiklikleri ayırt etmesi için bir işletmeyefırsat verir. Göreceli göstergelerinin örnekler şunlardır:[701]

- Sağlanan hizmet veya üretilen ürün başına tüketilen tatlı su miktarı,
- Sağlanan hizmet veya üretilen ürün başına ortaya çıkan atık su miktarı,

EPIs bir bütün olarak işletme için, belirli ürün veya ürün hatları, özel malzeme grupları vb gibi bilgi kullanım amacına bağlı olarak birçok farklı seviyelerde hesaplanabilir. Örneğin, bir yerel topluluğun iç yöneticileri, süreç iyileştirmelerini gerçekleştirmek için özel süreç hatlarına, atık su üretimi ilgisini çekebiliyorsa, bir bütün olarak atık su oranları ilgiyi artırabilir.

4.4.2. Fiziksel Bilgi ve Çevresel Performans Göstergeleri

Daha önce ifade edildiği gibi, fiziksel muhasebe bilgisinin gerekli çoğunluğu, gerçek dünyadaki malzeme akışını yansıtan bir kayıtlama sistemine sahip değildir veya sistematik bir şekilde kaydedilmediği gibi bu konuda yeterli bilgiye sahip muhasebe personeli de kolay bulunmamaktadır. Genellikle üretim, çevre veya diğer faaliyet alanlarındaki personel, fiziksel malzeme akışlarını daha ayrıntılı tahmin edip ölçüm gerçekleştirebilir. Fakat genellikle bu bilgiler, muhasebe departmanı ile karşılıklı kontrol edilmezler. Muhasebecilerin çevresel yönetim muhasebesi yönünde fiziksel muhasebeyi doğru bir şekilde gerçekleştirmeleri için diğer bölümlerden personel ile daha yakın çalışması gerekir.[702]

Bir işletmenin tüm fiziksel girdi ve çıktıları izlemek ve önemli miktarda enerji, su veya diğer malzemelerin hesaba katılmamış olduğundan emin olarak çalışması gerekir. Bir işletmenin iç ve dışına akan tüm enerji, su, malzemeler ve atıklar için kullanılan muhasebe "malzeme dengesi", bazen de "girdi-çıktı dengesi", "kitle dengesi" ya da "eko-denge" olarak adlandırılır.[703] Pek çok

---

[701] IFAC, a.g.e., s. 20

[702] IFAC, a.g.e, s. 41

[703] Audit and Reduction Manual for Industrial Emissions and Waste (Paris: United Nations Environment Program and United Nations Industrial Development Organization, 1991); German Environmental Protection Agency/German Environment Ministry, Eco-controlling manual (available only in German) (Munich: Vahlen Verlag, 1995); R. Pojasek, "Practical Pollution Prevention – Understanding a Process with Process Mapping," Pollution Prevention Review (Summer 1997) and "Practical Pollution

işletme, enerji performans dengesini, su dengesini diğer malzemelerin dengesinden ayrı dengelemektedir. Bu terminolojinin altında yatan varsayım, ya tüm fiziksel girdiler veya çıktıları - fiziksel ürünler veya atık, emisyon girdi ve çıktılarını- dengelemek zorundadır. Hassas bir malzeme denge seviyesi, bilgi toplama ve verinin kalitesi ve erişilebilirliği gibi belirli amaçlara bağlı olarak değişebilir.[704]

4.4.3. Malzeme Akışı Maliyet Muhasebesi

Malzeme Akışı Maliyet Muhasebesi (Material Flow Cost Accounting MFCA), maliyet muhasebesi sistemini çevresel bir bakış açısıyla yeniden ele alan ve ürün maliyetlerini bütünsel olarak inceleyen çevresel yönetim muhasebesi yöntemlerinden biridir. Bu teknik, ürün ve bu ürüne ait kayıpların/atıkların maliyetlerini birlikte parasal ve hacimsel olarak hesaplamaktadır. Yeni bir sürekli iyileştirme ve maliyet muhasebesi yaklaşımı olan bu teknik, işletmenin özellikle atığa dayalı tüm maliyetlerini ve tüm üretim süreçlerini çevresel bir bakışla ele almaktadır. Malzeme Akışı Maliyet Muhasebesi, hem çevresel etkilerin hem de maliyetlerin eş zamanlı olarak azaltılmasını ve verimliliğin artırılmasını amaçlamaktadır.

MFCA'in ayırt edici özelliklerinden en önemlisi geleneksel maliyet muhasebesinin aksine sadece satılabilir ürünleri değil, imalat süreci boyunca ortaya çıkan atık ve hatalı ürünleri de göz önüne almasıdır. Bu sayede, geleneksel maliyet muhasebesi hesaplamalarında tanımlanmayan atık maliyetleri üzerinden işletmenin saklı kalan maliyetlerini hesaplamaktadır. Bir başka deyişle MFCA, malzeme kayıplarını parasal anlamda görünür hale getirerek atık maliyetlerini ortaya koymaktadır. Ayrıca MFCA, malzeme akışı, maliyetler ve üretim sürecine ilişkin diğer bilgileri entegre bir yaklaşım ile ele almaktadır. MFCA'in üretim hattına uygulanması ile fabrika içindeki sorunların net bir resminin ortaya konulması sağlanmış olmaktadır. Dolayısıyla bu sorunların çözülmesi ile işletme atık üretimini azaltabilmekte ve malzeme verimliliğini artırabilmektedir. Bu da maliyetlerin azaltılmasını beraberinde getirmektedir. Böylelikle MFCA, çevresel etki ile ekonomik fayda arasındaki bağı destekleyen bir araç olarak ön plana çıkmaktadır. Sonuç olarak MFCA kayıp/atıkların azaltılmasını sağlayarak maliyeti düşüren ve bu sayede rekabet edebilirliği artıran çevreye duyarlı bir yönetim aracıdır.[705]

Dünyada henüz çok yeni bir kavram olan MFCA, Japonya'da yaklaşık 300 firma tarafından yönetim sisteminin bir aracı olarak kullanılmaktadır. Söz konusu teknik, gerek uygulanabilirliğinin kolay olması, gerekse işletmelere hem çevresel hem de ekonomik açıdan faydalar sağlaması nedeniyle büyük bir hızla

---

Prevention – Materials Accounting and P2," Pollution Prevention Review (Autumn 1997); Environmental Protection Agency of Baden-Würthemberg, Corporate material on energy flow management, improving eco-efficiency via sustainable reorganization.

[704] IFAC a.g.e., s. 10 - 86

[705] vgm.sanayi.gov.tr/NewsDetails.aspx?newsID=2525&lng=tr

yaygınlaşmaktadır. Ülkemizde henüz konuyla ilgili bir çalışma bulunmamaktadır.[706]

1959 yılında Japon Ekonomi, Sanayi ve Ticaret Bakanlığının nezdinde kurulan ve mali açıdan Bakanlık tarafından desteklenen AOTS (The Association for Overseas Technical Scholarship - Denizaşırı Ülkeler Teknik Burs Birliği), Japonya'da kurulan ilk özel teknik işbirliği organizasyonudur. AOTS'nin Tokyo, Osaka, Chubu ve Yokohama'da olmak üzere dört eğitim merkezi bulunmaktadır. Uluslararası teknik işbirliğini teşvik etmeyi ve ikili ekonomik ilişkileri artırmayı hedefleyen AOTS, kuruluşundan bugüne kadar düzenlediği programlar ile Japonya'da 162.000, Japonya dışında 189.000 olmak üzere toplam 350.000 kişiye eğitim vermiştir. Türkiye'den bu eğitimlere yaklaşık 400 kişi katılmıştır ve bu katılımcıların büyük bir çoğunluğunu ülkemizde yatırımları bulunan Japon firmalarının çalışanları oluşturmaktadır.[707]

Malzeme dengeleri, çok farklı seviyelerde yer alabilir. Fiziki bilgi, bütün bir işletme veya belirli bir departman için girdi malzemeleri, atık akışları, süreçler veya ekipmanlar hatları, ürün veya hizmet hatları, vb. bilgi kullanım amacına bağlı olarak toplanabilir. İdeal olarak, daha detaylı düzeylerde yapılan malzeme dengesi, bir bütün olarak bir site veya işletme için yapılan bir malzeme dengesi ile eşleştirlerek toplanacaktır. Ancak uygulamada, sık sık farklı düzeylerde malzeme dengesi, karşılıklı olarak kontrole tabi tutulmaz. Bu nedenle, malzeme dengeleri tutarlı değildir.[708]

Bir malzeme kullanımının tam ve entegre bir fotoğrafı için malzeme akımlarının ayrıntıları, malzeme tedariki, dağıtım, stok, iç dağıtım, kullanım ve ürün sevkiyatının yanı sıra, çöp toplama, geri dönüşüm, arıtma ve atıkların bertaraf edilmesi, gibi malzeme dengesi sayıları ile bağlı, farklı organizasyonel malzeme yönetim adımları üzerinden takip edilmelidir. Bu hesap türü "malzeme akışı muhasebesi" olarak adlandırılmaktadır.

Bazı işletmeler, Yaşam Döngüsü Değerlendirmesi, ürün / hizmet yaşam ömrü veya Tedarik Zinciri Çevre Yönetimi ile tedarik zincirinin diğer unsurları, tedarikçiler ve müşterilerden fiziksel bilgileri içerecek şekilde, kendi operasyonlarının ötesinde sistem sınırlarını genişletmeyi arzu ederler.

---

[706] vgm.sanayi........
[707] Vgm sanayi.....
[708] vgm.sanayi.....

Şekil 4.4. Malzeme Akış Muhasebesi

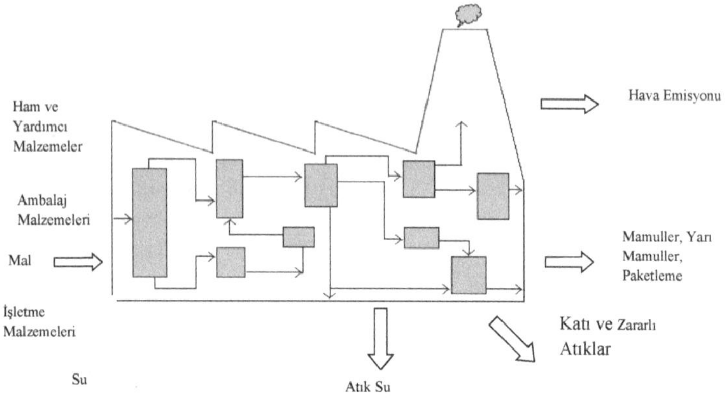

Kaynak: (Available in German only) (Karlsruhe, 1999); *Seminar Notes on Process Mapping and Mass Balances* (Lacey, WA: Washington State Department of Ecology, 2004).

4.4.4. Fiziksel Bilgi Türlerinin Tanımı

Aşağıdaki tablo, bazı temel enerji, su, malzeme ve çevresel yönetim muhasebesi altında ilgili atık bilgi türlerini listelemektedir.

Malzeme Girdileri, bir işletmeye enerji, su veya diğer malzeme girişleridir. Çıktılar, bir işletmeden ürün, atık veya diğer malzemelerden ayırlanlardır. Ürün olmayan çıktı veya çıktısı olmayan bir ürün (Non-Product Output NPO) olarak tanımlanır. Tanım gereği, bir işletmede, ürün olmayan çıktı gibi fiziksel ürünlerin üretimi söz konusu değildir. [709] Bu çalışamanın geri kalanında, "Atık ve Emisyon." terimi ile ürün olmayan çıktı ile eş anlamlı olarak kullanılacaktır. Tablo 4.4.te girdi ve çıktının herbir türü açıklanmıştır.

Tablo 4.4. Fiziksel Malzemeler Muhasebesi: Girdi ve Çıktı Türleri

Malzeme Girdileri	**Ürün Çıktıları**
Ham ve Yardımcı Malzeme	Ürünler (paketleme dâhil)
Ambalaj Malzemeleri	Yan ürünler (paketleme dâhil)
Mal	**Ürün Olmayan Çıktılar (atıklar ve emisyon)**
İşletme Malzemeleri	Katı atık
Sular	Tehlikeli Atıklar
Enerji	Atık sular
	Hava emisyonu

Burada açıklanan fiziksel kategoriler kütle dengelemesi standart uygulama ve operasyonel sistemler için çevresel performans göstergeleri için ISO 14031 genel yapısı ile uyumludur. Bu fiziksel kategoriler, belirli sektörlerde veya bireysel kuruluşların uyması için gerektiği gibi düzenlenebilir.

[709] IFAC, a.g.e., 39

Malzeme Girdileri

Malzeme Girdileri, bir işletmeye giren herhangi bir enerji, su veya diğer malzemelerdir. Çeşitli malzemelerin girdi kategorilerinin tanımları aşağıda verilmiştir.

Ham ve Yardımcı Malzemeler

Ham ve Yardımcı Malzemeler, bir işletmenin nihai fiziksel ürün veya ürün parçası halindeki malzeme girdileridir. Hammaddeler, ana ürün bileşenleri (örneğin, mobilya üretiminde kullanılan ahşap) Yardımcı Malzemeler daha küçük bir ürün bileşenleridir (örneğin, mobilya üretiminde kullanılan tutkal). İşletmenin nihai ürünün bir parçası haline gelen su, su kategorisinden ayrı ele alınmıştır.

Ambalaj (Paketleme) Malzemeleri

Ambalaj malzemeleri, bir işletmenin nihai ürünlerinin korunması ve nakliyesinde kullanılmak üzere tasarlanmış malzeme girdileridir. Bu malzemelerin kullanıma hazır formunun satın alınması veya kullanılmadan önce yerinde işlenmesi gerekir.

Mallar

Bazı işletmeler, az veya hiç bir ek işleme tabi tutulmayan doğrudan ürün olarak satılan ürünleri tekrar satın alırlar. Bu malzeme girdileri mal olarak kategorize edilir. Örnek, mal ile ilgili çevresel etkileri veya maliyetleri, enerji maliyetleri, malın depolama ve taşıma için yararlı bir raf ömrünü ve diğerinden daha uzun ömürlü olan malın bertaraf maliyetlerini (gıda) içerir. Bu gibi durumlarda, mal, malzeme ve ilgili maliyetler takip edilmelidir. Genellikle, üretim hattının her türlü yoluyla ürün olmadığı, ancak, bir organizasyon ürün işlerken ve diğer girdi malzemeleri ile daha az çevresel etkilere ve maliyetlere eğilimlidir.[710] Böylece, ticari mal bu çalışmada detaylı olarak ele alınmamıştır.

İşletme Malzemeleri

İşletme malzemeleri bir işletmenin satın alıp ve kullandığı, malzeme girdileridir. Ancak bir müşteriye teslim edilen herhangi fiziksel ürünün bir parçası değildir. Örneğin, imalat dışı kuruluşlar için ofis malzemeleri, bina temizlik malzemeleri, aydınlatma armatürleri ve benzeri malzemelerdir. Hizmet üreten işletmeler için en iyi malzeme girdileri, işletme malzemelerinin bu türleri olacaktır. Ulaşım hizmetleri için yakıt buna iyi bir örnek teşkil etmektedir. İmalat işlemleri, kimyasal katalizörler, ekipman temizleme maddeleri, vb gibi diğer işletme maliyetlerinin yanı sıra bu türleri kullanacaktır. Çünkü işletme malzemeleri, herhangi fiziksel bir ürünün bir parçası değildir. Bu malzemeler, işletmeden atık ve emisyon halinde ayrıldıklarında otomatik olarak ürün çıktısı olmayan bir şekilde gerçekleşecektir.

---

[710] IFAC, a.g.e., s. 39

Su

Su kategorisi, bir işletmenin kullandığı bütün sular, (örneğin, özel kuyu veya kamu suyu temin sistemi) tüm kaynaklardan, nasıl olursa olsun, yağmur suyu, yeraltı suyu, yüzey suyu, nehirler ve göller gibi tüm suları içerir. Gıda işleme gibi bazı imalat sektörlerinde su, asla nihai bir ürün haline gelmek için amaçlanan ürün değildir. Son fiziksel ürünün bir parçası (ham ve yardımcı maddeler gibi) olabilir. Ancak soğutma veya temizleme (daha çok işletme malzemeleri) gibi diğer amaçlar için kullanılır. Böylece, su, fiziksel ürün şeklinde bir üretim işletmesini terk edebilir. Fakat kalanı atık ve emisyon olarak ayrılacaktır.[711]

Hizmet işletmeleri için kullanılan suyun çoğu işletme malzemesi gibidir. Bu nihai bir ürün haline gelmez. Fakat bir destek malzemesi olarak kullanılır ve en sonunda atık ve emisyon olarak işletmeyi terk eder. Örneğin, atık su veya buhar emisyonu şeklinde işletmeyi terkeden ve bir araç yıkama hizmetinde kullanılan su olacaktır.

Su, diğer girdi malzemelerinden ayrı bir kategoridedir. Çünkü su, çevresel bir bakış açısıyla, özellikle önemlidir. Muhasebe sistemlerinin çoğu, diğer malzemelerin akış bilgilerinden farklı olarak su akış bilgilerini yönetmektedir.

Enerji

Enerji kategorisi, bir işletmenin kullandığı her türlü elektrik, gaz, kömür, fuel-oil, merkezi ısıtma ve soğutma, biyokütle, güneş, rüzgâr ve su enerjisini içerir. Bazı üretim faaliyetlerinde, enerji bazen nihai bir ürün içine dâhil edilmiştir (örneğin, bir kimyasal reaksiyon ile). Fakat fiziksel ürünün bir parçası olarak kabul edilmeyen enerji, daha çok işletme malzemesi kategorisinde görülmektedir. Ancak taşıma hizmeti sunan işletmeler için yakıt, bina ısıtma ve soğutma işlemleri için enerji, kaynak çıkarma işlemleri için ekipman enerjisi, hizmet faaliyetlerinde ve çalışan cihaz için kullanılan büyük miktardaki enerji, bu kategoride değerlendirilebilir.[712]

Enerji, diğer girdi malzemelerinden ayrı bir kategoridedir. Çünkü enerji, çevresel bir bakış açısıyla, özellikle önemlidir. Muhasebe sistemlerinin çoğu, diğer malzemelerin akış bilgilerinden farklı olarak enerji akış bilgilerini yönetmektedir.

Ürün Çıktıları

Çıktılar bir işltmeden ayrılan herhangi bir ürün, atık veya diğer malzemelerdir. Ürün çıktıları, fiziksel ürünler, yan ürünler ve dış müşterilere teslim edilen paketlerdir. Çeşitli ürün çıkış kategorilerinin tanımları aşağıda verilmiştir. Böylece, bu kategoriyle sadece kaynak çıkaran veya üretim işlemleri gibi fiziksel bir ürün üreten işletmelerle ilgili değildir.

---

[711] IFAC, a.g.e., s. 40
[712] IFAC, a.g.e., s. 40

Ürünler (paketleme dâhil)

Ürünler, ambalaj dâhil bir elektronik imalat firması tarafından üretilen bilgisayar çipleri gibi herhangi bir fiziksel ürünü kapsar.

Yan ürünler (paketleme dâhil)

Yan ürünler, birincil ürün üretimi sırasında üretimin gereği üretilen küçük ürünlerdir. Yan ürünler kazancın sonucu olarak kabul edilmesinin yanı sıra, ambalaj ile de ilişkilidir. Yan ürünler, bazı şirketlerin iyi tanımlayamadığı, ürün, yarı ürün ve atıklar arasında sınırları bulunan önemli bir kalemdir.

Ürün Olmayan Çıktılar (Atık ve Emisyonlar)

Urün çıktısı olmayan herhangi bir çıktı, ürün olmayan çıktı (Non- Product Output NPO) olarak tanımlanmaktadır. Aşağıda tanımlanan örnekler, katı atık, tehlikeli atık, atık su ve hava emisyonlarını içerir. Bu atık ve emisyonlar iki şekilde ortaya çıkar. Birincisi, yeterli olmayan bakım ekipmanları ve verimliliği, verimsiz çalışma uygulamaları, üretim kayıpları, ürünün bozulması, kötü ürün tasarımı veya başka nedenlerle atık ve emisyonun ortaya çıkması gibi nedenlerle, ürün çıktısı şeklinde tesisi terk etmesi amaçlanan malzeme girdilerinden oluşmaktadır. Bu şekilde ürün olmayan çıktıya katkıda bulunan malzeme girdileri, ham ve yardımcı malzemeler, ambalaj malzemeleri, mal ve bazen de suyu içerir. Tüm bu kayıp için (hurda) yüzdeleri, tahmin edilmeli, ölçülmeli ve hesaplanmalıdır.[713]

Atık ve emisyonlar, bir işletmeden ayrılan ürün çıktısının bir parçası olması amaçlanmayan malzeme girdileri olduğu zaman ortaya çıkarlar. Bu yolla atık ve emisyona katkı sağlayan girdiler, işletme malzemeleri, su ve enerjidir.

Kaynak çıkarma, üretim, taşımacılık ve diğer hizmet sektörü faaliyetlerinde bulunan tüm sektörlerdeki işletmeler atık ve emisyon üretebilir. Atık ve emisyonlar, sürekli kayıplar, (örneğin, eski bir depolama tankı, yalıtılmamış bir fırın veya sürekli su sızıntısı, sürekli ısı kaybı) düzensiz kayıplar (örneğin, ürün kalitesinin düşük olması, toplu hurda), zaman kayıpları (örneğin, bir kaza sonucu dökülen madde ve malzemeler) ve bir işletemenin, envanter, üretim, yapı hizmetleri, nakliye vb. gibi herhangi bir bölümünde meydana gelen kayıplardır. [714]

Katı Atık

Katı atık, kâğıt atık, plastik kaplar, yemek atıkları, tehlikeli olmayan katı hurda ürün, vb gibi nispeten katı formdaki tehlikeli olmayan atık olarak tanımlanmıştır.

---

[713] IFAC, a.g.e., s. 40
[714] IFAC, a.g.e., s. 22

Tehlikeli Atık

Tehlikeli atık, katı şekilde (atılan piller gibi), sıvı şekilde (örneğin, atık boya ve solventler gibi) veya karışık şekli (örneğin, atık su arıtma çamuru gibi) daha tehlikeli atık maddeler olarak tanımlanmıştır. Kapsam çerçevesinde, "tehlikeli" kavramı, bulaşıcı, yanıcı, zehirleyici veya kanserojen olarak tanımlanabilir.

Atık su

Atık suyun birincil bileşeni sudur. Fakat aynı zamanda bir tür yüksek biyolojik oksijen ihtiyacı (Biological Oxygen Demand BOİ), toplam askıda katı maddeler (Total Suspended Solids TSS), besinler (örneğin, fosfat gibi), aşırı ısı ve zehirleyici maddeler gibi kirleticileri içeren atık akıntılar (solventler, pestisitler ve ağır metaller gibi) olarak tanımlanmıştır.[715]

Hava Emisyonları

Hava emisyonları, kirlenen hava akışıdır. Kirletici örnekleri, azot oksitler, kükürt dioksit, karbon monoksit, parçacık madde ve tüketilen uçucu organik bileşiklerin yanı sıra diğer metal parçacıkları gibi kirleticiler ve yan ürün enerji yanmasını içerir. Hava emisyonları da radyasyon, gürültü ve ısı içerebilir.

Ekolojik yönetim muhasebesi olarak da adlandırılan fiziksel çevresel yönetim muhasebesi, işletmenin doğal çevresi üzerindeki ekolojik ve fiziksel birimler olarak ifade edilebilen (örneğin kilogram, metreküp gibi) etkilerine ilişkin ve işletme içi kararlarda ihtiyaç duyulan bilgilerin sağlanmasına odaklanan bir çevresel yönetim muhasebesi aracı olarak tanımlanabilir. Hiç kuşkusuz bu tür bilgiler geleneksel yönetim muhasebesinin eksikliklerinin tamamlanmasına yardımcı olacaktır. Zira günümüzde, işletme ürünlerinin ve faaliyetlerinin çevre üzerindeki etkilerinin ölçülmesi, doğru yönetsel kararların alınmasının temelini oluşturmaktadır.[716] Bu açıdan fiziksel çevresel yönetim muhasebesinintemel özellikleri aşağıdaki gibi sıralanabilir:[717]

- Ekolojik üstünlüklerin ve zayıflıkların saptanmasında kullanılabilecek bir araçtır.
- Göreceli çevresel kalitenin vurgulanmasında kullanılabilecek bir tekniktir.
- Eko-etkinlik gibi diğer çevresel performans değerlendirmelerinde kullanılabilecek bir ölçümleme aracıdır.
- İşletme faaliyetlerinin doğurduğu çevresel sonuçların doğrudan veya dolaylı olarak kontrolünde kullanılabilecek bir araçtır.
- İşletme içi ve dışı iletişim kurmada tarafsızlık ve şeffaflık sağlayanbir araçtır.
- Ekolojik açıdan sürdürülebilir büyümeyi teşvik etmek ve yardımcıolmak amacıyla geliştirilen araçlara uygun bir çevresel yönetim muhasebesi aracıdır.

Parasal çevresel yönetim muhasebesi ve fiziksel çevresel yönetim muhasebesi araçlarının kullanımında dikkat edilmesi gereken noktalardan biri,

---

715 IFAC, a.g.e., s. 42
716 Schaltegger ve Burritt a.g.e.,s. 261
717 Schaltegger ve Burritt a.g.e., s. 261

sözkonusu araçların odaklandığı süre olduğu söylenebilir. Zira çevresel konular ve sorunlar genellikle uzun dönemli olarak kabul edilmekle birlikte, işletme yönetimleri genellikle kısa dönemli bir bakış açısına sahip olmaları nedeniyle eleştirilmektedirler.[718]

Parasal çevresel yönetim muhasebesi ve fiziksel çevresel yönetim muhasebesi kapsamında kullanılan araçlar ileilgili olarak vurgulanması gereken bir diğer nokta da, bu araçların bir kısmının geçmişe, bir kısmının ise (bütçeleme gibi) geleceğe dönük olmalarıdır.

Son olarak gerek geçmişe gerekse de geleceğedönük olsun, bu araçların bir kısmı işletmede rutin olarak sıklıkla karşılaşılan olaylara ilişkin bilgi sağlarken, bir kısmı da çoksık rastlanılmayan arızi nitelikteki olaylarla ilgili bilgi sağlamaktadır.[719]

Yukarıdaki açıklamalar ışığında parasal çevresel yönetim muhasebesi ve fiziksel çevresel yönetim muhasebesi araçlarının, çevresel yönetim muhasebe çerçevesinin iki ana unsurunu oluşturdukları görülmektedir. Bununla birlikte bu araçların 3 farklı boyut kapsamında ele alınması, çevresel yönetim muhasebesi çerçevesinin daha sağlıklı ve kapsamlı bir şekilde ortaya konmasına imkân verebilir. Bu boyutlar aşağıdaki gibi sıralanabilir:[720]

- Sözkonusu araçların; geçmişe, günümüze veya geleceğe dönük olmaları,
- Kısa veya uzun dönemli olarak kullanılabilmeleri,
- Rutin veya nadir görülen olaylara ilişkin bilgi sağlamaları

4.5. Çevresel Yönetim Muhasebesinin Kullanım Alanları ve Faydaları

Çevresel Yönetim Muhasebesi, temiz üretim, tedarik zinciri yönetimi, "yeşil" çevreci bir ürün veya hizmet tasarımı, çevresel açıdan uygun tercih satın alma ve çevre yönetim sistemleri gibi, belirli bir çevreye odaklı iç yönetim girişimleri için özellikle değerlidir. Bunların yanı sıra çevresel yönetim muhasebe türü bilgiler, giderek dış raporlama amaçlı olarak kullanılmaktadır. Böylece, çevresel yönetim muhasebesi, birçok çevre yönetim aracından sadece biri değildir. Aksine, çevresel yönetim muhasebesi, diğer pek çok çevre yönetim faaliyetlerinin başarısı için gerekli verileri sağlayan ilke ve yaklaşımların geniş bir dizinidir. Çeşitli çevre sorunlarından etkilenen kararlar artmakta olduğundan, çevresel yönetim muhasebesi, sadece çevre yönetim kararları için değil, yönetim faaliyetlerinin tüm türleri için daha önemli hale gelmektedir.[721]

Yukarıda kapsamlı bir çerçevesi çizilen çevresel yönetim muhasebesinin, gerçek dünyada pek çok farklı uygulama yöntemlerinin bulunduğunu söylemek mümkündür. Zira bazı işletmeler çevresel yönetim muhasebesine basit bir bakış açısıyla yaklaşarak, sadece parasal nitelikteki çevresel bilgilerle ilgilenirken; bir

[718] Burrit vd, 2002, a.g.e., s. 42- 43
[719] Schaltegger vd. 2000, a.g.e., s. 15-16
[720] Burritt vd. 2002,a.g.e., s. 42-43
[721] Şirketlerin.......

takım işletmeler ise daha bütünleyici ve kapsamlı bir yaklaşımla hem parasal hem de parasal olmayan bilgileri sağlayabilen çevresel yönetim muhasebesi tekniklerini kullanmaktadırlar.[722] Ayrıca çevresel yönetim muhasebesi tarafından sağlanan bu bilgiler günümüzde sadece çevresel yönetim kararlarında değil, birçok rutin yönetim faaliyetinde de kullanılabilmektedir.[723]Buna göre çevresel yönetim muhasebesinden sağlanan bilgilerin temel kullanım alanları aşağıdaki gibi sıralanabilir:[724]

- Yıllık çevresel maliyetlerin ve gelirlerin değerlendirilmesi,
- Ürün fiyatlama,
- Bütçeleme,
- Yatırım projelerin değerlendirilmesi,
- Çevrenin korunmasına yönelik projelerin maliyetlerinin vesağladıkları tasarrufların hesaplanması,
- Çevresel yönetim sistemlerinin tasarımı ve uygulanması,
- Çevresel performansın değerlendirilmesi ve diğer işletmelerle kıyaslanması,
- Çevresel performansa ilişkin sayısal hedeflerin belirlenmesi,
- Daha temiz üretim ve eko-tasarıma yönelik projeler,
- Çevresel maliyetlerin, yatırımların ve sorumlulukların işletmedışı ilgililere raporlanması,
- Çevresel veya sürdürülebilirliğe ilişkin dışsal raporlama,
- İstatistiki bilgi sağlayan kurumlar ile merkezi ve kamu otoritelerine, çevresel verilerin raporlaması.

Buraya kadar yapılan açıklamaların ışığında çevresel yönetim muhasebesi yaklaşımının işletmelere sağlayacağı faydalar aşağıdakigibi sıralanabilir:[725]

- Geleneksel yönetim muhasebesinde dikkate alınmayan özelliklemalzeme ve enerji akışına ilişkin bilgilerin çevresel yönetim muhasebesi kapsamında ele alınması, işletme yöneticilerinin karar verme aşamasında daha fazla bilgi sahibi olmalarına imkân vermektedir.
- Çevresel yönetim muhasebesi, malzeme ve ürünlerin geridönüşümünden veya atıkların başka birtakım faaliyetlerde kullanılmasıyoluyla gelir elde edilmesi gibi daha önceden saptanmamış, gizli kalmış bir takım gelir artırıcı fırsatların ortaya çıkarılmasını kolaylaştırabilir.
- Ayrıca çevresel yönetim muhasebesi yaklaşımı, maliyet düşürme ve iyileştirme fırsatlarının ortaya konmasına da katkıda bulunacaktır.

---

[722] Setthasakko, W., Barriers to the Development of Environmental Management Accounting: An Exploratory Study of Pulp and Paper Companies in Thailand" EuroMed Journal of Business 5 (3), 2010, s. 315-331.

[723] Staniskis, J. K. ve Z. Stasiskiene, "Environmental Management Accounting in Lithuania: Exploratory Study of Current Practices, Opportunities and Strategic Intents" Journal of Cleaner Production 14 (14), 2006, s. 1252-1261.

[724] Jasch, 2003, a.g.e., s. 668, United Nations Division for Sustainable Development 2001, s. 9

[725]Deegan 2003,a.g.e. s. 15, Gibson ve Martin 2004, a.g.e., s.50,51, International Federation of Accountants 2005, s. 24; Bennet ve James 1997,a.g.e., s. 34

- Çevresel maliyetlerin kesin ve dikkatli bir şekilde saptanması, ürün fiyatlandırmasında, ürün karmasının belirlenmesinde veürün geliştirmede bir rehber niteliği taşıyacak bilgileri sağlar.
- Çevresel yönetim muhasebesi kapsamında elde edilen bilgiler, işletmenin çevresel faaliyetleri önem derecelerine göre sıralama imkânı vermektedir.
- Çevresel maliyetlerin hesaplanması, işletmelere faaliyetlerinin çevresel etkileri ile ilgili veri toplamada kolaylık sağlayarak; içsel ve dışsal raporlamaya yardımcı olur.
- Çevresel yönetim muhasebesi yaklaşımı, çevreyle ilgili yasal düzenlemelere ve işletmenin kendisinin belirlediği politikalara uyumda maliyet etkinliğini sağlayarak; çevrenin korunmasına yönelik çabaları destekler.
- Çevresel yönetim muhasebesi, işletme içi süreçlerde enerji, su ve malzemelerin daha etkin bir şekilde kullanılmalarına imkân sağlayarak; çevresel etkilerin ve maliyetlerin azaltılmasına yönelik çabaları destekler.
- Geleneksel yönetim muhasebesi yaklaşımında tam olarak ortaya konulamayan ve böylelikle gizli kalmış maliyetlerin, çevresel yönetim muhasebesi yaklaşımı ile kesin bir şekilde saptanması ve bu maliyetleri azaltma çabaları, müşteriye sunulan değerin artırılmasına ve rekabetçi bir avantaj elde edilerek işletmenin stratejik pozisyonunun güçlendirilmesine yardımcı olabilir.
- İşletmenin; faaliyetlerinin çevresel etkilerini yönetme ve azaltma çabaları, çalışanları üzerinde olumlu bir etki bırakarak, işletmeye olan bağlılıklarının da artmasına katkıda bulunabilecektir.
- Bu çabalar aynı zamanda toplumda işletme itibarının da artmasına katkıda bulunacaktır.
- Daha temiz bir çevre için işletmenin çevresel maliyetlerini veetkilerini azaltma çalışmaları, ayrıca insanların ve toplumun daelde ettikleri faydayı artıracaktır.
- Son olarak çevresel yönetim muhasebesi yaklaşımının işletme faaliyetlerinin sürdürülebilirliğinin değerlendirilmesinde ve sağlanmasında yardımcı olacağı belirtilebilir.

Çevresel yönetim muhasebesinin, işletmelerin maliyetlerini azaltıp, kârlılıklarını artırırken aynı zamanda faaliyetlerinin çevre üzerindeki etkilerinian aza indirmek için kullanabilecekleri bir araç olarak karşımıza çıktığı görülmektedir. Çünkü çevresel yönetim muhasebesi kapsamında sağlanan parasal ve fiziki bilgiler, işletmelere hem finansal hem de çevresel performansına etki edecek kararların alınmasında bir rehber hizmeti görmektedir.[726]

Çevresel yönetim muhasebesinin kullanımı ve faydası şekil4.5. te sunulmuştur. Genellikle çevresel yönetim muhasebesi, şirketlere üç geniş alanda yardımcı olmaktadır. Birincisi, çevre mevzuatı ile uyumluluktur (uygunluk etkinliği). İkincisi, çevresel yönetim muhasebesi, şirket faaliyetlerinin çevresel etkilerini ve maliyetlerini azaltmayı destekler (eko- etkinlik). Son olarak bir şirketin uzun vadeli stratejik konumunu korumak için çevresel duyarlılık programları ve maliyet etkinliğini uygulama ve değerlendirmeye yardımcı olur.

---

[726]Xiaomei 2004, a.g.e., s. 50

Daha önemlisi çevresel yönetim muhasebesi, çeşitli "gizli" çevresel maliyetlerin yönetim tarafından tanımlanmasına yardımcı olur. Atık yok etme maliyetleri, daha çok işletme ilgili ve şeffaf iken, atık malzemenin enerji maliyetleri, atık malzemenin satın alma maliyetleri, atıklar için ek depo alanı maliyetleri gibi "gizli" diğer çevresel maliyetleri açık bir şekilde göstermez. Çevresel Yönetim Muhasebesi, şirketin bu "gizli" maliyetleri izlemesine yardımcı olur.

Çevresel yönetim muhasebesi, kullanım alanı ve faydaları aşağıda gösterildiği gibi, üç geniş kategoriye ayrılabilir.

Şekil 4.5.Çevresel Yönetim Muhasebesinin Kullanım ve Faydaları

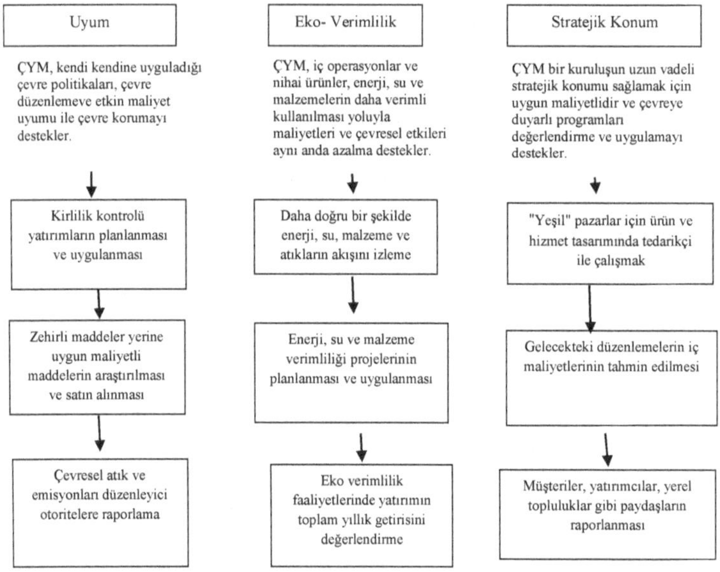

Kaynak: The Guide to Corporate Environmental Cost Management'tan uyarlanmıştır. (Berlin: German Environment Ministry, 2003)

Bu üç kategori arasında kesin ayrım çizgilerinin olduğu unutulmamalıdır. Örneğin, eko verimlilik projeleri ile su kullanımını azaltan bir üretim işletmesi, atık su üretimini de azaltmalıdır. Böylece öncelikle uyum amacıyla kurulan bir evsel atık su arıtma tesisinin maliyeti ve geri ödemesi de azalacaktır.

Çevresel yönetim muhasebesi araştırmacı ve uygulayıcılarının dikkatini çeken alan, yatırım değerleme için çevre yönetim muhasebesi yaklaşımlarının kullanımıdır.[727] Yatırım değerleme hem rutin hem de stratejik organizasyonel

[727]D.E. Savage and A. L. White, "New Applications of Total Cost Assessment: An Exploration of the P2- Production Interface," Pollution Prevention Review (Winter 1994/1995); A. L. White, A. Dierks and D. E. Savage, Environmental Accounting

kararları bilgilendiren bir çekirdek yönetim muhasebesi tekniğidir. Yatırım değerlendirme altında, işletrmeler, yatırım getirisini etkileyebilecek çevre ile ilgili maliyetler de dâhil olmak üzere potansiyel olarak tüm ilgili ve önemli maliyetleri dikkate alması gerekir. Bu yolla, belirsiz maliyetler en iyi senaryo analizi ile elde edilebilir.

Çevresel yönetim muhasebesi, sadece belirli yatırım projelerini değerlendirmek ve bu sayede işletme kararlarına yardımcı olmak için değil, aynı zamanda, özellikle malzeme ve ürün türleri ve ilgili çevresel maliyet etkilerini değerlendirmeye yardımcı olmak için kullanılabilir. Değerlendirme genellikle belirli bir ürün hattı Yaşam Döngüsü Değerlendirmesi (Life- cycle Assessment LCA) veya Yaşam Döngüsü Maliyetleme (Life – cycle Costing LCC) olarak adlandırılır. Bu tür girişimler, tek bir işletme içinde veya ürün zinciri boyunca çeşitli işletmelerden bilgi toplama ile ortaya çıkabilir. Bii işletmcnin tedarikçileri ve müşterileri çevresel yönetim muhasebesi tipi (ve diğer) bilgi birleştirilmesi, iyi bir Tedarik Zinciri Çevre Yönetimi (Supply Chain Environmental Management SCEM) de katkıda bulunmak için kullanılabilir. [728]

Çevre Performans Göstergelerinin (Environmental Performance Indicators EPIs) sürekli geliştirilmesi ve kullanımı ile pek çok farklı düzeylerde karar alma desteklenebilir. Çevre performans göstergeleri, evre yönetim muhasebesi altında toplanan tüm fiziki bilgileri oluşturulabilir (örneğin, her yıl arıtılmış toplam atık su miktarı) veya tamamen parasal bilgileri (örneğin, her yıl arıtılmış toplam atık su maliyeti) çevresel yönetim muhasebesi altında toplanır. Fiziksel çevre performans göstergeleri ve parasal çevre performans göstergeleri de kesişen iki tür bilgi (örneğin, birim müşteri hizmetleri, her yıl ortalama atık su arıtma maliyetleri gibi) bağlantısı çevre performans göstergeleri içinde birleştirilebilir. [729]

Avrupa'nın önde gelen çevre yönetim muhasebecileri, M. Bennett ve P. James, çevre yönetim muhasebesi amacının, çevresel faktörlerden etkilenen karar verme süreci için bilgi ve destek sağlamak olduğunu açıklamışlardır. Çevre yönetim muhasebesi aşağıdaki şekillerde yararlı olacaktır. [730]

- Çevre faaliyetlerinin gelir tabloları ve bilançoları üzerindeki etkisini açıklar.

Principles for the Sustainable Enterprise, Proceedings of the 1995 International Environmental Conference of the Technical Association of the Pulp and Paper Industry (Atlanta, 1995); A. L. White and D. E. Savage, "Budgeting for Environmental Projects: A Survey," Management Accounting (October 1995); M. Kennedy, Total Cost Assessment for Environmental Engineers and Managers (New York: John Wiley & Sons, Inc., 1998); C. Jasch and H. Schnitzer, Umweltrechnungswesen – Wir, zeigen, wie sich Umweltschutz rechnet, Beispielsammlung zur Umweltkostenrechnung und Investitionsrechnung (ienna: Bundesministerium für Verkehr, Innovation und Technik and Bundesministerium für Land- und Forstwirtschaft, Umwelt, und Wasser, 2002), available in a pdf file in English at www.ioew.at.

[728] Burrit vd. a.g.e., s 41

[729] IFAC, a.g.e., s. 42

[730] Bannet, Jamers, a.g.e., s.,,,,,

- Maliyet azaltma ve diğer gelişmeler için net fırsatlar sunar.
- Çevre faaliyetleri için öncelik sırasını belirler.
- Ürün fiyatları, ürün karışımları ve ürün geliştirme ile ilgili çalışmaları destekler.
- Müşteri değerini artırır.
- Geleceğe ilişkin yatırım kararlarının dikkate alınmasının yanı sıra uzun vadeli sonuçları ile ilgili diğer kararları da destekler.

Sürdürülebilir kurumsal faaliyetleri destekler.

4.6. Çevresel Etki Alanına Maliyetlerin Dağılımı

Daha önce de belirtildiği gibi, çevre ile ilgili maliyet planları maliyet kategorilerin aşağıdaki dört tip kullanma eğilimindedir:

- Çevre faaliyet türünü (atık kontrolü, atık önleme vs.) yansıtan kategoriler;
- Geleneksel muhasebeyi temsil eden kategoriler (örneğin, malzeme emekvs);
- Çevresel etki alanı kategorileri (örneğin, su, hava arazi vs gibi);
- Muhasebe kayıtlarının veri görünürlüğünü yansıtan kategoriler (belirgin masraflar, gizli maliyetvs)

Bu çalışmada kullanılan maliyet kategorileri ve alt kategorileri şimdiye kadar genellikle maliyet kategorilerinin ilk iki türlerini temsil etmektedir. Çevre etki alanı Tablo 4.5.de çevre ile ilgili maliyetlerin çevresel etki alanları gösterilmektedir. Bunlar, Avrupa istatistik ofisleri EUROSTAT, Avrupa Komisyonu'nun istatistik kolu işletmelerin çevre koruma harcamaları raporlarınınetkilerinin değiştirilmiş bir versiyonudur.[731] Ulusal istatistik ofisleri işletmeler için gerekli bilgileri doğrudan toplamaktadır. Ayrıca Ekonomik İşbirliği ve Kalkınma Örgütü' ne (OECD) üye ülkeler, Avrupa Komisyonu, Birleşmiş Milletler Entegre Çevre ve Ekonomik Muhasebe (SEEA) Sistemini kullanmaktadır.[732]

- Hava ve İklim Koruma
- Atık su Yönetimi
- Atık Yönetimi
- Toprak, yeraltı ve yüzey sularının korunması ve İyileştirme
- Gürültü ve Titreşim Azaltılması
- Biyolojik Çeşitlilik ve Peyzaj Koruma
- Radyasyona karşı koruma

---

[731] Eurostat's Definitions and uidelines for measurement and reporting of company environmental protection expenditure, 2001; European Commission's Regulation 761/2001 on Environmental Management and Audit System, 2003.

[732] United Nations, Handbook of National Accounting: Integrated Environmental and Economic Accounting, 2003.

- Diğer

Çevresel etki alanı kategorilerinde sadece dış raporlama standartlarına uygun olduğu için yararlıdır.

Bu çalışmada anılan maliyet kategorileri kuralcı değildir. İşletmeler, çevresel etki alanı kategorilerini veyaözel kategorileri kullanmayı tercih edebilir. Daha önce de belirtildiği gibi, bir işletmeninçevre ile ilgili maliyetlerinitoplamı mutlak anlamda gerçek çevresel performans düzeyini yansıtmayabilir.

Tablo 4.5. Çevre Etki Alanı ve Çevre İle İlgili Maliyetlerin Dağıtım Örneği

ÇEVRESEL ETKİ ALANLI ÇEVRE İLİŞKİLİ MALİYET KATEGORİLERİ	**Hava ve İklim**	**Atık Su**	**Atıklar**	**Toprak, Yeraltı Suları**	**Gürültü ve Titreşim**	**Biyolojik Çeşitlilik ve Manzara**	**Radrasyon**	**Diğer**	**Toplam**
1- ÜRÜN ÇIKTISININ MALZEME MALİYETLERİ									
Ham ve Yardımcı Malzemeler									
Ambalaj Malzemeleri									
Su									
2- ÜRÜN ÇIKTISI OLMAYAN MALZEME MALİYETLERİ									
Ham ve Yardımcı Malzemeler									
Ambalaj Malzemeleri									
İşletme Malzemeleri									
Su									
Enerji									
Süreç Maliyetleri									
3- SU VE EMİSYON KONTROL MALİYETLERİ									
Ekipman Amortismanı									
İşletme Malzemeleri									
Su ve Enerji									
İç Personel									
Dış Hizmetler									
Ücretler, Vergi ve İzinler									
Cezalar									
Sigorta									
İyileştirme ve Tazminat									
4- ÖNLEME VE DİĞER ÇEVRESEL YÖNETİM MALİYETLERİ									
Ekipman Amortismanı									
İşletme Malzeme, Su ve Enerji									
İç Personel									
Dış Hizmetler									
Diğer									
5- ARAŞTIRME VE GELİŞTİRME MALİYETLERİ									
6- AZALAN MADDİ VARLIK MALİYETLERİ									

Kaynak: IFAC, a.g.e., s. 24

4.7. Çevresel Muhasebesinin Uygulanmasında Karşılaşılan Güçlükler

4.7.1. Mevcut Muhasebe Sistemindeki Sınırlamalar

Geleneksel sistem, bir işletmenin faaliyetleri sonucu ortaya çıkan çevresel maliyetlere önem vermez. Genel gider hesapları, çevresel sonuçların maliyetlerinden ziyade, ürün ve özel işlemlerin maliyetlerini dâhil etme eğilimindedir. Daha çok çevre ile ilgili maliyetler, 'gizli' genel gider hesaplarıdır. Bu göz önüne alındığında, yöneticiler öncelikle çevresel maliyetlerin farkında olmadıklarından, onlar için çevresel maliyetleri azaltma yönünde hiçbir teşvik söz konusu değildir. [733]

Genel giderler, üretim ve fiyatlandırma için maliyet merkezlerine dağıtıldığında, çevre ile ilgili maliyetler için genel giderlerin kullanımı, problemli olabilir. Belirli bir ürün için yüksek olan tehlikeli atık bertaraf maliyeleri, gider dağıtım temeline dayanan muhasebe altında ele alınabilir. Bu sonuçta düşük ürün fiyatlandırmasına öncülük edecektir. Böylece çevreyle ilişkili önemli maliyetler, farklı süreçlerdeki maliyet sürücülerini ve ürün hatlarını değerlendirmede, bu maliyetler için uygun maliyet dağıtım anahtarı belirlesin belirlemesin bir organizasyona yardımcı olabilecektir. Çevresel yönetim muhasebesinin tercih edilmesi, yöneticileri bu tür konularda karar almada daha bilinçli kılacaktır. Çevresel maliyetlerin analizinin daha sağlıklı bir şekilde yapılmasını sağlayan sistem, hammadde geri dönüşüm gibi gelirlerinin artırılması, ürün tasarımı ve daha iyi üretim süreçleri gibi fırsatları ortaya çıkarabilir. [734]

4.7.2. Çevresel Yönetim Muhasebesi Uygulamaları İçin Ekip İhtiyacı

Muhasebeciler, şu anda gerekli olanlar dışında profesyonel yeteneklerini çevresel konuları içeren uygulamalarda değerlendirebilir. İşletmenin birkaç kaynaktan veri elde etmesini, ölçmesini, raporlamasını ve sistem tasarımını içine alacaktır. Bir Çevresel Yönetim Muhasebe Sistem uygulaması, çeşitli uzmanlardan oluşan bir takım çalışmasını gerektirir. Muhasebeci, arka planı olmayan bir muhasebe ile kolay anlaşılan bilgi sağlamak için mühendisler, biyologlar, jeologlar, avukatlar gibi diğer disiplinlerin uzmanlarından yardım almak ve değerlendirmeyi öğrenmek zorundadır. Genellikle çevresel ve teknik personel, malzeme akışı su ve enerji konusunda önemli uzmanlığa sahiptir. Fakat bunun muhasebe kayıtlarına nasıl yansıtılacağının farkında değildir. Diğer yandan muhasebeciler, muhasebe bilgisine sahiptir. Fakat işletmenin karşı karşıya kaldığı çevresel sorunlar hakkında yeterli bilgiye sahip değillerdir.

---

[733] Sulaiman, a.g.m., s. 11

[734] Sulaiman, a.g.e., s. 11

Çevresel ve teknik konularda daha çok faydalı bilgi sağlayamayan muhasebe personeli için bu durum şaşırtıcı değildir.[735]

Malzeme akışının gerçeği yansıtır bir şekilde veya sistematik olarak kaydedilmemesi halinde muhasebe personeli, gerekli fiziksel muhasebe bilgisini kolay bir şekilde elde edemez. Üretim, çevre veya diğer faaliyet alanlarındaki personel, genelde, fiziksel malzeme akışının tahmin edilmesi ve ölçülmesi konusunda daha detaylı bilgiye sahip olabilir. Fakat genelde bu bilgi, muhasebe departmanları tarafından çapraz kontrole tabi tutulmaz. Muhasebeciler, çevresel yönetim muhasebesi içerisindeki fiziksel muhasebe bilgisini doğru bir şekilde elde etmek için diğer departmanlardaki personelle daha sıkı iletişime geçmeleri gereklidir.[736]

Bu nedenle Çevresel yönetim muhasebesi uygulamalarında uzman ekip çalışmasının önemine vurgu yapılmıştır. İlave olarak Boer' e göre (1994), bir şirket öncelikle çevresel konular hakkında bilgi toplamak için ayrı bir sisteme ihtiyaç duymayabilir. Çevresel yönetim muhasebesi sisteminin gelişimi, bugünkü muhasebe sistemiyle ilişkili olmasını zorunlu kılmaktadır. Çevresel bilgi toplamak için iki sistem kullanmak mantıklı değildir. Çevresel muhasebe bilgisi, bugünkü muhasebe sisteminin uyarlanması ile elde edilebilir. Mevcut sistemde, bir maliyeti çevresel maliyet olarak tanımlayabilmek için bir hesap kodunun alt bir hesabı kullanılabilir.[737]

Geleneksel yönetim muhasebesi sistemleri ve uygulamalarının çeşitli sınırlamalardan dolayı, çevre ile ilgili veri toplama ve etkili bir şekilde değerlendirme zor olabilir. Bu sınırlamalar, eksik, yanlış veya yanlış yorumlanan bir bilgiye dayalı yönetim kararının alınmasına yol açabilir. Sonuç olarak, yöneticiler iyi kötü çevresel performansın olumsuz mali sonuçları ve gelişmiş çevresel performansın potansiyel maliyet ve faydaların yanlış anlamış olabilirler. Bazı işletmelerde suçluların bir kısmı, uygulanan genel yönetim muhasebesini sınırlamaktadırlar.[738]

Bir işletmenin çevre personeli, genellikle çevre sorunları hakkında büyük ölçüde bilgiye sahiptir. Benzer şekilde, teknik personel, bir işletmenin üretim hattı boyunca, enerji, su ve diğer malzemelerin akışı ile ilgili hatırı sayılır bir tecrübeye sahip olabilir. Ancak çevresel ve teknik personelin, genellikle, bu sorunları muhasebe kayıtlarına nasıl yansıtılacağı konusunda fazla bilgileri bulunmamaktadır. Buna karşılık, muhasebeci, mali müşavir veya denetçiler eldeki muhasebe bilgilerinin çoğundan haberdardırlar. Ancak işletmenin üst düzey yöneticiler, ne fiziksel kaynakların akışı ne de çevre sorunları hakkında genellikle detaylı bilgiye sahip değillerdir. Bu nedenle, muhasebe personeli,

---

735 IFAC's EMA Guideline Document, 2005, p. 26
736 IFAC's EMA Guideline Document, 2005, p. 30
737 Boer, G., Estes, R and Klammer, T., "Accounting and Pollution Prevention", *Management Accounting*, Montvale: February 1994.Vol.75 (8).
738 Boer, a.g.e.,

genellikle çevresel ve teknik personelin çok faydalı bulabileceği muhasebe bilgi türlerini sağlayamaz.[739]

Çevresel yönetim muhasebesi, faaliyetler açısından da farklı departmanlarda farklı amaç ve bakış açısına sahip olabilir. Örneğin, çevre ile ilgili maliyetlerin farklı türlerini yönetmek için sorumluların kim olacağı konusundaki bakış açıları aynı olabilir. Üretim merkezleri, atık üretebilir, ancak atıkları bertaraf etme maliyeti hakkında yeterli veriye sahip olmayabilir. Tasarım departmanı, malzeme, ekipman ve süreçlerinin nasıl belirleneceği ve kullanılacağı yönünde yeterli bilgiyi elde edemeyebilir. Çevre yöneticisi, atık üretmez. Fakat onu ne şekilde bertaraf edeceği konusunda bilgi sahibi olamayabilir. Muhasebe departmanı genel imalat hesapları içerisinde yer alan çevre ile ilgili maliyetleri yanlışlıkla gizleyebilir.[740]

Buna ek olarak, genellikle farklı bilgi sistemleri kullanan muhasebe, çevresel ve teknik personelin tutarlılıkları kontrol edilemez. Çoğu durumda, bir tutarlılık kontrolü, izlenen malzemeler için farklı sınırlarıolan çeşitli bilgi sistemleri nedeniyle oldukça zordur. Bilgideki bu farklılıklar, bilgi erişimi ve yapısını, muhasebe, çevresel ve teknik personel kültürlerindeki dil farklılıkları ile olumsuz bir duruma dönüşebilir.[741]

Açıkçası, çevre yönetimine dâhil edilen muhasebe ve diğer profesyoneller arasındaki iletişimi geliştirmeye ihtiyaç vardır. Buraya kadar muhasebeciler ve fiziksel veri, parasal ve fiziksel önlemleri bir araya getiren çevresel performans göstergeleri gelişimi, genel olarak çevre yönetim stratejilerini geliştirme, sorumlu teknik ve çevre uzmanları arasında ilişki, gerçek bir diyalogla sağlanabilir.

4.7.3. Gizli Maliyetler

Geleneksel maliyet muhasebesi çevresel maliyetleri sabit maliyet olarak kabul etmekte bu maliyetleri de doğru bir şekilde dağıtamamaktadır. Örneğin emisyon ve atıkları elden çıkarma maliyetleri ve oluştukları ilk yer dikkate alınmadan değişik maliyet merkezleri arasında biriktirilebilmekte ve eşit olarak dağıtılabilmektedir. Bu süreç zararlı çevresel etkileri ve onların maliyetlerini azaltmak için maliyet merkezlerini teşvik etmemektedir.[742]

Bilgileri kolaylıkla elde edemeyen ve faydalanamayan bir yönetici, muhasebe kayıtlarında istenmeyerek gizlenen çevreyle ilgili potansiyel olarak önemli maliyetler için pek çok örnek söz konusudur. Çevreyle ilgili maliyetlerin yanlışlıkla gizlenmesinin yaygın bir yolu, maliyetleri ortaya çıkaran süreçler ya da ürünlere maliyetleri doğrudan yüklemek yerine genel imalat maliyetleri olarak kabul etmektir.[743] Genel imalat hesapları, süreçler veya ürünlere doğrudan

---

739 Sulaiman, a.g.m., s. 41
740 Sulaiman, a.g..m., s. 41
741 Boer, a.g.e.,
742 Letmathe, P., Doost, R. K., "Environmental Cost Accounting and Auditing", Managerial Auditing Journal, 2000, 15/8, s. 425
743 White and Savage, "Budgeting for Environmental Projects: A Survey," 1995.

yüklemesi zor olan maliyetleri toplamak için uygun bir yol olsa da, bu durum uygulamada, gerekli maliyet bilgilerini aramasını bilmeyen bir yönetici için daha sonra sorunlar oluşturabilir. "Genel İmalat Dağıtımı" olarak adlandırılan ve çevre izin ücretleri, eğitim maliyetleri ve yasal harcamalar hakkında bilgi içeren bir hesap, bir yönetici için anlaşılır veya belirgin olmayabilir. Genel imalat hesapları, çevre ile ilgili potansiyel önemli maliyetleri kapsaması, önleyici çevre yönetimi tarafından azaltılan değişken maliyetler ve azaltılması zor olan sabit maliyetleri gizleyebilir. [744]

Çevre ile ilgili maliyetler için genel imalat maliyetlerinin kullanımı, fiyatlandırma ve diğer amaçlar için (süreçler, ürünler veya hizmetler) daha sonra maliyet merkezlerine dağıtıldığında, genel imalat maliyetleri hesapları, sorunlu olabilir. Genel imalat maliyetleri, genellikle, üretim hacmi, makine saatleri, personel saati, gibi çeşitli dağıtım anahtarları vasıtasıyla maliyet merkezlerine dağıtılırlar. Ancak, bazı çevre ile ilgili maliyetleri dağıtmak yanlış bir yol olabilir. Örneğin, tehlikeli maddeler kullanan bir ürün hattı için oldukça yüksek sayılabilen tehlikeli atık bertaraf maliyetleri söz konusu olacaktır. Bu durumda, üretim hacmi bazında tehlikeli atık bertaraf maliyetlerinin dağıtımı, bu bilgilere dayalı, ürün fiyatlandırma ve diğer kararların yanlış olacağı açıktır.[745]

İşletmeler, çevreyle ilişkili gizli maliyetlerle ilgili sorunun çözümünde farklı yaklaşımlara sahiptir. Yaygın bir çözüm, daha açık ve farklı çevre yönetim faaliyetleri için ayrı maliyet kategorileri veya maliyet merkezleri kurmaktır. Daha az belirgin maliyetler, daha kolay takip edilebilen, çevreyle ilişkili olan ve daha açık bir şekilde etiketlenebilen diğer hesaplar ve maliyet merkezlerinde hâlâ görünecektir. Genel uygulama doğrultusunda farklı süreç veya ürün hatları, çevreyle ilişkili maliyetler ve maliyet sürücüleri arasındaki ilişkinin değerlendirmesinde, bir işletme maliyet dağıtım temelli bir maliyet yaklaşımı kullansın ve kullanmasın Faaliyet Tabanlı Maliyetleme (ABC), bu tür maliyetleri belirlemede işletmeye yardımcı olabilir. [746]

Çevresel maliyetlerin tümüyle ölçülebilir olmamasından dolayı, geleneksel muhasebe çevresel maliyetleri algılamada yetersiz kalmakta ve bu nedenle çevresel maliyetleri ifade etmek için toplam maliyet değerlendirme, yaşam seyri gibi kavramlar kullanılmaktadır. Çünkü görünmeyen maliyetler sağlıklı bir şekilde belgelenememektedir. Ayrıca geleneksel yönetim muhasebesinin üretim sürecine yoğunlaşması ve çevresel maliyetleri genel üretim giderleri grubu içerisinde algılaması nedeniyle bu maliyetler yönetimsel karar alma sürecinde gerektiği kadar dikkate alınmamaktadır.[747]

Çevresel maliyetlerin ve çevresel performansın muhasebe sürecinde ve yönetim muhasebesi alanında daha geniş yer alması, hem çevresel yönetim

---

[744] White and Savage, a.g..m.
[745] a.g.m.
[746] Kreuze J.G. and Newel, G.E., "ABC and Lifecycle Costing for Environmental Liabilities" Management Accounting, Montvale: February 1994, Vol. 75 (8)
[747] Özbirecekli, M., "Çevre Muhasebesi Kavramı ve Yönetsel Kararlara Katkıları", Muhasebe ve Finansman , Sayı:7, Temmuz 2000, s. 20- 21

sisteminin hem de çevresel maliyetlerle birlikte ürünlerin yaşam seyrinin daha iyi anlaşılmalarına yardımcı olacaktır. Görünen çevresel maliyetler, çevresel faktörlere bağlı olarak ölçülebilen ve açıkça teşhis edilen maliyetlerdir. Gizli çevresel maliyetler, çevresel faktörler tarafından neden olunan fakat muhasebe sistemi tarafından belirlenemeyen maliyetlerdir. Örneğin bir işletmenin çevre dostu olması nedeniyle daha pahalı materyal kullanmanın görünür veya gizli maliyet olması kesin değildir. Bu husus muhasebe sisteminin bu maliyetini ölçmesine ve çevresel maliyet olarak teşhis etmesine bağlı olacaktır. Ancak çevresel maliyetlerin büyük bir kısmı gizli maliyettir, çünkü muhasebe sistemi onları çevresel maliyet olarak ölçememekte ve teşhis etmemektedir. Çevre maliyetleri içersinde gizli maliyetleri şu şekilde gruplandırılabilir.[748]

1. Düzenli maliyetler: Haberleşme, raporlama, çevresel sigorta, atık yönetimi, vergi, planlama, kontrol, vs.
2. Görünen maliyetler: Ruhsat giderleri, tedarik giderleri, mühendislik giderleri, AR-GE giderleri, vs.
3. İsteğe bağlı maliyetler (çevresel uyum sonrası) : Eğitim, denetim, çevresel çalışmalar, kontrol-test, yıllık çevre raporu, vs.
4. Şarta bağlı maliyetler: Yasal harcamalar, doğal kaynak tazminatı, hata maliyetleri, varlıkların zarar görmesi, vs.
5. İmaj ve ilişki maliyetleri: İşletme imajı, müşterilerle ilişkiler, çevresel birliklerle ilişkiler, yatırımcılarla ilişkiler, vs.

4.7.4. Akış ve Maliyet Bilgilerinin İzlenmesi

Büyük şirketler yıllık olarak Kurumsal Kaynak Planlama (ERP) ve diğer yazılım sistemleri sayesinde malzeme hareketleri ile ilgili milyonlarca veri kayıtları oluşturmasına rağmen, genellikle mevcut bilgileri, yeteri kadar doğru veya çevre, verimlilik ve diğer karar verme amaçları için ayrıntılı değildir.

Örneğin, bazen malzeme satın alma bilgilerinin kaydedilmesi, satın alınan malzemelerin farklı kategorilerdeki miktar ve değerinin açık bir şekilde belirlenmesine izin vermez. Bazı muhasebe sistemlerinde, tüm malzemeleri satın alma bilgileri, ayrıntılı bir şekilde malzemelerin sayı ve miktarları, stok yönetim kayıtlarına alınmışsa, tek bir hesaba kaydedilir. Yani, farklı kategori ve malzemelerin gerçek yıllık tüketimini izlemek veya malzeme grubu tarafından stok yönetiminden elde edilen verileri bir araya toplamak kolay bir iş değildir. Verinin yeniden yapılanması ve karşılaştırılması el ile gerçekleşmesi halinde, zaman alıcı ve pahalı bir süreç gerektirecektir. [749]

Böylece, herhangi bir malzeme grubu tarafından tüketilen malzemelerin miktar ve değeri bilinemeyecektir. Bir üretim müdürü, üretim süreci boyunca herhangi bir malzeme kaybı yüzdelerini tahmin edebilse bile, malzeme grupları tarafından satın alınan malzemelerin değeri, eksik veri nedeniyle kaybolan

[748] Özbirecekli, M., a.g.m. s. 20- 21
[749] Lawrence J.E.and Cerf D., "Management and Reporting of Environmental Expenditures" Management Accounting, Montvale, August 1995, Vol. 77 (2)

malzemelerin toplam değerini hesaplayamayacaktır. İstenilen malzeme satın alma bilgilerini muhasebe sistemleri içerisinden çıkarmak çoğu zaman zordur, çünkü bazı işletmeler, bilgi vermek yerine bu malzemeleri temin etmek isterler. Bu durum, genel olarak belirli bir proje için maliyet-etkin bir çözüm olsa da, devam etmekte olan malzeme akış yönetimi ve çevre yönetimi için gerekli bilgileri sağlamada bir işletmenin kendi veri sistemlerini kurması gerekmektedir.[750]

Başka bir örnek, tek bir maliyet kalemi (emek gibi), malzemeleri satın alma maliyetleri ve malzeme işleme maliyetleri bir arada uygulanmaktadır. Nihai ürün üretmek için çeşitli üretim adımları kullanan bir şirket, nihai üretim adımına giren yarı mamul ürün değeri, bu yarı mamul içindeki tüm malzeme alım ve işleme maliyetlerinin toplamı olarak görülür. Ancak, bu maliyet bilgileri, malzemeleri satın alma maliyetleri ve diğer işlem maliyetleri arasındaki bölünmede hiçbir ayrıntı dikkate alınmadan, muhasebe kayıtlarına tek bir götürü şekil olarak kaydedilir, daha sonra karar vermek için bu maliyetlerin ayrıştırılması zor ve zaman alıcı olabilir.[751]

Buna ek olarak, genellikle geleneksel maliyet muhasebesi sistemlerinde, her üretim maliyet merkezi ve malzeme girişleri için veri kaydı bulunmamaktadır. Fakat bir işletmenin gerçek kullanımı ve malzeme akışını yansıtıyor olsun veya olmasın üretim planlama sistemi tarafından sağlanan genel hesaplamalara güvenmek gerekir. Birçok üretim planlama sistemleri, yanlış ortalama kayıp yüzdeleri kullanılarak malzeme kaybını hesaplamaktadır. Üretim planlama sistemleri ile üretim sırasında ortaya çıkan gerçek kayıplarından daha farklı kayıp söz konusu olmaktadır.[752]

4.7.5. Çevre İle İlgili Maliyet Bilgi Türlerinin Kaydedilmesi

Genellikle, muhasebe kayıtları, her yönüyle önemli olmasına rağmen gelecekteki çevre ilişkili maliyet bilgilerini kapsamamaktadır. Çünkü geleneksel muhasebe sistemleri ve muhasebe kayıtları çevreyle ilişkili maliyetlerinin değerlendirilmesi kaydedilmesinde geride kalmıştır. Örneğin, işletme ortaklarının değerlendirilen potansiyel çevresel riskinin alınmasına taraftar olmamaları sebebiyle ortak sayısındaki azalış, finans temininde yaşanacak kayıplara neden olacak vebuna paralel olarak çevresel konularda endişe eden tüketicilere satış kayıpları ortaya çıkacaktır. Bu gibi maliyetler ise çevresel performansların dönüşüm maliyetlerini içerir. Bu tür maliyetleri tahmin etmek zor olabilir, ancak bu maliyetler, bir işletmenin finansal sağlığı için hem gerçek hem de önemli olabilir. Bazı maliyet muhasebesi araçları ile üretim maliyetlerini daha az somut sorunları yansıtmak için ortalama bir risk primini eklemektedir.[753]

---

[750] Boer, a.g.m.
[751] White and Savage, a.g.m.
[752] Sulaiman, a.g.m., s. 42
[753] Lawrence vd. a.g..e.,

4.7.6. Yatırım Kararlarında Eksik Bilgi

Yatırım projelerindeki yönetim kararlarında malzeme seçimleri, ürün fiyatlandırma ve ürün karması, çevre ile ilgili uygun ve kapsamlı bilgi mevcut değildi. Yatırım kararları, özel zorluklara sahiptir. Çünkü bu kararlar, şimdiki faaliyetlerin gelecekte ne kadar ödeme yapılacağı, şimdiki faaliyetlerden gelecekte ne kadar kazanılacağına dair belirsiz soruları içermektedir. Çevre ile ilgili maliyet ve faydaların doğru tahminlerindeki eksiklik, tüm yatırım kararlarının doğasına belirsizlik ekler. Kyoto Protokolü gibi çevre anlaşmaları onayı, işletmelere yararlandığı seçeneklerini genişletmek için yatırım kararlarını daha da zorlaştırmaktır. Örneğin, Kyoto altında, emisyon ticareti yapan bir işletme, karbondioksit emisyonunu azaltacak tedbirleri, yatırım olarak tercih edilmeyebilir. Fakat onun yerine uygulanan herhangi bir emisyon hedefini karşılamak için yeterli izinleri satın alabilir. İşletmeler, yatırım ve ticaret arasında zor bir seçim yapmada onlara yardımcı olan yönetim muhasebecilerinin bilgi ve becerilerine güvenmek zorundadırlar.[754]

İşletmeler, yatırım geri dönüşünü etkileyen potansiyel olarak çevre ile ilgili tüm önemli maliyetleri, malzeme akışı maliyetleri, alan kurtarma maliyetleri ve belirli veya gelecekteki düzenlemelere ilgili herhangi bir maliyeti dikkate almaları gerekir. Ayrıca, işletmeler, çevre yöneticileri, teknik uzmanlar ve muhasebecilerin çevre sorunları ve ilgili maliyetleri ve yararlarını bir yatırım kararını almada konuyla ilgili tam bir fotoğrafı sağlamak için birlikte çalışmaları gerekir.[755]

Yine yatırım kararı alınırken çevre ile ilgili sabit ve değişken maliyeti birbirinden ayırt etmek de önemlidir. Sabit maliyetlerin yoğun olduğu işletmelerin değişken maliyet yoğun çalışan işletmelerle karşılaştırılması halinde sabit maliyetlerin azaltımasının daha zor olduğu söylenebilir.

Çevresel sorumlulukların büyük bir kısmının somut olarak ifade edilememesi, çevre muhasebesi ve çevresel yönetim muhasebesi uygulamaları için birçok zorluklara neden olmaktadır.

Çevresel sorumlulukları ölçmedeki belirsizlikler çevresel değerlendirme ve muhasebe teknikleri yoluyla azaltılabilir. Çevresel muhasebe aynı zamanda çevresel bakımdan yararlı projelerin potansiyelini göstermede de önemli bir araç olma niteliğine sahiptir.[756]

Çevresel Yönetim Muhasebesinin temel problemi, çevresel maliyetlerin tanımıyla ilgili bir standardın olmayışıdır. Çeşitli ilgi alanlarına bağlı olarak, bu maliyetler, örneğin, bertaraf maliyeti veya yatırım maliyeti gibi çeşitli maliyetlerin yanında bazen de dış maliyetleri (çoğunlukla genel halk için işletme dışı masrafları) içerir. Tabii ki, bu da çevresel maliyet tasarrufu gibi kurumsal çevre faaliyet kârları için geçerlidir. Buna ek olarak, genellikle bu maliyetlerin

---

[754] Willits S. D and Giuntini, R., "Helping Your Company Go Green", Manegement Accounting, Montvale: February 1994, Vol. 75 (8)
[755] Wiillits vd. a.g.m.,
[756] Beer vd. a.g.e., s. 549

çoğunun sorumluluk süreçlerine ve ürünlere dağıtılması ve izlenmesi sistematik olarak zordur. Sadece genel giderler içerisinde özetlenebilmektedir.[757]

4.8. Çevresel Yönetim Muhasebesinde Uluslararası Gelişmeler

Çevresel muhasebe, ağırlıklı olarak işletme içinde uygulanan bir mekanizmadır. Ancak, dünya çapında çeşitli ülkelerdeki devlet kurumları, bu mekanizmanın geliştirilmesi ve sevdirilmesi için büyük çaba sarf etmektedirler. Bu mekanizmanın geliştirilmesi ve yaygınlaştırılması ile ilgili olarak, Birleşmiş Milletler ve Avrupa Komisyonu gibi hükümetler arası örgütler de çeşitli projeler yürütmektedirler. Çevre yönetim muhasebesi üzerine araştırma yapan etkili özel araştırma kurumları da vardır. Japonya'da çevre yönetimi muhasebe araştırma eğilimlerini koordine ederek ilerleme önemlidir. Uluslararası eğilimler aşağıda tanıtılmaktadır.

4.8.1. Amerika Birleşik Devletleri

Amerika Birleşik Devletleri Çevre Koruma Ajansı (EPA), "Çevre Muhasebesi Projesi" 1992 yılından beri uygulamaktadır. Bu çevre yönetim muhasebesine yönelik yapılan erken yaklaşımı temsil eder ve misyonu "karar alma maliyetlerini bütünleştirmek, çevresel maliyetlerin tam spektrum anlamak için işletmeyi motive ve teşvik etmektir."[758]

EPA'nın Çevresel Muhasebe Projesinin ilk aşamalarında, çevre tesis yatırımlarının değerlendirilmesi yöntemi olarak bir toplam maliyet değerlendirme yöntemini geliştirme yönünde çok fazla sayıda çabalara yoğunlaşılmış, toplam maliyet değerlendirmesi (Total Cost Assessment TCA) ile ilgili temel kavram ve yöntem üzerinde çok sayıda bulgu sunum gerçekleştirilmiştir. Özellikle, çevresel maliyetleri sınıflandırmada toplam maliyet değerlendirmesi, pek çok ülkede çevre yönetim muhasebesi için maliyetleri sınıflandırmada kullanılmaktadır.

AT &T ve Ontario Hydro gibi büyük ölçekli şirketler, Çevresel Muhasebe ve Tam Maliyet Muhasebesi Uygulamalarının yanı sıra, EPAorta ve küçük şirketler üzerinde baskı yaparak sanayinin çevresel muhasebe gibi çevre yönetimi muhasebe ilgili vaka çalışmalarına dikkatleri çekmektedir. Son zamanlarda, EPA da çevreci (yeşil) tedarik zincirleri ve çevresel muhasebe arasındaki ilişki üzerine araştırma proje uygulanmalarıbaşlamıştır. Çevreci (yeşil) tedarik zinciri, genel tedarik zinciri boyunca çevresel yüklerin azaltılması girişimidir.

EPA Çevresel Yönetim Muhasebe Araştırma ve Bilgi Merkezini (Environmental Management Accounting Research and Information Center EMARIC) de başlatmıştır. Gelecekte, EPA çevresel muhasebe projelerinin

---

[757]Environmental Management Accounting Procedures and Principles , Prepared for tthe Expert Working Group on "Improving the Role of Government in the Promotion of Environmental Management Accounting", United Nations Division for Sustainable Development, UNIITED NATIIONS,, New York,, 2001, s. 5

[758]http://www.epa.gov.opptintr/acctg/eaproject.htm

EMARIC' e transfer edilmesini planlanmaktadır. EMARIC' in dünyanın dört bir yanında çevresel yönetim muhasebesi hakkında bilgi toplayan geniş bir Web sayfası bulunmaktadır.[759]

4.8.2. Avrupa

Avrupa'da, çevresel yönetim muhasebesi büyük ölçekli bir araştırma projesi, 1990'lı yılların sonunda Avrupa Komisyonu (Europea Commisson EC) tarafından hayata geçirilmiştir. Daha sonra, çevre yönetim muhasebesi için araştırma ve geliştirme trendlerianketi yapılmıştır. Bu anket ECOMAC (Eko-Yönetim Muhasebesi Aracı Olarak Çevre Muhasebe) olarak adlandırılmış ve 1996 - 1998 döneminde yapılmıştır. Somut olarak, anketler Avrupa'da ve Amerika Birleşik Devletleri, Almanya, İtalya ' dan 84 şirketin çevre yönetim muhasebesi vaka çalışmaları yanı sıra, Hollanda, İngiltere ve İrlanda'daki 15 şirkette hayata geçirilmiş ve çevre yönetim muhasebesi için bir çerçeve üzerinde durulmuştur. Bu araştırma projesi yürütülüldüğü süre boyunca "Eko-Yönetim Muhasebesi", olarak kullanılmış daha sonra, "Çevresel Yönetim Muhasebesi" olarak değiştirilmiş ve bu isimle bilinir hale gelmiştir. ECOMAC projesi araştırmaları sona ermiş, ancak Çevre Yönetim Muhasebesi Ağı-Avrupa (Environmental Management Accounting Network - Europe EMAN-EU) çevre yönetim muhasebesi üzerine araştırma için bir ağ sürdürülmesi amacıyla AB nin vermiş olduğu mali destek ile kurulmuş ve her yıl düzenli olarak toplantı düzenlemektedir.[760]

Almanya'da, Federal Çevre Bakanlığı ve Federal Çevre Ajansı tarafından "Çevresel Maliyet Muhasebesi El Kitabı" yayınlanmıştır. Buna ek olarak, Alman Federal Çevre Bakanlığı ve Federal Çevre Ajansı IOW (Ekolojik Ekonomi Araştırma Enstitüsü) ve IMU (Yönetim ve Çevre Enstitüsü) kılavuzların yayın için, DIN (Alman Standardizasyon Enstitüsü) çevresel maliyet yönetimi ile ilgili plan doğrultusunda işbirliği yapmaktadır.

Almanya ve Avusturya, yukarıda belirtilen IMU ve IOW yanı sıra Wuppertal İklim, Çevre ve Enerji Enstitüsü gibi özel araştırma enstitüleri, çevresel muhasebe ile ilgili araştırmayı, aktif olarak yürütmektedir. Özellikle, malzeme akışı maliyet muhasebesi IMU tarafından geliştirilen bu araştırma projesinde önemli bir unsuru olarak ele alınmıştır.

İngiltere'de, ağırlıklı olarak Çevre Ajansı tarafından, çevre yönetim muhasebesi tanıtılması ve yaygınlaştırılması için yürütülen çalışmalar devam etmektedir. İngiltere Çevre Ajansı, devlet kurumları ve şirketler için bir çevresel muhasebe sisteminin tanıtılması adına bir kılavuz yayımlamıştır. Aynı zamanda holdinglerin desteklediği seminerlerle çevresel muhasebeyi halka sevdirmek için çaba sarf etmektedir.

---

[759]http://www.emawebsite.org
[760]http://www.eman-eu.net

4.8.3. Asya ve Pasifik

Asya ve Pasifik, Japonya ve Avustralya, çevresel muhasebeye öncülük etmektedir. Kore, Japonya hariç diğer ülkelerde çevre yönetim muhasebesi ile ilgili devlet kurumları tarafından geliştirilen yaklaşımlar, Dünya Bankası tarafından desteklenmektedir. Kore Çevre Bakanlığı ve çevre muhasebe sistemleri ile ilgili araştırmalar üzerine bir rapor yayımlamıştır. Bu raporda, Kore şirketlerinin uyguladığı çevresel muhasebe kuralları birkaç vaka çalışmaları ile açıklanmıştır. Çin, Japon-Çin ortak girişimler çevresel muhasebe tanıtmak için Keio Üniversitesi ve Tsinghua Üniversitesi arasında ortak bir işbirliği ile "3E ((Energy Environment Economy Enerji Çevre Ekonomi) Projesi," devam etmektedir.

Filipinler'de, çevre yönetim muhasebesi için bir eğitim programı, US EPA tarafından geliştirilen yöntemleri tanıtma çabalarına ek olarak yürütülmektedir. Asya ve Pasifik de çevresel muhasebedeki bu gelişmelere dayanarak, Çevresel Yönetim Muhasebesi Network - Asya Pasifik (EMAN-AP), 2001 yılında kurulmuştur.[761]

4.8.4. Birleşmiş Milletler

Çevre yönetim muhasebesi ile ilgili olarak Birleşmiş Milletler Sürdürülebilir Kalkınma Bölümü (United Nations Division of Sustainable Development UNDSD) tarafından yürütülen faaliyetler önemlidir.[762] UNDSD şirketler tarafından 1999 yılında çevre yönetim muhasebesi teşvik etmek için hükümetler tarafından yürütülen faaliyetleri üzerine bir araştırma projesi başlatılmıştır. Bu araştırmalardan elde edilen bulgular, "Çevre Yönetim Muhasebe Usul ve Esasları" ve "Çevre Yönetim Muhasebesi: Politikalar ve Bağlantılar", iki çalışma kitabıyla kamuoyuna duyrulmuştur. Bu iki çalışma kitabındaki bulguların toplaması üzerine, UNDSD'in faaliyetleri durdurulmuştur. Fakat projenin daha da ileriye taşıması için başka planlar söz konusu olmuştur.

4.9. Japonya Çevresel Yönetim Muhasebesi Yöntemleri Geliştirme Süreci

Japonya'da geniş bir çevre yönetim muhasebesi için somut yöntemler ve genişleme eğilimi görülmektedir. Çünkü daha fazla çevre bilincini arzu edenşirketler için çevresel yönetim muhasebesi alanında gelebilecek geniş çaplı sorulara cevap bulabilmek için yukarıda bahsedilen genişlemenin kaçınılmaz olduğu bilinmektedir. Diğer yandan, çevresel yönetim muhasebesi, somut yönetim karar verme sorunları ile ilgili uygun bilgi sağlamada bir araç olarak kurulmuş olmalıdır. Japonya'da hızlı popülerleşmesinin nedeni, Çevre Bakanlığı'nın şirket faaliyetleriyle ortaya çıkan çevresel maliyetler için bir sistem kurmuş olmasıdır. Daha sonra bireysel yönetim kararı vermek için yararlı bir çevresel yönetim muhasebesi yöntemi kurulmasıdır. Bu düşünceyle, somut

---

761 http://www.eman-ap.net

762 http://www.un.org/esa/sustedev/

yöntemleri ve bir çevresel yönetim muhasebesi yöntemi genel olarak aşağıdaki üç alanla sınıflandırılmıştır:[763]

Çevreye duyarlı yatırım değerlendirmesi

- Çevreye duyarlı bir maliyet yönetimi
- Çevreye duyarlı performans değerlendirme

Çevreye duyarlı bir yatırım değerlendirmesi, düşünen işletme yatırımlarının çevre üzerindeki etkilerini dikkate alarak karar alınmasına yardımcı olan bir metottur. Daha önce de belirtildiği gibi, bu araştırma, uzun bir süre için bir çevresel muhasebe projesi şeklinde ABD EPA tarafından yapılmış ve bu araştırma bulguları, toplam maliyet değerlendirmesi olarak kurulmuştur.

Ancak, bu yöntem ile ilgili iş yatırım kararlarınınalınmasında her ülke için büyük farklılıklar olduğu açıktır. ABD'de, iş değeri yatırımlarına dayanarak, gelecekteki nakit akımlarının ıskonto içeren kararını vermek için bu yöntem popüler iken Japonya'da popüler olmayabilir. Amerikan yöntemi, sadece ekonomi ve çevre iş yatırımına odaklandığından çevre üzerindeki etkileri yeterince yönteme dâhil olmadığı gibi sınırlamalar söz konusudur.

ABD'de geliştirilen bu yöntemi bir referans olarak kullanan bir çalışma grubu, Japon şirketler için uygulanabilir çevre bilincine sahip iş yatırım kararları yöntemlerini gözden geçirmek için 2000 yılında Japonya'da kurulmuştur.

Adından da anlaşılacağı gibi, çevreye duyarlı, çevre ile ilgili genel maliyet yönetimi için maliyet yönetimi amacınıifade eden bu maliyet yönetimi, geniş bir yelpaze boyunca uzanır. Çevre kalite maliyet muhasebesi sisteminin bilinçli hedefi, malzeme maliyet muhasebesi, maliyet ve yaşam döngüsü maliyetleridir.

2000 yılında başlayan, çevreye duyarlı maliyet yönetimi olarak bir çalışma grubu, çevresel kalite maliyet muhasebesi sistemleri ve çevre bilinci hedefini gözden geçirmeye karar vermiştir. Bu alanlara ilişkin çevre yönetim muhasebesi yöntemi dramatik gelişmeler, küresel ölçekte bir aşamaya geçmektedir. Fakat bu araçları geliştirerek, çevresel maliyet bütçe yönetimi harcamalarının etkinliğini analiz etmeye yardımcı olabilir ve aynı zamanda çevreye duyarlı ürün geliştirme tasarımına kararı verme, mevcut durumu destekleyen çevresel muhasebeye bilgi sağlaması beklenmektedir.

Malzeme akışı, maliyet muhasebesi ve küresel ölçekte yaşam döngüsü maliyet araştırması ile göreceli bir ilerleme olmamıştır; her biri için bir çalışma grubu kurulmuş ve araştırma yapılmıştır. Malzeme akışı maliyet muhasebesi için çalışma grubu 2000 yılında ve yaşam döngüsü maliyetleme için çalışma grubu 2001 yılında kurulmuştur.

Son yöntem veya çevresel bakımdan bilinçli performans değerlendirme, şirketlerin performans değerlendirme sistemi ile çevre performansı hakkında

[763]http://www.un.org/esa/sustedev/

bilgi veren bir yöntemdir. Çevre yönetimini teşvik etmek ve bu şirketlerin temel bir sistem içinde çevre yönünü tanıtmak için en etkili ve çevreye duyarlı performans değerlendirme, 2000 yılında bir çalışma grubu tarafından kurulmuş ve bu sorun ele alınmıştır.

İnceleme sürecinde, çevreye duyarlı performans değerlendirmenin bugünkü aşamasında, bir şirketin vaka örneklerine başvurarark şirket performansını bu açıdan değerlendirildiği görülmüştür. Şirketler için standart bir yöntem geliştirmek yerine, her şirketin kendi kriterlerine göre bir yöntem yaklaşımını benimsemesi ve değerlendiremeyi ona göre gerçekleştirmesi, değerlendirme sisteminin kendisini şirketlere göre büyük ölçüde değişikliğe uğratmaktadır.

Burada açıklanan çevresel yönetim muhasebesi alanı, çevre yönetim muhasebesi tüm alanlarını kapsamamaktadır. Ancak çevre koruma maliyetleri, çevre önlemlerin fayda-maliyet analizi ve işletme yönetimi, etkin bir çevre yatırımları ve çevre bilincinin için karar verme yönetimi uygulanabilir.

4.9.1. Çevresel Yönetim Muhasebesi Uygulama Örnekleri

1993 yılında Dünya Doğal Kaynaklar Enstitüsü tarafından yaptırılan bir araştırmada, alanlarında isim yapmış çeşitli şirketlerin çevre maliyetlerini nasıl hesapladıkları konusu ele alınmıştır.[764] Bu şirketlerin içerisinde, sadece 160 kişi çalıştıran Spectrum Glass gibi göreceli küçük bir şirkete karşılık, 110 bin kişi çalıştıran E.I.Du Pont de Nemours veya 92 bin kişilik Ciba-Geigy şirketi de bulunmaktadır.[765]

Çalışmanın amacı, çevre konularında hali hazırda belli bir duyarlılığa ve bilincesahip şirket sahipleri ve yöneticilerinin dört sorusuna cevap vermeye çalışmaktır.

Bunlar;

- Şirketin çevresel maliyetlerinin ne olduğu,
- Büyüklüklerinin ne kadar olduğu,
- Firma içerisinde bu maliyetlerin nerelerden kaynaklandığı ve
- Daha iyi nasıl yönetebilecekleri

şeklinde sorulardır.

Bu bölümde, çevresel yönetim muhasebesinin kullanıldığı ülkelerdeki farklı şirketler ve sektörlerin uygulamalarından ve. Avrupa Birliği üyesi ülkelerin, yanı sıra çevresel yönetim muhasebesinin yaygın olarak kullanıldığı Japonya ile Güney Afrika'dan örnekler verilmiştir.

---

[764]Ditz, D., J. Ranganathan, R.D.Banks (der.) (1995), Green Ledgers: Case Studies in Corporate Environmental Accounting, World Resources Institute Book.

[765]Ele alınan firmalar Amoco Oil, Ciba-Geigy, Dow Chemical, E.I.Du Pont de Numerous, S.C. Johnson Wax, Cascade Cabinet, Eldec, Heath Tecna Aerospace ve Spectrum Glass'dır.

Şirketlerin çevresel yönetim muhasebesini bünyelerine katmaları konusundaki performanslarına bakıldığında, Japon şirketlerinin daha organize ve yaygın bir şekilde bu sistemikullandıkları gözlenmektedir. Buna karşın Amerikan ve Avrupa şirketleri, daha farklı ve daha az standardize olmuş bir şekilde, ancak Japon şirketlerinden geri kalmamacasına sürdürülebilirliği ve çevresel yönetim muhasebe sistemini şirketlerine uygulamaya çalışmakta oldukları gözlemlenmiştir.

Çevresel Yönetim Muhasebesi için veri toplama ve analiz farklı örgütsel düzeylerde gerçekleşebilir:[766]

- Belirli bir malzeme, ham, operasyonel ya da atık;
- Belirli bir işlem veya ekipman hattı;
- Belirli bir ürün veya ürün hattı;
- Tek bir site veya tesis;
- Belirli bir bölüm;
- Tüm organizasyon.

Bir muhasebecinin bakış açısından, çevresel yönetim muhasebesi için muhtemel başlangıç noktası, tüm işletmelerde maliyet bilgilerinin sağlandığı en yaygın kaynak olan hesap listeleridir. Hesap listeleri ile çalışma, çevre ile ilgili alan veya kuruluş çapında yıllık maliyetleri değerlendirmeye imkân sağlar. Bu değerlendirme, bilgi kaybı veya varsayılan hurda yüzdelerindeki tutarsızlıklar gibi sorunları vurgulayacak, muhasebe bilgi ve kontrol sistemlerinin gelişmesine yol açacaktır.

Bir çevre yöneticisi bakış açısından, istenen başlangıç noktası, belirli bir atık akışı analizinin çevresel yönetim muhasebesi aracılıyla yapılmasıdır. Bir üretim departman yöneticisi, belirli bir ürün hattı veya üretim ekipmanlarını kurmak içindaha çok çevresel yönetim muhasebesi analizi ile ilgilenebilir. Daha ayrıntılı analizleri elde etmek içinmevcut bu bilgiler, muhasebe sistemlerinin daha derine inmesini zorunlu kılacaktır. Maliyet merkezi raporlarına bakarak, üretim maliyetleri ve ürün fiyatları, hurdaya ilişkin istatistikler ve hesaplamaları, üretim planlama sistemi, düşük kaliteli ürün, envanter raporları, atık raporlarının yanı sıra, enerji, su ve malzeme dengelerini görmek mümkündür.[767]

4.9.2. Japonya'da Çevresel Yönetim Muhasebe Uygulaması

Japonya'da çevresel yöneyim muhasebe uygulamalarının sayısının, gayet yüksek olduğu bilinmektedir. Tokyo borsasına bağlı 1,430 şirketin % 20'si çevre raporu yayınlarken bu şirketlerin % 80'inde ise çevresel yönetim muhasebe sistemi kullanılmaktadır. Aynı şekilde Japonya, dünyada ISO 14001 belgesini almış en fazla işyerine sahip ülke konumundadır. Bu nedenle Japonya'yı dünyada çevresel yönetim muhasebe sistemine en ciddiyaklaşan ülkelerden biri olarak değerlendirmek çok da yanlış olmaz. Bu nedenle, bu çalışmada Japon şirketlerinden pek çok örnek uygulama bulunmaktadır. Aslında söz konusu bu

---

[766] Ditz, a.g.e.,

[767] IFAC, a.g.e., s. 32

uygulamalar, diğer ülkelerdekilerden anlayış olarak çok da farklı olmasa da, sınıflandırma farklılıkları bulunmakta, bu da ortaya çıkan dokümanlarda karar verme durumundaki yöneticinin nereye bakması gerektiği ile ilgili farklılık oluşturmaktadır. Örneğin, Japonya Çevre Bakanlığı'nın şirketlere yönelik hazırladığı çevresel yönetim muhasebe esasları, gerçekte bu konuda faaliyet içinde olan diğer ülke kurumlarından çok da farklı değildir, ancak sınıflandırma farklılıkları söz konusudur.

Yapılan incelemede küçük/büyük pek çok Japon şirketinin söz konusu buesaslara gayet dikkatli bir şekilde uydukları ve çoğunlukla yıllık çevre raporları içerisinde çevresel yönetim muhasebe bilgilerine yer verdikleri gözlenmektedir. Şüphesiz bu bilgilerin öncesinde şirketin çevreye etkileri de anlatılmakta ve/veya şematize edilebilmektedir.

Çalışmanın bu kısmında söz konusu bu şirket uygulamalarından örnekler verilmektedir.

4.9.2.1. Malzeme Akış Maliyet Muhasebesi – Japonya

Kameralar, optik malzemeleri, fotokopi makineleri, bilgisayar ekipmanı ve diğer ofis ekipmanları üretiminde dünya liderlerinden biri olan Canon, aynı zamanda Japonya Ekonomi, Ticaret ve Sanayi (METI) Bakanlığı tarafından desteklenen ve şirket faaliyetleriniiçine alan Malzeme Akışı Maliyet Muhasebesini (MFCA) tanıtmıştır. Almanya'daki MFCA' nın aksine, Kurumsal Kaynak Planlama (ERP) sistemlerine geniş bir şekilde odaklanan tesis, genellilke MFCA Japon versiyonun benzeri olarak ürün ve üretim süreçlerine odaklanmaktadır. Yani, süreç iyileştirmeleri ve diğer konularda ayrıntılı bir analize izin vermektedir.

Başlangıçta, Canon lens üretimi için ana tesiste kamera lensi gibi tek tip bir üretim hattı için MFCA' yı uygulamaktadır. Hedeflenen üretim süreci MFCA için önce neredeyse gözle görülür hiçbir atık üretmediği kabul edilmiş olmasına rağmen, MFCA analizi, malzeme kaybının yeniden sınıflandırılması ile cam atıkların çevresel etkileri ve maliyetlerinde büyük azalmaları tetiklemiştir. Daha önce, cam atık üretiminin önlenmesinin mümkün olmayacağı kabul edilmişti. MFCA analizine dayanan, Canon, yeni bir cam üretim tedarikçisi ile işbirliği içinde, çok ince cam malzemeyi tanıttı. Bu ilk başarıdan sonra Canon, şimdi şirket içinde MFCA çabalarını genişletmektedir.

Kaynak: *Environmental Management Accounting Workbook* (available only in Japanese) (Tokyo: Japanese Ministry of Economy, Trade and Industry, 2002).

Sony

Dünyanın 35 farklı bölgesinde üretim yapan ve en büyük çokuluslu firmalardan biri olan Japon Sony firması, üretim süreci içerisinde enerji, su ve kimyasal bileşikler şeklindeki temel girdileri eşliğinde büyük miktardaki kaynağı nihai ürün halinegetirmektedir. Bu süreç içerisinde, şirketin kendi yapmış olduğu hesaplamalara göre, örneğin yılda 21.46 milyon ton sera gazı etkisi doğuran gaz salınımı yapılmaktadır. Bu salınımın Sony ürünlerine göre dağılımına bakıldığında, % 67 ile televizyon,% 15 ile ses dinleme/kayıt cihazları ağırlıklı payı oluşturmaktadır. Özellikle televizyon, üretim aşamasında harcanan toplam kaynakların % 42'sini kullandığı halde çok daha fazla salınıma neden olması ile dikkati çekmektedir. 2001 yılı itibariyle kaynaklarının % 15'i yani 257 bin ton atık üretilmiş ve yine aynı yıl itibariyle Sony yaklaşık 27 milyon m^3 su harcarken, 66 bin ton kimyasal bileşik kullanmıştır.

Çevresel yönetim muhasebe sisteminin yaklaşımı vasıtasıyla şirketin öncelikli hedefi, bir ürünün yaşam döngüsü boyunca oluşan çevre koruma harcamalarını izlemek ve sadeceüretim aşaması ile ilgili olarak değil, Sony ürünleri kullanımdayken de oluşan çevresel etkileri değerlendirmektir. Bu değerlendirmeyi gösteren Sony hesaplamaları aşağıda özetlenmiştir.

Sony 2001 mali yılında (31 Mart 2002'de biten) çevre koruma önlemlerine 2,8milyar Yen harcamıştır (Tablo 4.6.). Çevresel yönetim muhasebe prensiplerine göre ise, şirketin bu masrafları yaklaşık 29,2 milyar ¥ tutarında çevre koruma etkisi oluşturmuştur.

Yapılan harcamaların 7,1 milyar ¥ tutarındaki payı çevreyle ilgili tazmin/düzeltme maliyetlerinden kaynaklanmıştır. Aslında bu miktarın şirket özelinde iki kaynağı sözkonusudur: bunlardan birisi fabrika ve bölgelerindeki çevresel bozulma ve kazalar, diğeri ise bazı Sony ürünlerinin çevreyi etkileyen arıza ve kazalarıdır. Nitekim 2002mali yılı içerisinde firma kurşunsuz lehimleme, kimyasal maddelerin analizinde kullanılmak üzere malzeme satın alınması ve yeşil tedarik gibi konulara yatırım yaparak,2002 mali yılı içerisinde söz konusu rakamı 7,1 milyar ¥ düzeyinden 35 milyon¥ düzeyine indirmiştir. Bu, çevresel yönetim muhasebe sistemini uygulamanın şirkete getirdiği tasarruf edici faydanın görülmesi adına son derece önemli bir örnektir.

Tablo 4.6. Sony Şirketinin Çevre Koruma Maliyetleri

Kategori	Harcama Miktarı (milyon ¥)	% Pay
Ürün Tasarımı ve Geri Dönüşümü	2.166	8
Üretim ve Hizmet Faaliyetleri	10.455	40
İdari Faaliyetler	5.192	19
Araştırma- Geliştirme	1.637	6
Sosyal Faaliyetler	246	1
Çevresel Tanzim (düzeltme)	7.101	26
Toplam	**26.777**	**100**

Kaynak:http://www.sony.net/SonyInfo/Environment/data/en_data_e_load.html

Öte yandan, şirket çevre koruma faaliyetlerinin hesaplanmasında yıllar arası kıyaslamalara da sık sık başvurmaktadır. Örneğin, ürünlerin kullanımı sırasında tüketile nenerji miktarında Sony ürünleri, 2001 yılı içinde 1,25 milyon ton CO_2 eşdeğeribir tasarruf sağlamış, üretim ve hizmet faaliyetleri sırasında harcanan enerji ise180 bin ton CO_2 eşdeğerine düşürülmüştür. Bu arada Sony'nin ürettiği ürünlerintoplam ağırlığı 180 bin tona düşürülürken, atık miktarı da 12 bin tona indirilmiştir.

Harcanan su miktarı 2,76 milyon m^3, kimyasal madde miktarı ise 557 ton düzeyineçekilmiştir (Tablo 4.7.).

Tablo 4.7. Sony Şirketinin Çevreyi Korumaya Yönelik Etkileri

Kategori	Fiziksel Etki	Parasal Etki (milyon ¥)
Sera Etkisi Oluşturan Gazlar	1.431.436 ton CO_2	4.438
Kaynaklar	190.009 ton	22.041
Su	2.763.283 m^3	1.390
Kimyasal Maddeler	557 ton	724
Çevresel Risk	157 derece	557
Toplam		**29.150**

Kaynak:http://www.sony.net/SonyInfo/Environment/data/en_data_e_load.html

Aslında Tablo 4.6. nın ayrıntılarına bakıldığında, yapılan harcamalar içerisinde ilksırayı % 40'lık bir pay ile üretim ve hizmet faaliyetleri sırasında yapılan masrafların aldığı görülmektedir. Söz konusu bu masraflar, Sony'nin 2001 yılı itibariyle yaptığı 4,186 milyon ¥ tutarındaki doğrudan çevre yatırımlarının % 92'sini oluşturan sermaye yatırımı sonucunda yapılmış masraflardır.[768] Bu masrafların içerisinde, kirliliğin önlenmesi, enerji muhafazası ve küreselısınma önlemleri, kaynakların muhafazası ve geri dönüşüm önlemleri, su kaynakları ile ilgili önlemler, tehlikeli maddelerin azaltılması yönünde alınan önlemler ve yeşil satın alımlar için yapılan masraflar yeralmaktadır.

Sony, çevre koruma etkilerinin hesaplanmasında, kendisi tarafından tanımlanarak olgunlaştırılmış beş[769] Sony hesaplaması kullanmaktadır. Bunlar, sera etkili gazlar, kaynaklar, su, tehlikeli maddeler ve çevresel risk alanlarını kapsamaktadır. Söz konusu bu kategorilerin parasal olarak ifade edilmesinde bir parasal dönüştürmeye (monetary conversion) başvurulmaktadır. Örneğin, sera etkisi oluşturan gazlarkonusunda Avrupa'daki (veya İngiltere'deki) salınım ticaretindeki piyasa değerleri kullanılmaktadır. Söz konusu bu rakamlar, 2001 yılında ton CO_2 başına 3.100 ¥ iken,2002 yılı itibariyle 700 ¥ olarak düşmüştür. Örneğin, kaynaklar konusunda firmaürün ağırlığını kullanmaktadır. Üretilen ürünlerin toplam ağırlığından piyasada geri dönüşümden toplanan ürünlerin ağırlığının çıkarılması sonucu bulunan değerdir. Yıl içerisinde Sony tarafından üretilen rakam2001 yılı itibariyle 12.618 ton, diğer bir ifadeyle 1.464 milyon ¥'dir. Kaynaklarkonusundaki hesaplama çoğunlukla atık imha ve geri dönüşüm masraflarından hesaplanmayaçalışılır. Görüldüğü üzere Sony, Japon Çevre Bakanlğı'nın konu ile ilgili temel prensiplerine sadık kalarak çevresel yönetim

[768] Japon Çevre Bakanlığı tarafından hazırlanmış olan Çevresel Muhasebe Prensiplerinin yer aldığı dokümanda yatırım miktarı olarak kastedilen, hedeflenen dönem süresince çevre koruma amacıyla dağıtımı yapılan harcamalardır. Bu yatırımların faydası birkaç dönem süresince görülür ve amortisman döneminde masraf olarak kaydedilir. Buna karşın, masraflar yine çevre koruma amacıyla kullanılan mal ve hizmetlerin sonuçta, finansal muhasebe standartları uyarınca zarar veya masraf olarak kaydedilmiş halleridir.

[769] Beşinci kategori olan çevresel risk, rakamsal verilerine ulaşılması son derece güç olduğundan, 2002 yılında çıkartılmıştır.

muhasebe sistemini bir anlamda kendiözgün yapısı içerisinde değerlendirmiş /yorumlamıştır.

Canon

Sony gibi, Canon şirketi de çevresel yönetim muhasebe hesaplamalarınıçevre koruma maliyetleri, çevreyi korumaya yönelik etkiler ve çevreselkorumanın ekonomik etkileri olarak üç başlık altındatoplamaktadır. Ancak Sony'den farklı olarak, Canon, Çevre Bakanlığı esaslarına harfiyen uymaktadır. Canon'un çevre koruma maliyetleri, çevreyikorumaya yönelik etkileri ve çevreyi korumanın ekonomik etkileri, sırasıyla Tablo4.8. Tablo 4.9. ve Tablo 4.10.'da verilmiştir.

Tablo 4.8. Canon Şirketinin Çevre Koruma Maliyetleri, 2002

Kategori	**Temel Faaliyetler**	**Yatırım (Milyar ¥)**	**Harcamalar (Milyar ¥)**
1-Faaliyet Alanı Maliyetleri		**64.4**	**62.4**
1.1.Kirliliğin Önlenmesi	Hava, su ve toprak kirliliğnin önlenmesi	27.4	35.4
1.2.Küresel Çevre Koruma	Enerji tasarrufu, küresl ısınmanın önlenmesi, lojistik aerodinamik örtü	29.4	7.4
1.3.Kaynakların Geri Dönüşümü	Etkin kaynak kullanımı, atık azaltılması, geri dönüşüm, v.s.	7.6	19.6
2.Öncesi/Sonrası Maliyetler	Yeşil tedarik girişimleri, ürün geri dönüşümü* v.s.	0	11.9
3.İdari Faaliyet Maliyetleri	Çevre ile ilgili eğitimler, Çevre Yönetim Sistemleri, ağaç dikimi, çevre ile ilgili reklamlar, idari personel, v.s.	3	26.5
4.AR-GE Maliyetleri**	Çevreye verilen zararın azaltılmasına yönelk AR-GE	0,2	2,3
5-Sosyal Faaliyet Maliyetleri	Çevreyle ilgili organizasyonlara katkı, sponsorluklar, üyelikler, v.s.	0	0,03
6.-Çevreye Yapılan Zararın Maliyeti	Toprağın temizlenmesi	0,04	1
TOPLAM		**67.6**	**104.1**

* kullanılmış ürünlerin geri dönüşümü ile ilgili olarak, bu ürünlerin toplanması, saklanması ayıklanması ve yüklenmesi gibi harcamalardır.

** çevre teknolojileriyle ile ilgili temel araştırmalar için yapılan harcamaları kapsar

Kaynak: http://www.canon.com/environment/eco2002e/img2/p10bbb.gif

Tablo 4.9. Canon Şirketinin Çevreyi Korumaya Yönelik Etkileri, 2002

Etkilerin Ayrıntılı İçerikleri		Çevre Koruma Endeksi		
		Endeks	Endeks Değeri	Bir Önceki Yıla Göre Değişim
Şirketin faaliyetleri ile ilgili etkiler	Şirket faaliyetlerinde kullanılan kaynaklarla ilgili etkiler	Enerji etkinliği tasarrufu	35.770	---
		Su tasarrufu (10.000 m^3)	9	- % 2
		Kaynak kullanımı(çelik levhalar, plastikler (ton)	20.480	+ % 9
	Şirket faaliyetlerinin atık etkisi ve çevreye verdiği yük	Atmosferik salınımın azalması (ton)	116	- % 23
		Suya deşarj miktarında azalma (ton)	19	- % 36
		Atıkların azalması (ton)	280	-% 15
Öncesi/ Sonrası maliyetlerle ilgili etkiler	Faaliyetlere dayalı olarak hesaplanan mal ve hizmet etkileri	Ürün enerji tüketimindeki azalma (ton CO_2)	491.003	---
		Kullanılmış ürünlerin geri dönüşüm miktarı (ton)	28.875	---
Diğer Çevre koruma etkileri	Sevkiyat ve diğer etkiler	Yakıt tüketimindeki azalma (ton – CO_2)	2.502	---

Kaynak:http://www.canon.com/environment/eco2002e/img2/p10bbb.gif

Tablo 4.10. Canon Şirketinin Çevreyi Korumasının Ekonomik Etkileri, 2002

	Çevre Korumanın Ekonomik Etkileri	
	Etkilerin Ayrıntılı İçerikleri	Parasal Değeri (Milyar ¥)
Hasılat Etkisi	Atıkların geri dönüşümünden elde edilen satış hasılatı	1.0
	Enerji tasarrufundan doğan enerji harcamalarında indirim	12.1
Tasarruf	Kaynakların geri dönüşümünde elde edilen atık yükleme harcamalarındaki azalma	6.8
	Lijistik acrodinamik örtüden dolayı ortaya çıkan harcama azalması	3.2
	Yeşil tedarik sonucu harcamalardaki azalma	1.3
TOPLAM		**24.4**
Öncesi / Sonrası Maliyetlerin Ekonomik Etkileri		
Ürünün enerji tüketimindeki azalmadan kaynaklanan azalan elektrik enerji harçaması		2.0
Kullanılan ürünlerin geri dönüşümünden elde edilen kâr		**0.01**

Kaynak:http://www.canon.com/environment/eco2002e/img2/p10bbb.gif

JFE (Japan Ferro and Engineering)

Çelik ve yarı-iletken üretimi, mühendislik hizmetleri, kentsel gelişme alanlarındafaaliyet gösteren Japon şirketler grubu JFE, önceliğini her zaman için enerji tasarrufundan yana kullandığını belirten bir gruptur. Bu kapsamda, örneğin 1990 yılından bu yana enerji muhafazasına yönelik olarak kümülatif yaklaşık 330 milyar ¥ yatırım yapmış olan grubun, çelik fabrikasının şehir bölgesine yakın olması dolayısıyla, çevre korumaya daha da özen göstermesi gerekmektedir. Bu amaçla, pek çokilave yatırım gerçekleştirmiş, örneğin, atmosfere yayılan SOx ve NOx ile baş etmek için desülfürizasyon ve denitrifikasyon tesisleri ve KOİ miktarını azaltmak ve su kirliliği ile mücadele edebilmek için de atıksu arıtma tesisi yaptırmıştır. 1973 yılından bu yana şirketin çevre ile ilgili bu tarz tesisler için 470 milyar ¥ yatırdığı, böylecedünyanın en temiz çelik üretiminin gerçekleştirdiği fabrikalardan biri olduğu belirtilmektedir.

Grubun çevre ile ilgili yatırımları, 2001 yılında 16,8 milyar ¥ ile toplam yatırımlarının yaklaşık % 16'sı civarındadır. Yapılan harcamalar ise 69,2 milyar ¥ tutarındadır. Yatırımların esas ağırlığını çevre koruma ve küresel ısınmanın önlenmesi yönündekiyatırımlar, harcamaların konuları ise yine çevre koruma adına kaynaklarınetkin kullanmı ve küresel ısınmanın önlenmesi harcamaları oluşturmaktadır.

JFE'nin çevresel yönetim muhasebesi Tablo 4.11'de özetlenmiştir. JFE şirketler grubu çevresel yönetim muhasebe sistemini, tıpkı Sony gibi, Çevre Bakanlığı'nın esasları üzerinden, ancak farklı bir formatta yapmaktadır. Her nekadar esaslarda belirtilen sınıflandırmadan farklı olsa da, aynı maliyet kalemlerinden bahsedilmekte hatta Ar-Ge veya çevre ile ilgili eğitim faaliyetlerinin idari maliyetler olarak gözükmesi gibi aynı kalemler de yer almaktadır. Buna karşılık örneğin, kullanılmış malzemenin toplanması veya geri dönüşümünün yapılması ile ilgili maliyetler JFE'de "kaynakların etkin kullanımı" başlığı altında yer alırken, ÇevreBakanlığı formatında söz konusu maliyetler öncesi/sonrası maliyetler altında yer almaktadır. Bu şekilde benzer örnekleri çoğaltmak mümkündür. Hangi tür çevre korumamaliyetinin hangi başlık altında yer alması gerektiği, özellikle bir standartoluşturma anlamıda gayet önemli olsa da, bulunulan noktada şirketler açısındandaha önemli olan, bu tür maliyetlerin olabildiğince ayrıntıda ortaya çıkartılmasıdır.

Tablo 4.11.JFE Grubunun 2001 Çevresel Yönetim Muhasebesi

Kategori		Temel Faaliyetler	Yatırım (Milyar ¥)	Harcamalar (Milyar ¥)
JFE' nin kendi faaliyetleri ile ile çevre yatırım ve harcamaları	İdari	Çevresel etkileri Çevre Yönetim Sistemi ile izlemek ve ölçmek	0.1	0.9
	Küresel Isınmanın Önlenmesi	Enerjinin muhafazası ve enerjinin etkin kullanıma girmesi	4.8	14
	Kaynakların etkin kullanımı	Endüstriyel suyun yeniden sirkülasyonu, yan ürünlerin ve fabrika içi atıkların geri dönüşümü, atık yönetimi	0.7	17.3
	Çevre koruma	Hava, su ve küresel ısınmaya yönelik teknolojik gelişme	10.2	30.2
	Çeşitli	Ceza, harç v.s.		
Tüketici ve toplumla ilgili çevre yatırım ve harcamaları	AR-GE	Çevre, enerji ve küresel ısınmaya yönelik teknolojik gelişme		4.2
	Soayal faaliyetler	Doğanın korunması, ormanlaşmaya destek, fuarlar ve reklam		0.4
	TOPLAM		**16.8**	**69.2**

Kaynak: http://www.jfe-holdings.co.jp/en/environment/04.html

Toray Şirketler Grubu

2000 mali yılından itibaren yıllık olarak çevresel yönetim muhasebe esasları doğrultusunda çevre ile ilgili yatırım ve masraflarını yayınlamaya başlayan Toray şirketler grubu (28'i Japonya'da 29'u ise Japonya dışında olmak üzere 57 bağlı kuruluş),plastik ve kimyasallar, ileri-kompozit malzeme, elyaf-tekstil ve enformasyon-teknolojisiile ilgili ürünler üretmektedir. Organik sentetik kimya, polimer kimyası ve biyokimya konularında uzmanlaşan grubun 2000 yılında hazırladığı 3 yıllık çevre planı çerçevesinde Global Çevre Komitesi, Sağlık, Güvenlik ve Çevre Komitesi, ÜrünGüvenliği Komitesi ve Geri Dönüşüm Komitesi şeklinde dört farklı komite kurarak, başta su arıtma alanında olmak üzere pek çok çevre-dostu ürün ve sürece imza attığı gözlenmektedir. Bunların arasında özellikle enerji tasarrufuna yönelik yapılanultra-alçak düzeyde basınçlı buhar gücü ile çalışan jeneratör sayesinde yılda 15 binton CO_2 salınımı azalmasının sağlanması dikkat çekmektedir. Ayrıca grubun üretimsürecinin bir parçası olan ve ekosistemi etkilediği düşünülen nonil fenol, benzer bileşikleri(örneğin 4-oktil fenol) ve de türevleri yerine alternatif kimyasalları kullanmakonusunda da ciddi yatırım içerisinde olduğu belirtilmektedir.

Bu anlamda grubun çevresel yatırımlarında (Tablo 4.12.) en yüksek payı çevre koruma(atıksu arıtma ve atmosfere yayılan emisyon salınımının azaltılması gibi) veenerji tasarrufu yatırımları almaktadır.

Tablo 4.12. Toray Grubunun Çevresel Yatırımları (milyar ¥)-2002

Çevre koruma	10,0
Enerji tasarrufu	7,1
Atık bertaraf / azaltma	1,5
Güvenlik	3,2
Kazaların önlenmesi	3,6
Sağlık	0,9
Toplam	**28,3**

Kaynak: http://www.toray.co.jp/english/environment

Yapılan bu çevresel yatırımların sonucu olarak ortaya ç›kan faydanın ekonomiketkilerini parasal olarak da ifade eden Toray Grubu, enerji maliyeti tasarrufundan 750 milyon ¥, endüstriyel atık imha harcamalar› ve bu atığın azaltılması etkisinden94 milyon ¥, geri dönüşümlü malzemelerin satışından da 450 milyon ¥ elde edildiğini çevresel muhasebe raporuna eklemektedir (Tablo 4.13). 2002 mali yılı içerisindeçevre ile ilgili sermaye yatırımları 1,91 milyar ¥ olan şirket, 6,04 milyar ¥ tutan çevreselharcamalarına konu ile ilgili işgücü ve aşınma maliyetlerini dâhil etmektedir.

Buna karşılık daha önce incelenen iki şirketin aksine, Toray çevre ile ilgili Ar-Ge yatırım ve harcamalarını hesaplamalarına katmamaktadır.

Tablo 4.13. Toray Grubunun 2002 Çevresel Muhasebesi (milyon ¥)

Kategori		**Altbaşlıklar/ İçerik**	**Yatırım**	**Harcama**
1.Faaliyet Alanı Maliyetleri	1.1.Kirliliğin önlenmesi maliyetleri	A.Hava (CFC İndirimi dâhil)	452	1.067
		B.Su	490	2.385
		C.Gürültü / Titreşim	13	19
		D.Ağaç Dikimi	21	390
		E.Diğerleri	24	53
	1.2. Küresel çevre maliyetleri	Enerji tasarrufu ve küresl ısınmanın önlenmesi	715	---
	1.3. Kaynakların geri dönüşüm maliyetleri	Geri dönüşüm, bertaraf (yakma v.s.)	151	1.094
2.Öncesi / Sonrası Maliyetler		1.ürün geri dönüşümü	45	7
		2.Konteynır ve ambalajların geri dönüşümü	0	2
3.İdari Faaliyet Maliyetleri		Çevresel eğitim ISO sertifikasyonu	0	302
4.Sosyal Faaliyet Maliyetleri		Çevreye yönelik halkla ilişkiler, bölgesel faaliyetler ve çevre organizasyonlarının desteklenmesi	0	22
5.Çevreye Verilen Zararın Maliyeti		SO_x bağışlar	0	700
Toplam			**1.911**	**6.041**

Kaynak: http://www.toray.co.jp/english/environment

Nikon

Fotoğraf makinesi denilince dünyada ilk akla gelen isimlerden biri olan Nikon firması geliştirilmiş çevresel muhasebe sistem bilgilerini, yine Japon Çevre Bakanlığı'nın esasları doğrultusunda 2001 yılından itibaren hazırlamaya başlamıştır. Bunun için 2000 yılında 'Çevresel Muhasebe Alt Komitesi' kuran şirket, hesaplamalarını çevre raporları içerisinde sunmaktadır. Aslında şirket hem kendi yöntemlerive sınıflandırması çerçevesinde (Tablo 4.14) hem de Çevre Bakanlığı'nın esaslarında yer alan sınıflandırma doğrultusunda (Tablo 4.15) hesaplamalar yapmaktadır.

Tablo 4.14. Nikon Çevre Koruma Maliyetleri, 2002 (milyon ¥)

	Kategoriler	**Temel Faaliyetler**	**Yatırım**	**Harcama**	**Toplam**
Ürün Çevresi	Ürün geliştirme, Enerji tasarrufu, kaynak ve tehlikeli kimyasal kullanımında azalma, ozon tabakasını koruma	Enerji tasarrufu tasarımı, sıcak rejim kalıplamaya dönüşüm, eko-camlı kullanımı için ürün tasarımı	---	46	46
	Konteynır ve ambalajlama	Ambalaj malzemelerinden plastik kullanımının azaltılması	---	12	12
	Yeşil satınalma (tedarik)	Yeşil tedarik sistemiyle ilgili faaliyetler	---	2	2
Ürünün Çevresel Hesapları Toplamı			--	**60**	**60**
İşyeri Çevresi	Enerji tasarrufu	Havalandırma sistemlerinin kaldırılması, inversörlerin yüklenmesi	227	43	270
	Kaynakların geri dönüşümü	Plastik atıkların geri dönüşümü, kâğıdın yeniden kullanımının teşvik edilmesi su kullanımının azaltılması	32	33	65
	Tehlikeli kimyasalların kullanımının azaltılması	Alternatif çözücülerin kullanımının teşvik edilmesi, yıkama makinelerinin yenilenmesi	10	19	29
İşyeri Hesapları Toplamı			**269**	**96**	**365**
Yasa ve Yönetmelikler Uyarınca		Gaz ve su emisyonları işleme ekipmanları için işletim yönetimi, gürültü ve titreşim yayan tesislerin	234	472	706

İdari Faaliyetler	bakımı, atık yönetimi, tehlikeli maddelerin yönetimi ISO 14001 ile ilgili (Çevre Yönetim Ssitemi idaresi, işyeri eğitimi)	71	396	466
TOPLAM		**574**	**1.023**	**1.597**

Kaynak: http://www.nikon.co.jp/main/eng/portfolio/eco/accounting_01.htm

Tablo 4.15. Japon Çevre Bakanlığı Esaslarına göre Nikon Çevresel Muhasebe,2002, milyon ¥

Kategoriler		**Temel Faaliyetler**	**Yatırım**	**Harcama**	**Toplam**
1.Faaliyet Alanı Maliyetleri	1.1.Kirlilik Önleme Maliyetleri	Gaz ve su emisyonları işleme ekipmanları için işletim yönetimi, gürültü ve titreşim yayan tesislerin bakımı	107	287	394
	1.2.Küresel Çevre Koruma Maliyetleri	Enerji tasaarufu, tehlikeli maddelerin kullanımında azalma, tehlikeli maddelerin kontrolü, ambalaj malzemelerinde plastik kullanımının azaltılması	326	119	446
Kategoriler		**Temel Faaliyetler**	**Yatırım**	**Harcama**	**Toplam**
	1.3.Kaynakların Geri Dönüşüm Maliyetleri	Atıkların azaltılması (plastik atıkların geri dönüşümü, kâğıtların kullanımının yeniden teşvik edilmesi), atık yönetimi, su kullanımının azaltılması	70	161	231
Ara Toplam			**503**	**567**	**1.071**
2.Öncesi/ Sonrası Maliyetler		Konteynır ve ambalaj önlemleri (Ambalaj malzemelerinden plastik kullanımının azaltılması)	--	12	12
3.İdari Faaliyet Maliyetleri		ISO 14001 ile ilgili (Çevre Yönetim Sistemi idaresi, işyeri eğitimi)	--	396	396
4.AR-GE Maliyetleri		Enerji tasarrufu tasarımı, sıcak rejim kalıplamaya dönüşüm	--	46	46
5.Sosyal Faaliyet Maliyetleri		Geniş bir faaliyet çerçevesinde mali sponsorluklar	--	2	2
6.Çevreye Verilen Zararın Maliyeti		Toprağın temizlenmesi	71	0	71
TOPLAM			**574**	**1.023**	**1.597**

Kaynak: http://www.nikon.co.jp/main/eng/portfolio/eco/accounting_01.htm

Tablo 4.14. ve 4.15 Nikon şirketinin ve aynı zamanda muhasebe sisteminin çevreile ilgili yapılan yatırım ve harcamalara farklı açılardan nasıl bakılabileceğini göstermesi açısından iyi bir örnektir. Örneğin, Nikon şirketi tehlikeli maddelerin kontrolü için 89 milyon ¥, yine tehlikeli kimyasalların kullanımının azaltılması için 10 milyon ¥, ve enerji tasarrufu için 227 milyon ¥ yatırım yapmıştır. Yapılan bu yatırımlardan son ikisi, Nikon şirketinin kendi sınıflandırması çerçevesinde ayrı ayrı başlıklar altında yer alırken, tehlikeli maddelerin kontrolü için yapılan yatırımlar, yasave yönetmelikler uyarınca yapılan yatırımlar başlığı altında ve yine ayrı bir başlıkta yer almaktadır.

Buna karşılık Çevre Bakanlığı esaslarına göre yapılan düzenlemede,326 milyon ¥ tutarındaki bu yatırımların hepsi küresel çevre koruma maliyetleriadı altında toplanmıştır. Benzer şekilde atık yönetimi ile ilgili yatırım ve harcamalar Nikon sınıflandırmasında yasa ve yönetmelikler uyarınca yapılan faaliyetler başlığı altındayken, Çevre Bakanlığı esaslarına göre, Kaynakların Geri dönüşüm Maliyetleri başlığı altında yer almaktadır.

Konica

1999 yılında hem çevre korumasını teşvik etmek hem de faaliyet alanında şeffaflığın sağlanabilmesi amacıyla çevresel muhasebe sistemini başlatan Konica, 20'si yurtiçinde olmak üzere toplam 33 bağlışirketinde bu uygulamayı başlatmış bulunmaktadır. Konu ile ilgili olarak bir adım daha öteye giderek şirketin çevresel muhasebe sistemi ile ilgili yaptığı hesaplamaları ve düzenlemeleri, yerli bir denetim şirketine (Chuo Sustainability Research Institute Co. LTD.) kontrol ettirten Konica, esasolarak Çevre Bakanlığı formatını uygulayarak ayrıntılı bir doküman ortaya koymaktadır. Dışarıdan denetleme, Konica'nın çevresel muhasebe sistemine ne denli ciddi yaklaştığını da göstermektedir (Tablo 4.16).

Şirket yapılan bu yatırım ve harcamaların sonunda, su, elektrik enerjisi, gaz, akaryakıt, malzeme gibi hemen hemen tüm girdi kaynaklarında önemli miktarda tasarrufelde etmişl, riski azaltma etkisi olarak da hem CO_2 salınımından hem de tehlikelimadde kullanımından toplam 1,041 milyon ¥ tutarında bir kesinti gerçekleştirmiştir.

Konica şirketinin çevreye verdiği zararın azalması yönünde gerçekleştirmiş olduğu bu tasarruf/indirim/azaltmalar aslında çevresel muhasebe sistemi kullanan pek çok şirketin doğal olarak karşılaştığı bir faydadır. Bunlar arasında bir başka Japon şirketi Ricoh şirketler grubu 2001 yılı itibariyle 1,040 milyon ¥ tutarında bir elektrik tasarrufu oluşturan ve 16,000 CO_2 salınımının azalması ile sonuçlanan faaliyetini, grubun çevresel muhasebe yaklaşımına dayandırmaktadır.

Tablo 4.16. Konica Grubu'nun 2002 Çevresel Muhasebesi (milyon ¥)

Kategori		**Altbaşlıklar / İçerik**	**Yatırım**	**Harcama**
1.Faaliyet Alanı Maliyetleri	11.Kirliliğin önlenmesi maliyetleri	A. Hava	541	883
		B. Su	125	509
		C. Diğerleri	126	560
	1.2.Küresel Çevre Maliyetleri	A.Enerji tasarrufu ve küresel ısınmanın önlenmesi	655	818
		B.Ozon tabakasının incelmesinin önlenmesi		
		C. Diğerleri		
	1.3.Kaynakların Geri Dönüşüm Maliyetleri	A.Kaynakların etkin kullanımı	27	89
		B.Su tasarrufu ve yağmur suyu kullanımı	9	15
		C.Sanayi atıklarının işlenmesi	1.011	888
		D.Diğerleri	125	1.185
2.Öncesi / Sonrası Maliyetler			3	3.290
3.İdari Faaliyet Maliyetleri		Çevresel eğitim, ISO sertifikasyonu	10	753
4.Sosyal Faaliyet Maliyetleri		Çevreye yönelik halkla ilişkiler, bölgesel faaliyetler ve çevre organizasyonlarının desteklenmesi	05	175
5.AR-GE Maliyetleri			24	1.984
6.Çevreye Verilen Zararın Maliyeti			29	24
TOPLAM			**2.686**	**11.185**

Kaynak:
ttp://konicaminolta.com/environment/pdf/report/konica/2003/30.pdf

Görüldüğü üzere, özellikle küresel ısınma problemi ile yakından ilgili olan CO_2 salınımının azaltılmasında, şirketlerin çevresel muhasebeyle oluşturduğu önemli bir faydasöz konusudur.

Sanyo Şirketler Grubu

1998 yılından bu yana çevresel muhasebe ile ilgili hesaplamalarını sürdüren grup, toplam 164 fabrikasındaki çevre ile ilgili hesaplamalarını farklı bir şekilde sunmaktadır. Örneğin 2001 yılında bir önceki yıla kıyasla % 17 artışla 30,2 milyar ¥ tutarındaçevre ile ilgili harcama yapan Sanyo, bu toplamın 10 milyarını yatırımlara geri kalanını ise masraflara ayırmıştır Özellikle, enerjinin muhafazası ve etkin malzemeler konusundaki çalışmalar sonucunda, çevre koruma (2,9 milyar ¥) ve kirliliğin önlenmesine yönelik (1 milyar ¥) harcamalar artmıştır. Ancak Sanyo yapmış olduğu bu yatırım ve masrafların sonucunda 2001 yılında çevre ile ilgili doğrudan (5,2 milyar ¥) ve dolaylı (8,7 milyar ¥), toplam 13,9 milyar ¥ fayda elde etmektedir (Tablo 17). Sanyo Grubu'nun 2001 yılı çevre muhasebesi hesaplamaları da Tablo 4.18'de verilmiştir.

Tablo 4.17. Sanyo Grubu'nun Çevre ile ilgili Elde Ettiği Fayda (%)

Doğrudan Elde Edilen Fayda	
Atık işleme ve Geri Dönüşümden elde edilen değerli malzemelerin satışından gelir	17.3
Enerji tasarrufu	31.7
Kaynak tasarrufu	28.7
Çevre ile ilgili işler	10.4
Kullanılmış kâğıtlardan elde edilen gelir	0.2
Atık işleme maliyetlerindeki azalmalar	11.6
Dolaylı Yoldan Elde Edilen Fayda	
Çevre ile ilgili eğitim	0.6
Kirliliğin önlenmesi nedeniyle arıtma masraflarından kurtulma	4.8
Gazetelerdeki yayınlar	0.6
Çevre Yönetim Sisteminin Kurulması	0.6
Televizyon yayınları	0.4
Ko-jenerasyon fabrikasının devreye girmesiyle CO_2 azalması	4.4
Kazaların önlenmesi ile elde edilen gelişme	3.3
F21'in satışıyla çevreye saçılan tehlikeli kimyasalların azalması	29.3
Enerji / Kaynak muhafaza ürünlerin (F'!) satışı	55.7
Diğerleri	0.3

Kaynak: http://www.sanyo.co.jp

Tablo 4.18. Sanyo Grubunun Çevre Muhasebesi Hesaplamaları, 2001- (%)

Çevre İle İlgili Yatırım ve Masraflar Toplamı	
Kirliliğin Önlenmesi	22.3
Küresel Çevre Koruma	18.7
Kaynakların Sirkülasyonu	14.0
Üretim / Hizmet aşamasından önce ve sonrasında çevresel etkilerin azalması	2.6
Çevre Yönetimi	8.4.
Çevre ile İlgili AR-GE	30.3
Çevre ile İlgili Sosyal Faaliyetler	1.8
Çevreye Verilen Zarar	1.9
Çevre ile İlgili Maliyetler	
Kirliliğin Önlenmesi	19.0
Küresel Çevre Koruma	6.2
Kaynakların Sirkülasyonu	17.5
Üretim / Hizmet aşamasından önce ve sonrasında çevresel etkilerin azalması	3.9
Çevre Yönetimi	12.4
Çevre ile İlgili AR-GE	36.9

Çevre ile İlgili Sosyal Faaliyetler	2.1
Çevreye Verilen Zarar	2.2
Çevre ile İlgili Yatırımlar	
Kirliliğin Önlenmesi	29.0
Küresel Çevre Koruma	44.3
Kaynakların Sirkülasyonu	7.0
Üretim / Hizmet aşamasından önce ve sonrasında çevresel etkilerin azalması	0.1
Çevre Yönetimi	0.4
Çevre ile İlgili AR-GE	16.7
Çevre ile İlgili Sosyal Faaliyetler	1.4
Çevreye Verilen Zarar	1.1

Kaynak: http://www.sanyo.co.jp

Japon Basım Sanayii

Sadece tek tek firmalar bazında değil, top yekün bir sanayiinin, ya da söz konusu sanayiinin bir bölümünün de çevresel muhasebe anlayışı ile değerlendirilmesi mümkündür. Japon basım sanayii için yapılan çevresel muhasebe değerlendirmesinde de, söz konusu sanayii içerisinde yer alan 53 şirket verisi 2000-2001 yılları arasında toplanmış ve Çevre Bakanlığı'nın normları doğrultusunda hazırlanmıştır (Tablo 4.19).

Görüldüğü üzere ister tek bir şirket ister pek çok şirketin yer aldığı bir şirketler grubu isterse de yine farklı iş anlayışlarına sahip, dolayısıyla farklı şirket kültürlerinin yer aldığı bir sanayiden söz edilsin, en azından Japonya'da çevresel muhasebe hesaplamalarının yapılmasında belirli standartlar oturtulmuş ve bunlar doğrultusunda hareket edilmektedir.

Hazırlanan standartların geçerliliği, bu farklılıklara rağmen rasyonel ve sistematikbir düzenliliğin izlenebildiğini, dolayısıyla da tüm sanayi için karar vermede hemmikro hem makro ölçekte fayda elde edilebildiğini göstermektedir.

Aynı çerçeveden bakılırsa, basım sanayii yapmış olduğu çevresel yatırım ve masraflar sonucu elde ettiği faydayı da belirli bir sistematik içerisinde, tıpkı şirketlerdeki gibi sunabilmektedir Tablo 4.20'de 2000 yılı için çevre koruma faaliyetleri ileilgili fayda ve ekonomik fayda sunulmuştur.

Japon basım sanayii ile ilgili bu örnekten de anlaşılacağı üzere, çevresel muhasebe farklı kullanım ölçeklerine ve farklı kapsama alanlar›na sahip [770] oldukça esnek bir araçtır. Şirketin ihtiyaçlarına, ilgilendiği faaliyet alanlarına, hedef ve kaynaklarına bağlı olarak, tek bir üretim sürecine (örneğin bir tek üretim hattına), sisteme (örneğin atıksu arıtma), ürüne, fabrikaya ve/veya fabrika içerisindeki bölüm/ler/e, belirli bir coğrafi bölgedeki fabrikalara veya şirketin bağlı kuruluşları da dâhil tümüne birden uygulanabilir.

[770] Çevresel muhasebenin kapsadığı maliyetler, zor/kolay ölçülebilenler olarak ayrılır. Ancak bu ayırım da çok kolay olmamaktadır. Çevresel muhasebenin kapsadığı maliyet spektrumu, geleneksel maliyetler, saklı maliyetler, riziko karşılama maliyetleri, halkla ilişkiler/imaj maliyetleri, toplumsal maliyetlerden oluşmaktadır. Maliyet spektrumunda yapılan bu sıralama, şirket açısından maliyetlerin kolay hesaplanabilir/ölçülebilir olup olmamasına bağlıdır. Dolayısıyla hemen anlaşılacağı gibi, geleneksel muhasebe en kolay hesaplanabilen alandır.

Tablo 4.19. Japon Basım Sanayiinde Çevresel Muhasebe Değerlendirmesi,2000 (milyon ¥)

1.Faaliyet Alanı ile ilgili Maliyetler	Çevre Koruma Maliyetleri	Çevresel Sermaye Yatırımları
1.1.Kirliliğin Önlenmesi		
-Hava Kirliliğinin Önlenmesi	1.069,6	41.9
-Su Kirliliğinin Önlenmesi	1.047,6	220.8
-Gürültünün Önlenmesi	215.9	21.6
-Titreşimin Önlenmesi	18.5	0.3
-Kokunun Önlenmesi	324.3	362.7
-Diğerleri	21.3	3.2
1.2.Küresel Çevrenin Korunması		
-Küresel Isınmanın Önlenmesi	891.6	881.8
-Ozon Tabakasındaki İncelmenini Önlenmesi	363.7	344.5
1.3.kaynakların Yeniden Kullanımı		
-Atıkların Geri Dönüşümüm ve Yeniden Kullanımı	749.7	129.0
-Sanayi Atıklarının Bertarafı ve Arıtılması	3.043.1	0
-Kentsel Atıkların Bertarafı ve Arıtılması	7.7	0
Ara Toplam	7.752.9	2.005.9
2.Öncesi ve Sonrası Faaliyetlerle İlgili Maliyetler		
2.1. Yeşil Satın Alma	203.3	
2.2. Satılan Ürünlerin Geri Dönüşümü	63.8	
Ara Toplam	267.1	
3. İdari Faaliyet Maliyetleri		
3.1. Çevre Eğitimi	1.6	
3.2. Çevresel Etki Değerlendirmesi	75.6	
3.3. ÇYS Kurulması ve İşletilmesi	13.8	
3.4. Çevre Yönetimi için İşgücü Maliyetleri	1.055.8	
Ara Toplam	1.146.8	
4.Araştırma ve Geliştirme	2.501.1	
5.Yerel Toplulukla İlişkiler Anlamında Maliyetler		
5.1.Ağaç Dikimi, Ormanlaştırma, Güzelleştirme	59.9	
5.2.Çevre Gruplarının Desteklenmesi	4.3	
5.3.Çevre ile İlgili Halkla İlişkiler	29.1	
Ara Toplam	93.4	
6.Çevreye Yönelik Zarar	0	
Toplam	**11.761.3**	**2.005.9**

Kaynak: http://www.dnp.co.jp/eng/eco/engdpf2002/08_09.pdf

Tablo 4.20.Çevre Koruma Faaliyetleri ile ilgili Fayda ve Ekonomik Fayda,2000 (milyon ¥)

Enerji Tüketim Hacmi ile İlgili Katma Değer	4.93 (TI/100 milyon ¥)
CO_2 Salınımı ile İlgili Katma Değer	177 (t/100 milyon ¥)
Atık Salınımı ile İlgili Katma Değer	0.322 (t/100 milyon ¥)
Nihai Atık İmha Oranı	% 5.1
Ko-Jenerasyon Sonucunda Enerji Maliyetlerinden Tasarruf	368.2
Çöp Fırını Isı Atığının Kullanımından Tasarruf	558.5
Geri Dönüşümlü Malzemelerin Satışı	1.140.0
Toplam	2.066.7

Kaynak: http://www.dnp.co.jp/eng/eco/engdpf2002/08_09.pdf

Fujitsu, "Maliyet Çevre Endeksi" – Japonya

Fujitsu Group, bağlantılar yoluyla tasarrufu ve çevresel gelişimi sürdürmek aynı zamanda küresel ortamının iyileştirilmesi, sürdürülebilir kalkınma faaliyetlerini "Çevre Süreci Faaliyetleri" programı ile (devam etmekte olan diğer çevre yönetim faaliyetlerinin yanı sıra)teşvik etmeyi amaçlamaktadır."Çevre Süreci Faaliyetleri" programı da üretim departmanı, sıfır atık emisyonları paralel bir hedefi ile enerji, kimyasallar ve diğer malzemelerin kullanımının azaltılmasında liderlik rolü almayı teşvik etmek için geliştirilmiştir. Bu tür faaliyetler genellikle Fujitsu çevre yönetimi veya tesis yönetimi departmanlarına dayanmaktadır.

Programın önemli bir parçası,"Maliyet Çevre Endeksi" Fujitsu'da malzeme girişleri için verimlilik, maliyet performans ve çevresel performans birleştiren bir performans göstergesinin gelişmesiydi. Maliyet Çevre Endeksi, her malzeme girişi için, aşağıdaki gibi hesaplanır:

Maliyet Çevre Endeksi = (birim başına girdi miktarı) x (girdi birim fiyat) x (girdi çevresel etki seviyesi)

Fujitsu' nun Çevresel Yönetim Muhasebesi çabaları, farklı malzeme girişleri için Maliyet Çevre Endeksini hesaplamada gerekli olan fiziksel ve parasal verileri sağlanmıştır. Fujitsu, malzeme girişlerinin muhtemel çevresel etkilerini beş kategori halinde ele almıştır. Örneğin, en yüksek (ve en olumsuz) sıralamasında 5 daha az ciddi potansiyele sahip insan ve çevresel etkileri olduğu kabul edilen malzeme girişlerini temsil ederken, alt sıralamalarda, insan için kanserojen tehlikesi olabilecek malzeme girişlerine yer verilmektedir.

Fujitsu, üretiminde kullanılan tüm malzeme girişleri için bir Maliyet Çevre Endeksinin Hesaplanmasını Çevre Süreç Faaliyetleri yoluyla daha fazla dikkatle malzeme girişlerine öncelik verir. Fujitsu'nun kullandığı endeks, verimlilik ve maliyetin daha geleneksel kriterleri ile ortaklaşa bir üretim kriteri olarak "çevre" görünümü sağlar.

2003 mali yılı içinde Fujitsu, Japonya'daki Mieelektronik üretim tesisi Çevre Süreci Faaliyetleri programına odaklanmıştır. Fujitsu Maliyet Çevre Endeksi hesaplamalarında kimyasallar, silikon kimyasalları, özel gazlar, organik kimyasallar, genel kimyasallar, genel gaz ve klor gazının flor gazı gibi gazların malzeme girişlerine aşağıdaki sıraya göre daha fazla dikkat edilmiştir. Buna karşılık, bitki gaz firması cihazları temizlemek için kullanılan süreyi kısaltarak % 9 oranında flor gaz kullanımını azaltmak için çevre süreci başlamıştır. Genel olarak, altı ay boyunca Mie, bitki çevre süreci faaliyetlerinin, kimyasallar ve gaz kullanımı % 7 oranında azalmış ve bu malzemelerin giriş maliyeti % 16,5 azalmıştır.

Maliyet Çevre Endeksi ve Çevre Süreci Faaliyetleri, Fujitsu'nun yarı iletken ürünlerin seri üretim tesislerinde uygulanmaktadır. Her bitki için yasal uygunluk, çevre koruma, enerji tasarrufu, malzeme tasarrufu, geri dönüşüm gibi konuları içeren 100 puanlık bir ölçekte hedeflere doğru ilerleme açısından bir öz-değerlendirme yapmaktadır. Bir bitki öngörülen düzeyi üzerinde bir puan kazanırsa, Çevre Süreci Sertifikalı Bitki olarak kabul edilmektedir. Üretim tesisleri, Çevre Süreci Sertifikalı Bitki olarak fatura kalmak Çevre Süreç faaliyetlerini sürekli olarak uygulamak zorundadır.

Kaynak: T. Koga, *Fujitsu Green Process Activities*, Presentation at the 2003 International Symposium on "Business and Environment: Development of

Environmental Management Accounting and Green Supply Chain Management" (Kobe, Japan: Institute for Global Environmental Strategies, Kansai Research Center, March 2003); Fujitsu Limited, *The 2004 Fujitsu Group Sustainability Report*, Tokyo, 2004; Personal communication with Go Saeki of the Japanese Institute of Certified Public Accountants.

4.9.2.2.Süreç Verimliliğindeki Yatırım için Çevre Yönetim Muhasebesi– ABD

ABD' dekibir ince kâğıt fabrikası, bir bütün olarak değirmende pik atık su akışlarını, atık su kirletici seviyelerini ve toplam tatlı su alımını azaltacak değişiklikleri belirlemek için oldukça karmaşık bir su geri dönüşümü ve yeniden kullanım sistemi çalışması başlatmıştır. Son çalışma, tesiste yeniden hem malzeme hem de su kullanımı için su ve geri dönüşümden kayıp hammmaddeleri ayıran süreçte daha fazla atık su alde etmek için yeni ekipmanların tesise kurulmasını önermiştir.

Fizibilite çalışması, yeni ekipman satın alınması ve kurulması için gerekli olan ön sermaye giderleri için bir tahmini içermektedir. Ayrıca yıllık işletme maliyetleri de tahmin edilmiştir:

- Atık sudaki kayıp hammaddelerin satın alma maliyeti;
- Yeni ekipman işletimi için enerjinin satın alma maliyetleri;
- Yeni ekipman için işletme malzemelerinin satın alma maliyeti;
- Yeni bir ekipmanı çalıştırmak için personel maliyetleri;
- Yerel yarar için atık su arıtma ücretleri.

Beş yıllık bir zaman dilimi için ilk yatırım değerlendirmesinde, bu projenin iç getiri oranı (Internal Rate of Return IRR) sadece % 1 olacağı tahmin edilmektedir. Ancak, projeyedaha kapsamlı bakıldığında çok farklı sonuçlar elde edilmiştir. Orijinal finansal analiz, çevre ile ilgili önemli olan maliyetlerin birçoğunu içermiyordu:

- Tatlı suyu kimyasallardan arıtma için satın alma maliyetleri;
- Tatlı su üretmek için yakıt satın alma maliyetleri;
- Hem tatlı su hem de atık su pompalamak için elektriğin satın alma maliyetleri

Projeden yıllık parasal tasarruf, aslında beklenenden üç kat daha yüksek olması nedeniyle bu maliyetleri analize dâhil edildiğinde, beş yılın iç getiri oranı IRR% 1 den % 37 ye çıkmıştır. Projenin çevresel faydaları, malzeme kullanımı, tatlı su kullanımı, enerji kullanımı ve atık üretimindeönemli ölçüde azalmalar gözlemlenmiştir.

Kaynak: White A. L.,Becker,M. and Savage,D. E. "Environmentally Smart Accounting: Using total Cost Assessment to Advance Pollution Prevention," *Pollution Prevention Review* (Summer 1993).

4.9.2.3.Yeni Ürün Gelişimi için Çevresel Yönetim Muhasebesi – Arjantin

Arjantin' dekiMisiones Eyaletinde tipik bir kereste fabrikasının malzeme kullanım verimliliği% 40-44 oranına sahiptir. Kalan % 56-60 sı atık olarak görülmekte olup bir kereste fabrikasına giren ahşabın, yaklaşık %40-44 satılabilir ürün değerlendirilir. Kalan malzemenin yaklaşık% 10-16 sı kazanlarda yakıt olarak kullanılır ve sadece açık havada yanar. Her yıl yaklaşık 500.000 ton atık talaş ve tırtıklı ahşabın bu şekilde yakıldığı tahmin edilmektedir.

Yanmış atık hacimleri ve ilgili çevresel etkileri azaltmak için atık akışı (örneğin çeşitli ürünler kullanarak) ile ilgili alternatif yollar araştırılmıştır. Örneğin, tesise giren çam atıkları, kâğıt imalat sanayi için hammadde olarak uygun ahşap yongaları üretmede kullanılabilir. Bu amaç için en iyi ekipman ve aksesuarları ile ilgili yapı geliştirme maliyeti, 122.966 ABD dolar değerinde olmuştur.

Çevresel Yönetim Muhasebesi teknikleri, yeni üründen beklenen kazançlar, atık azaltma birimlerinden yapılan yıllık tasarruflar, ekipman için ilk yatırım maliyeti, aksesuar ve yapı geliştirmeleri gibi süreçler ve elde etme maliyetleri olmak üzere, yıllık nakit akımlarını tahmin etmek için kullanılmıştır. Değerlendirme, bir kereste fabrikasının yıllık gelirinin yaklaşık % 24'ünü temsil eden 28.380Amerikan Doları, kâr beklenmekte ve benzer endüstri sektörü için yaklaşık 3.8 yıllık bir periyotta yatırımın geri üdeme süresi ile ilişkilendirilmiştir.

Kaynak: Personal Communication with Graciela Scavone of Buenos Aires University, Argentina, 2004.

4.9.2.4.Muhasebenin Diğer Türleri İle İlgili Bağlantılı Dış Raporlama Girişimleri

Bu bölümde, dünyanın çeşitli ülkelerinden, Çevresel Yönetim Muhasebesi uygulamaları, muhasebenin diğer türleri ile ilgili bağlantıları ve dış raporlama çabalarının bir dizi örnekleri sunulmaktadır. Buörnekler, Çevresel Yönetim Muhasebesinin birçok potansiyel kullanım alanları ve faydaları ele alınmaktadır.

Çevresel Yönetim Muhasebesi bilgisinin amacı, raporlamanın birçok farklı türününalt kümeleri ile açıklamaktır. Bunlar:

- Ulusal muhasebe ve raporlama,
- Finansal muhasebe ve raporlama,
- Kamuya ve çevre koruma kuruluşlarınakurumsal çevre performansı raporlama.

Özellikle dış raporlama amacına yönelik toplanan çevre ile ilgili bilgi, iç karar alma için oldukça yararlı olabilir. Çevresel Yönetim Muhasebesi tarzı bilgi yelpazesi, finansal veya ulusal muhasebe programları çerçevesinde rapor edilmelidir, ancak genellikle Çevresel Yönetim Muhasebesi altında yönetiminiç karar almada gerekli bilgi kümesi daha dardır. Bu nedenle, çoğu durumda, bir işletmesadece dış raporlama için toplanan verilerikendisi için iç karar vermede temel alamaz. Çevre Yönetim Muhasebesi türü bilgiler dış raporlama için toplanır, ancak daha önce özellikle iç karar verme amaçlı Çevresel Yönetim Muhasebesi teşebbüsü olmayan bir işletmeiçin Çevresel Yönetim Muhasebesi başlangıç noktası olabilir.

Çevresel Yönetim Muhasebesi bilgilerinden yararlanılan bazı kısa raporlama örnekleri aşağıda verilmiştir.

4.9.2.5.Milli Muhasebe ve Raporlama için Çevresel Yönetim Muhasebesi Bağlantısı

Hükümet, 2003 yılında, Avrupa Komisyonu "Çevre Koruma için Toplam Cari Harcama" kapsamı altında harcama türlerini belirlemek için yapısal iş istatistikleri raporlama ihtiyaçlarını değiştirmiştir AB üyesi ülkeleri, EUROSTAT' a (Avrupa Birliği İstatistik Ofisi) bu verileri yıllık olarak rapor etmektedir. Başka bir örnek, 1996 yılında, Avustralya'da yaklaşık 20.000 kuruluşun çevre koruma harcama verileri (EPEs) Avustralya İstatistik Bürosu'na bildirilmiştir.[771] Bu kuruluşların yaklaşık 1.000 tanesi hükümete ait birimler ve kurumlar olmasına rağmen, 13.000 kuruluş mal, 7.000' i ise hizmet üreten özel sektörden oluşmaktaydı. Bu sayı, ISO 14001 Çevre Yönetim Sistemi Standartları ile Küresel Raporlama Girişimi (Global Reporting Initiative) veya uygunluk altında gönüllü çevresel performans raporlama gibi Çevresel Yönetim Muhasebesi türü veri gerektiren özel Çevresel Yönetim Muhasebesi girişimleri veya diğer faaliyetlerin bir kısmını oluşturan kuruluşların sayısından daha fazladır.

Ulusal raporlama amaçları için toplanan kuruluş düzeyindeki para bilgisi, genellikle Çevresel Yönetim Muhasebesi altında iç karar verme için ihtiyaç duyulan bilgilerden daha karmaşık ve daha dardır. Ancak, toplanan bu veriler, birçok kuruluş için mükemmel ve kolay Çevresel Yönetim Muhasebesine bir başlangıç noktası olarak hizmet verebilir. Aşağıdaki iki örnek, ulusal veri ve Çevresel Yönetim Muhasebe bilgisive iç karar verme için kullanılan ulusal veri arasındaki benzerlikler göstermektedir.

4.9.2.6.Çevre ve Ekonomik Muhasebe (Environmental and Economic Accounting SEEA) İle Entegre Olan Birleşmiş Milletler Sistemi

Birleşmiş Milletler İstatistik Bölümü, ilk olarak 1993 yılında Entegre Edilen Çevre ve Ekonomik Muhasebe (SEEA) hakkında kılavuzlar yayınlamıştır. BM SEEA rehberlerin en son sürümü, ulusal düzeyde çevresel muhasebe için yararlı fiziksel ve parasal bilgi türlerini özetlemektedir. BM SEEA'nın ana hedefi, doğal dünya ve ekonomi arasındaki etkileşimleri değerlendirmesine imkân vermektir. Ayrıca sosyal, ekonomik ve çevresel hükümet politikalarının entegre tasarımını desteklemek için bilgi sağlamaktır.

Kullanılan dili farklı olsa da, BM rehberi ve Çevresel Yönetim Muhasebesi altında toplanan bazı fiziki bilgiler oldukça benzerdir. Malzeme Girdileri (örneğin su, odun, balık, hayvancılık, hububat, doğal gaz, petrol, metal cevherleri gibi doğal kaynaklar), Ürün Çıktıları (gıda ve içecek ürünleri, tütün, tekstil, deri, mobilya, kağıt hamuru ve kağıt, kimyasal maddeler) Atık ve Emisyon (ürünlerden dağılan katı atık, hava emisyonu, su emisyon, vb).

---

[771] Osborn, D.,"Showcasing Environmental Management Accounting in Local Government: Contexts, Methods, and Summary Results" (Hawker, Australia: Green Measures, 2001).

BM SEEA' nın parasal yönü olarak Avrupa Komisyonu ve EUROSTAT tarafından geliştirilen Çevre Koruma Giderleri Sınıflandırması (Classification on Environmental Protection Expenditures CEPA) benimsenmiştir. Sınıflandırma, Önleme ve Diğer Çevre Yönetimi, Araştırma ve Geliştirme ve Atık ve Emisyon İyileştirme gibi çevre koruma harcamalarını içerir. Çevre Koruma Giderleri Sınıflandırması (CEPA) altında, maliyet verileri, ilk olarak çevresel etki alanı (atık su yönetimi, atık yönetimi, vb) tarafından rapor edilmekte, sonra önlenmesi, iyileştirilmesi ve çevre faaliyetlerinin diğer türleri arasındaki fark belirlenmektedir.

Çevre Koruma Giderleri Sınıflandırması (CEPA)Ürünün Malzeme Maliyetlerini, Ürün Olmayan Çıktının Malzeme Ürün Maliyetlerini ve Maddi Olmayan Maliyetleri ile ilgili bilgileri kapsamamaktadır. Bu nedenle, Çevre Koruma Giderleri Sınıflandırması (CEPA) altında toplanan bilgiler, henüz Çevresel Yönetim Muhasebesi altında iç yönetim kararlarının alınması için gerekli tüm bilgileri içermemektedir.

Kaynak: United Nations, *Environmental Management Accounting, Procedures and Principles*, 2003.

4.9.2.7.AB'de Çevresel Yönetim Muhasebesi Uygulamaları

Avrupa Birliği'ne bakıldığında, şirketlerin konu ile ilgilenmeye yeni başladıklarını, özellikle Japonya ve ABD ile kıyaslandığında daha az şirketin ayrı bir çevresel yönetim muhasebe hesaplaması içine girdiğini, ancak AB çevre politikasının da etkisiyle büyük bir potansiyel içinde oldukları söylenebilir. Çevresel yönetim muhasebesi ile ilgili rehber oluşturacak, özel ve standart kuralların olmamasından hareket eden Avrupa Komisyonu bu konuda harekete geçilmesi gerektiğinin vurgusunu yapmaya başlamıştır.[772]

4.9.2.7.1. Çevresel Yönetim Muhasebesi ve Çevresel Performans Göstergeleri – Avusturya

Avusturya, Murauer Bier, bir bira fabrikası, Avrupa Birliği'nin 2001 Çevre Yönetim ve Denetim Sistemleri Yönetmeliğinde belirtilen gönüllü yönergelere göre 1995 yılında bir Çevresel Yönetim Sistemini (Environmental Management Systems EMS) yükledi. Murauer'in Çevresel Yönetim Sistemi geniş bir çevre performans göstergeleri sistemi ile desteklemektedir. Şirket, fiziksel ve parasal muhasebe verilerini EPIs ve Çevresel Yönetim Sisteminin gelişmesinden bu yana ulaşılan yıllık parasal tasarrufu hesaplamak için kullanmaktadır.

Murauer tarafından hesaplanan mutlak EPIs, temiz su hektolitre, kalorifer yakıtı kilogram gibi tüm önemli malzeme girişlerinin toplam tutarını içermektedir. Bağıl EPIs, ürün çıktısının hektolitreye, her bir malzeme girdisinin oranına hesaplanarak oluşturulmaktadır. Benzer mutlak ve bağıl EPIs, bira

[772]http://europa.eu.int/comm/internal_market/en/company/account/news/01-814.htm

fabrikasının ürün olmayan çıktısında (örneğin, cam, kâğıt, atık su, karbondioksit ve diğer hava emisyonları) hesaplanır.

Murauer, aynı zamanda çevresel performans eğilimleri ve genel gidişatını takip etmek için her yıl EPIs karşılaştmaktadır. Aşağıdaki EPIs, beş yıllık dönemde Murauer firmasının bazı atıklarının azaltılması çabalarının başarısını göstermektedir:

- Birim başına tatlı su kullanımında % 19 oranında azalma (1995-2000);
- Birim başına düşen yakıt kullanımında % 30 oranında azalma (1995-2000);
- Birim başına atık su üretim hızında % 32 oranında azalma (1995-2000);

Para tasarrufu cari yıl alım fiyatlarının 1995 yılından bu yana fiziksel indirim uygulayarak her malzeme girişi için hesaplanmaktadır. Bu çabalar, 2000 yılında, orta ölçekli bir firmaya yaklaşık US $ 186.000 tasarruf sağlamıştır.

Kaynaklar: Jasch and Schnitzer, *Umweltrechnungswesen – Wir, zeigen, wie sich Umweltschutz rechnet, Beispielsammlung zur Umweltkostenrechnung und Investitionsrechnung*, 2002; Murauer Website, http://www.murauerbier.at/.

4.9.2.7.2. Çevre İle İlgili Toplam Maliyetlerin Tahmini ve Dağıtım İçin Çevresel Yönetim Muhasebesi – Avusturya

SCA hamuru ve kâğıt üretimi sitelerinden biri olan SCA Grafik Laakirchen AG, 1999 yılından bu yana çevresel yönetim muhasebesi altında fiziksel ve parasal bilgileri ve köklü bir malzeme akışını izleme ve çevre ile ilgili maliyetleri belirleyip ve değerlendirmede, tutarlı bir sistem kurmuştur. Toplanan bilgiler, hem çevre yönetimi hem de genel üretim ile ilgili kararlar için kullanılmaktadır. SCA Laakirchen çevre ile ilgili toplam maliyetleri yıllık olarak hesaplanmakta ve yüzde dağılımını Tablo 4.21' de gösterildiği gibi, Çevre Bildirimini, çevresel etki olarak açıklamaktadır.

Tablo 4.21 deki verileri, genellikle birçok şirket, Malzeme Satınalma ve ürün olmayan çıktını işleme maliyetleri, "Atık ve Emisyon Kontrolü" daha çok çevre ile ilgili bilinen maliyetlerin SCA Laakirchen de yaklaşık dört kat daha yüksek olduğu gerçeğini göstermektedir. Tablo 4.21 de Önleme ve Çevresel Yönetim Maliyetleri görülmektedir. Şirket, geçmiş yıllarda bir dizi önleyici projeler hayata geçirerek "Ürün olmayan çıktıların Malzeme Maliyetleri"ve"Atık ve Emisyon Kontrolü" nde önemli tasarruf elde etmesine rağmen," "SCA Laakirchen oldukça düşük olduğu gerçeğini göstermektedir.

Tablo 4.21verileri SCA Laakirchen her yıl çevre ile ilgili maliyetlerini karşılaştırmaya uygun hazırlanmıştır. Örneğin üretim çıkışı 2002 ve 2003 yılları arasında neredeyse % 23 artış olmasına rağmen, kâğıt atıkları içinyeni makine kullanımına çevre ile ilgili harcanan toplam masraflar, aynı dönemde sadece % 14,7 artmıştır. Bu şirketin çevre yönetim girişimlerinin olumlu mali etkisini göstermektedir. 2002 ve 2003 yılları arasında maliyet değişikliklerinde daha ayrıntılı bir görünümde bazı ilginç noktaları ortaya çıkarmıştır. Örneğin, üretimden kaynaklanan artan atıksu işlemesine rağmen atıksu arıtma tesisi işletme toplam maliyetinde değişiklik olmamıştır. Çünkü atıksu arıtma tesisinin operasyonel verimliliği ve bakımı çeşitli şekillerde geliştirilmiştir.

Diğer kategorilerde maliyetleri artışı söz konusudur. Örneğin, yardımcı malzeme satın alma maliyetleri, yalnız üretimden kaynaklanmamakta, aynı zamanda uluslararası fiyat değişimlerine de bağlı olarak artmaktadır. SCA Laakirchen da farklı çevresel etki alanlarındaki toplam maliyetleri ve kazanç dağılımının yıl içinde daha fazla veya daha az sabit kaldığını gözlemlemek mümkündür. Hava- iklim % 22, atık su % 54,atık % 23, diğer % 1 olarak gerçekleşmiştir.

SCA Laakirchen çevre yönetim çabalarının fiziksel sonuçları, şirketin yıllık Çevre Bildirimini sunmaktadır. Örneğin, yaklaşık % 23 üretim artışına rağmen, su alımı, sadece % 11 ile atıksu hacminin sadece % 13 oranında artmıştır. Bunlar mutlak anlamda artışlardır. Aynı zamanda mutlak anlamda artış, dolgu, atık kâğıt ve enerji gibi fiziksel girdilerin kullanımı, ancak eko-verimlilik iyileştirmelerini yansıtmaktadır.

Tablo 4.21. SCA LAAKIRCHEN Şirketinde Çevre Etki Alanlı Yüzdelik* Oranlarla Dağıtılan Çevre İle İlgili Maliyetler (2003)

Çevresel Etki- Çevre Maliyet Kategori İlişkisi	Hava + İklim	Atık - Su	Atık	Toprak + Yeraltı suları	Diğer	Toplam
I. Ürünlerin Malzeme Satın Alma Maliyetleri	Bu maliyet kategorisi SCA Laakirchen şirketi tarafından çevresel yönetim muhasebesi sistemlerinin bir parçası olarak belirlenmemiştir.					
IIa. Ürün Çıktısı Olmayan Malzemelerin Satın alma Maliyetleri						
Hammadde			% 15.2			% 15.2
Ambalaj			% 0.1			% 0.1
Yardımcı malzeme			% 2.7			% 2.7
İşletme Malzemesi	% 0.1	%42.2	% 0.5			% 42.8
Enerji	% 19.8					% 19.8
Su		% 0				% 0
II b. Ürün Çıktısı Olmayan Malzemelerin Süreç Maliyetleri		% 0.2	% 1			% 1.2
Ara Toplam	**% 19.9**	**% 42.4**	**% 19.5**			**% 81.8**
III. Atık ve Emisyon Kontrol Maliyetleri						
Ekipman Amortismanı	% 0.1	% 2.8	% 0.4			% 3.3
İşletme Malzemeleri ve Hizmetler	% 0.2	% 5.5		% 0.1		% 5.8
İç Personel	% 0.7	% 1	% 0.1			% 1.8
Ücretler, vergiler ve cezalar	% 0.9	% 2.7	% 6			% 9.6
A	**% 1.9**	**% 12**	**% 6.5**	**%0.1**		**% 20.5**
IV. Önleme ve Diğer Çevresel Yönetim Maliyetleri						
Çevresel Yönetim için Dış Hizmetler					% 0.4	% 0.4
Çevre Koruma için iç Personel	% 0.1				% 0.3	% 0.4
A	**% 0.1**				**% 0.7**	**% 0.8**
V Araştırma ve Geliştirme Maliyetleri	Bu maliyet kategorisi, önleme kategorisinde SCA Laakirchen şirketi tarafından belirlenmiştir.					
VI. Maddi Olmayan Maliyetler	Bu maliyet kategorisi SCA Laakirchen şirketi tarafından çevresel yönetim muhasebesi sistemlerinin bir parçası olarak belirlenmemiştir.					
I-VI Çevreyle ilgili Toplam Maliyet	% 21.9	% 54.4	% 26	% 0.1	% 0.7	% 103.1
Çevreyle ilgili Toplam Kazanç			- % -3.1			% -3.1

* Veriler, şirketin toplam çevre ile ilişkili maliyet ve kazançların bir yüzdesi olarak sunulmuştur.

Çevreyle İlgili Toplam Maliyet ve Kazanç	% 21.9	% 54.4	% 22.9	% 0.1	% 0.7	% 100

Kaynak: SCA Laakirchen Website.

4.9.2.7.3. ERP Planlamada Çevresel Yönetim Muhasebesi Veri Ayıklaması – Avusturya

Verbund Grup, Avusturya'nın elektrik ihtiyacının yaklaşık % 50 sini karşılayan en büyük elektrik üretim şirketidir. Grup, ana şirket ve birkaç iştirakten (enerji üreten şirketler, şebeke işletme şirketi, vb) oluşmaktadır. 1994 yılında, Verbund, çevresel etkileri önlemek veya en aza indirmek için alınan önlemler çerçevesinde çevre ile ilgili bazı masraflar da dâhil olmak üzere, çevre sorunları ve performansı hakkında rapor yayımlamıştır.

Verbund, 2001 yılında şirketin çevresel performansı ve çevre ile ilgili maliyetlerini çevresel yönetim muhasebesi açısından daha iyi değerlendirmeye yardımcı olacak bir pilot proje içinde yer almaya karar vermiştir. Verbund iş gruplarını temsil eden küçük bir hidro elektrik santrali, bir fosil yakıt elektrik santrali ve iletim şebekesinin bir trafosu gibi üç farklı alan, her pilot projede yer almak için seçilmiştir. Her sitenin yıllık maliyet değerlendirmesi yapılmış ve yoğun tartışmalar hangi maliyetlerin çevre ile ilgili olarak tanımlanması noktasında yaşanmıştır. Çevreyle ilgili olarak tanımlanan çevre sorunları hakkında toplumun endişelerini artıran çevresel maliyetler üzerinde anlaşmaya varılmıştır.

Aynı zamanda Kurumsal Kaynak Planlama Muhasebe Sistemi (SAP) hangi verilerin şirkete gerekli olacağını belirlemiştir. SAP sistemi içinde, çevre ile ilgili maliyetler, iki farklı yerde bulunabilmektedir. (1) veri kayıtlarının maliyet merkezleriyle (2) şirkerin belirli bir projesinin değerlendirilmesi ile ilişkili olabilir. Daha sonra şirketin çevre ile ilgili maliyetlerin tanımı uyarınca her iki veri kaydından alınan çevre maliyetlerini belirlemek zorunda kalmıştır. Örneğin hem çevre hem de verimlilikle ilgili olarak kabul edilen bu maliyetlerin uygun bir maliyet yüzdesi, pilot projenin amaçları çerçevesinde çevre ile ilgili olarak ele alınmıştır.

Pilot çalışmanın seyri sırasında, otomatik olarak SAP yazılımın özü ve çevre ile ilgili gerekli maliyet verileri raporunun mümkün olmadığını da belirginleşmiştir. Yani, resmi bir veri toplama işlemi, üç büyük iştiraki olan şirketten yaklaşık 150 alan çevre yöneticisi için yazılmıştır. Bu prosedür, şirket ortaklarına her yıl rapor edilen SAP verilerini ayıklamada yöneticilere yardımcı olmaktadır. Çıkarılan veri, maliyet kategorileri, çevresel etki alanı ve çevre ile ilgili kazanç olarak rapor edilmiştir. Her bir bağlı ortaklık, sadece bir önceki yıl için maliyeti değil, aynı zamanda gelecek yıl için bütçe maliyetleri raporlamaktadır.

2003 yılında, Verbund, elektrik üretim şirketleri ve ızgara işletme şirketi tüm pilot proje boyunca geliştirilen bu çevresel yönetim muhasebesi sürecini kabul etmiştir. Veriler, kurumsal ve alan düzeyinde hem yönetimin iç karar almahem de dış raporlama için kullanılan ve farklı siteler arasında performans karşılaştırmaları sağlayacaktır.

Kaynaklar: Jasch and Schnitzer, Umweltrechnungswesen – Wir, zeigen, wie sich Umweltschutz rechnet, Beispielsammlung zurUmweltkostenrechnung und Investitionsrechnung, 2002; Verbund Website.

4.9.2.7.4. Malzeme Akış Maliyet Muhasebesi – Almanya

2001 yılında, Almanya'nın Ciba Specialty Chemicals kendi iç bilgi sistemleri potansiyel gelişmeleri değerlendirmek için bir vaka çalışması yapmıştır. Kullanılan metodoloji, bir üretim hattı boyunca malzeme akışı, malzemelerin maliyet ilişkisi ve tüm önemli miktarlarını belirlemenin yanında malzemelerin takibine odaklanan Malzeme Akış Maliyet Muhasebesinin (Materials Flow Cost Accounting MFCA), uygulama aşamasını gözlemlemekti.

MFCA altında, Ciba, ilk olarak bir pilot üretim hattı içinde fiziksel malzeme akışı (atıklar dâhil) yanı sıra, bir üretim hattının Kurumsal Kaynak Planlama (ERP) sistemindeki malzeme ile ilgili bilgilerin akışının iki haritasını çıkarmıştır. Iki harita daha sonra ERP sisteminde fiziksel gerçeklik ve bilgi veri yapısı arasındaki herhangi bir uyumsuzluğu ortaya çıkarmak için karşılaştırılmış, sonra malzeme miktarları ve maliyetleri üzerine nicel veri ERP ve diğer bilgi sistemlerinden (örneğin işlem bilgisayarları, depolama sistemleri) çıkarılmış ve Malzeme Girdileri, Ürün Çıktıları ve Ürün Olmayan Çıktılar, gerçek malzeme akımlarından ayrılmıştır.

Ciba'daki MFCA projesi ile yaklaşık 2 milyon ABD doları değerinde malzeme farklılıkları saptanmıştır. Bu farklılıklar, yalnız gerçek malzeme kayıplarına değil, aynı zamanda ERP sistemindeki yanlış veri kayıtlarına neden olmaktaydı. Buna karşılık, şirket çok sayıda teknik ve organizasyonel iyileştirme önlemine sahipti. Örneğin, standart bir ürün bileşeni işlemi ve formülasyonun değişiminden yaklaşık 100.000 ABD Doları tahmini yıllık maliyet tasarrufunaa yol açmıştır. Buna ek olarak, ürün için üretim kapasitesi% 30 oranında artmıştır.

Kaynak: Case Study: *Ciba Spezialitaetenchemie Pfersee GmbH* (available only in German.) (Augsburg: Institute for Management and Environment, 2002).

4.9.2.8. İngiltere'de Çevresel Yönetim Muhasebe Uygulamaları -İngiltere Çevre Ajansı

Avrupa Birliği nezdinde konu ile ilgili örnekler içinde temsil niteliğine sahip olması nedeniyle, İngiltere Çevre Ajansı'nın bu konu ile ilgili hesaplamalarına bu bölümde yer verilmiştir. Tablo 4.22 ve Tablo 4.23 ten de anlaşılacağı üzere, Ajans çevreyi etkilediğini düşündüğü her bir faaliyetini, tek bir tablo ile göstermek yerine ayrı ayrı incelemeyi tercih etmiş ve tablolaştırmıştır. Söz konusu bu ayrım, Ajansın yaptığı seyahat, enerji, yönetim ve su ile ilgili harcamalarını kapsamaktadır.

Tablo 4. 22. İngiltere Çevre Ajansının Seyahat Harcamalarının Çevresel Yönü

Seyahat ve Emisyon	1999/2000	2000/2001	2001/2002	2002/2003	1999-03 % Değişme
Milyon km	81.6	80	86.4	86.4	6
Çevreye Etkisi (CO_2 ton)	268	231	229	v.b.	-15
Maliyetler (000 £)	6.873	6.361	5.784	5.557	-19
Birim Maliyet (km başına)	8.4	8	7.3	6.4	-24
Tren Seyahat Maliyeti	1.691	1.927	1.956	2.097	24

Kaynak:www.environment-agency.gov.uk/environmentalreport

Tablo 4.23. İngiltere Çevre Ajansı'nın Çevre Yönetim Maliyetleri ve Tasarrufları

	2000/01	2001/02	2002/03
Hedef Maliyet ve Tasarruflar £			
- Çalışanlara ait zaman maliyeti	-282	-362	-597
-Faydalar	-157	-38	-24
-Kat edilen yol (km)	1.069	2.798	166
- Kâğıt	-34	162	197
Net Fayda Maliyeti			
-Yıl İçinde Yatırımlarla İlgili Maliyetler	-138	-343	-321
-Yıl İçinde Diğer Yatırımlarla İlgili Tasarruflar	0	15	13
-Vergi Maliyetleri*	-85	-57	-40
-Net Çevre ile İlgili Yatırımlar/ Vergi Maliyetleri	-223	-385	-348
-Net Fayda / Maliyet	-28	1.126	-667

*Vergi mükelleflerinin verginin hesaplanmasında ve ödenmesi sırasında katlanmak durumunda oldukları maliyetler

Kaynak:www.environment-agency.gov.uk/environmentalreport

Tablo 4.24. İngiltere Çevre Ajansının Diğer Maliyetleri

	1999/00	2000/01	2001/02	2002/03
Çevre Yönetimi ile İlgili Ücret Maliyetleri	439	462	377	402
Çevre Raporlama Maliyetleri	48	46	43	33
Ajans Dışına Eğitim ve Danışmanlık Sağlama	48	41	54	32
Ajans İçindeki Eğitim Maliyetleri	1	4	0	0
Toplam	537	553	474	468

Kaynak:www.environment-agency.gov.uk/environmentalreport

Tablo 4.25. İngiltere Çevre Ajansının Su Harcamaları

Su	1999/2000	2000/2001	2001/2002	2002/2003	1999-03 % Değişme
Kullanılan m^3	68.900	47.435	56.305	62.933	-8.6
Maliyetler (000 £)	207	245	203	237	14.4
Birim Maliyet (£ / m^3)	3.0	5.2	3.6	3.8	26.6

Kaynak: www.environment-agency.gov.uk/environmentalreport

Carillion İnşaat Şirketi

İngiltere'deki şirket örneklerinden birisi İngiliz Carillion İnşaat Şirketidir. Şirketin Great Western Hospital (Büyük Batı Hastahanesi) için hazırladığı çevresel yönetim muhasebe çalışması, konunun tüm şirket faaliyetleri için değil, sadece bir veya birkaç faaliyetine de uygulanabileceğini göstermektedir. Yapılan doğrudan ve dolaylı maliyetler/harcamalar kadar kaçınılan harcamaların sonucunda edinilen tasarrufları daön planda tutan şirket, bunu farklı şekillerde de sunabilmektedir (Tablo 4.26 ve 4.27).

Carillion şirketi yaptığı tüm bu harcamalar ve sonucunda oluşan tasarrufların, dolaylı çevresel etkilerini kendine göre oluşturduğu bir çevresel yönetim muhasebe sistemi düzeneği çerçevesinde değerlendirmekte ve bunun da yine dolaylı faydalarını elde etmektedir (Tablo 4.28).

Tablo 4. 26. Carillion tarafından Great Western Hospital için Çevresel Yönetim Muhasebesi(£)

	Doğrudan	
Çevresel ve Ssoyal Özellikler	**Maliyetler**	**Tasarruflar**
Kirlilikten Kaçınma		
1. Dengeleme havuzu	135.000	v.b.
Enerjinin Etkinliğini Sağlama		
2.Etkin enerjili tasarruflar geliştirme	46.800	384.388
Kaynakların Etkin Kullanımı		
3.Sıva Çıtası	0	433.800
4.Geri dönüşümlü kaplama	0	1.150.000
Ara Toplam	181.800	1.968.188
Net Doğrudan Çevresel Tasarruf		1.786.388
Personelle İlgili Olarak		
5.Sağlık ve güvenlık	95.700	v.b.
Yerel Halkla İşbirliği		
6.Sosyal İlişkiler ve Faaliyetler	50.900	v.b.
Net Doğrudan Sosyal Tasarruf	146.600	
Toplam Doğrudan Tasarruf		1.639.788

Kaynak: http://www.carillionplc.com

Tablo 4.23. Great Western Hospital için Hazırlanan Alternatif Çevresel Yönetim Muhasebesi(£)

Çevresel Maliyetler	**İnşaat 2000 -2002**	**İşletim 2003-2030**
Kirlilikten kaçınma – Dengeleme havuzu	135.000	
Enerjinin Etkinliğini Sağlama		
-Güneş enerjisi	22.800	
-Çatı izolasyonu	24.000	
Toplam	181.800	
Çevresel Faydalar		
Elde edilen hâsıla		
-Çevreye duyarlı bir binanın ilave sermaye değeri	v.b.	
-Şirketin şöhret bulmasının faydası	v.b.	
-Geri dönüşümlü atıktan elde edilen fayda	v.b.	
Tasarruf edilen / Kaçınılan Maliyet		
-Doğal çapraz akış ventilasyonundan enerji tasarrufu		v.b.
-Çatı izolasyonundan (27 yıl boyunca) enerji tasarrufu		250.000
-Soğutuculardan enerji tasarrufu		80.000
-Etkin enerji aydınlatmadan enerji tasarrufu		v.b.
Malzeme ve İşgücü Tasarrufu		
-Sıva çıtasından tasarruf (işgücü, hammadde, boyama)	285.000	129.000
-Geri dönüşümlü kaplama (malzeme ve bakım tasarrufu)		1.150.000
-Raydatör sayısında azalma (çatı izolasyonundan dolayı)	26.000	
Su tasarrufu		
-Thames nehrinden su transferi (dengeleyici havuz vasıtasıyla)		v.b.
Atık bertarafı tasarrufu		
-Araziye doldurma maliyetleri, taşıma, yükleme v.s.	19.800	

Kaçınılan Periyodik maliyetler -İklim değişim vergisi		28.388
Elde Edilen Bağış ve Subvansiyonlar	0	
Toplam Fayda / Tasarruf	330.800	1.637.388
Net Doğrudan Tasarruflar (Çevresel)	149.000	1.637.388
	1.786.388	
SOSYAL MALİYETLER		
Sağlık ve Güvenlik		
-Personel iş güvenliği eğitim	50.300	
-Güvenlik eğitimi	34.800	
-Çözücüsüz boyama (sağlık riskini azltmak için)	Maliyeti yok	
-İnşaat iskelesinin kullanılmaması	7.000	
Sosyal İlişkiler		
-Sosyal faaliyetler	24.000	
-Yerel yardımlaşmalar ve bağışlar	3.500	
-İş merkezi	23.400	
Toplam Sosyal Harcamalar	146.600	
Net Doğrudan Ssoyal Maliyetler	146.600	

Kaynak: http://www.carillionplc.com

Tablo 4.28. Great Western Hospital Dolaylı Maliyetleri (10/2000 – 11/2002 İnşaat Döneminde)

Çevresel Göstergeler	**Emisyon / Atık (ton)**	**Birim Maliyet (£)**	**Toplam Dolaylı Maliyet (000 £)**
Hava (2,4 milyon kwtsaat elektrik)			
Co_2	1.032	6	6
NO_x	3	14.000	40
SO_2	6	2.400	14
Ulaşım: Şirket Araçları			
Dizel: 33.816 lt ve benzin: 97.320 lt			
CO_2	294	6	2
NO_x ve HC	0.437	14.000	6
Ulaşım: Taşıma firma vasıtasıyla	v.b.		
Su ve atıksu	v.b.		
Arazi Üzerindeki Etki (Araziye gömme): sıva çıtası, kâğıt, mukavva, plastik, tahta	893	18	16
Toplam Dolaylı Maliyetler			**84.000**

Kaynak: http://www.carillionplc.com

Tablo 4.28'da yer alan dolaylı maliyetler üçüncü taraflara (yerel halka) tahakkuk etmiş maliyetlerdir, bir başka ifadeyle Carillion tarafından bu maliyetler dikkate alınmamış, içselleştirilmemiştir. Ancak, Tablo 4.27'de ayrıntılarıyla sunulan çevresel harcamalar olmadığı takdirde de bu maliyetler, şüphesiz çok daha fazla olacaktır. Görüldüğü üzere şirket tek bir faaliyet için de çevresel yönetim muhasebe sistemini uygulayıp, kararlarını vermede kendisine yardımcı olacak adımlar atabilmektedir.

Wessex Water (Su Dağıtım)Şirketi

İngiltere'nin Wittshire ve Dorset bölgelerindeki su dağıtımının % 80'ini sağlayan Wessex Water şirketi, geleneksel muhasebe sisteminin beraberinde çevresel yönetim muhasebe alanında da önemli adımlar atarak, şirketin çevreye yönelik etkilerinin finansal maliyetlerinin anlaşılmasını sağlamışlardır. Yıllık raporları içerisinde, "CO_2 salınımı ve toprak erozyonu gibi etkilerin oluşturduğu maliyetler uygun bir şekilde şirket hesaplamalarında dikkate alınmadığı takdirde, çevrede oluşan zarar çok daha belirgin olarak ortaya çıktığında, yatırım maliyetleri açısından gelecek kuşaklar daha fazla ve ilave bir fiyat ödeyeceklerdir" şeklindeki bir anlayışı benimsediğini belirten şirket, özellikle sürdürülebilir kâr kavramı üzerinde durmaktadır (Tablo 4.29).

Tablo 4. 29. Wessex Water Çevresel YönetimMuhasebe Değerlendirmesi 2000-2001

Çevresel Maliyetler	Tüketim (Milyon kwh)	Salınım (ton)	Hedef Düzey	Çevresel Etkiden kurtulma maliyetleri (£/ton)	Çevresel etki Maliyetleri £)
Fosil Yakıt Elektrik	181.2	CO_2 77.992 NO_x 217 SO_x 453	CO_2 36.074 NO_x 132 SOx 400	CO_2 -5.50 £ NOx -14.000 £ SOx -2.400 £	230 1.190 127
Doğal Gaz	19	CO_2 3.612	CO_2 1.577	CO_2 -5.50 £	11
Dizel	8.9	$CO_2$2.247	CO_2 616	CO_2 -5.50 £	9
Metan Gazı		CO_2 63.963	CO_2 28.753	CO_2 -5.50 £	194
Araçlar		CO_2 6.999 Diğerleri 58	CO_2 2.176 Diğerleri 144	CO_2 -5.50 £ Diğerleri v.b.	27
Ticari işlemleri					1.850
Kirlenmiş Arazi					120
Çevresel Etki Maliyeti					3.758
Vergi Sonrası Kâr					63.300
Çevresel olarak sürdürülebilir Kâr					59.542

Kaynak: http://www.wessexwater.co.uk/strikingthebalance/green_accounts.htm

AWG Plc Water Services (Su Hizmetleri) Şirketi

Çevresel Yönetim Muhasebe aracını, "orta vadede şirketin ileriye dönük planlamasına ve stratejilerini geliştirmesine yardımcı olarak" değerlendiren AWG şirketinin, sistemi bünyesinde uygulamak için kullandığı yöntem aslında son derece basittir. Ortaklık payları da dâhil 2003 cirosu 1,882.8 milyon £ olan AWG için sürdürülebilir kârlılık çok önemlidir. Özellikle geleneksel muhasebe sistemi içerisinde tanınmayan çevre dışsallıklarının içselleştirildikleri takdirde kârlılıklarının nasıl değişebileceği üzerinde çalışılmaktadır. Şirket, çevresel yönetim muhasebe sistemi uygulamaya başladığı dönemden itibaren (özellikle yenilenebilir enerji kaynaklarının da kullanılmasıyla) önemli maliyet azalmaları elde etmiştir (Tablo 4.30).

Tablo 4.30 AGW Su Hizmetleri Şirketinin Çevresel Yönetim MuhasebeDeğerlendirmesi (1000 £)

	2000	**2001**	**2002**	**2003**
Ciro	731.5	694.6	724.4	726.8
Faaliyetlerin Sürdürülebilir Maliyeti	16.1	16.4	16.45	15.2
Toplam Diğer Faaliyet Maliyetleri	431.7	429.4	447.6	439.4
Gözden Geçirilmiş İşlem Kârı	283.7	248.8	260.4	272.2
Vergiden Sonra Gözden Geçirilmiş Olağan Faaliyet Kârı	153.1	104	189.6	109.2
Dividantlar	148.9	124.2	-	-
Gözden geçirilmiş Rezerv Hareketleri	4.2	20.2	189.6	619.8
Çevresel Maliyetler (%)				
Cironun % si olarak	2.2	2.4	2.3	2.1
Toplam Diğer Faaliyetlerinin % si olarak	3.7	3.8	3.7	3.5
Bildirilen faaliyet Kârının % si olarak	5.3	6.1	6	5.3

Kaynak:http://www.awg.com/index.php?sectionid=67&parentid=33

4.9.2.9.Kamu Verimliliği için Çevresel Yönetim Muhasebesi – İngiltere

İngiltere Çevre Ajansı, geniş bir verimlilik programının bir parçası olarak çevresel yönetim muhasebesini teşvik etmektedir. Programın çevresel yönetim muhasebesi kısmı, "yeşil" muhasebe sistemlerine taşımak için 1997 yılında başlatılan beş yıllık bir çabadır. Bu muhasebe girişimi altında, gelişmekte olan ve entegre bir sistemin sağladığı katkılar aşağıdaki gibidir;

- Planlama ve muhasebe gibi temel örgütsel süreçleri bilgilendirir;
- Malzeme akış verileri gibi diğer sayısal bilgiler mali veri bağlantılarını sağlar,
- İngiltere'de önemli çevresel sorunlar için (enerji, su, ulaşım, vb.) yaklaşık temsilcilik giderleri £ 55 milyondur.
- Gözlenen verimlilik artışı, örneğin seyahat ile ilgili maliyetler, ofis malzemeleri, yardımcı programlar ve mühendislik malzemeleri ile ilgili maliyetlerde 2,4 milyon sterlinlik bir azalma (2000 yılından 2003 yılına kadar, temsilcilik giderler yaklaşık % 17 oranında artmıştır;
- İzlenen çevresel faydalar Örneğin, 1998/99 ile 2002/03 yıllarında karbondioksit emisyonları % 53 azalmıştır.

Kaynak: UK Environment Agency Website

4.9.2.10. Danimarka'da Çevresel Yönetim Muhasebesi Uygulaması

Danimarka Parlamentosu, çevresel çalışmalara yönelik kurumsal ve toplumsal ilgiyi arttırmak ve kurumları, daha etkin ve hedefe yönelik çevresel girişimler için cesaretlendirmek amacıyla, Haziran 1995'de Çevresel Muhasebe Kanunu'nu yürürlüğe sokmuştur. İlk uygulamaların ışığında, kanunda 2001 ve 2002 yıllarında revizyona gidilmiştir. Danimarka'da her yıl 1000'i aşkın kurum zorunlu ya da gönüllü olarak çevresel muhasebe raporu yayınlamaktadırlar. Mali raporlama zamanlaması, çevresel muhasebe için de esas alınmış ve mali yılın kapanmasını müteakiben beşay içinde raporların yayınlanmak üzere ilgili kuruma teslim edilmesi zorunlu kılınmıştır. Ancak, yerel çevre idarelerinin etkin katılımıyla, 2002 yılında yapılan son revizyona göre, bu raporların içeriği artık merkezi olarak denetlenmemektedir.[773]

Danimarka'da çevresel muhasebe felsefesine paralel olarak, şirketlerin/kurumların yayınlayacağı raporların formatında bazı basit kurallara uymak kaydıyla olabildiğince özgürlük tanınmıştır. Çevresel muhasebe raporu, genel bir eğitim almış ilgi duyan herkesin anlayabileceği bir dilde olmasına özen gösterilirken, sadece uzmanlar için hazırlanmamaktadır. Her kurum çevre profilini nasıl sunacağında ve yönetimin çevresel öncelikleri ve hedeflerini formüle etme konusunda serbesttir.

Raporun giriş kısmışunları içermektedir:

- Birincil ve önemli ikincil etkinlikler,
- Denetçi merciinin ismi,
- Nihai karar verme yetkisine sahip holding veya ana firma ismi,

---

[773]Danish EPA, 2003

- Önemli çevresel izinler,
- Birincil ve önemli ikincil etkinliklere direkt bağlı olarak, en önemli kaynakların ve çevresel parametrelerin kısa ve niteliksel tanımlaması.

Ayrıca yönetim şu hususlarda da bildirimde bulunmak zorundadır:

- Şirket/Kurum için sunulan bilgilerin önemi,
- Daha önce sunulan çevresel muhasebe raporundan önemli herhangi bir sapmaolup, olmadığı; varsa, bunların arkasındaki gerekçelerin neler olduğu,
- Çevresel muhasebenin hazırlanmasında nasıl ve ne oranda çalışlanlar dâhil edildiği,
- Çalışanların güvenliği ve sağlığını riske sokabilecek kirletici maddelerin kullanımını da içeren çalışma şartları,
- Çevre politikası, hedefler ve sonuçları,
- Tedarikçilerden istenen muhtemel çevresel talepler,
- Eğer limit aşımı olan bir vaka varsa, tekrarını önlemek için alınan önlemler ve
- Önemli şikâyetler ile cezalar.

Rapor dönemi için, şirket/kurum şu çevresel bilgileri de sunmaktadır:

- Enerji, su ve hammadde tüketimi
- Kirletici türleri ve hacimleri/miktarları (üretim süreçlerinde, alıcı ortama deşarjda, ürünlerde ve atıklarda)
- Atık yönetimi

Eğer çevresel muhasebe kayıtlarını bir uzman kişi denetlemişse, bu denetlemenin dâhili veya harici olduğu belirtildikten sonra, denetlemeyi yapanla ilgili bilgiler ve sunduğu raporun bir kopyası da eklenmektedir.

1999 yılında Danimarka Çevre Koruma Ajansı çevresel muhasebe uygulamasının ilk yıllarının değerlendirilmesi amacıyla bir çalışma yapmıştır. Bu çalışma, toplam şirket sayısının %60'dan fazlasını temsil eden, 500'ü aşkın firmanın yöneticisi ile yapılan yüz-yüze görüşmelere dayanmaktadır. Ayrıca, 550 rapor analiz edilmiş ve çevresel muhasebeye özel ilgi duyan 320'si ile ek görüşmeler yapılarak, 1.900 tüketicininde görüşü alınmıştır. Yapılan bu çalışmaların sonuçları aşağıda özetlenmiştir;[774]

- Şirketlerin, % 41'i çevresel iyileştirme gerçekleştirdiklerine, % 56'sı bir iyileştirme elde edemediklerine inanırlarken, % 3'ü kararsızdır. Çevresel muhasebe uygulaması sonucunda gelişme kaydettiklerini belirtenlerin, % 70'i enerji, % 50'si su ve atık, % 40'ı kaynakların tüketimi, % 30'u atıksu, % 20'si hava emisyonlarında azalma ve % 10'u da toprak emisyonlarındaki azalmadan bahsetmektedir.
- Şirketler çevresel taleplerin giderek baskın olduğu piyasalarda önemli derecede rekabet avantajı elde etmişlerdir.
- Şirketler, çevresel muhasebenin, kendi çevresel durumlarını, özellikle de malzeme ve enerji tüketimi ile emisyonlar bakımından, daha iyi değerlendirme imkânı sağladığını genellikle kabul etmektedirler. Çevresel

---

[774] Danish EPA, 2000

muhasebe kaydıyla, daha sonra gerekli olan birçok bilgiye sistematik olarak ulaştıklarına inanmaktadırlar. Temiz teknolojiye yönelmekte ve değişik süreç veya ürün tercihi esnasında çevresel muhasebeyi kullandıklarını bildirmektedirler.

- Müşteriler tarafından çevresel etki ve performans hakkında herhangi bir bilgi talebi geldiğinde, çevresel muhasebe uygulayan şirketler daha iyi donanıma sahip olmakta ve bu talebe hızla ve uygun cevap verebilmektedirler.

- Çevresel muhasebe kanuna göre, bu raporun hazırlanmasında çalışanların katılımının şirket-içi seviyelerinin belirtilmesi gerekmektedir. Bu da, hiç şüphesiz, çalışanlar ile diyalogu güçlendirmiştir. Çevresel muhasebe çalışmalarına, çalışanların katılımının etkilerinden bazıları Tablo 4.31' de sunulmuştur; özellikle işe bağlıktaki % 60'lık artışın bu yolla etkilenmesi dikkat çekicidir.

Tablo 4.31. Çevresel Muhasebe Çalışmasına Çalışanların Katılımının Etkisi

İşe bağlılıkta Artış	% 60
Şirket İle Daha iyi İletişim	% 49
İş Süreçlerinde Verimlilik	% 35
İş Kazalarında Azalma	% 13
Hastalık Nedeniyle Mazeretlerde Azalma	% 5
Bunlarda Hiçbirisi	% 30

Kaynak: Danish EPA, 2000

- Çevresel muhasebe hazırlayan şirketlerin yüzde 52'si, ekonomik kazanç elde ettiklerini bildirmişlerdir. Ancak, değerlendirme çalışmasına katılan çoğu şirket, elde ettikleri tasarruf ve gelirleriyle ilgili gerçek değerler verememişlerdir. Ekonomik kazanç sağlayanların yaklaşık % 25'i ortalama 10.000 €/yıl, diğer % 25'i 35.000 €/yıl tasarruf sağlamışlardır. Şirketlerin verdikleri cevaplara göre, elde ettikleri ekonomik kazançlarla ilgili değerler, yüzde olarak Tablo 4.32'de sunulmuştur.

Tablo 4.32. Çevresel yönetim muhasebesiyle ilgili ekonomik yararlar

Çevresel Performansın Daha İyi Değerlendirilmesi	% 44
Kaynak Tasarrufu	% 27
Atık Azaltımı	% 21
Hammaddelerin Daha Etkin Kullanımı	% 21
Çevre Vergilerinde Azalma	% 15
Artan Rekabet Avantajları	% 6
Diğer Ekonomik Faydalar	% 5

Kaynak: Danish EPA, 2000.

- Yapılan çalışma, genellikle dış ilgi gruplarının çevresel yönetim muhasebesinin temini ve kullanımına nispeten az ilgi gösterdiğini ortaya koymuştur. Şirketin çevresel muhasebe sistemine sahip olduğundan haberdar olsalar bile, şirket hakkında herhangi bir çevresel bilgiye ihtiyaçları varsa, çoğunlukla ya doğrudan şirkete veya yerel idarelere gitmektedirler.

Müşterilerle çevresel yönetim muhasebe ilişkisi konusunda ise, birçok Danimarkalı sanayii şirketi Alman sanayisinin taşeronu olması nedeniyle, çok sayıda şirket, müşterilerine çevresel performanslarının belgelenmesinde, özellikle çevresel yönetim muhasebesini kullanmışlardır.

Yapılan çalışma sonucuna göre, birçok şirket, çevresel yönetim muhasebe çalışmalarının, çevresel iyileştirme, mali sonuçlar, organizasyonel avantajlar ve benzer etkenler şeklinde mahsul vereceğine ikna olmuşlardır. Ayrıca, Kanunda 2001 ve 2002 yılında yapılan değişikliklerle, taraf olan her grup ve organizasyon ile yoğun görüş alışverişi süreci de başlamıştır. Bu da, çevresel muhasebeye karşı genel tutumun daha olumlu olmasını ve Danimarka iş dünyasının raporlama uygulamasının bir parçası olarak kabul edilmesini sağlamıştır.

4.9.2.11. Yeşil Muhasebe ve Raporlama – Danimarka

Danimarka'da, Danimarka şirketler tarafından EMA malzemeleri muhasebe şirketlerin öncelikli Aşağıdaki rapor gerektirir Yeşil Hesapları Yasası, ihtiyaçları ile teşvik edilmektedir:

- Su, enerji ve hammadde tüketimi ile ilgili veriler;
- Hava, su ve toprağa yayılan kirleticilerin hacimleri ve önemli türleri;
- Atık veya ürünlerin üretim süreçleri, kirleticilerin hacimleri ve önemli türleri,

1995 Kanunun 1999 değerlendirme düzenlenmiş işletmelerin % 41, % 52 oranında kâr elde ederken, "yeşil muhasebe" yoluyla çevresel iyileşme elde edildiğini ifade etmiştir. Raporlama, şirketler ve yerel yönetimler arasındaki diyalog geliştirmiştir ve ulusal hükümet, uluslararası anlaşmalar ve sözleşmeler çerçevesinde kendi raporlama sorumluluklarını karşılamaya yardım etmek amacıyla toplanan verileri kullanmıştır.

Kaynaklar: United Nations, *Environmental Management Accounting: Policies and Linkages*, 2002; Danish EPA Green Accounts, EPA Website.

4.9.2.12. İsveç'te Çevresel Yönetim Muhasebe Uygulaması: Ericsson

Avrupa'nın en büyük şirketlerinden biri olan Ericsson, AB içinde konu ile ilgili belirlenmiş bir standart olmadığından, tamamen kendi inisiyatifi ile çevre dostu imajını, açıkladığı rakamlarla ortaya koymaya çalışmakta ve özellikle CO_2 salınımının şirket faaliyetleri çerçevesinde azaltılması ile ilgili bir performans değerlendirmesi içine girmektedir. Bu anlamda CO_2 salınımını/ net satışlar veya CO_2 salınımı/ciro gibi göstergeleri sadece çevresel bir gösterge olarak değil, tüm şirketin performansına yönelik bir finansal yol gösterici olarak da kullanılmaktadır. Avrupa Birliği'nin Kyoto Protokolünü onaylaması ve Birliğin kendine yenilenebilir enerji payını artırma gibi bir hedef koyması nedeniyle, AB içindeki şirketlerin özellikle CO_2 salınımını azaltma yolunda ciddi hesaplamalar içine girmeleri şeklinde sonuçlanmaktadır (Tablo 4.33).

Tablo 4.33. Ericsson Şirketinin Çevre ile ilgili Hesaplamaları

	2000	2002	2003
İstihdam Edilen Kişi Sayısı (adet)			
- ortalama	101.500	73.400	58.000
- yılsonu	105.000	64.600	51.500
Net Satışlar milyon Kron	222.000	146.000	118.000
Elektrik (Gwsaat)	900	729	580
Diğer Enerji (Gwsaat)	140	146	130
İç Alan (km^2)	3.0	3.2	Ölçülmedi
Arazi	6.4	5.5	Ölçülmedi
Su (Milyon Ton)	3.4	2.5	Ölçülmedi
Havayolu ile Seyahat (km başına mil)	1.680	795	650
Otomobil ile Seyahat	680	470	380
Havayolu Taşımacılığı (km başına milyon ton)	330	256	251
Karayolu Taşımacılığı (km başına milyon ton)	190	110	110
Toplam Atık (ton)	39.950	29.900	27.000
Üretimdeki Toplam Salınım (ton)	28	15	10
Üretim Kapasitesi (milyon abone)	150	165	250
Toplam CO_2 (ton)	900.000	634.000	550.000
-Büro Faaliyetlerinden	565.000	386.000	310.000
-Üretim ve Taşımacılık	335.000	248.000	240.000

Kaynak: Ericsson Sustainability Report 2003,
http://www.ericsson.com/sustainability/download/pdf/sustainability_report_2003.pdf

4.9.2.13. Güney Afrika Cumhuriyeti'nden Bir Uygulama: Eskom Girişimcilik

Güney Afrika Cumhuriyeti'nin % 95'ini, tüm Afrika kıtasının ise % 50'den fazlasının elektrik ihtiyacını karşılayan Eskom, çevre yönetim sistemi ile hareket etmektedir.

1999 yılından bu yana yıllık çevre raporları da yayınlayan şirkete göre, çevresel muhasebe, çevresel amaçlar için yapılan harcamaları belirleyen ve bunları belgeleyen bir uygulamadır. Bu çerçevede hareket ederek şirket, 2002 yılı boyunca çevresel faaliyetleri için 164 milyon R sermaye, 325 milyon R ise operasyonel olmak üzere toplam 489 milyon R harcama yapmıştır (Tablo 4.34).

Tablo 4.34. Eskom Şirketinin Çevresel Muhasebe Uygulaması

	Sermaye (Milyon R)		Operasyonel (Milyon R)		Toplam (Milyon R)	
	2001	2002	2001	2002	2001	2002
Jeneratör	93.4	125.8	198.7	198.2	291.1	324
Transmisyon	26.4	10	16.3	18.8	42.7	28.8
Dağıtım	26.5	28.3	5.4	1.9	31.9	30.2
Hizmetler	0	0	0	0	0	0
Kaynaklar ve Strateji	0	0	37.7	103.4	37.7	103.4
Eskom Girşimcilik	0	0	2.3	2.3	2.3	2.3
Üst Düzey Yöneticilerin Bürosu	0	0	0.1	0.2	0.1	0.2
Toplam	**146.3**	**164.1**	**260.5**	**325**	**406.8**	**489.1**

Kaynak: http://www.eskom.co.za

Elektrik ihtiyacının karşılanmasında çevre ile ilişkilerini en optimum noktada tutmaya çalışan şirketin bu anlamda yoğun bir sosyal ilişkiler faaliyetinde olduğu gözlenmektedir. Bunu gösteren en önemli örnek, şirketin çevresel performansını ölçmede kullandığı operasyonel sürdürülebilirlik endeksi çerisine tüketici memnuniyetinide eşit ağırlıklı olarak değerlendirmeye almasıdır.

Söz konusu endeks içerisine giren diğer üç gösterge ise, nisbi parçacık salınımı, özel su tüketimi ve yasalzorunluluklar şeklindedir (Tablo 4.35).

Tablo 4.35. Eskom Şirketinin Çevresel Performans Göstergeleri

Göstergeler	2002 Hedef	2002 Gerçekleşen	2001 Gerçekleşen
Nisbi Parçacık Salınımı	≤ 0.27	0.29	0.31
Özel Su Tüketimi	≤ 1.25	1.27	1.26
Tüketici Memnuniyeti	>8.00	8.57	8.43
Toplam Parçacık Salınımı	≤124.80[2]	57.33	59.64
Rapor Edilen Yasal İhlallerin sayısı	0	3	2
Radyasyon Işıması, MilliSievert/yıl	≤0.24[3]	0.0005	0.0007
Yeni Su Tüketimi	v.b.[4]	251.611	259.233

1 Önceden Koruma/Maksimum Koruma uygulamaları
2 Hava Kirliliği Kontrol şefliği tarafından konulan sınır
3 Ulusal Nükleer Düzenleme Sınırı
4 Bu gösterge için herhangi bir sınır yoktur
Kaynak: http://www.eskom.co.za

Şirketin jenerasyon bölümü Eskom'un toplam çevresel maliyetlerinin % 66'sını, Kaynaklar ve Stratejik Planlama bölümü ise % 21'ini harcamaktadır. Jenerasyon bölümünün harcamalarının çoğunluğunu, kömürle çalışan elektrik santrali ve kömür ocaklarındaki iyileştirme faaliyetlerine yapılan dolayısıyla hava kalitesinin yönetimiile ilgili harcamalar oluştururken, Kaynaklar ve Stratejik Planlama bölümü, pilotçalışma halinde olan rüzgâr enerjisinin geliştirilmesine yönelik araştırmalara harcama yapmaktadır.

SONUÇ

İşletme faaliyetlerinin çıkar grupları tarafından yakından takip edilmesi, toplumda sosyal duyarlılıklarının artmasına neden olmuştur. İşletmeler, çıkar gruplarının taleplerine kulak vermek zorunda kalmıştır. Bunun sonucunda işletmeler kârı maksimize etmenin yanında toplumsal duyarlılıklarını da öne çıkarma yarışına girmeye başlamışlardır.

Böyle bir ortamda işletmeler bir yandan finansal performanslarını geliştirirken bir yandan da faaliyetlerinin çevre üzerindeki etkilerini minimize ederek çevresel performanslarını geliştirmenin yollarını aramaktadırlar. Buna karşılık geleneksel yönetim muhasebesinin bu iki amacı aynı anda gerçekleştirebilmek için yöneticilerin ihtiyaç duydukları bilgileri sağlamada yetersiz kaldığına ilişkin gerek teoride gerekse uygulamada bir görüş birliği bulunmaktadır. Bu noktada geleneksel yönetim muhasebesine yöneltilen en önemli iki eleştiri mevcuttur. Bu yaklaşımda sadece finansal performansın geliştirilmesinin amaçlanması ve bu nedenle sadece finansal bilgilerle ilgilenmesi ve çevresel maliyetlere yeteri derecede önem vermemesidir.

Çevresel faaliyetlere ilişkin işlemlerin kayda alınması ve ilgililere raporlanması bir zorunluluk haline gelmiştir. İşletmelerin çevresel faaliyetlerine ilişkin mali nitelikli bilgiler üreten, firmada muhasebe bilgi sisteminin bir alt sistemi olarak çevresel maliyetleri bilgi kullanıcılarına sunacak olan bir raporlama sistemi kurulmalıdır.

Geleneksel yöntemlerle mamullere yüklenecek ya da doğrudan gideryazılacak bir çevresel maliyet, işletmenin alacağı kararlarda etkinlik açısındanbaşarılı bir ölçüt olarak kullanılamayacaktır. Bu yüzden objektif kararkriterlerine göre, her faaliyetin maliyeti ve bu maliyetlerin ne ölçüdetüketildiğine göre maliyet taşıyıcılarına pay verilmesi yerinde olacaktır.

Etkin bir yönetim muhasebesi bilgi sitemi, sosyal ve çevresel etkilerin maliyetlerini ölçmek için üretim şirketlerinin önemli bir ihtiyacıdır. Bu sosyal ve çevresel raporlama, ekonomik gelişmeleri birlikte açıklamayı sağlamak için gerekli organizasyonlarla, şirket hissedarlarının ilişkisinin artmasına neden olmaktadır. Böylece önerilen sürdürülebilir yönetim muhasebesi sistemi kavramsal modeli, hissedarların talebini desteklemek için maliyet bilgisi sağlarken ürün maliyetlerinin tamamını elde etmede şirkete yardımcı olan uygun bir araçtır. Şirketler, bu maliyetleri yönetme ve karar alma mekanizmasını geliştirmek için sosyal ve çevresel maliyet bilgilerini kullanabilirler

Çevresel muhasebe, uzun vadede işletmelerin etkileneceği gelişmekte olan bir bilimdir. Aynı zamanda çevre muhasebesi, kamudan büyük ölçüde şeffaflık için ekonomik kontrollerin yerine getirilmesini ve taleplerin artan gerekliliği çerçevesinde dinamik bir girişimi ortaya çıkarabilir.

Çevresel muhasebe, muhasebe modellerinin ve prensiplerinin yeterli ölçüde gelişmemiş olmasının yanında, uzman personel ve bilginin desteklenmesinde yaşanan eksiklikler gibi, hâlâ birçok problemle karşı karşıyadır.

Çeşitli yönetim ve yönetim bilgi sistemleri, karmaşık çevresel verileri ve problemleri dikkate alan bazı şirketler tarafından yürütülmektedir. Yine sistematik araştırmaları gerekli gören bir sektör, çevresel verileri maddi olarak değerlendirilmesinde büyük zorluklarla karşılaşmış olduğu kadar sistemin gelişmesi için başarılı bir çabanın olmamasından dolayı, çevresel muhasebe bilgi sistemlerinden istenilen sonucu alamamaktadır.

Çevresel yönetim muhasebesi, çevresel sorunlar karşısında geleneksel yönetim muhasebesi yaklaşımının yetersizliklerinin giderilmesi ve işletmenin hem finansal hem de çevresel performansının geliştirilmesinde kullanılabilecek bir araç olarak ileri sürülmektedir. Çevresel yönetim muhasebesinin, işletme faaliyetlerinin çevreye olan etkilerine ilişkin bilgileri ayrı ayrı belirlemesi, analiz etmesi, değerlendirmesi ve yorumlaması bu yaklaşımın geleneksel yönetim muhasebesinden farklılaştığı en önemli özelliklerinden birini ortaya koymaktadır.

Diğer yandançevresel yönetim muhasebesi kapsamında hem işletme ve çevresi arasındaki etkileşim hakkında finansal bilgilerin hem de malzeme ve enerji akışı gibi finansal olmayan bilgilerin incelenmesi, sözkonusu yaklaşımın bir diğer önemli özelliği olarak karşımıza çıkmaktadır. Bu bağlamda, kapsamlı bir bakış açısıyla, çevresel yönetim muhasebesi çatısı altında parasal, finansal bilgilerin incelenmesinde parasal çevresel yönetim muhasebesi ve fiziki akışların incelenmesinde fiziksel çevresel yönetim muhasebesi olmak üzere iki farklı araçtan faydalanılmaktadır.

Yukarıda bahsedilen ve geleneksel yönetim muhasebesi yaklaşımından farklılaşmasını sağlayan iki temel özelliği sayesinde çevresel yönetim muhasebesi, gizli kalmış maliyet ve gelir bilgilerini ortaya çıkararak maliyetleri minimize etme ve gelirleri iyileştirme fırsatları sunmakta ve böylelikle işletmenin finansal performansının geliştirilmesine ve müşteri değerinin artırılarak işletmenin bir rekabet avantajı elde etmesine katkıda bulunabilmektedir.

Ayrıca çevresel yönetim muhasebesi yaklaşımının etkin bir şekilde uygulanması, işletmenin çevresel performansının geliştirilerek çevrenin korunmasına da yardımcı olabilmektedir. Sonuç olarak çevresel yönetim muhasebesi gerek ülke ekonomilerinin gerekse de işletmelerin sürdürülebilirliğinin sağlanmasında kullanılabilecek bir araç olarak karşımıza çıkmaktadır.

KAYNAKÇA

AccountAbility 1000 Framework, 1999, s. 2

Adams, R.,. Why is the Environmental Debate of Interest to Accountants and Accountancy Bodies? In D. Owen (Ed.), The Accounting Profession, of Gren Reporting: Accountancy and the Challenge of the Nineties 1992, s. 76–86, London: Chapman and Hall. Chapter 4.

Adem Ç., Sürdürülebilir Kalkınma Dünya Zirvesi, Bilim ve Teknik, Sayı 419, 2002, s. 56

Akal Z., İşletmelerde Performans Ölçüm ve Denetimi Çok yönlü Performans Göstergeleri, Milli Prodüktivite Merkezi Yayınları, No: 473, Ankara, 1996, s. 1

Akdoğan N., Aydın H., Muhasebe Teorileri, Gazi Üniversitesi, Yayın No: 98, 1997, s. 181

Akdoğan N., Tenker N., Finansal Tablolar ve Mali Analiz Teknikleri, Gazi Kitabevi, Ekim, 2003, s. 36

Akgemici, T. ve Diğerleri "Sosyal Denetim Kavramına Genel Bir Yaklaşım (Değerlendirme)", İ.Ü.Siyasal Bilgiler Fakültesi Dergisi, .2001, No: 23-24, http://www.istanbul.edu.tr/siyasal/dergi/sayi23-24/01.htm,

Akgüç Ö., Finansal Yönetim, Gözden Geçirilmiş ve Genişletilmiş 6. Baskı, Avcıol Basım- Yayım, Muhasebe Enstitüsü Yayın No: 63, İstanbul, 1994, s. 3

Aktan C., Coşkun, B., D.,, www.canaktan.org.

Akün, L., Çevre Muhasebesi: Genel Bir Bakış, Muhasebe Bilim Dünyası Dergisi, 1(1), 1993, s. 145-156.

Alagöz A, Yılmaz B., Çevre Muhasebesi ve Çevresel Maliyetler. Selçuk Üniversitesi Sosyal ve Ekonomik Araştırmalar Dergisi 1-2, 2001, s. 147-158.

Altınbaş D., "Uluslararası Sürdürülebilir Kalkınma Ekseninde Türkiye'deki Kurumsal Değişimlere Bir Bakış", s. 1,2., http://biibf.comu.edu.tr/daltunbasmakale.pdf, 01.06.2006

Altınbay, A., Çevresel Maliyetlerin Raporlanması, Akademik Bakış Uluslararası Hakemli Sosyal Bilimler E-Dergisi ISSN:1694 – 528X Sayı: 11, Ocak, 2007, s. 2

Amaratunga, D. ve Baldry, D. Moving from Performance Measurement to Performance Management. Facilities, 20, V-VI, 2002, s. 217-223.

Ambika Z., Ambik, S., Environmental Management Systems Auditing Auditors' Experiences in Avustralia, International Jornal of Environment and Sustainable Development, 1 (1), 2002, s.73-87

An Introduction to Environmental Accounting as a Business Management Tool: Key Concepts and Terms (Washington: United States Environmental Protection Agency, 1995).

Angay, B., Halka Açık Şirketlerde Sosyal Raporlama ve Türkiye Uygulaması, Yayınlanmamış Yüksek Lisans Tezi, İstanbul, 2006, s. 47

Antheaume, N.,"Valuing External Costs – From Theory to Practice: Implications for Full Cost Environmental Accounting" European Accounting Review 13 (3), 2004, s. 443-464, Bailey, P. E. ve P. A. Soyka, "Making Sense of Environmental Accounting" Total Quality Environmental Management 5 (3), 1996, s. 1-15.

Atkinson, Management Accounting, Second Edition, 1997, s. 12

Atrill, P., McLaney, E., Management Accounting An Active Learning Appoach, Blackwell Business, 2001, s. 6

Audit and Reduction Manual for Industrial Emissions and Waste (Paris: United Nations Environment Program and United Nations Industrial Development Organization, 1991); German Environmental Protection Agency/German Environment Ministry, Eco-controlling manual (available only in German) (Munich: Vahlen Verlag, 1995); R. Pojasek, "Practical Pollution Prevention – Understanding a Process with Process Mapping," Pollution Prevention Review (Summer 1997) and "Practical Pollution Prevention – Materials Accounting and P2," Pollution Prevention Review (Autumn 1997); Environmental Protection Agency of Baden-Würthemberg, Corporate material on energy flow management, improving eco-efficiency via sustainable reorganization.

Ay, Ü., İşletmelerde Etik ve Sosyal Sorumluluk, Nobel Kitapevi, Adana, 2003, s. 23

Aydede, C., Yükselen Trend Kurumsal Sosyal Sorumluluk, Media Cat Yayınları, İstanbul, 2007, s. 23

Aydemir M., İşletmelerin İşgörenlere Karşı Sosyal Sorumlulukları ve SA 8000 Standardı, www.osg.com.tr/forum/index.php?topic=313.0;wap2

Baron D. P., Business and Its Environment, Englewood Cliffs, New Jersey: Prentice Hall, 1993, s. 507- 508

Bartol, K. M. ve David C. M., Management, New York: McGraw- Hill, 1991, s. 115

Bartolomeo, M., Bennet M., Bouma J., Heydkamp P., James P., Wolters T., Environment Management Accounting in Europe Current Pratice and Future Potential, The European Accounting Review, 9 (1), 2000, s. 31- 52

Bartolomeo, M., M. Bennett, J. J. Bouma, P. Heydkamp, P. James ve T. Wolters, "Environmental Management Accounting in Europe: Current Practice and Future Potential" European Accounting Review 9 (1), 2000, 31-52

Barton, A. D. A Trusteeship Theory of Accounting for Natural Capital Assets. Abacus, 35 (2), 1999, s. 207–222.

Barutçugil,.İ., Stratejik İnsan Kaynakları Yönetimi, Kariyer Yayınları, 2004, İstanbul, s. 222

Başkaya, F., Kalkınma İktisadının Yükselişi ve Düşüşü, İmge Kitabevi, Ankara, 1994, s. 32

Batra, G.S., "Dynamics Of Social Auditing in Corporate Enterprises: A Study Of The Indian Corporate Sector", Managerial Auditing Journal, Volume: 11 Issue: 2, 1996, s. 37

Bebbington, Gray and Owen D., ve diğerleri, "Seeing The Wood for The Trees: Taking The Pulse of Social and Environmental Accounting," Accounting and Accuntabilitiy Journal, 1999, 12 (1) s. 47- 51

Becerikli S.Y., "Stratejik Yönetim Planlaması: 2000 li Yıllarda İşletmeler İçin Yeni Bir Açılım" Amme İdaresi Dergisi, No: 33/3, 2000, s. 6

Beck, U., Risk Society: Towards a New Modernity. London: Sage, 1992, s. 23

Beder, S., Global Spin: The Corporate Assault on Environmentalism. UK: Greenbooks and Chelsea Green Publishing Co., 1997,

Beer P. De, Friend F., "Environmental Accounting: A Management Tool for Enhancing Corporate Environmental and Economic Performance", Ecological Economics, 2006, s. 551

Belsie, L., "Seeking New Social Responsibility Measures", Christian Science Monitor, 91 124, 1999, s. 419- 435

Bennett, M., and James, P., eds. The Green Bottom Line, Environmental Accounting for Management. Sheffield, UK: Greenleaf Publishing, 1997; http://www.greenleaf-publishing.com/pdfs/gblch1.pdf.

Berkowitz, E., N., Kerin, R A., Hartley S., W., Rudelius W., (1992), İ.Ü Siyasal Bilgiler Fakültesi Dergisi, No: 23-24 (Ekim 2000-Mart 2001), s. 104

Bernstein, A., "Sweatshop Police", Business Week, 3549, 1997, s. 39

Betty J: Richmond, L. Mook, J., Quarter; Social Accounting for Nonprofits, Two Model, Nonprofit Management and Lidership, vol. 13, no 4, Summer 2003, s. 309

Bhagwati, Jagdish, "Corporate Conduct", World Link, Mar/Apr, 14 2, 2001, s. 48- 51

Bircan, K., Aydın İlindeki Firmaların Neden Olduğu Çevre Kirliliği ve Bu Kirliliğin Sosyal Sorumluluk Anlayışı İçerisinde Çözülmesi ve Bir Model Önerisi, ADÜ-Sosyal Bilimler Enstitüsü, Yayınlanmamış Yüksek Lisans tezi, Aydın, 2003, s. 8

Birkin F., Ecological Accounting: New Tools for a Sustainable Culture, International Journal of Sustainable Development and World Ecology: 10(1), 2003, s. 49- 61

Birkin, F., The Ecological Accountant from the Cogito to Thinking Like a Mountain. Critical Perspectives on Accounting, 7, 1996, s. 231–257.

Boer, G., Estes, R and Klammer, T., "Accounting and Pollution Prevention", *Management Accounting*, Montvale: February 1994.Vol.75 (8).

Boone, L., E., Kurtiz, D., L., Management (New York: McGraw-Hill Inc., Fourth Edition), 1992, s. 82

Boveé, C., L.,Thill, J., W.,Wood, Marian Burk/PAVEL, George P., Management (New York: McGraw-Hill Inc.), 1993, s. 114, Koontz, H.,, Weihrich, H., Management (New York: McGraw-Hill Book Company, Ninth Edition), 1988, s.611

Boyce G., Public Discourseand Decision Making Exploring Possibilities for Financial, Social and Environmental Accounting, Accounting Auditing and Accountability Journal, Vol 13, No 1, 2000, s. 30

Bozkurt, N.,. Muhasebe Denetimi, Alfa Basım ve Dağıtım, Kasım, 2000, s. 17-19

Braun, M., The Evolution of Emissions Trading in the European Union – The Role of Policy Networks, Knowledge and Policy Entrepreneurs. Accounting, Organizations and Society, 34(3–4), 2009, s. 469–487

Broom H.N., Production Management, Revised Edition, Homewood, Illinois: Richard D.Irwin. Inc., 1967, s. 7/13, çev. Reşat Karcıoğlu

Buchholz, R.A., Pirinciples of Environmental Management: The Greening of Business,2. Edition, New Jersey: Prentice- Hall, 1998, s. 344

Burnett, RD & Hansen, DR., 'Eco-efficiency: Defining a Role for Environmental Cost Management', Accounting, Organizations and Society, vol. 33, 2008, s. 551–81.

Burrit vd, 2002, a.g.e., s. 40, Deegan, a.g.e., s. 11, Gibson, K. C. ve B. A. Martin., "Demonstrating Value Through the Use of Environmental Management Accounting" Environmental Quality Management 13 (3), 2004, s. 45-52, United Nations Division for Sustainable Development 2001, s. 12

Burritt, R. L, T. Hahn ve S.Schaltegger, "Towards a Comprehensive Framework for Environmental Management Accounting - Links between Business Actors and Environmental Management Accounting Tools" Australian Accounting Review 12 (2), 2002, s. 39-50.

Burritt, R. L. ve C. Saka, "Environmental Management Accounting Applications and Eco-effi ciency: Case Studies from Japan" Journal of Cleaner Production 14 (14), 2006, s. 1262-1275.

Burritt, R. L., "Environmental Management Accounting: Roadblocks on the Way to the Green and Pleasant Land" Business Strategy and The Environment 14 (1), 2004, s.13-32.

Burritt, RL, Herzig, C & Tadeo, BD., 'Environmental Management Accounting for Cleaner Production: The Case of a Philippine Rice Mill', Journal of Cleaner Production, vol. 17, 2009, s. 431-439.

Callicott, J. B., Non-Anthropocentric Value Theory and Environmental Ethics. American Philosophical Quarterly, 21(4), 1984, October, s. 299–309.

Carroll, B.A., ve Shabana M.K., The Business Case for Corporate Social Responsibility: A Review of Concepts, Research and Practice. International Journal of Management Reviews (2010),85-105

Caudle, S., Performance Results: The Information Technology Factor. Using Performance Measurement to Improve Public and Nonprofit Programs. (Editör: K.E. Newcomer). San Francisco: Jossey-Bass Publishers, 1997

Cerin P., Communinication in Corporate Environmental Reports, Corporate Social Responsibility and Environmetal Management, Vol. 9, 2002, s. 48

Chasteen L.G., Flaherty R. E. and O'Connor M.C., İntermediate Accounting, Irwin McGraw- Hill, 6. Edition, International Edition, 1998, s. 410

CICA, Full Cost Accounting from an Environmental Perspective,1997; Constanza, Farber and Maxwell, 1989; Wicke, Umweltökonomie, 1991; Bebbington, Gray, Hibbitt and Kirk, Full Cost Accounting: An Agenda for Action, 2001; and the SIGMA Guidelines, 2003.

Constanza, Farber and Maxwell, "The Valuation and Management of Wetland Ecosystems," 1989.

Constanza,RFarber. C. and Maxwell,J. "The Valuation and Management of Wetland Ecosystems," Ecological Economics, 1: 335-361 (1989); L. Wicke, Umweltökonomie (available only in German) (Munich: Verlag Vahlen, 1991); CICA, Full Cost Accounting from an Environmental Perspective, 1997; Bebbington, Gray, Hibbitt and Kirk, Full Cost Accounting: An Agenda for Action, 2001; Howes, Environmental Cost Accounting: An Introduction and Practical Guide, 2001; The SIGMA Guidelines – Toolkit, 2003, and The SIGMA Guidelines – Toolkit, Sustainability Accounting Guide, 2003.

Consumer Reports, "Which Hot Toys Are Cool?", 62 12, 1997, s. 20 25

Cook, A., Emission Rights: From Costless Activity to Market Operations. Accounting, Organizations and Society, 34 (3–4), 2009, s.456–468.

Cooper, S.M., Owen, L.D., Corporate Social Reporting and Stakeholder Accountability: The Missing Link, Accounting Organizations and Society, 32 (2007), 649- 667

Costanza, R., L'Arge, R., de Groot, R., Farber, S., Grasso, M., Hanron, B., Limburg, K., Naeem, S., O'Neill, R. V., Parvelo, J., Raskin, R. G., Sutton, P., & Van der Beck, M., The Value of the World's Ecosystem Services and Natural Capital. Nature, 387, 1997, May 15, s. 253–259.

ÇED Yönetmeliği, T.C. Resmi Gazete, 07.02.1993 / 21489

Çelik M., Çevreye Duyarlı Muhasebe, Muhasebe Finansman Dergisi, Sayı: 33, Ocak 2007, s. 156

Çolak E., "Kurumsal Sosyal Sorumluluğun Raporlanması", Kalkınma İçin Sosyal Sorumluluk Forumu, 2005, s. 3

Dahlsrud, A., How Corporate Social Responsibility is Defined: An Analysis of 37 Definitions, Corporate Social Responsibility and Environmental Management, 2006,(15),1-13

Daly, H. E.,& Cobb, J. B., For the Common Good: Redirecting the Economy Toward Community. The Environment and a Sustainable Future. Massachusetts: Beacon Press, 1989, s. 190

Daly, H. E., Economics and Sustainability: In defence of a Steady-State Economy. In M. Tobias (Ed.), Deep Ecology California: Avant Books, 1985, s. 90–100

Daly, H. E., Towards an Environmental Macroeconomics. Land Economics, 67(2), 1991, s. 255–259.

Davis L., Literature of Review of Life Cycle Costing and Life Cycle Assesmant, Draft Review Haziran 2006

Davis, K., "Five Propositions for Social Responsibility", Managing Corporate Social Responsibility, (Ed. Archie B. Carroll), Boston: Little, Brown and Company, 1997, s. 47

Davis, K.. ve Blomstrom, R, 1971. Business Society and Environment Social Power and Social Response, 2.Ed., McGraw-Hill Book Company, NewYork, s. 259

Davis, S. B., ISO 14000 Environmental Management, New Jersey, Prentice Hall Inc., 2001, s. 32.

Daviss, Bennett, "Profits From Principle", Futurist, 33 3, 1999., s. 28- 34

Dawson, E. "The Relevance of Social Audit For Oxfam GB", Journal of Business Ethics; Vol:17, No:13, 1998,.s:1457-1469

De Beer, P. ve F. Friend, "Environmental Accounting: A Management Tool for Enhancing Corporate Environmental and Economic Performance" Ecological Economics 58 (3), 2006, s. 548-560, Xiaomei, a.g.e., s. 50

Değirmendereli A., Mali Yükümlülüklerin Çevresel Amaçlar İçin Kullanılması ve Ekolojik Vergi Reformu, (yayınlanmamış doktora tezi) Dokuz Eylül Üniversitesi, Sosyal Bilimler Enstitüsü, İzmir, 2002, s. 82- 83

Desjardings, J. R., McCall, J., J., Contemporary Issues in Business Ethics (California: Wadsworth Publising Co.), 1990, s. 13

Diamond, J., Establishing a Performance Management Framework for Government. IMF Çalışma Tebligi, WP/05/50, http://imf.org/external/pubs/ft/wp/2005/wp0550.pdf.

Dinç, E., Abdioğlu H., İşletmelerde Kurumsal Yönetim Anlayışı ve Muhasebe Bilgi Sistemi İlişkisi: İMKB–100 Şirketleri Üzerine Ampirik Bir Araştırma, Balıkesir Üniversitesi Sosyal Bilimler Enstitüsü Dergisi Cilt 12 Sayı 21 Haziran, 2009, s.157-184

Dinçer Ö., Stratejik Yönetim ve İşletme Politikası, 5. Baskı, Beta Basım, İstanbul, 1998, s. 155

Dinçer, Ö., Stratejik Yönetim ve İşletme Politikası, Beta Yayını, İstanbul, 2004, s.187

Ditz, D., J. Ranganathan, R.D.Banks (der.) (1995), Green Ledgers: Case Studies in Corporate Environmental Accounting, World Resources Institute Book.

docs/fi nal_report.pdf, 6 Aralık 2010.

Doğan C., IS014000 ÇYS Standartları, Çevre ve Sanayi Semineri, Kocaeli. Doğan İ.Ö., 2000. "Kalite Uygulamalarının İşletmelerin Rekabet Gücü Üzerine Etkisi," Dokuz Eylül Ünv., SBE Dergisi, 2(1), İzmir, 2001, s. 125

Doğan C., IS014000 ÇYS Standartları, Çevre ve Sanayi Semineri, Kocaeli. Doğan İ.Ö., 2000. "Kalite Uygulamalarının İşletmelerin Rekabet Gücü Üzerine Etkisi", Dokuz Eylül Ünv., SBE Dergisi, 2(1), İzmir, 2001, s. 42.

Dulupçu M.A., "Sürdürülebilir Kalkınma Politikasına Yönelik Gelişmeler", 2004. http://www.nsidc.org/deserts.htm

During, A., "Ne Kadar Yeterli?; Tüketim Toplumu ve Dünyanın Geleceği", TÜBİTAK-TEMA, Haziran. 1998, s. 11 -12

Egemen M.N., "Doğal Kaynaklar Muhasebesi" Devlet İstatistik Enstitüsü, Su İstatistikleri ve Doğal Kaynaklar Muhasebesi Şubesi, Ankara, 1994, s. 3

Ekins, P., Folke, C., & De Groot, R., Identifying Critical Natural Capital. Ecological Economics, 44, 2003, s. 159–164.

Environmental Management – Environmental Performance Evaluation – Guidelines (Geneva: International Standardization Organization, 2000).

Environmental Management Accounting Procedures and Principles, Prepared for the Expert Working Group on "Improving the Role of Goverment in the Promotion of Environmental Management Accounting", United Nations Division for Sustainable Development, UNITED NATIONS, New York, 2001, s. 5

EPA, An Introduction to Environmental Accounting as a Business Management Tool: Key Concepts and Terms, Washington, 1995, s. 4

EPA, An Introduction to Environmental Accounting as a Business Management Tool: Key Concept and Terms, 1995, s. 31

EPA, Life Cycle Design Framework and Demonstration Projects, Office of Research and Development Washington D.C, 1995

EPA, Valuing Potential Environmental Liabilities for Managerial Decision Making, A Review of Available Techniques, 1996, s. 8

Epstein M., You Have Got a Great Environmental Strategy- Now What? Business Horizons, 1996, s. 53-59

Erden, D., "İşletmelerin Sosyal Sorumluluğunun Algılanması: Mühendislik ile İşletme ve İktisat Öğrencileri Kıyaslaması", Amme İdaresi Dergisi, Cilt 20, No.2, 1987, s. 69-80.

Eren, E., (2002). Stratejik Yönetim ve İşletme Politikası, Beta Yayınları, İstanbul

Eronat, İ., "Ekonomi Bilimi ve Çevre", Gazi Üniversitesi İktisadi ve İdari Bilimler Fakültesi Dergisi, Ankara, 1991, s. 18

Esin A., İşletmelerin Sosyal Sorumluluğu ve Sosyal Denetim Raporları, İstanbul Üniversitesi İşletme Fakültesi Yayınlanmamış Doçentlik Tezi, İstanbul, 1978, s. 11

Estes R., Corporate Social Accounting, New York Wiley, 1976, s. 24

European Environmental Agency, Environmental Taxes; Recent Developments in Tools for Integration Environment Issues Series No:18, European Commission, Brussels, 2000

European Environmental Agency, Environmental Taxes; Recent Developments in Tools for Integration Environment Issues Series No:18, European Commission, Brussels, 2000

European Environmental Agency, Environmental Taxes; Recent Developments in Tools for Integration Environment Issues Series No:18, European Commission, Brussels, 2000

European Parliament and Council, "Directive 2002/96/EC of the European Parliament and of the Council of 27 January 2003 on waste electrical and electronic equipment (WEEE)," Official Journal of the European Union, L 037/24 (February 13, 2003).

European Parliament, "Report on Environment Policy and Sustainable Development: Preparing for the Gothenburg European Council", Reporter: A. Hulthén, Final A5-0171/2001, 15 May, 2001, s.15.

European Union, Green Accounting, Consultation Draft Version I. European Commission, 2000, s. 195- 201

European Union, Green Accounting, Consultation Draft Version I. European Commission, 2000, s. 195- 201

EUROSTAT's, Definitions and guidelines for measurement and reporting of company environmental protection expenditure, 2001; European "Commission Regulation (EC) No 1670/2003 of 1 September 2003); United Nations, Handbook of National Accounting: Integrated Environmental and Economic Accounting, 2003.

Evangelinos, K. I. ve G. E. Halkos, "Implementation of Environmental Management Systems Standards: Important Factors in Corporate Decision Making" Journal of Environmental Assessment Policy & Management 4 (3), 2002, s. 311-328

Export Today, "Conduct of Codes", 14.9.1998, s. 74- 76

Farber, S. C., Constanza, R., & Wilson, M. A., Economic and Ecological Concepts for Valuing Ecosystem Services. Ecological Economics, 2002, 41, s. 375–392.

Farman, J. Halocarbons and Stratospheric Ozone – a Warning from Antartica. In D. J. R. Angell, J. D. Comer, & M. L. N. Wilkinson (Eds.), Sustaining earth: Response to the Environmental Threat, London Macmillan,1990, s. 71–78

Fédération Des Experts Comptables Européens-FEE (The Federation of European Accountants), 2000, ''Towards a Generally Accepted Framework for Environmental Reporting'', http://www.fee.be/fileupload/upload/Paper%20Towards%20a%20Generally%20 Accepted%20Framework%20for%20Environmental%20Reporting173200561425.pdf, s: 1-30.

Ferhatoğlu E., Avrupa Birliği'nde Ortak Çevre Politikası Çerçevesinde Çevre Vergileri e-yaklasim / Ekim:, 2003, sayı: 3, s. 5

Filho, W., Towars a Closer Integration of Environmental Education and Industrial Ecology, International Journal of Environmental and Sustainable Development, 1 (1), 2002, s. 20 -31

FLA, 'Fair Labor Association", 2006a. http://www.fairlabor.org/,

FLA, 'Fair Labor Association", 2006a. http://www.fairlabor.org/,

FLA, "Workplace Code of Conduct", 2006b.http://www.fairlabor.org/all/code/index.html,

Fleichman RK, Schuele K., Green Accounting: A Primer, Journal of Accounting Education 24, 2006, s. 35-66

FLO, "Fairtrade Labelling Organizations International".

Freeman R.E., Strategic Management: A Stakeholder Apporach, Boston, Pitman, 1984, s. 25

Freidman J., Environmental Cost Accounting, Management Accounting, 79 (7), 1998, s. 62- 72

Friend F. – De Beer P.,, "Environmental Accounting: A Management Tool For Enhancing Corporate Environmental And Economic Performance", Ecological Economics, V:58, I:3, June 2006, s. 4.

Full Cost Accounting from an Environmental Perspective (Toronto: Canadian Institute of Chartered Accountants, 1997); J. Bebbington, R. Gray, C. Hibbitt and E. Kirk, Full Cost Accounting: An Agenda for Action (London: The Association of Chartered Certified Accountants, 2001); R. Howes, Environmental Cost Accounting: An Introduction and Practical Guide (London: The Chartered Institute of Management Accountants, 2002); The SIGMA Guidelines – Toolkit, SIGMA Environmental Accounting Guide and The SIGMA Guidelines-Toolkit, Sustainability Accounting Guide (London: The SIGMA Project, 2003).

Gadenne, D & Zaman, M ., 'Strategic Environmental Management Accounting: An Exploratory Study of Current Corporate Practice and Strategic Intent ', Journal of Environmental Assessment Policy and Management, vol. 4, no. 2, 2002, s. 123-50.

Gale R.t, Environmental Management Accounting as a Reflexive Moderization Strategy in Cleaner Production, Journalof Cleaner Production,2005, s. 1

Gale, a.g.e., s.1230, Xiaomei, a.g.e., s. 50, International Federation of Accountants 2004, s. 18-20

Gale, R., "Environmental Management Accounting as a Reflexive Modernization Strategy in Cleaner Production", Journal of Cleaner Production, 2005, s. 3

Gale, R.,"Environmental Management Accounting as a Refl exive Modernization Strategy in Cleaner Production" Journal of Cleaner Production 14 (14), 2006, s. 1228-1236.

Garrison R., Noreen E., Managerial Accounting, (9th Edn) McGraw-Hill, NY U.S.A., 2002, s. 242

Gautam, H.C., "Environmental Accounting at National and at Firm Level: A Case India", IAADER 8th Congress (Sekizinci Dünya Muhasebe Eğitimcileri Kongresi Bildirileri), Fransa, Paris, 1997, s. 1

Gelinas U., Oram A., Wiggins W., Accounting Information Systems (4th Edn) Sout- Western Publishing Co. NY, U.S.A, 2002

Gerşil M., Gerşil A., Soysal M., Ürün Tasarımı ve Çevresel Yönetim Muhasebesi, Celal Bayar Üniversitesi S.B.E., Sosyal Bilimler Yıl : 2009 Cilt :7 Sayı :2, s. 83- 92

Gerşil, M., Gerşil, A., Soysal M., Ürün Tasarımı ve Çevresel Yönetim Muhasebesi, Celal Bayar Üniversitesi S.B.E., Sosyal Bilimler 7/2 (2009), s. 83-92

Ginoglou D., Tahinakis P., Thriskou C., Green Accounting as an Information System, Proceedings of Academy of Business and Administrative Sciences International Conference, Vancouver, BC, Canada, 2003

Graff, S., ISO 14000: Should Your Ccompany Develop an Environmental Management System? Industrial Management, 1997 Novembere-December, s. 19-22.

Gray R, - Bebbıngton J., - Walters D., Accounting For The Environment, Founded by the Chartered Association of Certified Accountants, England, , 1993, s.7

Gray R, - Bebbıngton J., - Walters D., Accounting For The Environment, Founded by the Chartered Association of Certified Accountants, England, , 1993, s.7.

Gray R., - Bebbington J., - Walters D.,, Accounting For The Environment, Founded by the Chartered Association Of Certified Accountants, England, 1993, s.7

Gray R., Bebbington J., Walters D., Accounting for the Environment Founded by the Charted Certified, 1993, s. 11

Gray, R. H.,& Collison, D., Can't See the Wood for the Trees, can't See the Trees for the Numbers: Accounting Education, Sustainability and the Public Interest. Critical Perspectives on Accounting, 13, 2002, s. 797–836.

Gray, R. H., Owen, D. L., & Maunders, K. T., Corporate Social Reporting: Emerging Trends in Accountability and the Social Contract. Accounting, Auditing and Accountability, 1(1), 1988, s. 6–20.

Gray, R. H., Owen, D., & Adams, C. Accounting and Accountability: Changes and Challenges in Corporate. In Social and Environmental Reporting. London: Prentice Hall, 1996, s. 46

Gray, R. H., The Accounting Profession and The Environmental Crisis (or Can Accountancy Save the World). University of Dundee Working Paper Series, 57, 1991, May, s. 23

Gray, R., Dey C., Owen, D., Evans, R., Zadek, S., "Struggling With the Praxis of Social Accounting: Stakeholders, Accountability, Audits and Procedures", Accounting, Auditing & Accountability Journal, Vol. 10, 1997, Iss: 3, s. 325 - 364

Gray, R., Owen,D.; Adams, C., Accounting and Accountability, First Published, Edinburg Gate, Harlow, England, 1996, s. 4

GRI, "Global Reporting Initiative", GRI at a glance, 2006.www.sgsgroup.com,

Griffen, Richy W., Management, Third Edition, Houghton Mifflin Company 1990, s. 814- 821

Gücenme Ü., Mali Tablolar Analizi ve Enflasyon Muhasebesi, Aktüel Yayınları, Mart 2005, s. 4

Gül, Z., "İşletmelerde Üretim ve Çevreyi Bütünleştirmede ISO 1400 Yaklaşımı: Bir Alan Araştırması," Yayınlanmamış Yüksek Lisans Tezi, Kahramanmaraş Sütçü İmam Üniversitesi SBE, Kahramanmaraş, 2007, s. 21

Güneş Y.ve Coşkun A.A., Çevre Hukuku, 2004, s. 87

Güredin E.,, Denetim, Beta Basım Yayım Dağıtım A.Ş., Nisan 1997, s. 4

Gürlük, S., "Dünyada ve Türkiye'de Kırsal Kalkınma Politikaları ve Sürdürülebilir Kalkınma," 9(4) , 2001, s. 4

Gürsoy C.T., Yönetim ve Maliyet Muhasebesi, Beta basım Yayım Dağıtım A.Ş., 2. Bası, Eylül 1999, İstanbul, s. 3

Güvemli, O. ve Gökdeniz, Ü., "Çevre Muhasebesindeki Gelişmeler", MÖDAV Dergisi, s. 4, İstanbul, 1996, s. 22

Haftacı V., Soylu K., Çevre Kirlenmesi ve Çevre Koruma Bağlamında Çevre Muhasebesinin Önemi, Muhasebe ve Finansman Dergisi, Sayı 33, Ocak 2007, s. 103

Hanley H., Spach C., Cost- Benefit Analysis and the Environment, Paul Chapman Publishing, London U.K. 1995, s. 185- 190

Harmon, D., Wildlife and Habitat. Chapter 8, 121-140 in World Resources 1990-91. The World Resources Institute, United Nations Environment Program and United Nations Development Programme, Oxford University Press, 1990

Harte and Owen "Figthting De- Industrialisation: The Role of Local Goverment Social Auditing" **Accounting, Organisations and Society**, 12-2, 1987, s. 123- 142

Harte, G.,& Owen, D., Environmental Disclosure in the Annual Reports of British Companies: a Research Note. Accounting, Auditing and Accountability, 1991, 4(3), 51–61.

Hartman, L. P., Rubin, R. S., & Dhanda, K. K., The communication of corporate social responsibility: United States and European Union Multinational Corporations. Journal of Business Ethics, 74, 2007, s. 373–389.

Hatcher, T. G. Ethics and Hrd, Cambridge, Mass: Perseus Pub. 2002, s. 97

Hay, R. ve Gray E., "Social Responsibilities of Business Managers", Managing Corporate Social Responsibility, (Ed. Archie B. Carroll), Boston: Little, Brown and Company, 1997, s. 8

Heiskanen E., “The Instıtutional Logic of Life Cycle Thinking”, Journal of Cleaner Production, Vol. 10, 2002, s. 427- 437

Henrıques, A. “Social Audit & Quality, Measuring Business Excellence”, Quality Focus, Vol: 4, No: 2 Second Quarter, 2000, s. 62

Herzig, C., T. Viere, R. L. Burritt ve S. Schaltegger, “Understanding and Supporting Management Decision Making: South East Asian Case Studies on Environmental Management Accounting” Sustainability Accounting and Reporting Part IV, 2006, s. 491- 507.

Hilton R., Managerial Accounting, Mc-Graw Hill, International Edition, USA, 2005, s. 548

Hines, R., On Valuing Nature, Accounting. Auditing and Accountability Journal, 4(3), 1991, s. 27–29.

Holland, L., Foo, Y.B., ''Differences in Environmental Reporting Practices In The UK and The US: The Legal and Regulatory Context'', The British Accounting Review, Vol: 35,. 2003, s: 1-18.

Hopewood G.A. ve Miller P., (eds): Accounting as Social and Institutional Practice, Cambridge Universtiy Press, 1994, s. 82

IFAC, Environmental Management Accounting, International Guidance Document, August 2005, s. 10- 86

IMU Augsburg’tan uyarlanmıştır.

International Federation of Accountants, 2005, s. 52, De Beer, P. ve F. Friend, “Environmental Accounting: A Management Tool for Enhancing Corporate Environmental and Economic Performance” Ecological Economics 58 (3), 2006, s. 548-560

International Standard Organization, ISO 14040: Life Cycle Assessment – Principles and Frameworks (1998).

ISEA, Institute of Social and Ethical Accountability, AA1000 Overview, 1999.

Işıyel, H., “ISO 14001 Çevre Yönetim Sistemi Standardı Ve Uygulama”, 2000, s. 5

İSO (İstanbul Sanayi Odası) Çevre Şubesi, DTÖ Tarife Dışı Engeller ve Çevre Yönetim Sistemleri, İstanbul, Rem Ofset, 1997, s. 10

Japanese Ministry of the Environment, Environmental Accounting Guidelines, 2002.

Jasch, 2003, a.g.e., s. 668, United Nations Division for Sustainable Development 2001, s. 9

Jasch, C & Stasiškienė, Ž., 'From Environmental Management Accounting to Sustainability Management Accounting', Environmental Research, Engineering and Management, vol. 34, no. 4, 2005, s. 77-88.

Jasch, C. "Environmental Management Accounting (EMA) As The Next Step in the Evolution of Management Accounting" Journal of Cleaner Production 14 (14), 2006a, s. 1190- 1193, Burritt, R. L. ve C. Saka, "Environmental Management Accounting Applications and Eco-effi ciency: Case Studies from Japan" Journal of Cleaner Production 14 (14), 2006, s. 1262-1275.

Jasch, C. 2003. "The Use of Environmental Management Accounting (EMA) for Identifying Environmental Costs" Journal of Cleaner Production 14 (6), 2003, s. 667-676.

Jasch, C., "Environmental Management Accounting (EMA) As The Next Step in the Evolution of Management Accounting" Journal of Cleaner Production 14 (14), 2006a, s. 1190-1193.

Jasch, C., "Environmental Management Accounting as The Next Step in The Evolution of Management Accounting"(2006), Journal of Cleaner Production ,Vol. 14, 2006, s. 3

Jasch, C.,. "How to Perform an Environmental Management Cost Assessment in One Day" Journal of Cleaner Production 14 (14), 2006b, s. 1194-1213

Jing, L. ve W. Hong-yan, "Environmental Accounting and Environmental Evaluation" Mechanic Automation and Control Engineering (MACE), 2010 International Conference on, 2010, s.2102- 2104, Deegan, C. 2003. Environmental Management Accounting: An Introduction and Case Studies for Australia, Institute of Chartered Accountants of Australia www.epa.vic.gov.au/bus/accounting/

Jones M. J., Accounting for the Environment: Towards a Theoretical Perspective for Environmental Accounting and Reporting, Accounting Forum 34, 2010, s. 123–138

Jonker, J. ve J. Klaver., "The Signifi cance of Recent EMS Standards as an Impetus for Improvement" Eco-Management & Auditing (Wiley), 5 (1), 1998, s. 1-5, Evangelinos vd., a.g.e., s. 313

Joy E. H.,, National Environmental Accounting: Bridging The Gap Between Ecology And Economy, RFF Pres, Washington DC, 2005, s. 3-7.

Karaca, N., Çevre Maliyetleri Yönetimi ve İşletmelere Bakan Yönü, cevre.club.fatih.edu.tr/webyeni/konfreweb/2008_pdf/sayfa246.pdf

Karaer, F. ve Pusat, T., "ISO 14001 Çevre Yönetim Sistemi Standardının Otomotiv Yan Sanayine Uygulanması", Uludağ Üniversitesi Mühendislik Mimarlık Fakültesi Dergisi, 7(1), 2002, .s. 11-20.

Karakaya M., Maliyet Muhasebesei, Geliştirilşmiş 4. Baskı, Gazi Kitabevi, Ekim 2011, s. 8

Katı Atıkların Kontrolü Yönetmeliği 14.3.1991 tarih ve 20814 sayılı Resmi Gazete, Değiştirilmiş 25.4.2002 tarih ve 24736 sayılı Resmi Gazete

Kaya, U. İşletme-Doğal Çevre İlişkilerinin Mali Tablolar Aracılığı İle Raporlanması ve Denetimi, Sermaye Piyasası Kurulu Yayınları, Yayın No:201, Ankara, 2006, s. 112

Kaya, U., İşletme-Doğal Çevre İlişkilerinin Mali Tablolar Aracılığıyla Raporlanması ve Denetimi, Yayınlanmış Doktora Tezi, Trabzon, 2002, s. 112

Kaya, U., İşletme-Doğal Çevre İlişkilerinin Mali Tablolar Aracılığıyla Raporlanması ve Denetimi, SPK Yayın No:201, Ankara, 2006, s. 43- 44

Kaygusuz S.Y., Dokur Ş., Maliyet Muhasebesi, Dora Basım Yayım Dağıtım, Bursa, 2009, s. 15

Keegan D., Eiler R., Let's Reengineer Cost Accounting, Management Accounting, March, 1994, s. 27- 35

Keleş, R., Çevre Ekonomisi,Gelişme Ekonomisi, İmge Kitapevi, Ankara,1992, s. 143

Keskin, Ş., "Sistem Standartları Kavramı, Çevre Yönetim Sistemi'ne Sahip Olmanın Avantajları", TSE Kal-Der Çevre Uzmanlık Grubu Semineri, İstanbul,1999

Kılınç O. E., www.etikadanismanlik.com TS EN ISO 14001 / Nisan 2005

Kılınç O. E.,www.etikadanismanlik.com TS EN ISO 14001 / Nisan 2005

Kırlıoğlu H, Can A. V, Çevresel Muhasebede Kavramsal Tartışmaların Gelişimi ve Analizi, Muhasebe ve Finansman Dergisi, Sayı 32, Ekim 2006, s. 68

Kırlıoğlu H, Can A.V., "Makro ve Mikro Açıdan Çevre Muhasebesinde Yaşanan Gelişmeler"II. International Scientific – Practical Conference; "The Significanceof Weakening of Influence of Emergency Situations in Stable Development of the Country", The Reports and Protrusions, Baku/ Azerbaycan, 26- 28 November, 2003, s. 620- 637

Kırlıoğlu H., - Can A.V, Çevre Muhasebesi, Değişim Yayınları, Adapazarı, Ekim 1998, s. 1- 15

Kırlıoğlu H., Can A. V., Çevre Muhasebesi, Değişim Yayınları, Adapazarı, 1998, s 123

Kırlıoğlu H., Can A. V.,, Çevresel Muhasebede Kavramsal Tartışmaların Gelişimi ve Analizi, Muhasebe ve Finansman Dergisi, Sayı: 32, Ekim 2006, s. 68

Kırlıoğlu H., Kasapoğlu Y., Ş., Çevre Muhasebesi Uygulaması, Muhasebe ve Finansman Dergisi, Nisan 2004, Sayı 22, s. 59

Kırlıoğlu, H. ve Can, A.V., Çevre Muhasebesi, Değişim Yayınları, Adapazarı, 1998, s. 14

Kırlıoğlu, H., Can A.V., "Çevresel Muhasebede Kavramsal Tartışmaların Gelişimi ve Analizi", a.g.m., s. 64-65

Kışlalıoğlu, M. ve Berkes F., Ekoloji ve Çevre Bilimleri, Üçüncü Basım, Remzi Kitabevi, İstanbul, 200, s. 338.

Klainer, A., What Does it Mean to be Green? Harward Business Review, July-August, 1991, s. 38- 49

Kotler, P. ve Lee, N., Kurumsal Sosyal Sorumluluk, Media Cat, İstanbul, 2006, s. 3

Kovel, J. The Enemy of Nature: The End of Capitalism or the End of the World? London: Zed Books, 2007, s. 1-2

Kreuze J.G. and Newel, G.E., "ABC and Lifecycle Costing for Environmental Liabilities" Management Accounting, Montvale: February 1994, Vol. 75 (8)

Kulu B., Çevre Vergileri ve Gelişmiş Ülkelerdeki Uygulamasıl, www.eksenymm.com.tr/index.php?do=bulletins...id..

Kurasaka T., Kokubu K.,"Corporate Environmental Accounting: A Japanese Perspective", www.emawebsite.org,

Laufer W.S., Robertson, D. C., (1967), "Corporate Ethics Initiatives: As Social Control", Journal of Business Ethics, (16): 4. 1997, s. 29-48

Laughlin, R. C. & Gray, R. H., Financial Accounting: Method and Meaning. London: Van Nostrand Reinhold, 1988

Lawrence J.E.and Cerf D., "Management and Reporting of Environmental Expenditures" Management Accounting, Montvale, August 1995, Vol. 77 (2)

Leal, G. G., M. C. Fa ve J. V. Pasola, "Using Environmental Management Systems to Increase Firms' Competitiveness" Corporate Social Responsibility & Environmental Management 10 (2), 2003, s. 101-110.

Letmathe, P., Doost, R. K., "Environmental Cost Accounting and Auditing", Managerial Auditing Journal, 2000, 15/8, s. 425

Lewis, R., Global Warming False Alarms. 25th IEA Current Controversies Paper. London: Institute of Economic Affairs, 2007, s. 6

Liederkerke T., "İşletmelerde Sosyal Sorumluluk Gönüllü Bir Etkinliktir", İşveren Dergisi, Temmuz 2005, s. 45

Loomish, R., Walsh T., The Economic Benefits of Wilderness, Discussion Paper, U.S.A. 2002,

MacKenzie, D., Making Things the Same: Gases, Emission Rights and the Politics of Carbon Markets. Accounting, Organizations and Society, 34(3–4), 2009, s. 440–455.

Maliah S., Nik N., Nik A., Environmental Management Accounting, articles of Merit, s. 41

Management Accounting Concepts (New York: International Federation of Accountants, 1998).

Marx, T.G., "Corporate Social Performance Reporting", Public Relations Quartely; Winter, Vol. 37, No. 4, 1993,.s. 38-44

Masanet - Llodra, M., "Environmental Management Accounting: A Case Study Research on Innovative Strategy" Journal of Business Ethics 68 (4), 2006, s. 393- 408

Maunders, K. T. & Burritt, R. L., Accounting and Ecological Crisis. Accounting, Auditing and Accountability Journal, 3, 1991, s. 9–26

McShane, K., Why Environmental Ethics Shouldn't Give Up on Intrinsic Value, Environmental Ethics, 29(1), 2007a, s. 43–61.

Measuring Eco-Efficiency: A Guide to Reporting Company Performance (Genf: World Business Council for Sustainable Development, 2000).

Mehenna Y.ve Dorweıler V. P., "Environmental Accounting: An Essential Component of Business Strategy", Business Strategy and the Environment, 13, 2004, s. 68.

Milli Prodüktivite Merkezi, 1992, s. 10

Milne M., Accounting Environmental Resources Value and Non –Market Valuation Techniques for Environmental Resources a Review, Accounting, Auditing and Accounbility Journal, 4 (3) , 1991, s. 81- 109

Miner, J., B., Timothy M. Singleton and V. P. Luchsinger, The Practice of Management, Columbus: Charles E. Merril Publishing, 1985, s. 454- 455

Miner, J.B., Timothy M.S and Vincent, P.L. The Practice of Management, Columbus: Charles E. Merril Publishing, 1985, s.453

Mutlu, A., Sürdürülebilir Kalkınma ve Çevre Muhasebesi II, MUFAD Dergisi, Sayı 34, Nisan, 2007, s. 169

Mylonakis J., Tahinakis,P, The Use of Accounting Information Systems in the Evaluation of Environmental Costs: A Cost Benefit Analysis Model Proposal, International Journal of Energy Research Int. J. Energy Res., 30, 2006, s. 915–928

Nemli, E., " Çevreye Duyarlı İşletmecilik ve Türk Sanayinde Çevre Yönetim Sistemi Uygulamaları" Yayınlanmamış Doktora Tezi, İstanbul Üniversitesi SBE, İstanbul, 2000, s. 75

Nemli, E., Çevre Muhasebesinin İki Yönü. Marmara Üniversitesi Sosyal Bilimler Enstitüsü Dergisi 2, 11, 1999, s. 211-216.

New Econimics Foundadtion, Briefing Paper on Social Auditing, London, 1998

Ngwakwe, C. C., "Justifying Environmental Cost Allocation in a Multiple Product Firm: A Case Study" Managing Global Transitions: International Research Journal 7 (4), 2009, s 403-420.

Nyquıst s., Accounting Theory and Financial Environmental Reports, Eco- Management and Auditing, N..7, 2000, s. 178- 185

Nyquist S., Accounting Theory and Financial Environmental Reports, Eco- Management and Auditing, Nr.7, 2000, s. 178- 185

O'Dwyer, B. The Construction of a Social Account: A case study in an overseas aid agency. Accounting, Organizations and Society, 30(3), (2005). 279–296.

O'Neill, J., Holland, A., & Light, A., Environmental Values. London: Routledge, 2008

Okay, A. ve Okay, A.,. Halkla İlişkiler Kavram Strateji ve Uygulamaları, Der Yayınları, İstanbul, 2001, s. 618

Ostapski, S. A.,& Isaacs, C. N., Corporate Moral Responsibility and the Moral Audit: Challenges for Refuse Relief inc. Journal of Business Ethics, 11, 1992, s. 231–239.

Owen, D., Accountancy and the Challenge of the Nineties, Chapman & Hall, London, U.K., 1995

Owen, D., Corporate Social Reporting and Stakeholder Accountability, TheMissing Link, International CentreforCorporateSocialResponsibility, Nottingham University Business School, UK, 2005, s. 8

Özbirecekli, M., "Çevre Muhasebesi Kavramı ve Yönetsel Kararlara Katkıları", Muhasebe ve Finansman , Sayı:7, Temmuz 2000, s. 20- 21

Özbirecikli M., "Ulusal Düzeyde ve Firma Düzeyinde Çevre Muhasebesi-Hindistan Örneği", Mufad Muhasebe ve Finansman Dergisi , S:4, Ekim 1999, s. 53

Özbirecikli M., Çevre Muhasebesi Kavramı ve Yönetsel Kararlara Katkıları. Muhasebe ve Finansman Dergisi 7, 2000, s. 15-21.

Özbirecikli M.,**Çevre Muhasebesi, Kavramlar, Uygulama Alanları, Araştırma Sonuçları**, Naturel Kitap ve Yayıncılık, Ankara, 2002, s. 99-106

Özbirecikli, M. "Çevresel Etik ve Sosyal Denetim: Küresel Girişimler ve Türkiye'deki Uygulamalar Üzerine Mukayeseli Bir İnceleme", Muhasebe ve Finansman Dergisi, 2006, Sayı:31, s. 62-77

Özgener Ş., İş Ahlakı ve Sosyal Sorumluluk, Doktora Tezi, Konya, S.Ü. Sosyal Bilimler Enstitüsü İşletme Anabilim Dalı Yönetim ve Organizasyon Bilim Dalı, 2000, s. 137- 143

Özkol E., Çevre Muhasebesi, Dokuz Eylül Üniversitesi, İ.İ.B.F. Dergisi, Cilt: 13, Nisan 1998, s. 3

Öztürk M, " Hastane İşletmelerindeki Yöneticilerin Sosyal Sorumluluk Anlayışının Bilgi Birikimi Yönetimine Etkileri ve İlişkin Bir Araştırma," II. Tıbbi Bilgi Yönetimi ve Teknolojileri Sempozyumu, 2003, http://lib.baskent.edu.tr/unak/ozturk.ppt

Parker L.D., Environmental Costing: A Path to Implementations, Avustralian Accountin Review, Nov., Nr. 10, 2000, s. 43 - 50

Pallot, J., Elements of a Theoretical Framework for Public Sector Accounting. Accounting, Auditing and Accountability, 1992, 5(1), s. 38–59.

Pava L.M. ve Krausz J.: Corporate Responsibility and Financial Performance, Wesport, Quorom Books, 1995, s. 103

Pearce D., Markandya A., Barbier B. Edward, Yeşil Ekonomi için Mavi Kitap, Çeviren Türksen Kafaoğlu, Arslan Başer Kafaoğlu, Alan Yayıncılık, Renk Basımevi, İstanbul, 1993, s. 87

Pearce, D., Markandya A., Barbier E., Yeşil Ekonomi İçin Mavi Kitap, Çev: Arslan B.- Türksen Kafaoğlu, Alan Yayıncılık, Renk Basımevi, İstanbul, 1993, s. 88

Pearce, D., Markandya, A., & Barbier, E. B., Blueprint for a Green Economy. London: Earthscan Publications Ltd., 1989

Personal Communication with Bernd Wagner of the University of Augsburg, Germany, and Carsten Redmann of the Institute of Management and Environment, Augsburg, Germany, 2004.

Petit, T., A. The Moral Crisis in Management, New York: McGraw-Hill Book Co., 1967, s. 6

Pittman, J & Wilhelm, K., 'New Economic and Financial Indicators of Sustainability', New Directions for Institutional Research, vol. 134, 2007, s. 55-69. IFAC, 2005

Porritt, J., Accounting for the Planet's Survival. Accountancy, September, 1989, s. 19–20.

Pretty, J. N., Agricultural pollution: from Costs and Causes to Sustainable Practices. In D. J. R. Angell, J. D. Comer, &M. L. N.Wilkinson (Eds.), Sustaining Earth: Response to the Environmental Threat, London: Macmillan, 1990, s. 60–71

Punter, L. ve Gangneux, D., "Social Accountability: The Most Recent Element To Ensure Total Quality Management", Total Quality Management, 9 4/5, 1998, s. 197- 200

Puxty A.G.: The Social and Organizational Context of Management Accounting. London, Academic Press, 1993.

Quarter J., Mook L., and Richmond B. J., What Counts: Social Accounting for Non Profits and Cooperatives, Englewood Cliffs, N.J. Prentice Hall, 2003, s. 3

Ramanathan K., "Toward a Theory of Corporate Social Accounting", **Accounting Review**, 1976, 51 (3) s. 516- 528

Ranganathan J., Ditz D., Environmental Accounting a Tool for Better Management, Management Accounting, 72 (2), 1996, s. 38- 41

Ranganathan J., Ditz D., Environmental Accounting a Tool for Better Management, Management Accounting, 72 (2), 1996, s. 38- 41

Raouf A H., Mohamed A,"Theoretical Framework for Environmental Accounting-Application on the Egyptian Petroleum Sector", Ninth Annual Conference of the Economic Research Forum, 26–28 October 2002, s.1–29.

Repetto, R., Accounting for Environmental Assets. Scientific American, 1992, s. 64–70.

Repetto, R., Wasting Assets, the Need for National Resource Accounting. Technology Review, January 1992, 93(1), s. 38–44. Repetto, R. (1992). Accounting for Environmental Assets. Scientific American, 64–70.

Rıchards, Don, "New Environmental Standard Could Alter Business Behavior", Chemical Market Reporter, 253 18, 1998, s. 5- 7

Riege –Wcislo W., Steuer A., Environmental Costs and Environmental Economic Accounting Statistical Office of the European Communities, Federal Statistical Office, Germany, 1997

Robbins, S., P. Management, 4th ed., New Jersey: Prentice-Hall, 1994, s. 123

Rolston, H., III., Caring For Nature. Environmental Values, 15 (3), 2006, s. 307–314.

Rubenstein D.B., Environmental Accounting for the Sustainable Corporation, Quorum Books, 1994, s. 17

Rubenstein D.B., Environmental Accounting for the Sustainable Corporation, Quorum Books, 1994, s. 17

Sagoff, M., Review of Property Rights and Eminent Domain. Transaction Books in Environmental Ethics, New Jersey, 1989, Summer, s. 179–197.

Sağmanlı, M., Modern Maliyet Muhasebesi ve Yönetimi. İstanbul: Yaylım Matbaası, 2002, s. 132

Samuel M.N and Hoseph W.F., "The Social Audit and Ethics", Managerial Auditing Journal, Vol: 9, Number:1, 1994 s: 30

Saravanamuthu, K., What is Measured Counts: Harmonized Corporate Reporting and Sustainable Economic Development. Critical Perspectives on Accounting, 15, 2004, s. 295–302.

Sarıoğlu, M. ve Kocagözoğlu, B., ISO 14000 Çevre Yönetim Sistemi, Ekoloji Dergisi, Ekim-Kasım-Aralık, , Sayı: 45, 2002, s. 44

Savage D. E., " The What And How Of Environmental Management Accounting (EMA) : Different Types Of Environmental Cost", Business And The Environment, V:14, N:7, July 2003, s.5

Savage D.E. and White,A. L. "New Applications of Total Cost Assessment: An Exploration of the P2- Production Interface," Pollution Prevention Review (Winter 1994/1995); A. L. White, A. Dierks and D. E. Savage, Environmental Accounting Principles for the Sustainable Enterprise, Proceedings of the 1995 International Environmental Conference of the Technical Association of the Pulp and Paper Industry (Atlanta, 1995); A. L. White and D. E. Savage, "Budgeting for Environmental Projects: A Survey," Management Accounting (October 1995); M. Kennedy, Total Cost Assessment for Environmental Engineers and Managers (New York: John Wiley & Sons, Inc., 1998); C. Jasch and H. Schnitzer, Umweltrechnungswesen – Wir, zeigen, wie sich Umweltschutz rechnet, Beispielsammlung zur Umweltkostenrechnung und Investitionsrechnung (ienna: Bundesministerium für Verkehr, Innovation und Technik and Bundesministerium für Land- und Forstwirtschaft, Umwelt, und Wasser, 2002), available in a pdf file in English at www.ioew.at.

Schaltegger S. and Sturm, A., "Ökologische Rationaltiät" (available only in German) WWZ- News, Nr. 7 (1990), s. 14-18.

Schaltegger S., Burrit R., Contemporary Environmental Accounting Issues, Concepts and Practice, Greenleaf Publishing, 2000, s. 79

Schaltegger S., Burrit R., Contemporary Environmental Accounting Issues, Concepts and Practice, Greenleaf Publishing, 2000, s. 79

Schaltegger S., Müller K. and Hinrichsen, H., Corporate Environmental Accounting (Chichester, UK: John Wiley & Sons, 1996); . Fichter, Loew and Seidel, Betriebliche Umweltkostenrechung, 1997; Fichter, Loew,. Redmann and Strobel, Flusskostenmanagement, Kostensenkung und Öko-Effizienz durch eine Materialflußorientierung in der Kostenrechnung, 1999; United Nations, Environmental Management Accounting, Procedures and Principles, 2001; Jasch and Schnitzer, Umweltrechnungswesen – Wir, zeigen, wie sich Umweltschutz rechnet, Beispielsammlung zur Umweltkostenrechnung und Investitionsrechnung, 2002.

Schaltegger, S. ve R. L. Burritt. 2000. Contemporary Environmental Accounting: Issues, Concepts and Practice Sheffi eld, UK: Greenlaf Publishing Limited, s. 59- 61

Schaltegger, S., T. Hahn ve R. L. Burritt. 2000. Environmental Management Accounting: Overview and Main Approaches, Centre for Sustainability Management www2.leuphana.de/umanagement/ csm/content/.../06-1downloadversion.pdf, 6 Aralık 2010, s. 14

Schermerhorn, J. R., Management, New York: John Wiley&Sons, 2001, s. 126

Schneider, S. H. The Changing Climate and Problems of prediction. In D. J. R. Angell, J. D. Comer, &M. L. N.Wilkinson (Eds.), Sustaining earth: Response to the Environmental Threat London: Macmillan, 1990, s. 33–42

Selih, J.,. "Environmental Management Systems and Construction SMEs: A Case study for Slovenia" Journal of Civil Engineering & Management 13 (3), 2007, s. 217-226

Setthasakko, W., Barriers to the Development of Environmental Management Accounting: An Exploratory Study of Pulp and Paper Companies in Thailand" EuroMed Journal of Business 5 (3), 2010, s. 315-331.

Sevilengül. a.g.e., s.10; TÜRMOB, Türkiye'de Muhasebe-Finansal Raporlama ve Denetim Hizmetlerinin Gelişimi, TURMOB Yayın No:15, 159, Ankara, 1994, s. 51-55

Sheldon, C., ISO 14001 and Beyond: Environmental Management Systems in the Real World. Greanleaf, Sheffield, 1997.

Siniscalco D., "Definition of Instruments for Environmental Accounting", Çev.: Dr. Erdal Özkol, 1993. s. 1

Sözbilir, H., "İşletmelerde Sosyal Muhasebe Kuramı ve Türkiye'de Bir Anket Çalışması", Neriman ve İbrahim Küçükkurt Sosyal Hizmetler, Eğitim, Sağlık ve Bilimsel Araştırma Vakfı Yayınları, No:1, 1981, s. 67

Spear, R.,. "Social Audit and the Social Economy: Approaches and Issues", CRU, Open University, Milton Keynes, UK, 1997 .http://www.ny.airnet.nejp/ccij/spearze.htm., s. 1

Staniskis, J. K. ve Z. Stasiskiene, "Environmental Management Accounting in Lithuania: Exploratory Study of Current Practices, Opportunities and Strategic Intents" Journal of Cleaner Production 14 (14), 2006, s. 1252-1261.

Steiner, G., A. ve J. F. Steiner, Business, Government, and Society: A Managerial Perspective : Text And Cases, New York: McGraw-Hill, 1997, s.106

Stern, N., The Economics of Climate Change. The Stern Review. Cambridge: Cambridge University Press, 2006

Stirling, S., "Corporate Social Reporting", The Solidar Project, 2003, s.1

Stranks, J., "Environmental Management System (EMS)" A-Z of the Environment, 2008, s.152-153.

Strobel, M., Flow Cost Accounting (Augsburg, Germany: Institute for Management and Environment, 2001).

Strobel, M., Flow Cost Accounting, 2001.

Sturdivant F.: Business and Society Amanagerial Approach, ıılinois, Richard D. Irwin, 1985, s. 47

Sürmen Y,, Muhasebe I, Celepler Matbaacılık, Trabzon, 2013, s. 23

Sürmen, Y., Aygün D., İşletmelerde Sosyal Raporlama, MUFAD Dergisi, Ocak 2005, s. 36

Şen A., Kaleli N., "Bilgi Toplumu İşletmelerinde Sosyal Sorumluluk" Bilgi Toplumu (Makaleler), http://www.bilgiyönetimi.org/com/pages/mkl

Şirketlerin Yeni Yönetim Aracı: Çevresel Muhasebe, Haziran 2005, Yayın No. TUSİAD-T/2005-06/ 404, s. 34

T. K. Loew, U. Müller, S. Werner and M. Strobel, "Ansätze der Umweltkostenrechnung im Vergleich," in Vergleichende Beurteilung von Ansätzen der Umweltkostenrechnung auf ihre Eignung für die betriebliche Praxis und ihren Beitrag für eine ökologische Unternehmensführung (available only in German) (Berlin: UBATexte 78-03, 2003).

Tarantino, Dominic A., "Principled Business Leadership", Vital Speeches of the Day, 64 18, 1998, s. 559- 563

Taşdemir V., İşletme-Çevre İlişkilerinin Muhasebe Açısından Raporlanması, Yüksek Lisans Tezi, Ankara, 2011, s. 70- 73

Taygun T.G., Balanlı A., Yaşam Döngüsü Süreçlerinde Yapı Ürünü – Çevre Etkileşmesi, MMGARON, YTÜ Mühendislik Fakültesi e- dergisi, Cilt 1, 2005, sayı 1, s. 2

Teer, J., Berwick, S, Wildlife and habitat. In World resources Chapter 6, New York: International Institute for Environment and Development and World Resources Institute, Basic Books Inc. , 1987, s. 77–92

Tehlikeli Atıkların Kontrolü Yönetmeliği 14 Mart 2005 tarih ve 25755 sayılı Resmi Gazete

Tenekecioğlu, B., "İşletmelerin Sosyal Sorumlulukları", Eskişehir İktisadi ve İlimler Akademisi Dergisi, Sayı 2, Ay 11, 1977, s. 46-62.

The Association of Chartered Certified Accountants (ACCA), 2001, An Introduction to Environmental Reporting, http://www.accaglobal.com/pdfs/environment/ACCA-RJ1-002.pdf, s: 1-30, 20.05.2010.

The Challenge for The Internel Auditor, 2003, s. 5

Top S., Akın Ö., İşletme Perspektifinden Sosyal Sorumluluk Teorisinin İncelenmesi, ZKÜ Sosyal Bilimler Dergisi, Cilt 4, Sayı 7, 2008, s. 97- 110

Torunoğlu E., Sürdürülebilir Kalkınma Paradigması Üzerine Ön Notlar, 2004, s. 1

tr.wikipedia.org/wiki/ISO

Trobe H. L, Acott T. G., A modified NEP/DSP environmental attitutedes scale. Journal of Environmental Education 32, 2000, s. 12 -20.

Tuğlu U., Çevre Muhasebesi Ve Alanya'daki Bir Konaklama İşletmesinde Uygulanması, Akdeniz Üniversitesi Sosyal Bilimler Enstitüsü, Yüksek Lisans Tezi, Antalya, 2010, s. 30

Tuğlu, a.g.e., s. 31

Turgut, N., Çevre Hukuku (Karşılaştırmalı İnceleme), Yenilenmiş İkinci Bası, Savaş Yayınevi, Ankara, 2001, s. 171

Türedi, H.,. Denetim, Celepler Matbaacılık, Trabzon, 2001, s. 6

Tüzün, T., "Benefits of TS ISO 14001 Environmental Management Systems", The Kriton Curi İnternational Symposium on Environmental Management In The Mediterrean Region, Boğaziçi University, İstanbul, 1998, s. 60

UNDSD, Environmental Management Accounting Procedures and Principles, United Nations Division for Sustainable Development (UNDSD), New York, 2001, s. 19

United Nations Conference on Trade and Development, A Manual for the Preparers and Users of Eco-Efficiency Indicators (New York and Geneva: United Nations Publications, 2004).

United Nations Conference on Trade and Development, Accounting and Financial Reporting for Environmental Costs and Liabilities, 1999; European "Commission Recommendation of 30 May 2001 on the Recognition, Measurement and Disclosure of Environmental Issues in the Annual Accounts and Annual Reports of Companies."

United Nations Division for Sustainable Development, Environmental Management Accounting, Procedures and Principles, 2001.

United Nations Division for Sustainable Development. 2001. Environmental Management Accounting: Policies and Linkages www.un.org/esa/sustdev/publications/policiesandlinkages.pdf, 6 Aralık 2010, s. 4

United Nations, Handbook of National Accounting: Integrated Environmental and Economic Accounting, 2003.

United States Enviromental Protection Agency Valuing Potential Environmental Liabilities for Managerial Decision-Making: A Review of Available Techniques, 1995.

Ural, E.G.,. Stratejik Halkla İlişkiler Uygulamaları, Birsen Yayınevi, İstanbul, 2006, s. 34- 35

Uslu S., Muhasebe Tekniğinde Gelişmeler, XVII, Türkiye Muhasebe Kongresi, TÜRMOB Yayınları, 2002

Uysal, F., Ofluoğlu G.,"Dışsallık Teorisi ve Çevresel Etki Değerlendirme Teknikleri", MPÖ Verimlilik Dergisi, Sayı 1,1997, s. 143

Üstün R., Yönetim Muhasebesi, Bilim Teknik Yayınevi, İstanbul, 1992, s. 2

VDI, the German Association of Technicians, together with German industry representatives, have developed a guidance document on the definition of environmental protection costs and other terms of pollution prevention (VDI 2000).

vgm.sanayi.gov.tr/NewsDetails.aspx?newsID=2525&lng=tr

Victoria JV., Sanchez FM., Garo RF., The Impact of Environmental Intervention on Business Management an Emprical Survey of Its Presence in the Packaging Sector in Spain and of Results Achieved, Intenational Journal of Environmental Techonology and Management, 3 (3-4) , 2003, s. 314- 335

Weber, M. (Ed.), The Protestant Ethic and the Spirit of Capitalism. London: George Allen and Unwin Ltd, First Published 1904, 1976

White and Savage, "Budgeting for Environmental Projects: A Survey," 1995.

Wilkinson, M.,& Woodin, S., Acid precipitation. In D. J. R. Angell, J. D. Comer, &M. L.N. Wilkinson (Eds.), Sustaining Earth: Response to the Environmental Threat. London: Macmillan, 1990, s. 33–42

Willis, A.,& Goodfellow, J., The name of the game. CA Magazine, March, 1991, s. 43–50.

Willits S. D and Giuntini, R., "Helping Your Company Go Green", Manegement Accounting, Montvale: February 1994, Vol. 75 (8)

Wilson, M. Corporate Sustainability: What is it and where does it come from?. Ivey Business Journal, 2003, (March/April),1-5.

Wright, J. C., Natural Resource Accounting – An Overview from a New Zealand Perspective with Special Reference to the Norwegian Experience, Information Paper 2, Lincoln University and University of Canterbury, Centre for Resource Management., 1990

Xiaomei, L.. "Theory and Practice of Environmental Management Accounting" International Journal of Technology Management & Sustainable Development 3 (1), 2004, s. 47- 57

Yağlı, F., Çevre Muhasebesi ve Mermer İşletmeleri Uygulaması, Yayınlanmamış Yüksek Lisans Tezi, Muğla, 2006, s. 21

Yaman, Y., "Sosyal Sorumluluk Kampanyaları", Sivil Toplum Dergisi, 2003, http://www.siviltoplum.com.tr/makale01.htm

Yıldız, K., Sipahioğlu, Ş. ve Yılmaz, M., Çevre Bilimi, Gündüz Eğitim ve Yayıncılık, Ankara, 2000, s. 188

Yörük N., "Çevre Muhasebesi", İktisat İşletme Finans Dergisi, s. 154, Ocak, 1999, s. 69

Yükçü S., Yönetim Açısından Maliyet Muhasebesi, Anadolu Matbaacılık, İzmir, 1998, s. 3

Zhang, J., "SA8000 Requires Positive Attitude", North American Edition, NewYork, July 6, 2004, s.11

İnternet Siteleri

http: //www.egitim.milliyet.com.tr
http://worldaffairs.com
http://www.caledonia.org.uk
http://www.canaktan.org
http://www.coop.gc.ca
http://www.coopscanada.coop
http://www.dnv.com
http://www.eman-ap.net
http://www.eman-eu.net
http://www.emawebsite.org
http://www.emawebsite.org/ document/ emaric_396pdf
http://www.epa.gov.opptintr/acctg/eaproject.htm
http://www.exsores.net
http://www.fairtrade.net/ ve http://www.fairtrade.net/sites/standards/general.html,
http://www.forum.psikolojikdanisma.net
http://www.gocenoglu.net
http://www.interpraxis.com
http://www.istanbul.edu.tr
http://www.istanbul.edu.tr, http://www.ceaaacve.ca ve http://www.unpan.org
http://www.kss.blogcu.com,
http://www.les.man.ac.uk
http://www.ncoss.org.au
http://www.psikolojisayfam.com
http://www.raisenetworks.org.uk
http://www.road.uww.edu , The Challenge for The Internel Auditor, 2003, s.5 ve Marx, http://www.suiletisim.net,
http://www.tdk.gov.tr
http://www.tmsk.org.tr/tms_seti/TMS/EK1-TMS_1_Yeni.doc
http://www.tmsk.org.tr/tms_seti/TMS/tms16.doc
http://www.tmsk.org.tr/tms_seti/TMS/tms37.doc
http://www.tmsk.org.tr/tms_seti/TMS/tms37.doc

http://www.un.org/esa/sustedev/
http://www.un.org/esa/sustedev/
http://www.unfpa.org.tr,
http://www.unpan.org
http://www.wrapapparel.org/modules.php?name=Content&pa=showpage&pid=3
,
http:/www.accountabilitiy.org.uk and http:/ www.socialaudit.org.uk

WRAP, Worldwide Responsible Apparel Production, About WRAP, 2006.
www.accountabiltiy21.net
www.aycertkalite.com
www.bmdanismanlik.com
www.econturk.org
www.ekolojiorg.tr
www.eylem.com
www.frmtr.com
www.genbilim.com/content/view/6276/39/
www.gocenoglu.net
www.haberx.com
www.ias.com.tr/enterprise/articles/20061012-bsc-nedir.html
www.kssd.org
www.psikolojikdanisma.net
www.SA.8000.info
www.smyo.karabuk.edu.tr
www.sosyalsorumluluk.com
www.sosyalsorumluluk.sitemynet.com
www.sosyalsorumluluk.sitemynet.com

More Books!

yes

I want morebooks!

Buy your books fast and straightforward online - at one of the world's fastest growing online book stores! Environmentally sound due to Print-on-Demand technologies.

Buy your books online at

www.get-morebooks.com

Kaufen Sie Ihre Bücher schnell und unkompliziert online – auf einer der am schnellsten wachsenden Buchhandelsplattformen weltweit!
Dank Print-On-Demand umwelt- und ressourcenschonend produziert.

Bücher schneller online kaufen

www.morebooks.de

OmniScriptum Marketing DEU GmbH
Heinrich-Böcking-Str. 6-8
D - 66121 Saarbrücken
Telefax: +49 681 93 81 567-9

info@omniscriptum.com
www.omniscriptum.com

OMNIScriptum

FSC
www.fsc.org
MIX
Papier | Fördert gute Waldnutzung
FSC® C083411

Kolibri 360 GmbH
Ferdinand-Jühlke-Straße 7
99095 Erfurt, Deutschland
produktsicherheit@kolibri360.de

Druck:
CPI Druckdienstleistungen GmbH
im Auftrag der
Kolibri 360 GmbH
Ferdinand-Jühlke-Str. 7
99095 Erfurt